能源新版图

The New Map

Energy, Climate, and the Clash of Nations

美国"普利策奖"
"能源和增进国际理解终身成就奖"
获得者

[美] 丹尼尔·耶金 著

阎志敏 译
闫建涛 校译

**能源、地缘、
新科技、绿色革命
的大碰撞**

石油工业出版社

图书在版编目（CIP）数据

能源新版图 /（美）丹尼尔·耶金（Daniel Yergin）著；
阎志敏译.—北京：石油工业出版社，2022.10
书名原文：The New Map: Energy, Climate, and the Clash of Nations
ISBN 978-7-5183-5095-7

Ⅰ.①能… Ⅱ.①丹… ②阎… Ⅲ.①能源经济—研究—世界Ⅳ.①F416.2

中国版本图书馆CIP数据核字（2021）第275738号

The New Map: Energy, Climate, and the Clash of Nations
by Daniel Yergin
ISBN 978-1-59420-643-6
Copyright © 2020 by Daniel Yergin
First published in 2020 by Penguin Press
All rights throughout the world are reserved to Daniel Yergin.
Translation Copyright © 2022 by Petroleum Industry Press
本简体中文版经作者Daniel Yergin授权出版，翻译版权由石油工业出版社有限公司所有，侵权必究。
北京市版权局著作权合同登记号：01-2022-2621

能源新版图

[美]丹尼尔·耶金 著　阎志敏 译　闫建涛 校译

出版发行：石油工业出版社
　　　　　（北京市朝阳区安华里二区1号楼 100011）
网　　址：www.petropub.com
编 辑 部：(010) 64523602　图书营销中心：(010) 64523633
经　　销：全国新华书店
印　　刷：北京晨旭印刷厂

2022年10月第1版　2022年10月第1次印刷
740×1060毫米　开本：1/16　印张：23.25
字数：360千字

定　价：108.00元
（如发现印装质量问题，我社图书营销中心负责调换）
版权所有，翻印必究

FOREWORD
序

《能源新版图》是丹尼尔·耶金先生的《能源重塑世界》出版十年后的又一力作，十年磨一剑！这本书视野开阔，用多视角从美国、俄罗斯、中国和中东四个重要区域着手，生动地勾勒出全球能源新版图的轮廓、能源转型以及新能源的战略发展动向、新冠肺炎疫情给全球经济带来的冲击、应对气候变化的路线图。作者对能源新版图做了深入系统的阐述，并以其一贯的讲故事的方式娓娓道来，生动有趣，耐人寻味，如身临其境。

世界正在经历百年未有之大变局。各种严峻挑战扑面而来，深刻地影响和改变着世界历史发展进程。突如其来的新冠肺炎疫情已在全球肆虐两年多；乌克兰危机已持续了 100 多天，且仍在继续发展；逆全球化浪潮暗流涌动；全球经济正面临通货膨胀加剧和衰退的双重压力；地缘政治冲突加剧。这一系列挑战的背后，都可以看到能源因素在其中所起的作用和影响。能源仍然是牵动世界政治经济发展变化最敏感的一根神经。

《能源新版图》从历史、现实和未来发展的角度，描绘了全球能源发展的新格局。了解这些新版图有助于我们深刻认识在应对人类面临的各种前所未有的挑战面前，能源所扮演的角色、所处的地位、所起的作用和所具有的影响，以及我们应该采取什么样的应对方式。

世界能源发展的历史就是一部国际化发展的历史。从 1859 年现代石油工业诞生到今天，国际合作始终是推动世界能源发展前进的强大动力。作者在中国能源新版图章节中，专门谈到了中国提出的"一带一路"倡议。书中详细记述了2013年9月7日，在哈萨克斯坦纳扎尔巴耶夫大学，中国国家主席发表了重要演讲，倡议用创新的合作模式共同建设"丝绸之路经济带"。演讲从历史、哲学、文化的高度阐述了中国自古以来就是一个崇尚和平、合作、共同发展的民族。2200多年前张骞出使西域，开通了连接中亚、古罗马的古丝绸之路，促进了中国与其他国家文化、民族、宗教、语言和经济的交流。我本人有幸在现场聆听了演讲，亲身感受到了现场观众热烈反响和高度赞扬的感人氛围。在纳扎尔巴耶夫大学演讲后一个月，中国正式提出"一带一路"倡议。作者对中国提出的"一带一路"倡议给予了高度评价，他认为"中国将成为发展的引擎，成为优异的合作伙伴，成为合作的促进者，成为伟大的战略家"。

能源合作是"一带一路"发展的重要基石和核心内容。加强和发展国际间的油气合作，为世界经济发展提供充足的能源保障；加强国际间的科技合作和交流，推动新能源发展，推动能源的低碳化、无碳化转型，必将有力地促进"一带一路"建设走深走实，为世界经济可持续发展和人类的文明与进步做出重要贡献。

耶金先生是全球能源、国际政治和经济方面的权威专家，曾获得美国"能源和增进国际理解终身成就奖"，因获得普利策纪实文学奖而声名鹊起。我和耶金先生是老朋友，他的渊博学识与谦逊风范令人钦佩。他视角宽广，思维缜密，面对纷繁的国际局势，头脑清醒，能深刻洞察能源领域和地缘政治的走向，并提出合理的见解和解决思路，这在《能源新版图》中都有明显体现。相信读者在读完本书后会和我有相同的感受。

祝贺丹尼尔·耶金先生的新作《能源新版图》中文版在中国面世。

周吉平

2022年6月

（周吉平，世界石油理事会原副主席，中国石油天然气集团公司原董事长、党组书记）

LETTERS TO READERS IN CHINA
致中国读者的信

鉴于能源在各个方面对中国人民和中国经济持续发展的重要性，我的新书《能源新版图》得以在中国出版，对此我实感荣幸。

本书关乎能源和地缘政治新版图，然而其内容背景却是发生在2015年巴黎气候大会后，众多国家正为履行大会承诺积极减碳以实现净零碳排放目标。因此，未来确保能源安全应该与聚焦能源转型共存。这给能源供应带来了挑战，一方面要确保当今世界仍旧依赖的传统能源供应安全，另一方面又要推进可再生能源、碳捕集、氢能等有利于碳减排的技术或能源的使用。

世界风云变幻，一直提醒着我们能源的重要性。2021下半年的经济反弹催生一轮新的全球能源危机：能源供应无法满足能源需求的激增，煤炭、天然气、石油的价格出现了飞涨，给全球经济和消费者带来了沉重的负担。这清楚表明了一个现实：即2021年之前的几年全球能源投资存在不足。

随着俄乌战争的爆发，能源危机也演变为一场地缘政治危机。俄乌战争打乱了能源供应，这给能源市场造成了进一步冲击。作为俄罗斯的主要能源出口市场，欧洲明确表示想要大幅减少对俄罗斯能源进口的依赖。然而，这并非朝夕之功。同时，俄乌战争还造成了现有能源供应链的全球性混乱：之前输往欧洲的俄罗斯石油现在越来越多地被运至亚洲。一边俄罗斯减少对欧洲天然气出口，一边欧盟国家又都在努力储备过冬天然气，于是，欧洲天然气市场内部出现了纷争。

随着俄乌战争的持续以及冲突危险的蔓延，相关风险也在累积。经济层面，全球通胀率出现了快速攀升，部分原因就来自于能源价格的走高。中央银行不得不做出对抗通胀的决定，即使这会造成经济衰退风险进而减少能源需求。

所有这些都凸显了"新版图"的重要性。下面让我带你快速浏览一下这个"新版图"。

美国页岩革命改变了美国的地位，使其从一个60%石油消费来自进口的国家转身成为超越沙特阿拉伯和俄罗斯的世界第一大油气生产国。美国正在向中国出口能源，这给缓解两国贸易紧张关系带来了正面积极效应。而且，随着欧洲试图将天然气进口来源从俄罗斯转移，美国的对欧洲液化天然气出口也已经成为欧洲能源安全的一个保障。

"俄罗斯新版图"部分讲述了俄罗斯成为一个能源超级大国的过程。然而，未来两三年俄罗斯将要失去欧洲这个非常重要的能源市场，该国能否确保能源超级大国地位不丢？可以肯定的是，俄罗斯的能源市场焦点将会东移，它将会加速奔向亚洲市场。

"中国新版图"部分讲述了能源之于中国经济发展和安全的重要性以及该新版图的形成过程。另外，这部分内容还确认了能源在中国"一带一路"倡议中所扮演的角色。

"中东新版图"部分讲述了圣战分子试图推翻中东国家"版图"以及遭到失败（至少现在还是这样）的故事。主要的阿拉伯石油出口国在增加石油产能的同时，又在试图实现经济多元化。这部分还增加了一个新的内容，这便是东地中海作为能源生产区的崛起：以色列和埃及已成为未来潜在的天然气出口大国。

"未来路线图"部分讲述了电动汽车在中美两国的重生（后者是源于2003年洛杉矶的一次午餐）以及汽车电动化和可能的自动化将会如何改变交通工具的未来。中国在电动汽车方面取得的进步已经为它提供了一个参与全球汽车市场竞争的平台，这已成为一个清晰的事实。

"气候路线图"描述了2015年巴黎气候大会以来很多国家对低碳化的拥抱给世界带来的诸多变化。很多国家制定了2050年前实现净零碳排放的目标。由于所处的发展阶段和经济结构原因，中国将这个目标的实现时间定在了2060年前。在降低风光使用成本和增加风光使用规模上面，中国取得了很大进步，已经成为这方面的全球领导者。"能源转型"的概念正在被广泛使用，这部分也力图对这个概念的真正含义进行详细阐释。该部分还指出一点，那就是对当前能源转型的预期与以往存在很大不同，以往的能源转型持续了一个世纪或更长时间，它其实也就是能源种类的增加而已。例如，石油在20世纪60年代超越煤炭成为世界头号能源。然而，今天全球消耗的煤炭却达到了20世纪60年代的3倍。因此，问题的核心和人类的挑战在于如何让一个80%的能源供应来自碳氢化合物且总量达88万亿美元的全球经济体在几十年的时间内实现能源转型。而且，在能源新版图中，矿物将会发挥比以往大很多的作用。能源系统要实现从燃料密集型到矿物密集型的转变，所需的矿产开发加工要比今天多出很多。

本书以能源重构主题作为结尾，这不仅体现在能源创新上，还体现在能源危机、破裂的全球化以及地缘政治竞争上。当所有的我们慢慢发现自己就生活在这样一个新版图描绘的世界中,全球治理的必要性和重要性也就凸显出来了,国家间的互相理解以及解决问题的智慧都是必不可少的。

谢谢你们,祝好

丹尼尔·耶金

前言

地缘政治和能源的显著转换正给世界带来一幅什么样的能源新版图？这一版图又会将人类带向何方？本书探讨的就是这两个问题。关于地缘政治，本书将会聚焦在国家间不断升级的紧张关系以及正在转换的国际关系平衡上。全球能源供应和流向正在发生深刻的变化，这种变化背后的主要驱动力来自于三个方面：美国在全球能源体系中的地位发生了显著变化，可再生能源在能源体系中的作用日益增加，新的气候政治正在上演。

能源背后有不同的力量在发挥作用，国家力量便是其中之一：它的大小不仅受到各国经济实力、军事能力以及地理条件的影响，还跟各国的宏大战略和精心谋划的雄心壮志有关。另外，国家之间的矛盾以及一些偶然和不可预期事件也是影响国家力量大小的变量。除了国家力量，当今世界的另外一种力量则来自于石油、天然气、煤炭、风能、太阳能以及核能，这种力量来源于以气候变化为由的政策，寻求重构世界能源系统和走向净零碳中和。

我们没有简单的能源气候版图可以参照，原因就在于这种版图一直处于动态变化中。2020年在全球蔓延并给人类带来巨大痛苦和混乱的新冠肺炎疫情更是让这种变化变得更加复杂。新冠肺炎疫情重创世界经济，多国国内和国际商业往来受到干扰，工人失业，企业倒闭，很多人因此陷入贫困，全球陷入自20世纪大萧条以来最大的经济衰退。新冠病毒还让政府背负了更多的巨额公共债务，国家间的紧张关系因此进一步加剧，全球能源市场也出现了巨大波动。

全球能源气候出现新版图。本书尝试对以下问题做出阐明和解释：页岩革命是如何改变美国全球能源地位的？各国之间为何出现紧张关系，这种关系将如何发展，而能源又在其中扮演了什么样的角色？中美关系如何从"合作"关系迅速变为潜在危险的"战略竞争"关系，这种关系是如何开始出现的？中东的安全基础是如何一个不稳定的状态（该地区仍承担着全球三分之一的原油供应和相当数量的天然气供应）？延续一个多世纪的石油和汽车生态体系正在如何受到新移动出行革命的挑战？人们对气候的关注正在如何重新塑造全球能源版图，人们多次谈论的从化石燃料到可再生能源的"能源转型"在实际当中是如何推进的？除了上述问题，本书还将探讨新冠肺炎疫情对能源市场以及主导世界石油供应的三巨头（美国、沙特阿拉伯和俄罗斯）未来能源地位的影响。

"美国新版图"讲述了美国页岩革命的故事。页岩革命改变了美国在世界能源供应中的地位，颠覆了世界能源市场，重塑了全球地缘政治。总的来说，页岩油和页岩气开采成为人类进入21世纪以来最重要的能源创新。风能和太阳能开发均为20世纪七八十年代的技术创新，然而它们却仅仅是在最近10年才得到大规模利用。激增的油气产量不仅让美国超过俄罗斯和沙特阿拉伯重新成为世界头号油气生产国，还让它进入全球最主要的油气出口国行列。

尽管页岩油气开发常常成为美国国内一些政客的抵制目标，然而页岩革命还是助推了美国的经济增长，提升了其能源贸易地位，刺激了美国国内投资并创造了工作岗位。不仅如此，它还降低了数百万消费者的生活开支。可以说，围绕页岩开发的产业链已遍及整个美国，其触角已经实际到达全美50个州，甚至还为纽约州创造了工作岗位，尽管该州因为环保原因禁止页岩开发。

始于20世纪70年代的能源危机让美国人习惯了如下思维：由于能源依赖进口，美国的能源供应体系是脆弱的。然而现在的美国却几乎实现了能源自给自足，这给美国带来的影响是明显的：美国的地缘政治影响力、能源安全以及外交政策的灵活性得到了很大的提高。尽管如此，美国建立的这种能源自信仍旧面临着限制，原因就在于能源行业仍然是一个全球相互关联的产业，美国的这种自信仍旧只能在原有国家间总体关系格局中表现出来。而且，随着新冠病毒的来临，页岩开发快速陷入一场新的危机。页岩革命已经再次开始了它的下一场"技术革命"。

"俄罗斯新版图"围绕一个导火索展开，该导火索来自于多方面的相互作用，既有能源流向和地缘政治的竞争，也有围绕30年前苏联解体遗留的未定边界问题展开的持续不断的纷争，当然还有普京总统致力于让俄罗斯重新找回大国地位的努力。虽然俄罗斯可以作为一个"能源超级大国"存在，然而它的经济却依赖于油气出口。就像苏联时代那样，今天俄罗斯的油气出口也正在引发激烈的争论：一些人担心俄罗斯可能会以油气出口作为凌驾于欧洲之上的政治优势。然而，任何潜在的政治优势都已经被欧洲和全球天然气市场的发展消解。

苏联的突然解体让其变为15个独立的国家，这种变化的后果仍然给世界带来了不确定性，这种不确定性突出地表现在俄罗斯和乌克兰之间的关系上，而这种紧张关系的核心则一直是围绕天然气的冲突。继2014年克里米亚公投后，俄乌的斗争地点转移到乌克兰东南部。奇怪的是，俄乌那场斗争却引发了美国众议院对特朗普的弹劾,尽管之前参议院已宣告总统无罪。

美俄关系降到了低谷,这是20世纪80年代早期以来都未曾见到的。与此同时,俄罗斯已经"重返"中东并且向东转向中国。除了政治,中俄快速升温的关系还有基于实际的考量:中国需要能源,俄罗斯能源需要市场。

"中国新版图"不仅基于历史,还来源于最近20年其全球经济和军事实力的巨大增长以及未来成为世界最大经济体(按某些指标测算这已实现)的能源需求。中国的影响力正在世界范围内扩展。作为曾经的"世界工厂",中国现在正寻求产业价值链的升级。中国还坚定地捍卫对南海拥有无可辩驳的主权,能源在中国对南海的开发中扮演重要的角色。

中国的"一带一路"倡议旨在依靠中国与有关国家既有的双多边机制,借助既有的、行之有效的区域合作平台,高举和平发展的旗帜,积极发展与沿线国家的经济合作伙伴关系,共同打造政治互信、经济融合、文化包容的利益共同体、命运共同体和责任共同体。

可追溯至21世纪初的"WTO共识"已经破裂。但是,出乎很多人意料的是,中美两国在经济上的联系却更加紧密,两国的相互依赖性也更强,这在新冠肺炎疫情暴发的2020年得到了展现。尽管如此,这种互相依赖的现实却在式微,有了世界两大经济体"脱钩"的呼声,同时伴随着两国日益增加的不信任,新冠肺炎疫情则又加剧了这种不信任。而这些情况持续的后果之一便是两国关系的更加紧张。

伴随着众多帝国的兴衰起伏,中东地理界线的变化持续贯穿整个古代。虽然土耳其帝国统治该地区长达六个世纪,但是中东的边界却是经常转换。现代中东版图是在第一次世界大战期间及之后确定下来的,虽然它是在土耳其帝国崩溃后留下的权利真空下形成的,然而各国边界划定却仍然是建立在土耳其帝国留下的省界基础之上。对于中东版图的挑战从来没有间断过，这种挑战来自全盘阿拉伯化的民族主义和政治伊斯兰主义，来自对以色列的反对，来自诸如"伊斯兰国"极端组织。当前中东面临的最大挑战之一是来自逊尼派沙特阿拉伯和什叶派伊朗的大国之争。两国的争斗由于土耳其的加入变得更加复杂，土耳其希望重新延续古奥斯曼帝国的荣光。另外，美国和伊朗长达40年的对抗以及中东很多国家普遍脆弱的国家治理体系也给这个地区增添了不稳定的变数。

当然，决定中东博弈格局的不仅仅是各国边界，还有各国的地质状况、油气井数量以及油气管道和油轮航线分布。油气、来自油气的财政收入、油气财富以及油气权力仍旧是这个地区的核心象征标志。然而，始于2014年的油价暴跌已经让这个地区对于石油的未来产生了新的争论。也就是在十多年前，全球都还在担心"石油供应峰值"，即石油会在某个时间枯竭。然而现在世界的关注焦点却已转换为"石油需求峰值"，即未来石油消费还能持续增长多久以及何时开始下降。未来几十年，石油真的会失去其重要性和价值吗？2020年世界石油需求的暴跌进一步刺激了石油出口国要实现本国经济多元化和现代化的紧迫意识。早在2007年，阿布扎比酋长国就启动了其2030年经济远景规划，现在的沙特阿拉伯也正力图快速实现其经济的多元化升级。

如果有一个主要因素导致石油需求而非石油供应制约中东未来发展的话，那么这个因素则与汽车科技和气候政策相关。交通工具的燃油需求似乎长时间确保了石油市场的存在，具体来说这种交通工具就是汽车。然而现在的燃油汽车似乎已经从全球的未来"路线图"上消失了。石油突然遭遇了来自以下三个方面的挑战：首先是不再使用石油的电动汽车的出现，其次是出行服务、网络约车和共享交通的兴起，最后是自动驾驶汽车的出现。基于此，未来人类必将围绕一个新的万亿产业展开主导权竞争，而这个新产业便是汽车科技产业。

如何确保人类快速应对全球气候变化？如何计算人类为此付出的成本？围绕这两个问题的争论在下一个十年不可能停息。尽管如此，随着公众气候意识的提高和力图实现"净零碳排放"新政策的实施，人类应对气候变化的意识已变得更加紧迫。因此，人类将会经历一场大的"能源转型"：当前超过80%的世界能源供应都来自石油、天然气和煤炭，这与30年前的情况几乎一样，而未来的世界则将会日益依赖可再生能源。2015年《巴黎气候协定》的签署加速了世界的低碳化未来进程。的确，从能源和气候角度考虑，世界出现了两个明显的时代：前《巴黎气候协定时代》和后《巴黎气候协定时代》。能源转型的话题正在全世界传播开来。尽管如此，围绕能源转型产生的争议也在随之增加，在国家内部、国与国之间，围绕如何转型、转型时间以及谁来为转型买单这些问题人们仍旧尚无定论。但不管如何，可以确定的是：能源转型对于像印度这种尚有数亿贫困人口没有用上商业性能源的发展中国家与德国、荷兰这样的发达国家对比来说，其意义一定存在非常大的差别。

太阳能和风能开发已被选为电力去碳化的实现路径。曾经的"替代能源"现在则成为主流能源。然而，随着可再生能源发电比例的增加，电力供应却面临着"能源间歇性"的挑战。当天气晴朗和风大力猛时，它们产生的电量会超过电网的荷载；而当天空有云或风轻力小时，它们又几乎不会产生任何电量。而这则会给电网的稳定性带来重大技术挑战。我们需要找到大规模、长时间（非几个小时）的电能存储方式。

气候将会深刻影响未来全球的能源新版图。本书将会根据《能源重塑世界》一书的内容继续展开对气候与能源关系的探讨。在《能源重塑世界》一书中，气候问题仅仅是 19 世纪中叶欧洲少数几个科学家感兴趣的话题，而他们感兴趣的原因还仅仅是担心另一个冰河时代可能会降临地球从而给人类文明带来灭顶之灾。然而时至 2015 年，世界对于气候的共识已经换成了全球变暖。为此，来自近 200 个缔约方的代表齐聚巴黎，意在达成新的全球气候减排协定。本书将会把焦点放在气候政策如何改变全球能源体系上，而气候政策制定的推动力则来自相关研究观察、气候模型、政府的政治动员和监管意愿、社会组织的奔走呼吁、金融机构的融资政策以及人类正在加深的气候忧虑。"净零碳排放"将会成为人类未来几十年面临的最大挑战之一，这种挑战不仅来自于政治方面，还来自于人们的生活以及为此而付出的成本。

本人所著的《粉碎和平》一书探讨了美苏冷战的起源。《石油风云》一书为读者徐徐展示了近一个半世纪的全球地缘政治和石油画卷，本书也会涉及这些内容。本人与其他作者合著的《制高点》一书讲述的是冷战后的世界以及新的全球化时代。而本书则会提到新出现的全球化裂痕。

新冠肺炎疫情的出现进一步加速了已经开始的去全球化、去合作趋势。2008—2009 年，国际合作是全球克服金融危机蔓延的关键所在。然而在 12 年后的对抗新冠肺炎疫情的斗争中，国际社会之间的那种合作却明显不复存在。一直谈论的"关系脱钩"已经转变为全球产业供应链的国际化撤退，而这种供应链则一直是全球 90 万亿美元经济总量的产业基础。简而言之，各国的边界围墙正在加高，民族主义和保护主义正在抬头，通常的人员自由流动变得不再像以前那么自由。2020 年新冠肺炎疫情对全球经济造成的一个结果便是更多脆弱破败国家的出现，而这又将制造新的安全挑战，在某个时点这种挑战还将会超越这些国家的边界从而蔓延到其他国家。面对国内和国际需要，无论是应对安全还是健康问题，抑或是应对能源和气候问题，这些国家政府都会受到牵制，原因就是为了抗击新冠肺炎疫情对经济的影响，它们的财政承担了巨额的债务包袱。

然而，人类通往未来的能源之路却早在新冠肺炎疫情之前就已开启：可再生能源和电动交通工具不仅出现了更广泛的使用，而且页岩革命还改变了美国的能源地位，震惊了全球能源市场并改变了美国在全世界的能源地位。

本书首先就要从美国能源革命讲起。

目录

第1部分 美国新版图

第1章　页岩革命 / 3

第2章　页岩油的发现 / 13

第3章　工业复兴 / 23

第4章　新的天然气出口国的诞生 / 28

第5章　封闭的墨西哥和开放的巴西 / 37

第6章　管道之争 / 41

第7章　页岩时代 / 46

第8章　地缘政治再平衡 / 51

第2部分 俄罗斯新版图

第 9 章　普京的宏大工程 / 61

第 10 章　天然气危机 / 67

第 11 章　能源安全冲突 / 72

第 12 章　乌克兰及新制裁 / 77

第 13 章　石油和俄罗斯 / 84

第 14 章　反击 / 87

第 15 章　俄罗斯向东转 / 97

第 16 章　地球腹地 / 101

第3部分 中国新版图

第 17 章　G2 / 109

第 18 章　南海问题的中国智慧 / 113

第 19 章　为了石油？ / 116

第 20 章　集装箱运输 / 120

第 21 章　斗而不破 / 123

第 22 章　"一带一路"倡议下的能源合作 / 130

第4部分 中东新版图

- 第 23 章　赛克斯—皮克线 / 141
- 第 24 章　伊朗革命 / 151
- 第 25 章　波斯湾战争 / 155
- 第 26 章　地区冷战 / 163
- 第 27 章　为伊拉克而战 / 170
- 第 28 章　抵抗之弧 / 175
- 第 29 章　"东地中海的崛起" / 189
- 第 30 章　"答案" / 194
- 第 31 章　石油冲击 / 205
- 第 32 章　奔向未来 / 219
- 第 33 章　新冠肺炎疫情的冲击 / 236

第5部分 未来路线图

- 第 34 章　电动革命 / 249
- 第 35 章　智能交通 / 266
- 第 36 章　网络打车 / 275
- 第 37 章　汽车技术 / 282

第6部分
气候路线图

第 38 章　　能源转型 / 291

第 39 章　　绿色新政 / 300

第 40 章　　可再生能源 / 304

第 41 章　　技术突破 / 312

第 42 章　　能源转型对发展中国家的影响 / 315

第 43 章　　变化中的能源结构 / 319

结　论　　曲折的未来 / 329

后　记　　/ 335

致　谢　　/ 349

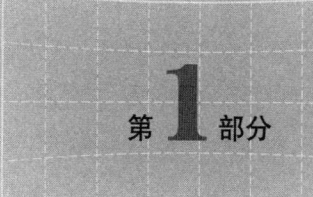

第1部分

美国新版图

第1章　页岩革命
第2章　页岩油的发现
第3章　工业复兴
第4章　新的天然气出口国的诞生
第5章　封闭的墨西哥和开放的巴西
第6章　管道之争
第7章　页岩时代
第8章　地缘政治再平衡

第1章

页岩革命

如果你想到达页岩革命的起源地，那么你只需要离开达拉斯驶入35号州际公路，向北行驶40英里，然后转向一个通往庞德小镇的小道，再经过一家食品商店、一座白色水塔、一个通向牛仔教堂的路标和一家已经关门的甜甜圈商店后，继续向前4英里你就来到了人口大约400人的得克萨斯州小镇迪斯。最后，你会看到一圈铁丝网围着一小堆凌乱的内置活梯的油气管道。那么这个位置就是你要到达的终点：SH格里芬4号气井，而铁篱笆的标识牌上则记载了它的历史：开钻于1998年。

确切地讲，1998年并非一个油气开采的好时候。当年的亚洲金融危机和接下来的全球经济恐慌将油气价格拽入谷底。尽管如此，SH格里芬4号气井给世界带来的改变却超过了当时任何人的想象。

虽然该气井的钻探主要采用的都是标准化的油气开发技术，但是它也尝试了一些新技术，尽管这样的做法当时遭遇了相当大的质疑。在该气井工作的人员当中，少部分人坚信一定存在某种商业化可行的方法将分布在致密页岩中的天然气提取出来，然而当时的石油工程教科书理论却认为那是不可能的。在所有人当中，持有这种信念最为强烈的是该气井的老板乔治·米切尔先生。长期以来他都是这种想法的真正坚信者。

为了理解米切尔先生这种信念的强烈程度，我们需要从希腊博罗博尼西亚半岛的一个很小的村庄开始说起，而SH格里芬4号气井的出现则跟很多年前这个小村庄具有不可分割的关系。

1901年,一个不识字的名为萨瓦斯·普拉斯科夫波罗斯的20岁牧羊人决定移民美国,并认为这是他可以逃离贫穷生活的唯一方式。等到他来到美国加州格拉维斯顿的时候,他已经重新受洗,并拥有了一个新的名字迈克·米切尔。最终他开了一家洗衣店和擦鞋店,仅仅勉强维持家庭开支。

他的儿子乔治·米切尔被得克萨斯州农工大学录取,在那里他学习地质以及相对较新的石油工程学科。读大学的乔治很穷,当时还处于大萧条时期。为了能够支付整个大学的开支,米切尔卖过糖果,给其他同学提供过文具雕饰服务,给同学收拾过桌子,还给同学裁剪过衣服。另外,米切尔还当过网球队队长,他的表现处于班级顶尖水平。

第二次世界大战后,米切尔不想为其他任何人工作。于是他与几个伙伴一起,在休斯敦的一家药店上面租了一间办公室,为他人提供地质咨询服务。截至20世纪70年代,米切尔已经拥有了一家相当规模的油气公司。尽管一路走来起起落落,但是他对于油气发展有着异乎寻常的敏锐感:与石油相比,他更看好天然气的未来。

大约在1972年,米切尔遇到《增长的极限》一书,该书为罗马俱乐部这个环保组织撰写。书中预测称,世界的自然资源将不能满足全球过多人口的需要。被书中观点吸引后,米切尔对于环境问题开始表现出越来越大的兴趣。对他来说,天然气不仅是一份生意,还是一份事业,因为天然气的清洁性要优于煤炭。如果米切尔认为某些人说了煤炭的好处,有时他就会将那些人召集在一起斥责他们。

受到环保思想的刺激,米切尔启动了一项与以前完全不同的商业计划:他在休斯敦北部名为伍德兰的地方建造了一座风景秀美、面积达44平方英里且由大师设计的森林社区。这个社区的口号便是"可居住的森林"(今天该社区的人口已经超过10万人)。米切尔还亲自参与社区的设计决策制定,小到花坛、树木的设计细节以及在社区放养野生火鸡(直到扑杀一只火鸡)的想法都有他的影子。

尽管如此，米切尔却难以忽视他的能源生意。他面临着一个重要的难题。米切尔能源公司签署了一份合同，为芝加哥提供这个城市所需的10%的天然气。然而公司所拥有的能够支撑履约的地下天然气储量却是越来越少。米切尔能源公司需要找到应对之策，而这种策略则来自米切尔偶然得到的一个灵感。

1981年，米切尔读了自己公司的一位地质学家为某本期刊所写的一篇文章草稿。该文章提出的设想与常规地质和石油工程课堂教授的理论是相悖的。该文章认为，从分布在地球深处、比混凝土还要致密的岩石中采集天然气具有商业可行性。这种致密岩是资源的存储地，它像一个"厨房"，大量有机物在这里被"加工烹饪"，历经数百万年后变成石油或天然气。而根据教科书理论，有机物被"烹饪"后形成的石油和天然气会运移到油气藏中，然后它们才可以被开采出来。

当时，人们认为石油和天然气虽然可能仍然会存在于页岩中，但是人类并不能对存储在这里的油气进行商业化开采，原因就是它们不能在致密的岩石中流动。米切尔读到那篇文章后，对传统观点开始表示反对。受到芝加哥供气合同的困扰，米切尔开始坚信页岩气开发或许能够成为拯救公司的一条途径。为此，他们必须要找到证明传统观点错误的办法。

页岩气开发的试验场选在了巴奈特页岩，这个页岩的名字来源于19世纪中期一个赶着马车队来到这个地方的农民，该页岩分布面积达5000平方英里，距离地面有1英里甚至更深，向外延伸到达拉斯福特沃斯机场和得克萨斯州北部众多牧场和小镇的地下。年复一年，米切尔团队千方百计想要破译页岩开发"密码"。他们的目标是在致密岩中开辟出微小的通道，以便让天然气通过这些通道进入气井。为实现这一点，他们利用了水力压裂方法，这种方法后来以"压裂"的名称而更为人们熟知，该方法将水、沙、胶以及一些化学物质先进行混合，然后利用高压将混合物注入岩石中，这些混合物会打通岩石上很多微小的气孔从而将其中的天然气释放出来。水力压裂技术在20世纪40年代后期就已经被研发出来了，从那以后就被广泛用于常规石油和天然气的勘探开发中。

然而，此时压裂技术却并非用于常规油气藏，而是页岩本身。随着时间的进展，米切尔为此花费了很多资金，却没有产生任何商业化结果。公司内部也随之产生了质疑的声音。尽管如此，当有人大胆向米切尔建议页岩压裂想法行不通而仅仅是一项"科学实验"时，米切尔却总是这样说道："这就是我们将要做的事情。"而且，自从米切尔控制了公司后，米切尔能源公司就继续在巴奈特页岩区块进行页岩压裂开发，然而他们仍旧没有看到好的结果出现。

时至 20 世纪 90 年代中期，米切尔能源公司的财务状况已陷入危险境地。当时的天然气价格处于低位，因此公司缩减了开支并实施了裁员计划。公司以 5.43 亿美元的价格出售了伍德兰森林社区。当出售的通告传到米切尔那里等他复核时，米切尔简短地说："很好，但有点伤心。"接着他继续说道："我讨厌将它出售。"然而他当时并无其他选择，因为米切尔能源公司需要资金。尽管如此，米切尔却并不会向页岩气开发低头。就像他的孙女曾经讲述他的那样，米切尔的性格标志就是他的"执着"。如果他有怀疑，他不会将怀疑告诉别人。

截至 1998 年，米切尔能源公司在巴奈特页岩开发上花费的资金已高达 2.5 亿美元。然而，当分析师预测美国未来的天然气供应前景时，巴奈特页岩甚至都没有进入他们的考虑名单。米切尔能源公司的一个页岩开发信仰者丹·司徒沃德回忆说："各种有油气开发经验且受过良好教育的人都想要退出巴奈特页岩开发，他们说我们这是在烧钱。"

然而尼克·斯特恩斯伯格对于页岩开发却并不怀疑，作为米切尔能源公司巴奈特页岩开发区块的一位 30 岁的经理，他相信一定存在某种技术手段能够实现页岩气的商业性开发。另外，由于当时的天然气价格处于低点，尼克还要努力降低气井钻探成本。为此，他必须要将气井钻探最大的成本之一——瓜尔胶的成本降下来。

瓜尔胶多数从印度进口，它从瓜尔豆中提取而来，被广泛应用于食品工业，以确保蛋糕、馅饼、冰淇淋、早餐谷物食品和酸奶的粘性。除此之外，瓜尔胶还有一个重要的用途，便是被用于压裂技术中，掺了瓜尔胶的水浆携带沙子进入裂缝可以使裂缝体积扩大。尽管如此，当时的瓜尔胶和相关的添加剂都是价格昂贵。在达拉斯举行的一场棒球比赛中，尼克偶遇了其他一些地质学家，这些人曾经成功用水替代了很多瓜尔胶的使用，但是这些做法只是被用于得克萨斯州其他地方的油气开发，并未被用于页岩开发。1997年，尼克在几个页岩气井中尝试了一些用水替代胶的想法，但都未取得成功。

尽管如此，尼克还是获准对该想法进行最后一次尝试，而这次试验地便是位于迪斯的SH格里芬4号气井。这次，尼克的团队仍旧使用水替代了多数瓜尔胶，只是这一次他们注沙的速度要比以前慢了很多。到1998年春，他们已经找到了问题的答案。尼克说："SH格里芬4号气井的表现要大大优于米切尔能源公司钻探过的任何其他气井。"页岩气开发的密码已被破译。

新技术需要一个名字。米切尔能源公司不想只是给它一个简单的"水力压裂"名字。这样的名字过于随意甚至让人感到无聊。于是他们想到了一个新的名字：平滑水力压裂技术。

技术获得突破后，米切尔能源公司快速将该技术应用于巴奈特页岩区块的新气井上面。米切尔能源公司的天然气产量出现了激增。然而，如果米切尔能源公司想要进行大规模的页岩气开发，它仍旧需要其他很多资本投入，公司也就是缺乏这个东西。因此，乔治·米切尔不情愿地启动了公司出售计划。从个人角度出发，这对于米切尔来说是一个艰难的时刻。始于对页岩气开发的直觉和信仰，米切尔历经17年终于证明了自己的正确，于此他获得了很大的满足，然而不幸的是，当时的他正在接受前列腺癌治疗，妻子也渐渐患上了阿尔兹海默症。最终米切尔能源公司没有找到买家。公司出售计划被取消，重回运转轨道。

接下来的两年里，米切尔能源公司的天然气产量实现了高于两倍的增长。这引起了戴文能源公司首席执行官拉里·尼可拉斯的注意，较早米切尔能源公司启动公司出售计划时，戴文能源公司曾有意接手米切尔能源公司。尼可拉斯曾质问他自己手下的工程师："为什么这一切能够发生？如果压裂技术不可行，那么为什么米切尔能源公司的天然气产量能够上升？"那时戴文能源公司的工程师才意识到米切尔能源公司的确已经攻克了页岩气开发难题。尼可拉斯不想再次失去购买米切尔能源公司的机会。2002年，戴文能源公司以35亿美元买下米切尔能源公司。尼可拉斯曾这样说道："除了米切尔和我们公司，当时绝对没有任何人相信页岩气开发可行。"

尽管如此，页岩气开发需要另一项技术的配合才能变得经济可行。这项技术便是水平井。首先气井操作人员垂直钻井（今天的深度达到2英里）钻探到岩层"拐点"，接着钻头在该点发生转向，水平穿过页岩。这种情况下，钻头和岩石可以有更多的接触，从而将更多的天然气采集出来。虽然人类拥有水平井的经验，但是该技术在20世纪80年代末、90年代初之前一直没有普及开来。该技术是人类测量感知技术、方向性钻探技术和地震分析水平提高的结果，利用该技术特制的马达可以做出惊人的事情：在地下1英里或2英里深处，一旦钻头完成90度拐弯开启水平方向的钻探时，马达就会推动钻头一直向前。除了水平井，压裂技术的应用还需要进行大量"试错"。戴文能源公司现在有了新目标，即努力实现水平井和压裂技术的融合。

2003年炎热的夏季，政府官员、工程师、专家和来自天然气行业的高管来到得克萨斯州以北750英里的丹佛马瑞特机场的一个超大会议室里。他们聚集于此，旨在对一项事关美国未来天然气发展的重大研究结果进行评议。该研究得出的结论让人深度悲观。低位徘徊多年后，天然气价格突然出现了急剧拉升。天然气需求正在增加，尤其在电力部门更是如此。该研究报告称，尽管美国在役钻机的数量出现了翻番，但是一个"令人伤心"的现实便是持续高位运行的天然气价格并没有带来预期的天然气供应增加。简而言之，美国的可采天然气资源正走向枯竭。

主持该项美国未来天然气研究的主席告知参会人员，天然气开发新技术和"非常规"天然气对美国未来天然气供应难以产生任何影响。美国能源供应的清单上甚至都从来没有提到过页岩气。

在会议上，来自得克萨斯州大学的一位教授"开炮"反对这项研究结论。他提醒道，这项研究对于非常规天然气的估计数量大约仅为另一项预测的1/3。"两个预测结果相差太远了。"这位教授不屑地评论道。然而主持该研究的主席并不同意他的看法，他认为预测美国潜在天然气供应会更多地是一个彻彻底底的错误。

"这里的某个人才是彻底地搞错了，难道不是吗？"这位教授反驳道。

当时房间里的每个人几乎都确信是这位教授彻彻底底搞错了，美国国内天然气将面临长期短缺，而弥补这种短缺的主要方式就是将眼光瞄向海外，即从国外进口液化天然气。随着历史的发展，美国将不得不开展新的行动：大量进口来自加勒比地区、西非、中东或亚洲的液化天然气，而美国也将对进口天然气产生越来越多的依赖。会议认为，美国注定将会成为世界上最大的液化天然气进口国，在天然气获取上将会更加依赖全球市场，就像在石油领域已经发生的那样。

2003年7月在丹佛的大型空调房间里，当这项有关美国天然气的研究结论正被认真审议时，戴文能源公司的工作人员正在美国南部得克萨斯州几乎100华氏度的高温下持续不断地工作，他们正在采取办法，意在将钻探气井数量提升到55座。

作为戴文能源公司的首席执行官，拉里·尼可拉斯由于正在聚焦公司的勘探计划而缺席了丹佛这场天然气会议。"每当我们钻探一个气井，每当我们看到这些气井的产出可以持续，我们每天的信心就会增加一点，逐渐地我们开始坚信页岩气的确能给能源体系带来改变。"尼可拉斯回忆说，"我们从来都不是只有一个惊喜时刻，随着我们开采技术的逐渐提高，我们拥有了大大小小的很多惊喜时刻。"

截至戴文能源公司这个钻探计划结束时，他们已经找到了页岩气开发的奥秘。戴文能源公司的工程师们成功将滑溜水力压裂和水平井技术结合在一起，有效释放了存储在页岩中的天然气。"这创造了历史。"尼可拉斯后来更愿意这样表达。

页岩气开发的技术突破就像跑步比赛的发令枪响，继戴文能源公司，很多其他公司也争先恐后加入到这场页岩气开发比赛中来，目的就是能抢在别人前面获得一份属于他们的页岩区块。

这些公司规模都不是很大,并不是那些公司标志在全美加油站都可以看到的那种公司。当时的大型石油公司仍在忙于撤出美国陆上的油气开采业务,原因就是他们认为继续那样干是死路一条。这些公司正在将资金投入到墨西哥湾的深水海域以及耗资达数十亿美元的全球"巨型项目"上。就像这些公司看到的那样,美国陆上油气已被开发很多了,产量下降非常明显,已不能满足美国那种规模的新增资源需求。

于是,美国陆上油气开发的任务就留给了那些独立油气勘探生产商,这样的公司没有加油站或炼化业务负担,更具开拓性,行动比较迅速,还有着较低的成本结构,而这则是在资源日益枯竭的陆上区域进行油气开发赚钱的必要条件。"独立开发商"本身是一个相当宽泛的概念,从估值达数十亿美元的大公司到小到仅是几个勘探师组成的小团队,都在这个概念范畴内。

在这场页岩气开发竞赛中,开发商首先需要从农牧场主那里尽可能多地租到有开采前景的区块,下一个过程便是开始提高资源产量。很快开发商发现,页岩并不都是相同的:页岩天然气产出水平有高有低。每个人都想要赶在别人前面找到"甜点",也就是最具开采潜力的区块。于是,数千"土地交易人"便成为这场页岩革命的先锋,他们敲开农民的纱窗门,将通知扔进农民的邮箱里,目的就是让地主拿他们之前毫无价值的矿物所有权来换取未来可能的土地租金,而这个租金也可能会是一大笔财富。

除了得克萨斯州,这些独立的开发商又将这场页岩革命带到了路易斯安那州、阿肯色州和俄克拉荷马州,随后又将它带到了后来被证明是最大的页岩气聚集地——又大又厚的马塞勒斯岩床附近,该岩床距离地面至少1英里,延伸至纽约州西部后向南进入宾夕法尼亚州和俄亥俄州,然后继续向前挺进至西弗吉尼亚州。该岩床还进入到加拿大境内。马塞勒斯页岩将成为世界第二大页岩气聚集区,也有可能是最大的。而且,马塞勒斯岩层的部分区域下面还覆盖着一个名为尤蒂卡的页岩层。这些独立开发商都在以尽可能快的速度加入这场页岩革命中,而这背后的具体驱动因素则是天然气价格。对此,《华尔街日报》报道称:"历经几十年的价格低位和供应充足后,美国成为工业化世界中天然气价格最贵的国家。"受高价格的驱动，开发商开展了很多的试验、投资和冒险行动，而在价格较低的情况下他们是不会这么做的。开发商需要掌握不同于常规天然气生产的页岩气生产规律。页岩气井的最初产出是高的，然而在稳产之前它的产量下降速度要比常规气井快得多。在这种情况下，开发商就需要持续进行新的气井钻探，这就是所说的页岩气生产过程。

2008年是全球油气公司觉醒之年。这一年，美国的天然气产量一改人们通常预期的下降趋势，实现了上升。这突然引起了那些大型跨国公司的注意。一些大型公司开始将他们的投资重新转移到美国大陆。有时候这些公司还会收购一些独立开发商。来自中国、印度、法国、意大利、挪威、澳大利亚和韩国的一些跨国公司向美国的这些独立开发商支付钱款意在建立合作关系，还向他们提供所需现金，以支持他们在页岩气开发上继续高歌前行。

在新的视角下，美国的天然气资源估算基数出现了显著上升。截至2011年，美国天然气潜在产量委员会（美国资源供应量的分析机构）预计，美国可采天然气资源量比10年前增加70%。也就在这一年，美国总统奥巴马宣称："近期的技术创新给了我们开发更多资源的机会，新的资源可能一个世纪都用不完，而它们就藏在我们脚下的页岩中。"

美国的天然气储量估算出现了持续上升。截至2019年，美国天然气潜在产量委员会对于美国可采天然气储量估算已经达到了2002年估值的3倍。美国天然气产量增速是如此之快，以至于这种现象有了一个为人熟悉的"页岩风暴"的称呼。随着天然气供应由短缺转向过剩，不可避免的事情出现了：天然气价格出现了直线下跌。充足的供应加上较低的价格改变了美国总体能源格局：天然气在美国能源结构中的比重持续上升。

美国能源系统最具决定意义的改变发生在电力部门。长期以来，煤炭一直是美国发电部门的主导能源，煤炭的这种地位在20世纪七八十年代又因为政策因素得到了加强，当年的政策一方面力促煤炭成为美国国内安全可靠的能源，另一方面则限制天然气在发电部门的使用（原因就是那个时候人们也认为美国的天然气会慢慢枯竭）。在页岩气被开发前的20世纪90年代，天然气在美国发电部门中使用的比例从未超过 17%。然而随着页岩气的出现，天然气在价格上出现了强大的竞争优势，由于环保压力，美国建设新的燃煤电厂在现实中已不再可能。2007 年后期，煤炭还为美国提供了一半的发电量。到了 2019 年，煤炭的发电比例则已降至 24%，而天然气的这个数字则上升到 38%。而这也就是美国的二氧化碳排放能够降至 20 世纪 90 年代早期水平的主要原因，而且这段时间美国经济总量还实现了翻番。

现在的美国已不存在任何有关进口昂贵液化天然气的想法。美国面临的挑战不再是如何节约使用稀缺的天然气资源，而是如何为日益丰富而价格并不昂贵的天然气资源找到市场。

第 2 章

页岩油的发现

2007 年的一个早上,马克·帕阿正在休斯敦筹备一场董事会会议。他是 EOG 公司的首席执行官,而该公司则是巴奈特页岩区块的主要独立开发商之一。仅仅 EOG 公司就在巴奈特区块发现了这么多的天然气,看着那些幻灯片展示,帕阿想到了一路过来的艰难。天然气产能正在发生变化,帕阿心里想道。作为一家公司,EOG 公司之前在思考自己的天然气储量时只能以 10 亿立方英尺为单位。而如果考虑到公司在巴奈特区块拥有的全部页岩气,现在这个单位正在变为万亿立方英尺,整整扩大了一千倍。而在巴奈特页岩开发之前,万亿立方英尺还通常是为测算整个美国天然气总量而准备的一个计量单位,绝不是为单个某家公司准备的!

除了 EOG 公司,其他的公司也发现了天然气储量的类似变化。帕阿在心里加总了这些数据后,发现结果惊人。他意识到这样的结果将会对天然气市场产生影响。

这时的帕阿脸上略显惊讶,就像一位化学教授刚刚意识到自己给班级上课迟到那样。帕阿不是在匹兹堡长大,后来因为偶然发现了一家石油公司的宣传册,于是决定在匹兹堡大学学习石油工程。"这样选择听起来并不科学,"帕阿曾经说道,"但是人类发现石油的多数地方气候相对都比较温暖,我喜欢温暖的地方。"

在职业生涯中,帕阿学会了将眼光聚焦在那些宏观的大趋势上。他曾经为一位密切追踪欧佩克动向和石油市场波动的石油经济学家工作。对此帕阿说："这份工作让我懂得关注石油供需的重要性，我热爱这种供需机制和市场反复的变化。"

将正在审看的幻灯片搁置一边，帕阿想到了关于供需机制的一句话。他说："天然气是一种商品，其价格也会如岩石那样下落，这是一个绝对明显的趋势。我们将因此会受到严重冲击。"

面对这种情况，EOG 公司仅仅有三种选择。虽然它可以走国际化路线，但是却需要面临来自埃克森美孚、壳牌和英国石油这样的巨头竞争，而这对于没有规模、资源和经验优势的 EOG 公司来说，国际化日子将会变得非常艰难。另外，EOG 公司也可以冒险挺进墨西哥湾的深海水域，然而在那里它却没有专业技术。

EOG 公司的第三个选择便是利用自己在页岩开发领域拥有的一些专业技术，尝试从致密岩石中提取石油，就像它从岩石中提取天然气那样。如果这样做，帕阿就会像乔治·米切尔那样也会被推到一个被质疑包围的境地。页岩过于致密，即便使用压裂办法也无法让石油流动，按照 EOG 公司的说法，这在当时已成为一条"行业铁律"。根据该教条，由于石油分子比天然气分子大很多，所以它们不能从压裂产生的岩石微小孔隙中流动出来。

当然这还不是人们质疑页岩油开发的唯一原因。当时人们几乎普遍认为，美国作为石油生产国的时代正在快速远去。截至 2007 年，美国石油产量已下降到每天只有 510 万桶，这个数字仅仅略高于 20 世纪 70 年代初产量的一半。与此同时，美国的石油净进口几乎占到了其石油消费总量的 60%。美国政客可能向民众承诺过"实现能源独立"，然而当时美国面临的真正问题似乎却是它的石油进口增速将保持在一个什么样的水平。

EOG 公司需要回答这样一个具体问题：石油分子真的因为太大而不能在已被压裂的页岩中流动吗？的确，石油分子明显要比天然气分子大，然而到底大出多少？

"我们来找寻答案吧。"帕阿宣布说。关于这个问题，当时肯定存在一些研究论文。然而奇怪的是，在石油分子大小的定量研究上EOG公司却没有找到任何相关文献。

在这种情况下，EOG公司不得不亲自开展这项研究。他们不仅需要搞清天然气分子和石油分子的大小，还要弄明白那些存在于岩石中的不为我们肉眼所见的微小气孔在压裂前后的体积大小。在电子显微镜和CT扫描仪的帮助下，经过取样调查，EOG公司最终获得了答案：石油分子和天然气分子的大小比处于一点几至七这个区间的某个位置。而关键的是，即便这样大小的石油分子也可以顺利滑动穿过岩石气孔的"咽喉"。

帕阿将公司的高级经理召集在一起。他说："这些人正在开足马力寻找天然气，我们已经实现了我们最疯狂的页岩油梦想。"当初帕阿告诉他们天然气价格将会下降而且还将维持低位很多年时，那对他们来说绝对是一个冲击。这时帕阿对这些惊呆的经理说，公司将停止寻找页岩气，他们应该开始寻找页岩油。

房间安静下来。帕阿鼓足精神做好了"被呛"的准备。他知道他们可能会表示反对。这些经理可能会说："马克，你已经疯了。"然而，这些经理却没有这样做，他们只是说："好的，马克，我们会那样做。"

尽管如此，帕阿却并不急于公开宣告公司的战略变化。不久以后，他去纽约参加了一个投资人会议，在那里其他公司的首席执行官们还都在谈论他们发现了多少天然气以及他们还将发现多少天然气。帕阿听到这些，心里对自己说："这些家伙忽视了经济学基础。"在谈到EOG公司的新想法时，帕阿在公开场合有意采取了模糊态度。

然而在公司内部，事情却有所不同。帕阿说："我们的战略方向已做出了180度的改变，我们要寻找的是石油。"

最终，EOG公司将焦点放在了位于南得克萨斯州的鹰滩页岩上。对于得克萨斯州的其他油田来说，鹰滩页岩被认为是它们的资源岩，即所谓的"厨房"，然而它本身却不被认为有什么商业开发潜力。尽管如此，在研究过程中EOG公司的地质学家偶然碰到了一些地震日志，它们是几十年前在开发所谓"边际井"那样的非常低产的油井时留下的。随着他们对这些日志的检查，EOG 公司的地质学家变得越来越兴奋。这些老油井的产量表现与页岩油井的表现恰好吻合：产量最初较高，然后就大幅下降至一个稳定的水平。对此帕阿表示，这恰恰说明这种油井开发急需应用水平井技术。EOG 公司的地质学家和石油工程师突然有了 120 英里长纯油带的想法，而这在以前根本是不敢想象的。

虽然帕阿发出了尽可能多的租用土地的命令，但是他也要求在做这些事时要尽可能的安静。等到这些事情做完的时候，EOG 公司已经以每英亩 400 美元的价格购买了 50 万英亩土地。按照这个面积，EOG 公司认为这相当于他们获取了将近 10 亿桶石油。然而随着钻探的开始，EOG 公司竟发现他们之前大大低估了这些土地的石油储量。帕阿在 2010 年的一个投资会议上放出了这个消息。他说："我们认为从非常规岩石中利用水平井技术获取的石油将会改变北美石油工业现状。"EOG 公司的做法一旦变得透明公开，其他石油公司也都涌入了鹰滩产区。因此，那里的地价也从当时 EOG 公司的每英亩 400 美元上冲至 53000 美元。截至 2014 年，EOG 公司已成为美国陆上最大的原油生产商。

然而帕阿还是低估了页岩油的影响力，这一点在几年之内就变得清晰了。页岩油不仅改变了北美的石油工业，还给全球石油工业带来了改变。

继鹰滩后，页岩油革命刮到了北达科他州。在经历几十年的尝试无果后，该州于 1951 年由一家名为阿莫阿达的公司在威利斯顿盆地首先发现了石油，该公司后来则被赫斯石油公司收购。

接下来的结果便是北达科他州的石油热，以至于当时《时代》杂志封面将该州描述为未来石油生产的"黄金宝库"。在阿莫阿达公司发现石油的地点，一块纪念碑在 1953 年还被竖立起来，碑上这样写道："石油发现为北达科他州打开了时代新纪元。"然而实际结果却是北达科他州既没有石油黄金宝库，也没有开启新纪元。尽管有很多钻探，但是却没有很多石油发现，于是北达科他州的这股石油热就渐渐冷却了。尽管如此，阿莫阿达公司（后来变为赫斯石油公司）却坚守在该州，并不断增加它的矿区面积。赫斯石油公司的首席执行官约翰·赫斯对此解释说:"我们认为科技的变化终将使我们开采出更多的石油。我们之所以坚持,原因就在于我们持续坚信这一点。石油产业中有下面一个古老的理论:如果你有一片油区并在那里已开展了多次勘探,那么你就想要坚持下去。"

也有一些人对于在北达科他州找到数量可观的石油持怀疑态度。其中就包括一个名为哈罗德·哈姆的俄克拉荷马州人。从本质上说,他是一个石油人。他曾这样说:"石油生意占据了我的头脑和我年轻时的想象,我想要发现石油。"

哈姆成长在一个贫穷卑微的佃农之家,是父母 13 个孩子中的一个。在他孩童时期,他就经常帮助家里摘棉花。由于棉花收获季节会延长到学校学年开始之后,所以哈姆常常会比同年级其他学生晚到校几个月,这样为了赶上课程他就需要特别努力学习。没有去上大学,哈姆去了油田周边工作。开始他拥有的主要技能就是职业道德、聪明以及强烈的成功驱动力。就像他多年后描述自己的那样,他是一个"渴望成功的年轻人"。

哈姆的工作之一便是为钻井运输柴油和润滑油,这也是他和石油人打交道的机会。他不仅与他们讨论石油生意,还向他们学习如何阅读石油地图和开发日志以及如何钻井和完井。在他 25 岁的 1971 年,哈姆将所有钱凑在一起买下了一家公司正在出售的一个油田的开发权。对于该油田的前景,他有着不同于别人的看法。对此他曾这样表示:"在石油工业领域我已待了 5 年,对于石油我有非常强烈的信念。"他碰到了石油,已开启了在这个领域的奋斗。另外,哈姆还意识到他必须要赶上别人。利用晚上时间,他去啃那些有关地质和地球物理方面的书籍,并去当地的一个学院听课。他曾说:"我去听课不是为了学位,而是为了学习知识。"他在 1982 年卖出了他的第一家公司,之后便创办了一家钻探公司。他也有过失败,曾经连续钻探 17 个地点无果而终。但他不屈不挠,最终创建了大陆资源公司。

20 世纪 80 年代中期,哈姆开始在横跨蒙大拿州和北达科他州的韦尔斯顿盆地寻找石油。利用水平井技术,大陆资源公司在盆地靠近蒙大拿州的一边发现了两个油田。2003 年,公司又开始在北达科他州这边购买土地。

这个时候，发生在天然气领域的页岩革命种子也刚好开始传播。这项技术能否被用于北达科他州？在距离该州地表2英里的深处，有一个以当地农民名字命名的巴肯岩层，它就像三明治那样被夹在其他地层之间，而就在巴肯岩层下面还躺着一个三叉岩层。虽然从技术上说，这些岩层会被归类为"致密砂岩"，但是它们却和页岩类似，通常也被称为页岩。在页岩革命之前，它们是被忽略的，被认为不存在任何价值。"人们认为我们决不会从巴肯岩层获得任何石油"，约翰·赫斯曾这样说。然而，得克萨斯州巴奈特岩层发生的事情却预示了另一个石油前景。

如何从巴肯岩层开采石油？这个问题的技术性答案就是"分段"水平井。"分段"要求钻探人员根据钻头接触到的具体岩石情况不断进行学习、试验和调整，而不是尽可能一下子沿着一个方向将一整段水平油井压裂完毕。在距离地下2英里的深处沿着一条2英里长的水平路径进行分段压裂需要耗费更多的时间和成本，然而这种方法却是可行的。到2009年，这种技术正在取得成效。

巴肯岩层的石油产量实现了起飞。2004年，北达科他州每天的石油总产量还只是85000桶，而到了2011年，该州的这个数字就增加到4倍多，达到41.9万桶。因此，北达科他州超越加州成为美国第三大产油州，接着又超越阿拉斯加州成为全美第二大产油州，仅次于得克萨斯州。截至2014年，北达科他州每天的石油产量已达到110万桶，比10年前的这个数字足足增加了13倍。"北达科他州有一个石油黄金宝库。"60年前《时代》杂志的这种说法最后被证明是绝对正确的，只不过是说得有点过早了。

北达科他州的石油热极大地促进了该州的经济和财政收入增长。不仅是经济，该州居民收入也在激增。大量金钱流入那些之前勉强经营但是拥有矿物所有权的农民口袋中。2008年之后，在美国总体失业率居高不下的背景下，北达科他州却拥有全美最低的失业率，于是很多失业者也流入该州。

尽管如此，北达科他州石油开发热的快速兴起和开发规模的扩大也造成了一些问题：该州出现了住房短缺，而且公路、学校、医院甚至法院都出现了过度拥挤问题。另外，北达科他州也没有充足的石油管道资源，而这就意味着大量的石油将会通过铁路被多达100节车厢的火车运出去。因此，美国的铁路石油运量也从2010年的每天5万桶飙升至2014年的每天100多万桶。在煤炭运输业务量下降的背景下，石油运输业务则很受铁路部门的欢迎。

巴肯页岩油开发面临的最不寻常的挑战之一来自鸟类。根据美国鱼类及野生动植物管理局指控，美国司法部向大陆资源公司和另两家石油公司提出有罪诉讼，起因则是28只候鸟的死亡。在大陆资源公司的案子中，涉及的是一只名为塞氏菲比霸鹟小鸟的死亡，康奈尔大学鸟类实验室认为这种鸟"常在建筑物上筑巢，为人们常见"。而根据美国鱼类及野生动植物管理局的说法，每年因为风电场、汽车和飞入建筑物窗户而死亡的小鸟会更多，其数量分别能达到50万只、6000万只和1亿只。最终联邦法官驳回了这项诉讼，认为如果这种情况被定罪的话，那么人们的很多日常活动都将具有犯罪性质，其中就包括修剪树木、收获庄稼、驾驶汽车和养猫（相关估计认为这些活动应该为美国每年高达37亿只鸟的死亡负责）。

继巴肯和鹰滩之后，美国下一个石油开发区块出现在二叠盆地，这也是最大的一个。二叠盆地绵延75000平方英里，从西得克萨斯州向南延伸进入新墨西哥州东南部。该盆地的很多地方被描述为"没有特色和生气的较高平地"。它的名字来源于拥有二叠纪地质时代特征的岩石，而二叠纪时代的结束，则是以大约2.5亿年前地球上大多数生物的灭绝为标志。二叠这个名字本身来源于俄罗斯一个名为二叠的城市，19世纪一位英国地质学家曾在这里确认发现了二叠纪地质年代的岩石。

20世纪初，炎热干燥的二叠盆地被视为"石油的坟墓"。1920年，二叠盆地仍被认为没有什么石油开发的潜在价值。

二叠盆地第一口成功的油井出现于1923年，它位于得克萨斯州已经捐赠给得克萨斯州大学的一块土地上，该油井被命名为"圣瑞塔1号"。然而接下来在该盆地开发的油井却令人失望。

时间到了1926年10月，在一块租期马上就要结束的租借土地上，一个重大的发现开启了二叠盆地作为一个重要石油产区的时代。第二次世界大战期间，该地区石油产量出现了实质性翻番，满足了战时的燃料需求，二叠盆地也因此成为战时美国最重要的石油产区之一。第二次世界大战结束后，二叠盆地的石油开发热再次兴起。该盆地及其石油工业像磁石一样，吸引着美国年轻人来此寻找发展机会。这其中就包括一位耶鲁大学毕业的美国海军老兵：老布什，当时的他带着妻子芭芭拉和还是婴儿的小乔治来到了这里。每天，那些独立的石油开发商都会"投骰子"。当时老布什曾这样说："如果我中了，那么我就有钱可赚；如果我没有中，那就是我运气差。"1974年，实际上已聚集了几个不同巨型油田的二叠盆地达到了它的石油产量高峰，几乎承担了全美石油供应总量的1/4。

然而高峰过后，二叠盆地的石油产量却开始出现悬崖式下降，并在2007年达到了低点，很多油井都是在做最后的告别生产。对此，一位地质学家曾在2006年这样写道："二叠盆地作为美国主要石油产区的角色似乎正在成为过去，它的未来便是石油产量的持续下降。"

尽管如此，当时的油价却正在上升，这刺激了人们在二叠盆地的石油再开发活动。石油井架的数量出现了增加，到了2011年，在米德兰地区石油工人最喜爱的餐厅华尔街酒吧和烤肉店，想要找到一个空闲的餐桌正变得愈发困难。然而这些新增油井却仍是常规直井。

2011年1月标志着"阿拉伯之春"的开始，该运动给中东和北非带来了巨大混乱，也给这个地区的未来增添了很多不确定性。同月，一则宣称美国石油工业正在发生变化的新报告被公之于众，该报告的主题为"页岩革命进展顺利"。该报告以巴肯岩层作为主要案例进行了研究。然而，它也让油气商的注意力出现了转移：为了验证新技术能否用于被认为已过了黄金生产期的现有油田，这些开发商正在将目光"再次放到他们自己的后院中"。而对于这些开发商来讲最大的后院便是二叠盆地。

2011年11月，大型独立石油开发商先锋公司的董事会成员齐聚他们位于达拉斯的会议室，听取了公司地质学家3个小时的技术汇报。先锋公司的财富是石油工业的一面镜子。该公司曾经冒险挺进墨西哥湾的深海水域，还在国际化的道路上越走越远，从阿根廷到赤道几内亚都有先锋公司的石油项目。然而到2005年，先锋公司却做出了出售其国际项目的决定，重新回到国内。对此先锋公司首席执行官斯科特·谢菲尔德曾这样表示："在美国大陆48州之外，我们拥有的各种海外资产所面临的政治环境和成本结构正面临过高的风险。"另外，先锋公司也看到了其他公司在巴奈特页岩开发上所取得的成功。对于先锋公司而言，将资金回撤到国内才是更好的决定，相对国外有可能单方面改变公司合同条款的政府，美国通常有着较好的遵守合约习惯和独立的法院。

历时两年，先锋公司的地质学家对公司所属的二叠盆地90万英亩土地下面的页岩进行了研究。他们得出了惊人的结论：这些土地下面潜藏着一个石油富矿，这个富矿不是仅有一层页岩，而是一层又一层致密岩上下紧贴沉积在地下1～2英里的深处，就像一层又一层平底锅烤饼那样，而在水力压裂和水平井技术的作用下这些页岩中的石油可以实现大量的流动。谢菲尔德说："这就是我们的惊喜时刻。"于是，先锋公司果断将支出转向这些页岩油开发上面。2012年，先锋公司成功在二叠盆地开发了第一口页岩井。

先锋公司仅是众多抓住石油开发新机会的公司之一。果不其然，二叠盆地的石油开发热再次来临。而这一次二叠盆地短缺的已不再是石油，而变成了工人、住房和办公空间。米德兰地区计划建造一座53层高的办公大楼，而这也将成为休斯敦和洛杉矶两座城市之间最高的摩天大楼。二叠盆地的石油产量像火箭一样急速上升。截至2014年，这个数字已经从低点时2007年的85万桶蹿升至200万桶，几乎占到了美国原油总产出的25%。

总的来说，新技术在很短的时间内改变了得克萨斯州，让它的石油走上了一条异乎寻常的增长路径。从2009年1月到2014年12月这段时间内，得克萨斯州的原油总产量实现了3倍多的增长。得克萨斯州的石油产量则已经超越墨西哥、沙特阿拉伯及伊拉克除外的所有欧佩克国家。

美国非常规油气革命还改变了世界石油资源版图。二叠盆地的一块区域（即著名的斯普拉贝里和沃夫坎普地区）现在已被视作世界第二大油田，仅次于沙特阿拉伯的加瓦尔超级巨型油田。而鹰滩的石油储量也已升至世界第五的位置，仅仅落后于科威特的布尔干油田以及沙特阿拉伯的另一家油田，已经超越了俄罗斯石油力量的根基——萨莫特洛巨型油田。

美国已经归来，再次成为世界石油市场的主要玩家。

第 ❸ 章

工业复兴

圣·詹姆斯是位于路易斯安那州密西西比河畔的一个农村教区。肥沃的土壤支撑了这里的甘蔗种植，让它成为当地的经济支柱。除了甘蔗，这里为人们熟知的还有每年圣诞节前夕在密西西比河两岸燃起的篝火。根据传说，这些篝火是为了防止携带礼物的圣诞老人沿河行走出现迷路而准备的。

2015年秋天的一个周五晚上，圣·詹姆斯高中为一位来到此地的新客人举行了热烈的庆典。这位客人为这个教区带来的不是圣诞礼物，而是这个地方之前从未见过的一项大规模投资。这位客人从地球另一半的远方赶来，他便是总部位于中国山东的山东玉皇化工（集团）有限公司董事局主席王金书。

王金书来到此地，旨在启动他的耗资达19亿美元的化工一期工程项目，他准备在圣·詹姆斯建设一座化工设施。为此，山东玉皇化工（集团）有限公司不仅买下了1300英亩甘蔗地，还买下了附近的一所高中（也就是欢迎仪式的举办地），意在为该教区建设一所新的更加现代化的中学。随着时间的推移，该化工项目将会为圣·詹姆斯教区创造很多新的工作岗位和带来更多的收入。

驱动山东玉皇化工（集团）有限公司来到此地投资的因素正是这里价格不高的天然气。对于这家公司来说，利用这里的管道页岩气优势、在路易斯安州生产化工产品然后再将它们运回中国要比在中国本地建设类似的设施更具经济合理性。对于这项投资为何选址于此，一位山东玉皇化工（集团）有限公司的高管列举了很多原因，从产品需求到项目对于中美关系的正面影响。然而所有一切都是建立在一个更加务实的基础之上，那就是山东玉皇化工（集团）有限公司签署了一个价格不高且期限为 20 年的供气合同。

2019 年，该项目一期工程的 60% 实现完工，山东玉皇化工（集团）有限公司在规划项目二期时采取了谨慎的态度，引入了一家美国公司作为联合投资伙伴。然而，4 年前 2015 年那个晚上出现在圣·詹姆斯教区高中的山东玉皇化工（集团）有限公司的故事却只是一个比这宏大很多的美国故事的一部分，而这个更宏大的故事便是美国工业复兴和美国工业在世界经济中竞争力的提升。

随着非常规油气革命的开展，美国在全球的能源地位与几年前人们对此的预期出现了非常大的不同。美国天然气产量正在出现显著的增长。石油同样如此。随着美国石油进口的快速下降，其用于进口石油的开支也出现快速下降，相应地美国的石油贸易也出现了下降。然而，页岩革命对于美国经济的影响却更为深远。

2014 年，刚刚从美联储主席任上退下的本·伯南克认为美国的这场非常规油气革命如果不是 2008—2009 年金融危机以后美国经济最重要的发展成果，那也是最重要的成果之一。这场革命对于美国的影响因为经济的流动性而得以放大。在页岩油气的刺激下，加上油气进口的陡然下降，美国经济活动激增带来的好处通过供应链和金融链被传到整个美国。这与进口油气带来的结果有显著不同，在后一种情况下，流出的资金要么成为支持其他国家发展的资金，要么成为油气出口国主权财富基金的一部分。资金在国内的内部循环将能大幅扩大这种经济传导效应。

在经济萧条结束后，2009 年 6 月到 2019 年这段时间内，美国油气开采固定资产净投资占到了美国工业净投资总额的 2/3 多。如果观察另外一个指标，同期 2009 年至 2019 年美国的油气生产增加值则占到了同期美国工业增加总值的 40%。

从实际情况看，这意味着钱正在流入整个美国工人的薪金账户。截至 2019 年，非常规油气革命已创造了 280 万个工作岗位。这些工作有的出现在油气田及其周边领域，有的出现在美国中西部的设备、卡车和管道制造领域，还有的出现在加州的软件编程和数据管理公司，也有工作是因为居民收入和消费的增加而产生（比如房地产经纪人和汽车交易商）。另外，由于经济活动的关联性，页岩油气革命对经济的影响已经实际蔓延到全美各州。甚至纽约州都不例外，环保活动家和政客不仅成功游说该州实施了水力压裂开采油气禁令，还阻止了该州一条新的天然气管道的建设。如果建成，该管道就可以将来自宾夕法尼亚州马塞勒斯产区价格不贵的天然气输送到天然气短缺的新英格兰州。新管道的缺失导致了2019年纽约市正北维斯彻斯特县的新房建筑和小企业未能通气。然而，即便是纽约州，也出现了4万多支持其他州进行页岩开发的能源相关工作岗位。

所有这样的经济活动增加都会为联邦政府和州政府创造大量收入，预计2012年至2025年期间这个数字将会达到1.6万亿美元。

页岩气带来了收入。而随着页岩气的增加，环境争议和反对声也随之而来。就像在多数工业活动中出现的那样，围绕页岩开发产生的环保问题也需要正确对待。在页岩革命的早些年，环保争议的焦点在压裂过程本身或流出井口的废水处理所造成的水污染上。十年之后，就像丹尼尔·瑞米在其著作《水力压裂之争》评论的那样，证据表明水污染不应该成为一些人担心的有关页岩开发的系统性问题。压裂过程本身发生在地下淡水层下面几千英尺的深处。还有观点认为，页岩开发是"疯狂的西部淘金"式活动。然而，与其他石油和天然气开发活动一样，页岩开发也会受到高度监管，主要是受到州政府层面的监管。随着页岩开发规模在某些州越来越大，这些州需要时间来升级他们的监管工具。地震是人们对于页岩开发的另一个担忧，在俄克拉荷马州居民连续感受到多个地震后，这种担忧更甚。然而后续研究表明，这些地震的成因并非油气钻探，而是在不合适的地点进行废水处理造成的，这样就导致岩石结构体出现滑动从而发生地震。新的废水处理规则对于废水处理地点和废水处理压力做出了新的规定。随着这些新规则的出台，页岩开发出现地震的次数直线下降。有关页岩开发对于农村社区的影响，相关方面也已吸取了很多经验，其中就包括控制噪声和当地公路的卡车数量，同时积极满足那些社区的工作岗位需求和新的收入来源需求。

今天，面对页岩开发，人们最为关注的问题已成为"逃逸的"甲烷排放问题，这些甲烷基本都是从设备或管道中泄漏的，而这个问题并非仅存在于页岩开发。美国环保协会作为一个关注此问题的领军机构，一直呼吁人们要将甲烷作为一种重要的温室排放气体来对待。现在，减少甲烷排放已成为了监管者和业界的当务之急，还成为 13 家公司发起的石油和天然气气候倡议的一个关注焦点。国际能源署这样写道："甲烷是一种有价值的产品。如果能被收集，在很多情况下都可以当作天然气出售。"

页岩革命给美国在全球贸易中的地位带来的影响是突出的。以 2007 年美国的数据为比较基础，2019 年美国的贸易逆差为 3090 亿美元，而如果没有页岩革命，这个数字还要更高。如果没有页岩革命，美国将会继续作为世界上最大的石油进口国而存在。不仅如此，美国将还会成为一个液化天然气进口大国，在这种情况下，它不仅要和中国、日本以及其他国家争夺天然气供应来源，而且它的贸易逆差还将因此大幅增加。

页岩革命还显著提升了美国在世界经济中的竞争力。多年来，工业投资从美国流出到那些拥有较低劳动力成本的工业成本较低的国家。然而现在形势出现了反转。超过 2000 亿美元的资金正在投向美国相关化工设施的更新和扩产上面。吸引投资的不仅是炼化和基础设施，还有数百亿美元的资金将要进入钢铁铸造以及其他产品的制造和加工领域。之所以出现这种情况，主要原因就是美国拥有丰富的低成本天然气资源。天然气不仅可作为燃料使用，还是制造化工产品的原材料。另外，天然气还可以降低美国发电成本。

多年来，陶氏化学公司的投资地点一直在国外，尤其是在中东地区更多，其目的就是为了获取其产品所需的便宜原材料——天然气。然而随着美国天然气价格变得不再昂贵，陶氏化学公司重新将投资放回了国内。这家公司承诺将在美国投资数十亿美元用于扩建旧的或建设新的化工设施。当时的陶氏化学公司主要负责人安德鲁·雷沃瑞思 2012 年宣布了一项耗资 40 亿美元的得克萨斯州化工设施扩建投资计划,并对外表示:"形势正在变化,我们得非常迅速地进行战略调整。"接着他还补充说:"十年前,如果你说未来我将要站在这个讲台上宣布这个投资计划,我肯定不会相信。"

美国天然气吸引的不只是美国的公司。欧洲制造商为了卸下那里沉重的能源成本负担,正计划在美国投资。奥地利钢铁制造商宣布了一项耗资7亿美元位于得克萨斯州科普斯克里斯蒂的投资计划,对此该公司首席执行官解释道:"与欧洲相比,美国低廉的天然气价格才是这个投资项目重要的经济优势。不仅如此,天然气还吸引了来自澳大利亚的肥料公司和来自中国的塑料公司。几十年来,一直是美国公司在中国设厂,而现在来自中国的制造商正准备在美国建设新工厂,来自中国山东的山东玉皇化工(集团)有限公司在盛产甘蔗的路易斯安那州投资设厂就是这些中国制造商投资美国的一个典型案例。

当然,价格不高的能源并非美国"制造复兴"的唯一原因。然而,对于很多公司而言(包括美国本土和美国以外的),丰富的低成本天然气以及人们对于它将在一个长时间内维持低价的预期对于制造商的决策却具有决定性作用。所有这些的发生,页岩气扮演了关键的角色。没有页岩气,人们所称的"美国制造复兴"以及美国在世界经济中的竞争力提升也难以实现。

第4章

新的天然气出口国的诞生

2009年，两个电话让查理弗·苏克改变了公司方向，当时他正在建设一个天然气接收设施。一个电话来自独立油气商切萨皮克能源公司（处于页岩气开发的领军位置）坚毅进取的首席执行官，另一个电话则来自全球巨头壳牌公司。两个电话都涉及一个相同的问题，即苏克能否将正在建设的液化天然气进口设施改造为出口设施，以应对正在出现的美国天然气增长。

听到这个问题，苏克吃了一惊。21世纪天然气短缺在人们心中已形成共识，苏克也相信这一点，为此他已筹集数亿美元并签署了复杂的商业合同，而之所以这样做，都是源于美国未来将必须大量进口液化天然气这样一个认知基础。然而接到的这两个电话则暗示苏克之前做了一个非常糟糕的大的商业赌注。

留着略长的头发，穿着双排扣西服，说话带些地方口音，确切地说，苏克并不符合人们对于油气行业人的勇敢疯狂的形象设定。他在贝鲁特长大，父亲是《新闻周刊》驻中东记者，高端人脉资源丰富。苏克职业生涯开始于一家位于阿拉伯地区的投资银行，苏克在此磨炼了说服他人的技巧。返回美国后，苏克先是成为一名投资咨询师，之后还在科罗拉多州的阿斯本以及洛杉矶开过餐厅，最后他来到休斯敦开办了一家天然气勘探公司。他给公司起名为切尼尔，这是一个卡津人（法裔路易斯安那人）词汇，寓意沼泽里的高地。

作为勘探公司，切尼尔能源公司并没有取得多大进展，然而，勘探却让苏克像很多其他人那样坚信一点，即美国的天然气正在出现短缺，这让苏克产生了一个进口液化天然气的大胆想法。用"大胆"这个词实际上还是低估了这个想法。苏克经营过餐厅，但并没有存下什么钱，然而这个想法却需要 10 亿量级的美金，而且苏克的交易伙伴还将是那些世界上最大的油气公司和主要油气出口国。虽然缺钱，但苏克并不缺乏信心。然而，和他力图挤进的这个已具有 40 多年历史的重要的全球性行业相比，苏克仍是一个新手。

1959 年 2 月，《商务日报》以《出现在公海上的甲烷运输船》为题报道了一则故事：一艘用二战运输船改造而成并被重新命名为"甲烷先驱号"的货船已从路易斯安那州起航驶往英格兰。这艘船装载的货物是之前海上货轮从未运输过的，这种货物便是液化天然气。液化天然气的生产是一个复杂的过程，在生产过程中天然气需要被冷却到一个极低的温度（零下 162 摄氏度），这样天然气就会被压缩为一种液体。在液体状态下，天然气所占体积仅为气态下的 1/600，因此液态气就可以被装到的冷冻船舶中从而实现海洋运输。到了目的地后，液态天然气经过再气化后会再次回到气体状态，最后它们进入天然气接收国的天然气管道系统。

虽然液化天然气技术在第一次世界大战期间就被开发出来了，然而为了运输目的的天然气液化试验却是在第二次世界大战之后才开始进行的。而推动这种试验开展的现实驱动因素则是 1952 年席卷伦敦的雾霾杀手。发电过程中使用更为清洁的可燃气而非煤炭将有助于缓解伦敦的污染，而液化天然气则可以作为这样的清洁气体来源。科学家需要时间完成天然气运输货船的设计，也需要时间为这种货船找到合适的运输物。直到 1959 年，"甲烷先驱号"货船才启航。这家新运输公司的领导曾这样表示："这次运输拉开了一个新时代的序幕，从此天然气将可以先被液化然后通过货轮运至世界上那些天然气不能自然获取的地方，而之前在世界上很多地区天然气都是要么被浪费，要么只能供应到那些易触达的市场。"而未来几十年天然气领域发生的故事也很好地验证了这样的说法。

然而，关于液化天然气的故事却没有完全按照预期的那样发展。荷兰首先发现了巨型的格罗宁根气田，接着工程师又在北非和英国东部海域发现了更多的天然气。随着这些气田的发现，欧洲这样的液化天然气主要市场基本上消失了。

最终，液化天然气市场的拓展出现在了地球的另一边，也就是东亚经济奇迹的发生地：日本、韩国和中国的台湾地区。为了降低电力生产对中东石油的依赖，为了增强自身的能源安全，为了降低污染，这些国家和地区与印度尼西亚、马来西亚和文莱签订了复杂的液化天然气长期合约。不仅如此，一家设在阿拉斯加克奈的小型液化天然气工厂也会时不时给日本供气。

开展这样的新型液化天然气生意需要非常大的投资，投资额度最终可达数十亿美元。为此，人们需要找到天然气，需要对其开发，需要将天然气采集出来，另外人们还需要进行工厂建设，这种工厂设施的一端需要将天然气进行液化，另一端则需要对它进行再气化。最后人们还需要建造能航行数千英里距离的专用液化天然气运输船。考虑到这么多的资金投入，液化天然气市场上的参与方需要对液化天然气抱有长期信心才行。唯有如此，一个高度连接的液化天然气供销模型才能形成。在这种模型下，每个参与方可以在产业链的上下游开展联合投资，并通过签订20年的长期合同来确保经营的可预期性。在这种模型下，来自印度尼西亚、文莱或马来西亚某个气田的天然气则可以成为日本或韩国某个具体电厂的生产燃料。而在建成的液化天然气运输链上，则不涉及任何买卖，没有转运，也没有任何中间商。这种模型下的液化天然气价格会参考石油价格而定。如果油价上升，液化天然气价格也会上升。如果油价下降，液化天然气价格也会随之下降。

正是建立在上述基础上，液化天然气产业才变成了一个大生意。很多年来液化天然气的主要市场一直是在亚洲，后来卡塔尔将它变成了一项全球生意。卡塔尔是一个平坦的多沙半岛，从沙特阿拉伯东边探入波斯湾。在20世纪的很长时间里，它一直是一个贫穷的国家，那里的人们依靠捕鱼和潜水采珠勉强维生。这种情况直到20世纪60年代后期卡塔尔有了中等规模的石油生产后才开始改变。然而，改变这个国家经济地位和其全球重要性的却是卡塔尔一个海上气田的快速开发，这个气田便是北方气田，该气田被认为是世界上最大的天然气田，在地图上则有一条分界线把它与伊朗南帕斯大气田区隔开来。

卡塔尔和其合作伙伴在液化天然气产业链上下游的每个区段都引入了更大规模的改造，其中就包括增加运输船舶舱容。之所以这样做，是因为卡塔尔想要将天然气以具有竞争力的成本优势运送到世界上任何地方。2007年，卡塔尔超过印度尼西亚成为世界上最大的液化天然气供应国。这时，它开始有向美国大规模出口天然气的计划，以帮助美国缓解预期会出现的天然气短缺问题，而这个问题也确实已成为美国能源工业的痛点。

苏克想要进入的正是液化天然气这个全球性行业。为此，他开始建造一座或可能几座液化天然气接收设施。经过这些设施，来自卡塔尔或全球其他某个地方的液化天然气就会重新转化为气态，然后它们就可以被送入管道，最终抵达美国消费者。

对于天然气新终端的选址问题，苏克将眼光放在了美国墨西哥湾。然而，他仍旧忽略了一个非常重要的因素：资金。24位投资人曾经带着不同程度的客套和质疑，将苏克赶出了他们的办公室，仅有一位投资人对苏克的想法表示兴趣。苏克的确找到了一个拥有资金的人，这人便是另一位不同寻常的企业家：迈克尔·史密斯先生。

史密斯最初来科罗拉多州的目的是要学习兽医。然而，最终他却进入不动产行业。后来他听说了一个石油发现，于是就投资1万美元在附近租借了一些土地。最终他的这次投资以4.1亿美元的价格被出售。之后史密斯进入的行业刚好又是能源行业，只不过是这次变成了墨西哥湾的海上油气开采。苏克对于能源的想法与史密斯的想法刚好一致，他们都认为一场天然气短缺正在向美国天然气行业走来，而就像史密斯后来所说的那样，他在墨西哥湾的天然气生产恰恰与美国的这场短缺出现重合。

苏克与史密斯确定了他们的合作方式。其中，史密斯负责建设一座已进入规划的自由港天然气接收工厂，该工厂位于休斯敦以南大约70英里处。苏克则努力推进萨宾帕斯天然气工厂项目，该项目位于路易斯安那州与得克萨斯州接壤处。两家国际大公司与切尼尔能源公司签订了20年的合同，而他们的目的就是想要利用切尼尔能源公司的萨宾帕斯天然气设施对从世界其他地区进口到美国的液化天然气进行再气化处理。现在，切尼尔能源公司开始引起金融市场的认真关注。当时，该公司股价创造了25倍的增长泡沫纪录，之后泡沫破裂。迈克尔·史密斯为他的自由港天然气接收工厂引入了巨额投资。两座天然气工厂都实现了开工建设。时至2007年，还有其他公司也正在计划建设新的液化天然气再气化设施。2008年，天然气价格达到了每立方英尺9美元的高点，这进一步佐证了美国天然气短缺的事实，进口液化天然气的紧迫性也随之增加。然而到2008年，对切尼尔能源公司融资实力的质疑开始浮现，它的股价也随之出现下滑。此时，苏克自身对于公司的前景也开始变得悲观，原因就是他正不断看到和听到美国发现更多新气田的消息，而这种消息则意味着美国对于液化天然气的需求将会变少。

时间到了2009年春季的一天，苏克接到切萨皮克能源公司首席执行官奥布里·麦克伦登打来的一个电话，麦克伦登是美国页岩气开发的前沿人物，储备了庞大的钻井区域。

在电话中，麦克伦登问："嘿，你们的萨宾帕斯工厂可以对天然气进行液化吗？"

苏克回应道："为什么问这样的问题？"

麦克伦登决定说得更加明白一点，他直接问切尼尔能源公司能否建设一个天然气出口终端，以便为美国正在扩大的天然气产能寻找海外市场，从而缓解国内日益增加的天然气供应过剩压力。

尽管苏克对于天然气产业的忧虑正在增加，然而他还是被麦克伦登的电话给震惊了。切尼尔能源公司一直都是全力以赴投入到天然气进口终端而非出口终端的建设上。而且，一座天然气液化出口终端的建设成本可以达到再气化进口终端建设成本的10倍。后来壳牌公司又给苏克打了电话，问的还是相同的问题。因此，苏克就不得不严肃对待这个问题：壳牌不是一个创业公司，而是一个超大规模的油气公司，而且还是世界液化天然气产业领域中的一个领军者。这两个电话为美国天然气产业敲响了警钟：天然气供应增长过快，超出了国内市场消化的能力，而这就意味着进口液化天然气将在美国没有市场。

于是，切尼尔能源公司团队开始着手研究这些天然气供需数字。2010年春，苏克向切尼尔能源公司董事会提出了一项计划，准备将萨宾帕斯天然气进口设施变为天然气液化出口设施，为此公司至少需80亿美元用于该计划的一期投资。董事会对此计划感到吃惊：萨宾帕斯进口终端设施似乎太好了，他们不敢相信计划是真的。然而，董事会最终还是同意了苏克的计划，天然气供需数字说明了一切。

美国1938年通过了一项《天然气法案》，美国的天然气出口必须要得到联邦政府的批准。切尼尔能源公司的出口申请很详尽，也并没有引起很大的关注。毕竟，它的整个计划都被认为是不切实际的。切尼尔能源公司的申请过程堪称顺利，2011年公司就收到了批准回复。同样在这一年，切尼尔能源公司还获得了买家向它发出的第一个液化天然气进口合约，从西班牙到印度，很多买家都有意从萨宾帕斯天然气终端设施进口美国天然气。

页岩气产能的增加同样给美国天然气行业带来了剧烈变化，迈克尔·史密斯意识到了这点。对此他曾这样表示："美国对于液化天然气再气化终端的热情已经消失，美国不再是一个天然气进口市场。"继切尼尔能源公司之后不久，自由港终端设施也向政府提交了它的天然气进口改出口申请。然而，与切尼尔能源公司不同，自由港并未收到政府的快速批准回复。申请提交后好像没有任何进展。对此，有人曾向感到沮丧的史密斯解释说："在华盛顿，第一个申请是申请，第二个申请就是一个公共政策。"切尼尔能源公司用9个月就获得申请批准，而同样的事情在自由港这里却用了近4年。不仅是自由港项目，还有其他一些较新的液化天然气项目也经历了类似的遭遇，就连位于路易斯安那州卡麦隆的先期项目桑普拉液化天然气设施也不例外。他们能做的都是无奈的等待。

尽管切尼尔能源公司天然气终端改造申请获得政府批准已成既定事实，然而这件事还是在美国国内引发了一场批评和反对风暴。参议员对政府的决定进行了雷鸣般的厉声批评。一些制造公司（尤其是来自化工行业的）担心天然气出口设施将让他们生产依赖的天然气资源转移到国外从而推高它们的用气成本，继而威胁到他们正在建设的投资达数十亿美元的新工厂的未来运营。这次，反对者还与反对页岩气开发的环保组织结成了联盟，而这在以前是不可能的。对于每一个通过政府批准的天然气出口设施，这家环保组织还都条理性地写下了正式反对意见。

然而，随着美国国内天然气供应的持续增加和天然气价格持续走低这些事实的发生，美国制造商对于天然气出口的反对声也消散了。美国能源部宣布的一项出口政策则最终结束了天然气出口争议，并缓解了工业界的担心。能源部宣称市场将会为天然气供应提供最富效率的配置手段，而且政府也承诺将在天然气出现短缺时进行介入以保护公众利益不受损害。尽管这种介入很难发生，然而对公众的保护却出现了。政府批文下达后，自由港最终在2014年开始了耗资130亿美元的工程建设。同样这一年桑普拉项目也开始了动工。

世界上没有一个国家能比卡塔尔更受益于液化天然气产业的全球性增长。今天的卡塔尔拥有全球最高的人均收入，掌管着3500亿美元的主权财富基金，人口却仅有288万人（其中包括在卡塔尔工作的外籍人士超过200万人）。卡塔尔的液化天然气财富为它的全球电视公司半岛电视台提供了资金。不仅如此，这种财富还为一所教育中心和美国中东部几家教育机构（威乐康奈尔医学院、乔治城大学、得克萨斯州农工大学、西北大学、卡耐基梅隆大学）的校园建设提供资助。另外，加拿大卡尔加里大学、伦敦大学学院以及阿伯丁大学也获得了卡塔尔财富基金的资金支持。

液化天然气产业的全球性特征正变得愈发明显。埃及、特立尼达、阿曼、以色列、安哥拉、尼日利亚、加拿大、莫桑比克和俄罗斯也正在建设新的天然气出口设施。液化天然气产业规模的扩大和正在增多的新买家改变了液化天然气市场。液化天然气的长期购销合同仍旧存在，但新型合同也在出现。市场上开始出现基于短期的不同于以前的液化天然气交易方式。装船后的货物初始目的地可能是某个地方，然而当出现新的更好的买家要约后，货轮就可能改变航向驶向另一个地方,而之后一个更好的新要约出现后,货轮又可能会再次改变航线。在这种情况下,液化天然气不再仅仅是一个上下游相互连接不可分的行业,还正在成为一个拥有更多买家和卖家的竞争性市场。

在经历了一番超过2500亿美元的投资后,澳大利亚于2019年超过卡塔尔成为世界上最大的液化天然气供应商。然而,卡塔尔并不甘心屈居第二的位置。为了重新夺回全球液化天然气出口第一的宝座,它取消了国内关于液化天然气的某些限制,并宣布了一些液化天然气增产计划。

液化天然气的新时代实际从2016年2月就开始了。在吸收了总额达200亿美元的投资过后,美国液化天然气产业终于将该国第一批出口货物从切尼尔能源公司的萨宾帕斯天然气工厂装船发往巴西。从那时起,就像时钟转动那么有规律,每隔几天都会有将近1千英尺长的天然气货船从萨宾帕斯天然气工厂离开驶向世界其他地方。来自亚洲、欧洲、非洲、拉丁美洲、北美洲和澳大利亚的天然气供应商和消费者现在已被连接在一起,组成了一个全球性的天然气贸易网络。

2019年,自由港和桑普拉这两个天然气终端设施也开始出口天然气。此外,美国几个其他的天然气出口工厂也正处于建设当中。总的来说,这些天然气出口设施的建设将会使美国与卡塔尔、澳大利亚一样快速挺进世界液化天然气出口的顶级国家行列。

随着特朗普政府的上台,液化天然气变成了美国开展贸易战的一个工具。特朗普政府以及特朗普本人对于美国与个别国家的贸易逆差特别关心,而在这些贸易逆差中又以中美贸易逆差最为突出。为了降低贸易逆差,特朗普政府紧抓美国能源(具体就是液化天然气)出口这个工具不放。特朗普的前任美国政府也曾力推从波音客机到谷物和猪肉产品的出口。

然而与前任不同的是,美国总统唐纳德·特朗普自己已化身为美国液化天然气的顶级推销员。当印度总理莫迪访问华盛顿时,特朗普与莫迪的会谈就包含下面的内容:"正期盼将更多的美国能源出口到印度""要与印度签署长期的天然气出口合同,美印正在就该事进行谈判"。最后特朗普还笑着补充说:"尽力让价格高一点。"

特朗普与莫迪的会谈发生在周一。同周周五，特朗普还要在华盛顿接待韩国总统文在寅。同样，美韩之间的贸易逆差也让特朗普感到心烦。这次美韩总统会谈本来应该聚焦朝鲜核问题，然而美国总统却没有浪费这次会谈机会，将美韩贸易关系放到这次会谈最优先的位置。特朗普表示："美韩贸易关系对于美国来说是不公平的，美国与很多很多国家有着很大很大的贸易逆差，我们不能允许这种情况发生。现在我们将要从韩国开始，逐步减少这种逆差。"实际上，其他人早已领会特朗普要传达的这种信息。就在 5 天前，作为世界上最大的液化天然气进口国之一的韩国已经与美国签署了一项为期 20 年的天然气进口合同，每年合同交易额超 5 亿美元。

这些外国领导人对于特朗普的谈话或许会感到一些困惑，原因就是美国政府本身并不参与液化天然气合同谈判。然而这些谈话传递的信息却是明确的：即外国政府要敦促本国公司购买美国液化天然气。

然而，特朗普政府在液化天然气贸易上的立场却给美国企业家造成了一些困扰。美国一家大型石油公司的首席执行官说："很多年来，我们一直与俄罗斯人和中国人争辩，就是不想在能源贸易中看到政治的影子。然而美国总统现在做的恰好就是我们不想看到的事，这样俄罗斯人和中国人就可以反驳我们说：'看吧，能源贸易掺杂了政治。'"

第❺章

封闭的墨西哥和开放的巴西

美国页岩革命的影响传到了墨西哥。然而美国正在向墨西哥出口的天然气多数并不是液化天然气。整个2019年,美国通过管道向墨西哥出口的天然气数量比美国所有液化天然气的出口总量还要多。美国分别承担了墨西哥全部天然气供应的60%和汽油供应的65%。这也是北美能源一体化的一种表现。

自1938年石油部门国有化后,墨西哥的石油工业一直处于政府垄断状态。作为国家石油公司,墨西哥石油公司涉及全国石油工业从钻探到加油站零售的整个产业链。墨西哥曾经是世界上最大的石油生产国之一,其来自石油的收入占到了国家预算收入的30%～40%。然而该国的石油产量却一直处于急剧下滑的状态。墨西哥石油工业正在经受技术和投资严重缺乏、债务负担沉重、体制僵化、官僚腐败和强大工会的牵制之苦。没有重大改革和面向世界的开放,墨西哥石油工业的恶化还将持续。

简单地说,墨西哥油气行业缺乏其所需的投资,而这个国家却正在成为一个全球性的制造出口大国。尼桑宣布了在墨西哥的生产计划,预计该公司在该国的汽车产量将超过日本。截至2018年,墨西哥已成为世界第七大汽车生产国,并成为继德国、日本和韩国之后的第四大汽车出口国。墨西哥与美国的贸易额也从2000年的2480亿美元增加到2019年的6140亿美元,从而成为美国最大的贸易伙伴。尽管如此,墨西哥国内的不稳定且成本高昂的能源供应却影响了它在世界经济舞台上的竞争力，并损害了其经济增长和工作岗位的增长。在墨西哥湾的美国海域，数量可观的海上石油正在被开采出来，而靠近墨西哥的这边尽管拥有与美国类似的地质条件，然而却不见有什么实际事情发生。墨西哥石油公司既没有资金，也没有技术，因此它不敢冒险进入深海石油开发领域，甚至连浅海处的资源都没有开发充分。

美国鹰滩的页岩开发潮向南延续，影响了墨西哥。然而墨西哥国内却没有能力对它拥有的页岩进行开发。尽管如此，美国的页岩开发速度和规模却增强了墨西哥的资源开发紧迫性。

20世纪的多数时间内，墨西哥政坛一直为革命制度党所主导，发生在1938年的墨西哥石油工业国有化也是在该党领导人担任总统时完成的。新的革命制度党领导人恩里克·培尼亚·涅托上台后，敲定了墨西哥石油工业改革共识。该共识在2013年12月被写入宪法修正案，一方面它再次确认了墨西哥对于其地下资源的主导权，另一方面则将这些资源开放给国内和国际公司进行勘探开发。墨西哥石油公司的垄断结束了。墨西哥接下来出台的法律还允许公司相互竞争参与该国资源勘探权的争夺，并实现了电力领域的市场化。这样，墨西哥能源工业就变成一个开放的竞争性行业。

墨西哥能源改革造成的结果便是国内和国际公司的能源技术和投资流入这个国家。如果全部计算进去，估计墨西哥与国内外公司签订的107个油气产业上游开发合同能够为该国带来1600多亿美元的投资。在投资拉动下，新的现代化加油站在墨西哥大量涌现。新的油气管道和电厂也在出现。来自美国的页岩气流入墨西哥的电厂，替代了液化天然气和石油那些成本较高的发电燃料。可以说，这时的墨西哥已经打下了降低消费和工业用电成本以及提升全球经济竞争力的基础。

然而，在墨西哥并非所有人都支持这样的改革。其中，对这种改革批评最为直接的要数安德烈斯·曼努埃尔·洛佩斯·奥夫拉多尔，作为一名社会活动家，他曾长期在墨西哥的塔瓦斯科州居住，和当地原住民一起劳作。后来他成为墨西哥城市长，2018年经过第三次尝试最终赢得墨西哥总统职位。他奉行民粹主义，倡导"自给自足"，怀念 20 世纪 70 年代墨西哥的石油国家主义以及曾在"第三世界"流行的依附论思想，反对全球经济一体化，曾经导致拉美地区经济持续几十年的滞涨。另外，这位墨西哥总统还会常常提到 20 世纪 30 年代和当时的墨西哥石油工业国有化。

成为总统之前，奥夫拉多尔进行了一次涵盖 1.2% 的登记选民数量的非正式民意测验，在"向人民咨询"过后，奥夫拉多尔取消了墨西哥城的新建机场项目，尽管墨西哥已经为此花费了 50 亿美金。取消机场项目后，奥夫拉多尔转而计划在他的家乡塔瓦斯科州投资 80 亿美元建设一个炼油厂，预计该炼厂的最终投资比计划投资还要多出很多。总的来说，奥夫拉多尔当选总统后的首要目标便是进行能源改革。对此他曾这样表示："掌握技术的官僚们正在欺骗我们。"对他来说，墨西哥石油公司和石油工业国有化便是墨西哥国家身份的伟大象征。在为墨西哥 1938 年石油国有化而设立的石油勘探日庆祝仪式上，他重点宣布了塔瓦斯科州新炼油厂的建设计划，并向国民做出改变墨西哥的承诺。在他看来，墨西哥之前的能源改革一直就是发生于 1938 年的石油国有化。奥夫拉多尔表示，国内外公司在墨西哥已有的投资项目将要经过"审查"，从而关闭了新项目投资流向墨西哥的"阀门"。奥夫拉多尔想做的事情是将墨西哥石油公司这个拉美债务负担最重的公司重新恢复为国有垄断公司。为了清楚表明这一点，奥夫拉多尔坚持让墨西哥石油公司的标识上加上了"为恢复主权尊严而努力"的字样。另外，奥夫拉多尔还关闭了墨西哥新建电厂竞争性招标的大门，继而推高了该国电力生产成本。

然而，尽管奥夫拉多尔憎恨能源一体化，他却不能逃避页岩革命这个现实。跨越美墨边境的 17 条管道正在将美国的天然气送入墨西哥，而未来还将会出现更多的这种管道。这意味着墨西哥人将会持续使用来自美国的天然气以满足他们增长的发电燃料需求。即便奥夫拉多尔寻求让墨西哥回到那种过去在全球经济中较为孤立的状态，这种情况也不会发生改变。

与墨西哥石油产量的下滑形成鲜明对比，巴西的石油产量自 2000 年以来却实现了一倍多的增长，其主要原因在于巴西在海底厚厚的盐层下面发现了大量新的"盐下"资源并对其进行了开发。然而，巴西具有国家主义倾向的立法却要求国有性质的巴西石油公司运营所有的这些"盐下"资源开发项目。虽然巴西石油公司在深水石油开发领域经验丰富，然而如果它要将所有的"盐下"开发项目都揽在自己名下，它则会因此背上一个非常沉重的负担，而且在开发过程中，巴西石油公司还会因此累积巨额债务，从而让事情变得更糟。在总统罗塞夫被弹劾后的2016年和2017年，巴西政府改变了政策走向，决定在油气领域启动重大改革，允许外国公司投标参与巴西的"盐下"资源开发。而改革的结果便是巴西的新投资、新技术和新思想出现激增。

2019年1月1日，即奥夫拉多尔在墨西哥城举行总统就职典礼后的仅仅几周，雅伊尔·博索纳罗作为新任巴西总统也举行了就职典礼。新总统曾是一名陆军上尉，后来成为立法人员。他成功改革了巴西陷入崩溃的养老金系统，允许政府雇员较早退休：在某些情况下，男女雇员可以分别在56岁和53岁实现退休。另外，博索纳罗还进一步开放了巴西面向全球经济和投资者的大门。这些变革让人们重新找回了对于巴西前景的信心。然而，巴西能源领域的更深层次改革却因为国内混乱的政治和一个20多个党派组成的国会而停滞不前。2020年的新冠肺炎疫情给巴西带来了沉重打击，进一步加剧了该国的政治混乱。尽管如此，大量的新投资却一直在持续进入巴西前景非常光明的海上油气开发领域，这些开发水域现在已成为全球石油行业开发活动最为活跃的地区之一。

奥夫拉多尔和博索纳罗前后开始成为拉美地区两个最大国家总统的时间间隔不过几周，然而他们为两个国家所选择的道路方向却是相反的。在能源政策问题上，巴西和墨西哥就像两艘在夜晚穿行的轮船。墨西哥的石油生产下降至其在1979年的水平，而巴西的石油产量则超出了墨西哥的80%，而且还在继续增长。

第 6 章

管道之争

油气管道就是地图上那些连接油气产地和油气市场的必要线路。较早前的几十年里,管道并不是能源公共讨论的热点话题。曾有这样一种说法,即获取管道建设许可证就像看着油漆变干那样自然容易。然而这种情况却在拱心石 XL 石油管道进入建设规划后发生了变化,该管道计划将来自加拿大巨型油砂矿区中的石油向南输送到美国的炼厂。然而,反对化石燃料使用的社会活动人士却紧紧抓住连接新资源与市场的管道问题不放,而这条长达 1200 英里的拱心石 XL 管道也就成为他们眼里更加鲜明突出的抗议对象。而一个较少为人注意的事实是,相对美国已经建成的长度超过 20 万英里的石油管道来说,计划建设的这条新管道长度仅为前者的 0.5%。

在北美地区的能源版图上,加拿大和美国实现了高度连接。在加拿大,技术进步促成了该国油砂产量的快速增加,油砂开发中心主要位于加拿大阿尔伯塔省。2000 年至 2019 年期间,加拿大的原油产出实现了一倍多的增长,每天的石油产量最终达到 450 万桶,这个数字已超出了伊拉克和被制裁前伊朗的每日石油产出水平。虽然这些石油会有一些被在加拿大消费,但是更多的部分还是被出口到美国。2019 年,加拿大供应了 50% 左右的美国石油进口,其数量已经超出了美国进口自欧佩克国家石油总量的 3 倍。更多从加拿大进口石油也被认为对保证美国能源安全做出了重大贡献。而且,这种石油贸易对于美加两国实现 6000 多亿美元贸易额也发挥了关键作用。过去十年,加拿大油砂的温室气体排放强度下降了20%多,而现有趋势表明这种强度未来还会再下降20%。一些较新石油项目的温室气体排放生命周期处于或接近北美地区原油开采项目的平均水平,也未偏离世界其他地区原油开采项目的排放水平范围区间。

拱心石工程的建设计划从2005年开始启动,它实际上是加拿大管网公司构想的一个由已有管道和拟建管道组成的管道网络。2012年,当汽油价格达到每加仑4美元,而且上涨趋势似乎肯定还要继续时,奥巴马总统飞到俄克拉荷马州的库欣——美国主要的油气管道汇集中心和石油存储地。走出由巨大管道组成的复杂"迷宫",奥巴马走向讲台,提出了拱心石管网体系的南段部分的建设问题。他说:"加拿大管网公司已提出申请,欲在美国建设一条新管道,旨在将更多的石油从库欣加速输送到位于美国南部墨西哥湾的那些技术先进的石油炼厂。今天,我指示政府要跳出繁文缛节,打破官僚主义障碍,优先考虑这个管道建设项目,我们不能停下来,直到完成这个项目。"最后奥巴马还补充说:"过去的三年中,本届政府已经批准了几十个新的油气管道建设计划。"

而在这个时候,拱心石管网体系中的一段新管道(即拱心石XL)已经提交了建设计划申请,如果建成,这段新管道将能缩短拱心石管网北部走向,即从加拿大向南到美国内布拉斯加州的距离。为此,公司已经购买了管材,也已经雇佣了工人,然而这个项目却面临着来自官方的大量法律监管挑战,不得不接受一个又一个的评审。不仅如此,除了来自法律的挑战,它还面临着大量的民众抗议。针对该项目,曾有抗议者聚在一起包围了白宫外的围栏。在这些抗议者中,有一位名叫詹姆斯·汉森的气候学家,对于该管道的评价是:如果该项目获得批准,那么这对于地球将是一个毁灭。然而这段管道预计输送的石油其实还不到世界石油总量的1%。

由于这段管道要跨越国境,根据美国法律,这个项目需要得到美国国务院的签字,相关方要对它做出环境影响评价。而针对这段管道的评审竟耗费了美国国务院两个部门7年的时间,最终在2015年,国务院才对该管道出具了一份厚达11卷、足以填满一个书架的报告书,并给出结论称:这个项目应该获得批准，没有来自环境方面的因素表明政府应该否决这个项目。

对于该结论，当时的美国国务卿约翰·克里表示异议。尽管国务院已得出定论，但克里还是否决了拱心石 XL 管道的建设申请。对此他解释，如果该计划获得批准，那么美国在世界的形象可能因此受损。美国正在敦促其他国家实施宏伟计划、做出更大努力以对抗全球气候变化，而批准这种计划将会伤害到美国在应对气候问题上的可信度和影响力。对于克里的决定，加拿大表示失望。

2017 年年初，克里的决定被特朗普政府推翻，然而拱心石 XL 管道项目仍然陷在美国法律和监管的泥潭里。2020 年春，阿尔伯塔省做出了向拱心石 XL 项目投资 70 亿美元的承诺。该省省长杰森·肯尼认为该项目对于阿尔伯塔省的未来经济是绝对具有"关键"意义的。加拿大管网公司最后宣布将启动该项目的建设。然而该项目却很快就迎来了新的法律挑战。而在此时，大量的加拿大石油正在通过铁路运输到达墨西哥湾的美国炼厂。

拱心石 XL 管道项目的遭遇清晰表明了在美国申请管道建设不再像油漆变干那样容易。这些遭遇已经变成了一出出政治闹剧。

然而美国对于管道建设的反对并未止步于此，在北达科他州，反对的声浪反而升高到一个新的水平。

在北达科他州开发正热的巴肯地区，每天的石油产量接近 60 万桶。为了将这些石油送往位于伊利诺伊州的一个接收终端，达科他管道的建设计划便应运而生了。然而围绕该管道的建设所引起的对立却引发了美国能源领域的一次核心争斗。从油井到市场，如果没有新的管线将二者连接起来，那么北美的能源版图就是不完整的，这样新增的油气产出就无处安放。然而，油气的反对者们却已经将焦点放在管道上，通过阻挠管道建设以达到阻止油气发展的目的。

达科他管道项目由能源运输合伙人和其他几家公司发起，建成后将能替代每天 740 节火车车皮的石油运输。2016 年早些时候，这项耗资 38 亿美元的管道项目取得了进展，总长为 1172 英里的管线几乎每 1 英里都完成了评审。它已经通过了环评审查，并收到了美国陆军工程师兵团的批准。根据法律要求，这个兵团需要对穿越河流和水路或从它们下面通过的管道进行审查。另外，公司还与大约 50 个印第安人部落开展了协商，并根据协商情况对管道路线做了 140 次的改动。

达科他管道计划要完成的最后一段是 1320 英尺，也就是 0.25 英里长的管道，这段管道将要从密苏里河 100 英尺宽的河床下面通过。美国陆军工程师兵团同意了这样的设计构想，在其 1261 页的分析报告中，对于每一英尺的管道都用了近乎一页纸的篇幅做出了评估。然而，生活在管道附近一个保护区、拥有 8200 名成员的斯坦丁洛克苏族却表示了反对。他们声称这样的管道走向没有进行论证磋商，并表示虽然管道要被埋在河床下面的深处，但是这样的设计仍然会威胁到他们的饮水安全，而且还会影响到他们神圣的部落遗址并违反 1868 年的拉勒米堡条约协议。能源运输合伙人对此回应称，这个部落的说法是对其以及咨询方美国陆军工程师兵团在管道设计方面所做努力的傲慢无视，这段管道经过的是联邦和州政府的土地而非部落土地，而且管道还是被埋设在河床下面的深处。后来，步行和骑马的抗议者弄坏带刺铁篱笆冲入 6 台挖掘机正在作业的管道建设区。安保人员则试图用辣椒粉和几条护卫狗驱退人群。当时一个正处于项目一线的活动家兼电影制片人记录下了这一切，他所拍摄的视频被迅速传播开来。

最终，一个绿色环保组织"绿色和平"召集了多达一万人的抗议示威者聚集在事发地附近，吸引媒体连续对此报道了 200 多天。在这些抗议者中，有一位名叫亚历山大·奥卡西欧·科特兹的人，她认为抗议经历改变了自己，激励了她。两年后她当选国会议员，并承担了《绿色新政》的主要起草人角色。另外，这条 1320 英尺长的管道还遭遇了来自另一个组织"地球正义"的挑战：该组织认为石油和天然气勘探正在对空气、水和人类健康造成毁灭性影响，该组织的任务之一便是"抗议油气管道建设"。抗议到了后期，暴力开始出现：有人引爆了即时爆炸装置，有人投掷莫洛托夫鸡尾酒，一些人因暴力受到伤害，最后北达科他州相关部门不得不请求其他 11 个州的执法力量前来支援平息暴力。某个时刻，抗议者还曾试图驱赶一群野牛冲向执法人员。最终联邦法官驳回了"地球正义"对管道项目发起的法律挑战。

然而,奥巴马政府却在任期最后的几个月插入进来,想要凌驾于法院和美国陆军工程师兵团的批准建议之上,叫停这段1320英尺长的管道建设。几个月后白宫主人换成了特朗普,特朗普政府发布命令,推翻了前任政府的决定。与此同时,北达科他州寒冷的天气以及之后的冰雪融化和洪水威胁促使该州加快关闭了抗议露营。最终,1172英里长管道的最后1320英尺长的一段完成了建设。

然而,美国的管道之争并未结束。抗议者、活动家以及他们在立法机构的盟友仍承诺表示要阻止新管道建设和旧管道改造。另一方面,能源传输合伙人则根据《诈骗影响和腐败组织法》对绿色和平组织提起诉讼,而该法案最初是为黑手党而制定的。对于北达科他州来说,这次抗议给它制造了一个4300万美元的账单,其中一项支出项目便是清理抗议者留下的大量垃圾。据当地一个应急部门官员的说法,这次抗议留下的垃圾超出了任何人的预期。

2017年5月末,在美国政府同意管道建设的行政命令发出4个月后,首批石油开始进入已完工的北达科他州段管道。页岩革命和环保存在冲突,受这种冲突的影响,未来美国围绕新的能源基础设施问题仍会存在争斗,而管道问题仍将继续处于这种争斗的中心位置。

第 7 章

页岩时代

第二次世界大战结束刚刚一年的1946年8月，一辆货船驶入费城港口，船上装有为当地炼油厂提供的11.5万桶石油。一个月前从科威特装船，这批货物也成为中东向美国大规模出口的第一批石油。两年后，沙特阿拉伯也开始向美国出口石油。用当时美国买家的话来说就是，沙特阿拉伯的石油正在满足美国对于石化产品的需求。

1948年是美国历史的一个转折点。之前，美国不仅是一个石油净出口国，而且多年来还是世界上最大的石油净出口国。第二次世界大战期间盟军使用的每7桶石油就有6桶来自美国。然而现在，美国却正在变成一个石油净进口国。到了20世纪40年代晚些时候，伴随着战后经济的繁荣和依赖汽车出行的城市郊区住户人数的增长，美国的石油消费需求正在超出其国内供应。

20年后的20世纪70年代初，全球石油市场供需平衡已经偏紧，实际上供应已变得紧张。这拉开了1973年美国石油危机的序幕，危机中石油价格实现了4倍的螺旋式上涨。加油站前排起的长队和处于高位的汽油价格引发了公众的愤怒，于是石油进口变成美国国内一个非常重要的话题。石油危机给美国带来冲击，原因不仅在于它对经济和油价的影响，很多人还认为这场危机意味着美国变得更加弱势：在石油依赖欧佩克的前提下，面对石油出口国的决定或石油供应受到干扰的情况，美国的外交和经济政策将变得脆弱。

1973年11月，理查德·尼克松总统公开宣称美国将在10年时间内实现

"能源独立"。之后这个目标也成为历届美国总统的真实愿望。然而现实与愿望却从来都不匹配。截至2005年,美国石油净进口已经升至其石油消费总量的60%,而且这个数字在以后几十年似乎肯定还会继续上升。

然而,美国接下来却出现了页岩油,而这意味着美国有可能再次成为一个原油出口国。这样的说法引发了一场新的政治争论,尤其是在原油出口基本上还受到法律禁止的时候,争论更是理所当然。

美国为什么会有原油出口禁令?毕竟,从喷气式飞机和化工产品到大豆和电影,美国出口的商品种类几乎不计其数。美国石油出口禁令其实是20世纪70年代石油危机那些年的"政治遗产"。在石油价格像火箭那样向上猛冲的时期,如果美国还继续允许石油出口,那么公众的愤怒将会更加强烈。另外,石油出口禁令还有助于保护美国国内的价格监管体系,而这套体系则是由尼克松政府为对抗通胀所设立的。然而美国的石油出口禁令实际上并没有存在的必要,原因就在于美国的石油进口正变得越来越多,而且国内生产的石油都直接供应给美国炼厂。

美国拥有一套复杂但效果不佳的能源价格监管体系,这种有碍投资的监管体系为同样的石油设定了不同的价格。20世纪70年代晚期,尽管面临着本党自由派人士的反对,总统吉米·卡特还是决定逐步废除这种价格体系。卡特之后,罗纳德·里根总统1981年1月上台便做出了彻底废除国内石油价格监管体系的决定。当年秋天,里根政府又很自然地取消了美国对于汽油、柴油、航空燃料以及其他石化产品的出口限制。然而美国的原油出口禁令仍未取消,似乎没人注意到这点。在页岩油突然出现前美国实际一直禁止石油出口,当页岩油产量出现真的明显增长时,美国国内取消原油出口禁令的呼声才显著增强。

美国在还需要进口石油时就向国外出口石油,乍一看这可能显得有点奇怪。然而,这种做法却与美国页岩油的品质和美国炼油体系的特征有着密不可分的关系。非常简单,美国的页岩油和其炼油系统存在巨大的不匹配。美国的很多炼油装置相对复杂,设计初衷是加工来自加拿大、委内瑞拉、墨西哥和中东的品质低的重油。自20世纪90年代早期开始,美国已投资了1000多亿美元,以改造位于墨西哥湾沿岸和美国中西部的那些重油炼厂。

正因为此，美国这些重油炼厂并不很适合加工那些产量正在快速增加的高品质轻质页岩油。随着轻质油数量的增加，这些炼厂的效率变低，财务状况变差，最终上升的炼油成本也会被转嫁给美国车主等消费者那里。

基于经济角度考虑，美国面对该情况最应该做的事情是让市场决定这些石油的走向，而且这样做也不会改变美国的石油净平衡状况。如果美国从墨西哥湾的一个港口出口100桶轻质油，同时从湾区的另一个地方进口100桶重油，那么美国的石油净平衡并没有发生改变。然而美国的炼油体系却会因此变得更有效率，这样做给包括消费者在内的各方都会带来更多的经济好处。

尽管如此，石油政治却不同于石油经济。与美国1981年解除石化产品出口监管后国内反应平静相比，解除原油出口监管却演变为一个争论白热化的议题。在反对解除原油出口禁令的阵营中，最为积极的便是那些环保组织和他们在国会的盟友，这些人反对油气开发。而主要分布在美国东海岸的石油炼化公司的炼化体系都不"复杂"，加工所依赖的正是品质较好的轻质原油。

最终，美国对于石油出口的争论演变为一场喧嚣的公共斗争。斗争的转折点出现在2015年4月，当时参议院能源委员会主席丽莎·穆克乌斯基评论称，美国石油出口禁令"相当于一套自己制裁自己的制度体系"。为此她提出了一个问题，即为什么美国政府在2015年的伊核协议中都取消了对伊朗石油出口的制裁，却一直还在维持对美国石油出口的制裁？穆克乌斯基的说法得到了另外两名参议员的响应，他们均认为，向美国的朋友和盟友出口原油不仅可以提升美国伙伴的安全，还可以提升美国自己的国际地位。欧盟也传递了相同的信息：2014年俄罗斯—乌克兰事件之后美国出口原油将会提升欧洲的能源安全。

为了取消石油出口禁令，美国民主和共和两党达成了一个"交易"：用原油出口禁令的取消来换取风光行业税收优惠期限的延长和优惠范围的扩大。该交易在2015年12月18日被签署成法。一个半星期后，一辆货船从得克萨斯州的科珀斯克里斯蒂港口出发驶向法国，而这艘船上装载的货物就是来自鹰滩的石油。

现在，美国的原油出口禁令已成为历史。截至 2019 年，美国的石油净进口在其石油总供应中的比例已从 2008 年的 60% 降至不足 3%。虽然美国仍在继续进口石油，但是它每天的原油出口也几乎达到了 300 万桶，这也使得美国成为世界上最大的原油出口国之一。不仅如此，美国每天还出口超过 500 万桶的石油产品。

美国的石油出口不只是为全球增加了一个石油供应来源。受此影响，世界石油产业、全球经济以及全球大国关系都发生了历史性改变。

2003 年每桶 20～25 美元的价格被认为将是石油的长期价格。然而在 2003 年晚些时候和 2004 年，石油价格便开始随着其他大宗商品的价格上涨出现上涨，而且涨势还一直持续。这向全球发出了世界经济出现重大变化的信号，世界经济进入金砖国家（巴西、俄罗斯、印度和中国）时代。曾被人们熟知的"发展中国家"已转变为"新兴市场"，这背后的强大力量来自经济的高速增长、全球贸易、市场的更加开放、通信技术的进步、苏联的解体、中国和印度的开放、全球供应链和全球化。

金砖国家的经济增长是显著的。2003 年至 2013 年间，中国经济增长了 2.5 倍多，印度经济增长了两倍多。而同期世界经济仅仅增长了 30%，美国增长了 17%，欧洲增长了 11%，而日本的这个数字则仅为 8%。

金砖国家时代的特征便是人们熟知的"大宗商品超级周期"：受这些国家强劲经济增长的拉动，石油、铜、铁矿石和其他大宗商品价格一直处于高位且还在延续上涨态势。金砖国家时代期间，正是这些国家尤其是中国强劲的需求增长才成为世界石油市场的决定性因素。

面对这种大宗商品超级周期和正在上涨的大宗商品价格，相关公司明显加大了相关投资，以提高这些大宗商品的产量。可以确定的是，中国的大宗商品需求将来只会继续增长。怎么可能有人不这样想？2012 年 6 月，一家大型国际银行在伦敦城外一个田园式会议中心召开了对冲基金和其他投资年度会议。在关于自然资源和大宗商品超级周期的小组讨论会上，世界上最大几家矿产开发公司的首席执行官对以下观点表现了绝对认同，即大宗商品价格上涨没有尽头，大宗商品超级周期只会继续存在，大宗商品价格还将继续上涨，因此他们的公司将会继续扩大产能、购买资产和进一步扩大支出。

然而此时，这个大宗商品超级周期实际上正在走向尾声。金砖国家的经济增长正在放缓，而这则意味着它们对于石油等大宗商品的消费增速也在变慢。需求和金砖国家将不再是世界石油市场的决定性因素。这个决定性因素现在换成了美国页岩革命。除了美国，其他国家也在新增石油产出，特别是加拿大、俄罗斯、巴西和伊拉克更是如此。然而迄今为止，石油产量增长的决定性因素却是页岩。

与俄罗斯和沙特阿拉伯一道，美国现在正走在成为世界石油三巨头之一的路上。美国的变化不仅影响世界石油市场，还影响全球地缘政治。马洛斯·塞夫科维奇在担任欧盟委员会负责能源的副主席时，曾在华盛顿表示，布鲁塞尔现在认为美国已经成为一个"能源超级大国"。

然而，这样的超级大国意味着什么？

第❽章

地缘政治再平衡

圣彼得堡的位置实在是靠北,以致于每年 6 月的极昼期间,阳光难以从这个曾经的沙俄帝都消失,导致这个城市的黑夜仅仅只有几个小时时间。然而,圣彼得堡吸引全世界那么多人前来的原因,却不是极昼的魔力,不是这个城市的威严,也不是城市的宫殿和运河的魅力,而是在于这个城市要举办国际经济论坛。论坛举办前几天,来到这个城市的人数达到了近 1 万人,而论坛的发起人则是家乡在圣彼得堡后来成为俄罗斯总统的弗拉基米尔·普京。

2013 年,普京与德国总理安格拉·默克尔站在了一起。这时,世界刚刚意识到美国页岩革命给全世界带来的影响。非常明显,普京与默克尔两位领导人彼此相互缺乏感觉,他们的互动显得冷淡僵硬,两人的眼睛更多的是聚焦在听众而非彼此身上。

正式会谈结束后是听众的提问时间。听众将第一个问题投给了普京总统,这个问题是有关俄罗斯经济多元化的,即如何降低俄罗斯经济对大宗商品的严重依赖。然而,在提问过程中,提问者却不经意间提到了页岩气。听到页岩气,俄罗斯总统情绪爆发了,他对东欧地区可能的页岩气开发进行了警告,并贬斥页岩气将给世界带来严重危险、给环境造成威胁、对土地和水造成破坏。

普京对页岩气的反应之所以如此强烈,是因为页岩气正在成为一个关乎地缘政治的问题。当时的俄罗斯不仅是欧洲天然气的大型供应国,还是世界上最大的天然气生产国。对俄罗斯来说页岩气是一种威胁。从全球来看，非常规油气革命不是仅仅涉及油气流向的问题，它还会影响到国与国的关系，这点正变得愈发清晰。

40年来，美国能源和外交政策一直被石油短缺和脆弱的石油供应链主导和影响。从1973年石油禁运开始，到1979年伊朗君主被推翻、霍梅尼成为伊朗国家领袖，这段时间美国真正体会到了石油的重要性。然而现在情况发生了改变。就像奥巴马总统国家安全顾问托马斯·多尼隆认为的那样，页岩革命赐予华盛顿一只更强的手，助力美国实现其国家安全目标。美国国务卿迈克·蓬佩奥的看法与多尼隆有所不同，蓬佩奥认为页岩革命赋予美国在处理国际事务时更多的灵活性，而这是美国几十年来不曾有过的。

一个多世纪以来，能源即它的可利用性、可获取性及流向一直与安全和地缘政治问题交织在一起。正如布鲁斯金学会的一项研究认为的那样，现代社会没有任何其他商品可以像能源那样在政治和经济乱局中扮演那样的枢纽作用，我们有充分理由预计能源的这种作用将会持续下去。

中东地区一直是世界石油的中心，中东石油供应的安全对于世界经济有着至关重要的作用，美国与中东关系也是其外交政策最高优先方向。随着冷战之初1950年沙特阿拉伯开始向美国出口石油，美国总统哈里·杜鲁门向沙特阿拉伯国王阿卜·杜拉明确表示美国将确保沙特阿拉伯的安全。这位总统当时这样写道："我们将确保任何威胁都不会降临到您的王国，而且这样的承诺并非美国的权宜之计。"美国当时向沙特阿拉伯做出这种承诺，旨在防止沙特阿拉伯的石油资源落入苏联手中，而冷战结束后美国仍在履行这种承诺。当前美国向阿拉伯国家做出的广泛的安全承诺体现在双方众多的相关协议、武器交易、人员交流以及一系列海陆空军事基地和军事设施建设上。

影响世界石油市场的一个重要因素是"石油富余产能"，虽然没有实际在产，但是却可以在油价上涨或其他地方的石油产出受到干扰时快速投入生产。今天，世界多数的石油富余产能都位于沙特阿拉伯，还有一些位于阿联酋和科威特。在拥有大量的石油富余产能、巨大的石油储量规模以及快速增减石油产出的能力后，沙特阿拉伯便成为世界石油市场的平衡者。有时沙特阿拉伯的这种地位还被形容为世界石油的"中央银行"。

美国对波斯湾做出的安全承诺、美阿安全联盟的规模化发展、波斯湾地区丰富的资源，使得人们普遍形成一种错觉，即美国自身对中东具有严重依赖性。然而即使在页岩油出现前的2008年，美国从波斯湾进口的石油在其石油进口总量中所占的比例也不足20%。就像前面提到的那样，阿尔伯塔省的油砂已经让加拿大成为美国目前最大的石油进口来源国。2019年，大约仅有11%的美国石油进口来自波斯湾。从波斯湾国家的角度出发，这些石油生产国已经将市场焦点放在了亚洲，他们将亚洲视作他们最重要的石油市场。

美国对于波斯湾地区的安全承诺之所以一直持续，原因不在于美国要从该地区具体购买多少石油，不在于沙特阿拉伯、科威特或阿联酋有多少石油流向美国炼油厂，而在于该地区的石油资源对于世界经济和美国非常重要的盟友及贸易伙伴具有至关重要的作用。中东地区的石油供应波动会影响到全球经济，而美国则已经深度融入到全球经济体系中，美国近30%的国内生产总值和接近4000万工作岗位都来自美国与世界其他地区的贸易。即使美国没有从中东进口很多石油，石油供应的波动也会推高全球石油价格，而美国自然无法置身事外。

页岩革命是如何改变地缘政治的？我们要看的第一个例子是伊朗和2015年国际社会与伊朗达成的伊核协议。从2012年起，伊朗石油出口和融资受到了制裁，而制裁目则是要迫使伊朗回到谈判桌上，后面的内容还会提到这点。然而，国际社会却并不清楚这些制裁能否奏效。伊朗受到制裁，世界石油供应预计会出现下滑，油价继而会出现上涨，石油进口国因此将会受到打击，最终制裁可能被取消。这种结果肯定是德黑兰希望看到的，就如伊朗曾自信地宣称的那样：新制裁"注定将会失败"。然而事与愿违，制裁实施后美国国内石油产量的增加抵消了伊朗石油出口减少对于全球石油市场的影响。石油制裁、金融制裁（进一步增强制裁效力）和面临的经济压力最终让伊朗在2015年签署了伊核协议：协议对伊朗的核项目进行了限制。作为交换，国际社会针对伊朗的制裁也被取消。

页岩革命改变地缘政治的第二个案例发生在欧洲，它与普京在圣彼得堡生气地回答那个记者的提问相关。页岩气产量的增加一直是影响欧洲天然气市场多元化和能源安全提升的一个关键因素。当欧洲领导人谈及能源安全时，他们较少关注石油，而是更多地把焦点放在天然气上。具体来说，他们更关注欧洲对俄罗斯天然气的依赖程度。在欧盟一些人和华盛顿很多人的头脑中，俄罗斯作为欧洲的第一大天然气供应国，具有利用天然气实现其政治目标的能力。而这种担忧也随着欧洲对于俄罗斯管道天然气的依赖而加大，其原因在于天然气管道运输具有天然的不灵活性。

话题转到美国页岩气。首先，页岩气消除了美国对于液化天然气的需求，这导致液化天然气出口商将他们的一些液化天然气出口市场转向欧洲。然后，来自美国的液化天然气又会进一步加剧欧洲天然气市场的竞争，这样来自美国以及其他地方的液化天然气一起就与俄罗斯天然气展开了直面竞争。欧洲天然气买家现在有了多样化的卖家选择，这意味着欧洲天然气供应的多元化，而多元化也正是能源安全的基石。立陶宛能源部长曾对此这样评论："历史上，我们曾面临来自俄罗斯的很多挑战，然而现在立陶宛的天然气供应已经实现了去政治化。"而之所以发生这种变化，原因就在于这个国家的液化天然气进口设施开始投入运营。

2016年3月，一辆载有石油的超级货轮离开美国墨西哥湾港口，穿过巴拿马运河驶入太平洋。它的目的地是中国，客户不仅是中国最大两家石油公司的一个，还是世界上最大的石油买家之一。中国石化的一位高管当时曾这样表示："美国原油出口对于全球市场来说是件好事，这让亚太地区炼油商有了实现资源供应多元化的可能。"几个月后，另一辆装载美国液化天然气的货轮在中国深圳卸货，而这则是美国首次向中国出口液化天然气。这些货船的航程表明：在获取能源方面，中美竞争并不像人们以前认为的那样是"你死我活"的零和游戏，而这样的游戏就在几年前还存在于一些人生动的想象中。全球能源供应是充足的，中美都可以通过参与全球市场，在互动中实现互利共赢。页岩革命至少消除了中美之间一个很大的竞争点,并创造了两国之间一个新的利益交汇点,这显得弥足珍贵。

由于页岩油气的存在,美国在亚洲的"存在"对于很多国家来说有了一种新的重要战略意义。页岩油气增强了亚洲能源供应的多元化,缓和了它对中东和霍尔木兹海峡的依赖,为亚洲提供了液化天然气这个能源选项。虽然美国只是为印度提供石油和液化天然气的几个国家之一,然而两国增长的油气贸易却已使两国关系变得紧密起来,这为之前更具竞争性的两国关系注入了积极而重要的新内涵。

同样,日本公司和日本政府对于接收美国的油气出口也表现出迫切渴望。他们认为,进口美国油气对于降低日本对美贸易顺差具有重要的意义,而且这也是对全球能源安全做出的重大贡献:日本99%的石油消费和98%的天然气消费都是来自进口。2011年福岛核事故前,核电为日本提供了30%的电力。到了2020年,日本的核能发电在其总发电量的比例仅是略高于5%。液化天然气已经成为日本电力生产的重要燃料,它填补了其他燃料退出发电后留下的很多空白,2020年日本近40%的电力生产都依赖液化天然气。

在写本书时,韩国还是美国液化天然气的最大买家。就像韩国一位高级官员说的那样,美国天然气的到来有助于他们与常规天然气供应商开展谈判。而且,韩国从美国购买的天然气越多,韩国对美的贸易顺差就会越小,而这一点也是韩国毫不犹豫想要提出来的。

2018年秋,一件具有历史意义的事情出现了,不过当时它只是引起了少数人的注意,这便是美国超越俄罗斯和沙特阿拉伯,重新夺回世界第一大石油生产国的位置,而上一次美国拥有这个位置还是在40年前。

美国的石油增长还会持续多久?还会再增长多少?一些人认为从资源采收能力角度回答这样的问题为时尚早。一家在二叠盆地开发石油的大公司的石油工程师这样说:"在我30年从事石油行业的过程中,二叠盆地是唯一一个每次绘制资源新版图都会发现资源要比以前预估资源多的地方。而其他地方的资源则是每次都会变少。"

尽管如此，美国政府的石油政策以及这些油田的开发经济性却会出现变化，或者说，石油基础设施或资本投入会对美国石油增长造成约束。而且，环保压力对油气开发的影响可能会变得更大。民主党政府对《绿色新政》的向往可以给美国油气开发制造很多监管和法律上的障碍。"禁止压裂"已经成为一些美国政客的口头禅。然而，美国钻探的多数新油井都存在一些压裂技术的应用，而压裂技术禁令则意味着美国将会进口石油，它对经济带来的负面影响还将蔓延到整个美国。当前尚未被预见的地质条件约束未来可能也会出现。另外，一个难以被提前预知的病毒大流行也会减少石油需求、拉低石油价格，从而导致相关投资退出石油勘探。

自 SH 格里芬 4 号气井钻探以来，世界发生的改变是超乎寻常的。之前，世界从未看到过石油产量这么快增长和这么大规模增加。从数量上说，在十年多一点的时间内，美国的石油增长相当于世界上增加了一个石油生产大国。然而，随着美国石油产出的持续激增，一个新的挑战已经浮现。页岩油气开发正在呼唤一次新的革命：新革命不是建立在技术突破上，而是页岩开发的经济性上。

页岩开发一直被视为制造业的范畴。与常规油气井相比，页岩井在产出稳定之前的大概第一年，其产出会出现明显下降。这样油气公司就会持续钻探新井以补偿老油井的产量下降。对于独立油气开发商而言，投资人和债务人关心的全是产出增长。然而，以后他们只关注增长就不够了。对于持续努力追求产出增长的公司，投资人以前会为他们欢呼喝彩，而现在他们并不乐见只追求产出数量的公司。效率较高的一些公司已经将单口井的开发成本从潜在的 1500 万美元降低到 700 万美元，然而这仍旧不够。投资人想要收回资金，他们想要投资获得回报：当投资人考察页岩开发公司时，他们的关注点已不再是不计成本的产出增长，而变为以多少成本实现增长。随着股价的下跌，页岩公司被迫要重新布局他们的业务，控制他们的支出，确保公司在预算范围内活动，只有这样他们才能以分红或股票回购的方式让投资者获取回报。投资人的降成本要求为油气公司并购埋下了伏笔。

页岩革命还在以另一种方式改变着世界。当油气独立开发商投资收缩时，大型油气公司便加快了投资的步伐。作为一个曾经国际化程度很深的公司，康菲公司已经将开发重点重新转移到北美大陆。埃克森美孚和雪佛龙这两家最大的石油公司也双双将部分业务转回北美，他们在二叠盆地投入了大量资金，期望将这个地方作为他们全球业务布局的一个增长点。另外，英国石油、壳牌和挪威石油公司也有较少的业务做出了同样的布局。

　　把所有因素都考虑在内，美国的油气产出似乎注定要出现年增速下降很多的情况，这种增速会比前些年有记录以来的增速小很多。然而，即便增速下降，美国也已经成为世界最大石油生产国。截至2020年2月，美国达到了有史以来每天1300万桶的最高石油产出水平，而这已经超出沙特阿拉伯和俄罗斯，快要达到美国2008年石油产出水平的3倍。

　　正在这个时候，全球遭遇一场大的灾难。新冠肺炎疫情和全球化经济的停滞重挫了包括页岩开发在内的很多行业。由于投资被显著削减，页岩油气产出将会由增转降。即使重新回到增长状态，增长也将会是一个较慢的步伐。然而，不管这种走势将呈现一个什么样的曲线，页岩油气现在都已确立了其作为一种重要资源的地位。

　　页岩革命不仅改变了世界石油市场，还改变了全球关于能源安全的概念。几十年来，世界石油市场走势一直决定于欧佩克国家和非欧佩克国家的博弈，而现在这种博弈已被一个新的名词"三大国"替代，这三大国便是美国、俄罗斯和沙特阿拉伯。这个名词在2020年得到了清晰的展现，这一年，新冠肺炎疫情给世界石油市场带来了巨大的危机，为应对危机，莫斯科、利雅得和华盛顿史无前例地进行了一场互动交流。

　　不仅如此，石油三大国做出调整以应对危机的努力还表明了一点，即能源将会以一种新的方式继续在地缘政治中扮演非常核心的角色，而弗拉基米尔·普京肯定也会这么认为。

俄罗斯新版图

第9章　普京的宏大工程
第10章　天然气危机
第11章　能源安全冲突
第12章　乌克兰及新制裁
第13章　石油和俄罗斯
第14章　反击
第15章　俄罗斯向东转
第16章　地球腹地

第 9 章

普京的宏大工程

1991年苏联解体后,前苏联版图上出现了15个独立国家,其中既有位于波罗的海附近、面积最小的爱沙尼亚,也有地理面积和印度相当的哈萨克斯坦。

尽管苏联已经解体,然而对于这些新独立的国家来说,俄罗斯联邦共和国仍然高高在上。俄罗斯横跨东半球全域,西接欧洲,东到远东勘察加半岛的东端,覆盖11个时区,其最东端与美国阿拉斯加仅仅隔着一个宽度仅为60英里的白令海峡。论人口数量,俄罗斯只有当时苏联的一半。论经济规模,2019年俄罗斯仅比西班牙略高,而现在西班牙仅有俄罗斯人口的1/3,也已经不再是18世纪的大国。然而,俄罗斯仍然有着不可小觑的实力:它拥有广袤的国土,它拥有巨大的核武库、大量的导弹装备以及大量的网络技术,它拥有成为世界舞台主角的意志,它还拥有丰富的自然资源,具体说就是拥有可以支撑其世界地位的油气资源。

苏联解体30年后,美俄之间的全球性竞争转换为一种新形式,虽然它不同于传统核竞赛之类的冷战,然而它似乎仍是一种"冷战"。围绕地区冲突、信息战、网络空间、能源,美俄之间的"新冷战"正在上演。

在20年的总统生涯中,普京为俄罗斯制定的宏伟目标一直围绕以下几个方面展开:重新发挥俄罗斯对地区其他国家的影响、重新恢复俄罗斯的全球大国地位、构建新的联盟、逼退美国。

对于俄罗斯的复兴和国家经济，油气一直扮演着关键的角色。与军事力量相比，油气还为俄罗斯提供了一个展示实力的工具。就像普京所说的那样："毋庸置疑，石油是世界政治和世界经济中最重要的因素之一。"曾有人问普京这样一个问题，即俄罗斯是否是一个能源超级大国。普京回应说："我更倾向于远离旧有的语汇来回答这个问题：超级大国是冷战期间的词汇。"普京继续补充道："我从来没有说过俄罗斯是一个能源超级大国。然而我们成为能源超级大国的可能性却比世界任何其他国家都要大。这是一个明显的事实。"

普京口中的"明显事实"的确明显：俄罗斯拥有绝对丰富的能源资源。它是世界前三大石油生产国之一，且不仅是世界上第二大天然气生产国（排在美国之后），还是世界上最大的天然气出口国。来自油气的出口收入构筑了俄罗斯国家和力量的财政根基：正常时期，油气收入在俄政府预算和出口收入中所占的比例分别可以达到40%～50%和55%～60%区间的某个位置，而这个收入占俄罗斯GDP的比例则可以达到30%。俄罗斯能在世界经济中扮演一个重要角色，油气资源发挥了比其他任何东西都要大得多的作用。

俄罗斯的资源禀赋给予了这个国家全球性的影响力。它支撑了俄欧经济关系，拉近了中俄关系。然而俄罗斯对油气的依赖也在该国引发了很多争论。俄副总理阿列克谢·库德林（前财政部长）等一些人称，俄罗斯对于油气的过分依赖阻碍了其经济向更加平衡和更具活力的方向发展。

俄罗斯出现的这些争论和它面临的处境并不新鲜。一个半世纪以来，不管是在沙皇俄国时代，还是在苏联时代，抑或是1991年后的俄罗斯联邦时期，俄罗斯一直都在世界能源领域扮演着一个重大角色，它对能源具有严重依赖性：先是依赖石油，后来依赖的东西又多了一个天然气。

俄罗斯石油工业起源于19世纪的两个地方：一个地方在今天的阿塞拜疆境内，它绕着城市巴库、位于里海以西的位置；另一个地方在今天的哈萨克斯坦境内，位于里海东边。19世纪80年代，一个到访巴库的英国人曾惊叹于这座城市的石油资源。巴库当时已经成为欧洲新的石油城市，1898年，俄罗斯超越美国成为世界上最大的石油生产国。然而在1905年俄国革命之后，俄国石油工业曾经生机勃勃的活力不复存在，俄罗斯石油产出开始下降。

1917年，布尔什维克人在夺取权力之后，面临着"燃料饥荒"之困。为了解决燃料短缺问题，布尔什维克人对俄国石油工业实施了国有化。

在接下来的几年中，俄国石油工业实现恢复，再次成为全球市场的一个参与者。

作为全球一个石油出口国，苏联这种角色的再次回归发生在第二次世界大战结束很多年后的20世纪50年代后期。苏联先是在伏尔加—乌拉尔地区有了新的石油产出，接着又在西西伯利亚地区探明了新的巨型石油储量，这才使得苏联进行石油出口成为可能。然而，此时苏联进入的全球石油市场却已经因为中东石油的增加而变得过于饱和。

为应对苏联石油产量的激增，国际石油公司于1959年对油价进行了下调，并在1960年又重复了一次相同的操作。油价下降减少了石油出口国的收入，愤怒的石油出口国在沙特阿拉伯和委内瑞拉的领导下，联合成立了一个新组织，这个组织便是欧佩克（石油输出国组织）。

20世纪70年代初，苏联的中央计划经济正在呈现颓败之相。接下来的石油危机对于苏联来说可谓恰逢其时。油价的显著上升让苏联财政收入实现了激增，这拯救了其停滞的经济，也有助于苏联筹集壮大军事实力所需的资金。然而这种"重病期间的喜悦"被证明只是暂时的。

1985年，戈尔巴乔夫成为苏联新一任领导人，决定改革苏联经济。然而命运却与他作对。1986年油价出现崩塌，给苏联经济带来了严重打击，就像苏联前财政部长和代理总理叶戈尔·盖达尔曾说的那样：这次油价下降标志着苏联解体大幕的开启。

油价下降后，石油收入不能再像以前那样可以掩盖苏联计划经济的缺点。戈尔巴乔夫回忆说："我们正计划成立一个工作委员会以解决妇女的连身裤袜生产问题。一个国家可以进入太空，可以发送人造卫星，可以建设坚固的国防体系，但是却不能解决妇女的连身裤袜问题。缺乏牙膏，缺乏皂粉，缺乏基本的生活必需品。在这样国家的政府工作简直是不可想象的，让人蒙羞。"

后来事情变得更糟。苏联石油生产开始出现快速下降。1989年，苏联部长会议主席抱怨说："没有石油，苏联就将没有国家经济。"虽然苏联解体是多因素共同作用的结果，然而油价却是保持苏联经济运转的资金生命线。

1991年12月25日，戈尔巴乔夫发表电视讲话，苏联正式解体。之前没有实权的苏联加盟共和国现在要成为独立的国家。如人们所见，俄罗斯联邦共和国将要成为苏联的主要遗产继承者。而这则意味着，包括控制大量核武器处置使用的顶级密码在内，苏联的很多东西都需要被移交给俄罗斯联邦共和国。然而戈尔巴乔夫和叶利钦的相互敌意却非常深，以致于他们在一个问题上迟迟不能达成共识，这个问题便是在克里姆林宫进行权力交接时到底应该在谁的办公室进行。最终，两列分别代表苏联和俄罗斯联邦共和国的军事人员选择在克里姆林宫的一个走廊见面，以一个快速的相互敬礼，匆匆结束了核武库密码移交这样的历史大事。

苏联解体肢解了这个联盟业已建立起来的石油工业。位于里海西岸的苏联石油工业发源地现在已成为新独立国家阿塞拜疆的领土，里海东海岸的苏联石油现在则归属新独立国家哈萨克斯坦。苏联经济结构的瓦解也让西西伯利亚规模庞大的石油工业陷入分裂和混乱。苏联解体后的20世纪90年代，俄罗斯石油工业陷入了你争我夺的纷争，这段时期也是人们熟知的"俄罗斯经济自由私有化"的"狂野"年代。在这个过程中，新的石油公司开始出现，其石油资产规模不断扩大。

随着时间的推进，俄罗斯经济出现了反弹，俄罗斯市场经济的基础雏形初现，随之而来的还有人们的乐观。借用第二次世界大战后西欧和日本经济奇迹的说法，人们也给这时的俄罗斯经济发展冠以"俄罗斯经济奇迹"的帽子。然而好景不长，1998年8月席卷亚洲的金融危机席波及俄罗斯。伴随着油价暴跌和卢布的巨幅贬值，俄罗斯政府收入出现枯竭。新经济停止脚步，人们失去收入来源。俄罗斯国民对叶利钦总统的信任遭到粉碎。叶利钦自身也是筋疲力尽。

1976年，《列宁格勒晚报》刊登了一则消息：从前默默无闻的一个本地"柔道运动员"在一次柔道比赛中斩获冠军,从而首次跻身柔道冠军行列。有预测称,未来关于这个柔道冠军的消息还会有更多。这个柔道冠军便是当时 23 岁的弗拉基米尔·普京。普京后来加入苏联情报机构,作为情报人员被派驻东德。1991 年苏联解体后,普京快速焚毁了苏联情报机构的秘密文件,然后驾车返回俄罗斯。苏联解体后,他家乡的名字也不再是人们熟知的列宁格勒,而重新改成了从前的圣彼得堡。回到家乡后,普京在这座城市的改革派市长下面工作,成为圣彼得堡的一名副市长。

1996 年,圣彼得堡市长再次竞选市长失败后,普京发现自己也失业了。之后,他便去莫斯科寻找工作。在莫斯科,他开始是在国家财产办公室工作,之后便青云直上,直至 2000 年成为总统接班人。入主克里姆林宫后,普京将执政目标锁定在四个方面:恢复秩序、稳定经济、找回俄罗斯国家权威、重新恢复俄罗斯世界大国地位。担任总统的 20 年间,普京已经证明了自己,正如人们在 1976 年预测的那样。当年柔道冠军的竞技场现在已变为世界政治舞台。在普京整个执政计划中,能源居于中心地位。普京懂得俄罗斯油气带给这个国家的力量。西方人与普京会谈时,常会惊讶于普京对能源工业和能源市场细节的深度了解。

在普京的努力下,俄罗斯政府重新夺得了对能源工业的控制权。当时俄罗斯最大石油公司之一的尤科斯石油公司主席米卡伊尔·霍多尔科夫斯基曾直接挑战普京,最终落了个被监禁 10 年的惩罚。而尤科斯石油公司的资产则被俄罗斯石油公司接管。俄罗斯石油公司首席执行官谢钦作为俄罗斯前副总理,曾在 20 世纪 90 年代早期在圣彼得堡市长办公室与普京一起共事。2013 年,俄罗斯石油公司以 550 亿美元的价格接管了俄罗斯秋明英国石油控股公司,而这也让俄罗斯石油公司的规模一举超过了埃克森美孚公司。2016 年,俄罗斯石油公司又收购了巴什石油公司。今天,俄罗斯石油公司的产出占据了该国石油总产出的 40%,俄罗斯政府以刚刚过半的公司股权占比,获取了对俄罗斯石油公司的控制权。

与上述情况类似,俄罗斯政府也拥有对俄罗斯天然气工业股份公司的控制权,这家巨型天然气公司的最高领导为阿列克谢·米勒,他也曾在20世纪90年代早期与普京一起在圣彼得堡市长办公室工作。2005年,俄罗斯天然气工业股份公司从另一个油气寡头那里收购了希伯石油公司,而俄罗斯天然气工业股份公司的名字也被重新命名为俄罗斯天然气石油公司。今天,俄境内的私人石油公司仅剩下少数几个。其中卢克石油公司是最大的一个。该公司首席执行官瓦格特·阿里克波洛夫的石油职业生涯开始于里海,接着便是西西伯利亚地区,后来他在20世纪80年代晚期来到莫斯科担任能源部副部长,正是在莫斯科他才产生了在俄罗斯创办一家西式石油公司的想法。

戈尔巴乔夫和叶利钦两人的运气都不好,他们执政期间石油价格都出现了暴跌,使苏联(俄罗斯)经济出现了螺旋式下降。相较而言,普京的运气则非常好:最早开始担任总统的2000年,石油价格已经恢复,之后又碰上了金砖国家时代,石油价格又出现了持续上涨。苏联解体后,俄罗斯石油产出下降近一半,普京上台后则出现了反弹。反弹源于石油领域的新投资,其中就包括来自西方公司的投资,这些公司不仅给俄罗斯带来了资金,还给苏联时期留下的常规油田带来了开发技术和经验,而所有这些在苏联时期都被排除在国门之外。截至2018年年末,俄罗斯每天的石油产出已达1140万桶,这与苏联时期俄联邦共和国最高时期的石油产量相当。

2000—2012年间,俄罗斯石油出口额实现了8倍的增长,从每年360亿美元增至2840亿美元。天然气年出口额则从每年170亿美元增至670亿美元。随着油气收入的上升,俄罗斯经济实现了从弱到强的转变。此后,俄罗斯开始偿清国际债务,提高居民工资水平,增加养老金,扩大"稳定"基金规模,增加国防开支,为恢复世界大国地位进行融资。

俄罗斯是金砖国家中大宗商品超级周期和新兴市场国家旺盛能源需求的一个主要受益者。相较而言,中国和其火热的经济则最能代表金砖国家的情况。在位于莫斯科老广场的办公室,俄罗斯一位副总理曾被问到俄罗斯经济将会发生什么变化时,这位副总理朝向窗户指着东方。

"先告诉我中国将会发生什么。"他回应道。

第 ❿ 章

天然气危机

俄罗斯对欧洲天然气供应大概占到欧洲天然气总消费量的35%,俄罗斯对欧洲天然气出口是地缘政治冲突的中心问题。这带来的一个基本问题是:欧洲如此依赖俄罗斯的天然气,那么这种规模庞大的天然气生意是俄罗斯施展大国影响力的一个工具,还是地缘决定的互利共赢贸易关系的一部分呢?而且如果这两个因素都存在的话,那么双方的平衡点又在哪里?

最能体现这个基本问题的莫过于俄罗斯和乌克兰的关系。俄乌关系变动会波及能源市场,影响俄欧关系,而且还能影响到俄美关系,从美国有关军事预算和2016年总统大选的国内纷争,到美俄两个核大国正在加深的敌意,再到2020年对美国总统唐纳德·特朗普的弹劾努力,背后都有俄乌关系的影子。的确,如果俄罗斯和西方世界的新对抗和新冷战背后有某个最重要的单一因素,那么这个因素便是苏联解体后俄乌之间那些悬而未决的问题以及这些问题的呈现形式。

从词根上说,乌克兰的意思是"边缘"或"边境土地"。在人们熟知的乌克兰境内,多数地方都是一马平川,少见天然的边境地貌。乌克兰和俄罗斯均坚称自己起源于基辅罗斯。这是中世纪的一个王国,由维京武士建立,当时这批武士与当地斯拉夫部落混住在人们熟悉的罗斯兰兹,也就是今天的乌克兰首都基辅。尽管历史同源,然而现代俄乌两国却因为身份认同问题出现了激烈冲突:俄罗斯人认为双方有共同身份,而乌克兰却坚持认为双方彼此独立、存在差别。

基辅罗斯从历史上消失的时间在蒙古金帐汗国1240年将基辅纳入自己领土时。乌克兰第一批划定边境的地图出现在1640年左右，当时的地图覆盖了立陶宛与大荷兰国的一部分领土。有一幅乌克兰地图名字的大概意思就是"空旷平地"。

1654年，位于今天乌克兰境内的哥萨克宣誓对俄国沙皇效忠。历史学家、政治家和爱国者今天仍在继续争辩这个问题，即这种效忠是保留自治权的有条件效忠，还是将自己领地与俄国土地合并的绝对效忠。

乌克兰国家身份和民族意识的增强出现于第一次世界大战之前。这个时候，全面大规模工业化正在乌克兰东南部顿巴斯地区进行，这吸引了俄国其他地方会讲俄语的人的到来。1917年俄国布尔什维克革命不久，一个独立的乌克兰国家便宣告成立。布尔什维克革命胜利后，乌克兰成为苏联的一个联盟发起国。

随着苏联在1991年末的解体，乌克兰首次不再是一个概念、一个边境之地和一个帝国的一个省。现在乌克兰首次以一个主权国家的身份存在。

成立之初，乌克兰便是一个核国家，因为它继承了苏联留下的1900个核弹头，这也使得它成为世界第三核大国。1994年，在签署著名的《布达佩斯备忘录》后，乌克兰放弃了这些核武器，将它们转交给了俄罗斯。作为交换，俄罗斯、英国和美国做出尊重和承认乌克兰现有领土范围的庄严承诺。

在苏联解体风暴中，基本安然未受影响的（尽管多少也遭到某些打击）的机构有一家，这便是天然气工业部。然后，它变为俄罗斯天然气工业股份公司。它控制着俄罗斯的出口天然气管道和天然气出口收入，相应地继承了苏联与西欧大型能源公司的关系。

俄罗斯天然气工业股份公司成为了世界上最大的天然气公司。即便不能立即获得付款，它也要供应天然气以维持俄罗斯国内经济运转，另外它还是西欧可靠的天然气来源。它为俄罗斯提供了急需的财政资金。在苏联解体的乱局中，俄罗斯天然气工业股份公司不仅要继承过去苏联与西方的关系，还承担着未来俄罗斯经济与西方经济融合的责任。然而在一些外部人士看来，它却不仅仅是一家天然气公司，它还是经常出没的美苏冷战幽灵，它是俄罗斯力量重新增强的体现，是俄罗斯为赢得对西欧优势从而在欧美关系之间嵌入一个楔子的工具。俄罗斯天然气问题的核心便是乌克兰问题。

面对未来，乌克兰将走向何方？苏联解体以来，这个基本问题已经激化了俄乌之间的矛盾。乌克兰会继续向东甘愿受到莫斯科的影响，还是更愿朝西面向欧洲甚至投向北约和美国的怀抱（在莫斯科看来，这种情况更糟）？

天然气以及天然气管道将俄乌两国关系变得紧密，而现在它们却让两国走向对抗。来自俄罗斯的天然气是乌克兰的主要能源，它为乌克兰重工业提供燃料，对其经济发挥着关键作用。而且，乌克兰向俄欧天然气管道过境乌克兰的部分收取费用，这部分费用成为乌克兰政府的一个主要收入来源。

然而俄乌关系却不是单向道。对于俄罗斯天然气工业股份公司来说，确保天然气到达欧洲至关重要，因为欧洲市场是它的重大收入来源。这就意味着俄罗斯对于乌克兰也存在依赖。2005年，俄罗斯输欧天然气的80%都要过境乌克兰。在乌克兰和俄罗斯同属一个国家时，这当然都没有问题，而且俄乌管道还曾有"兄弟管道"的说法。然而现在苏联已经解体，这样就会产生很多问题。乌克兰和俄罗斯不再是"兄弟"。

1991年的苏联解体导致俄乌关系迅速转向，围绕天然气价格和过境乌克兰的管道收费问题两国产生争执。开始，这种争执还都在双方的容忍范围之内，直到2004年乌克兰总统大选时，俄乌关系紧张开始升级。在这场大选中，开始的胜选者是维克托·亚努科维奇，他是乌克兰现任总理，曾是一名拳击手，亚努科维奇的母语是俄语，他是莫斯科心中的理想候选人。他的对手是另一个"维克托"，即维克托·卢卡申科，他是乌克兰前总理，还曾担任中央银行行长，其母语为乌克兰语，他是欧洲非常期盼的乌克兰总统候选人。

乌克兰这场大选在国内引发了巨大抗议，卢卡申科的支持者聚集在少女广场，这就是著名的"橙色革命"。最终法院做出判决，卢卡申科赢得大选。这个结果对于莫斯科来说是一个打击。乌克兰现在有了一个亲西方的总统，而且，卢卡申科的妻子还是一名乌克兰裔的美国人，毕业于乔治城大学，曾为里根政府工作。

对于克里姆林宫来说，这个选举结果是"颜色革命"发出的一个现实威胁信号。乌克兰"橙色革命"爆发之前，新独立的格鲁吉亚曾爆发了"玫瑰革命"，而这场革命则将反俄的改革者扶上权利宝座。在莫斯科看来，两场"颜色革命"的支持者均为西方非政府组织，而且莫斯科怀疑背后还有西方安全部门的影子，西方安全部门的目的是消除俄罗斯在苏联国家的影响力。更糟的是，"橙色革命"有可能会将北约带到俄乌边境，因为波罗的海国家已经加入该组织。对此普京表示，北约的逼近对于俄罗斯安全将是一个直接威胁。不仅如此，俄罗斯还面临"颜色革命病毒"进一步传播至俄罗斯国内的风险。

卢卡申科的胜利引发了俄乌在天然气价格上的激烈争执。乌克兰购买的俄罗斯天然气价格只有西欧的1/3甚至更低。俄罗斯每年在这上面的损失会达到数十亿美元，而且乌克兰对俄罗斯还有着数十亿美元的天然气欠款，然而现在乌克兰却有了一位想要摆脱俄罗斯影响的总统。对此俄罗斯人提出一个问题：为什么俄罗斯要以较便宜的天然气价格继续对乌克兰实施补贴？这个问题的背后除了有收入考虑，莫斯科还有一个考虑，即控制最重要的乌克兰天然气管道系统，正是依赖这些管道俄罗斯才能将其天然气送到欧洲。然而这种想法却不能放在台面上公开讲。就像卢卡申科说的那样，苏联时代埋在乌克兰土地下面的天然气管道是独立后的乌克兰"皇冠上的明珠"。

2006年1月1日，在天然气问题没有得到解决的情况下，俄罗斯天然气工业股份公司切断了向乌克兰的天然气供应。然而乌克兰却截留了俄罗斯的输欧天然气，这造成了欧洲国家的天然气断供，最终导致俄欧关系出现危机。

对此，俄罗斯坚称对乌克兰天然气断供与政治无关，它仅是经济和市场定价问题：乌克兰人不应该享受那么大的用气价格优惠。然而对于欧美来说，天然气断供却是俄罗斯基础能源实力的"演习"。对此美国国务卿赖斯表示，俄罗斯意欲利用油气作为其实现政治目的的一种工具，俄罗斯不应该这么做。

几天之后，俄乌双方达成了一项新的协议，然而俄罗斯并未能够获得乌克兰天然气管道的控制权。基辅不愿意放弃这些"皇冠明珠",只是留下了一家神秘的俄乌能源公司在俄乌天然气生意中扮演中心角色。

2008年12月31日,新年前夕普京正想着在其新年电视致辞中加入一点幽默。他说:"可以肯定的是,正在到来的新年虽然很冷,但是俄乌天然气谈判却正在升温。"几个小时后的2009年1月1日,俄罗斯再次切断了直供乌克兰的天然气阀门。普京宣称,俄罗斯供应欧洲的天然气正再次被乌克兰截流和偷窃。他下令停止一切经乌克兰的天然气供应,而这意味着以后将不会有任何天然气通过管道被送至欧洲。这种局面持续了两个多星期,后来俄乌双方经过谈判达成了一项新协议,普京则用"艰难"一词形容该谈判。

然而值得注意的是,尽管这次天然气危机发生在极端寒冷的元旦前后,然而并未导致除巴尔干部分地区外的欧洲其他地方出现天然气短缺。乌克兰人已经做好了充足的天然气储备。欧洲人也会从这些储备中获取天然气。

这样的危机给能源安全提出了新的挑战,对于俄罗斯和欧洲来说均是如此,然而能源安全的内涵对于两者来说却存在显著差别。

第11章

能源安全冲突

"**我**们一直认为欧洲业已存在的能源安全架构是一种最优的选择,直至最近我们才发现结果不是以前认为的样子。"时任俄罗斯总统的梅德韦杰夫在俄乌天然气危机之后不久曾这样反思道。

2011年,俄罗斯的能源新理念变得清晰。某天,在德国东北部一个被广泛传为"家庭天堂"的海滨度假胜地卢布明,梅德韦杰夫、德国总理默克尔、法国总理、荷兰首相、欧盟能源委员会委员齐聚于此。此外,施罗德也来到了这里,作为默克尔前任的德国总理,他现在是一家新天然气管道公司北溪公司的主席。

这些人物来到这里明显不是为了享受海边的惬意,而是为启动一项天然气管道工程的运营,该工程名为北溪管道工程,耗资达100亿美元,它实际上由两条同样的长度为750英里的管道组成,管道被埋设在波罗的海海底,从俄罗斯直抵德国。北溪管道工程是俄罗斯确保自身能源安全而想到的解决方案,在乌克兰周边建设新管道可以使俄罗斯在对欧输气中降低对乌克兰的依赖。梅德韦杰夫在致辞中称:"北溪管道工程的建设符合我们的长期目标。"他还大方地补充道:"当然这也是我们对欧洲能源安全的贡献。"德国总理默克尔也表达了她对该工程的支持。她表示,欧洲和俄罗斯未来几十年将保持一种"安全向好"的合作关系。欧盟将该管道视作有助于促进欧洲能源安全的"一项有必要优先考虑的工程"。

抵达卢布明的天然气两个月前在圣彼得堡西北部的维堡港口被送入北溪管道。按下管道启动按钮，天然气开始流动，普京对于俄罗斯的能源安全观已经讲得比较直白。他表示，北溪管道工程的启动标志着乌克兰依靠自身独特位置优势从俄罗斯天然气出口获利的时代结束。同时普京预测，俄乌关系将因此发展为一种"比较文明友好的关系"。随着时间的进展，普京的预测却难以成真。

俄罗斯围绕乌克兰还修建了其他天然气管道，其中包括经过波兰从亚马尔到欧洲的输气管道、从俄罗斯经黑海到土耳其的蓝溪管道。然而相较其他管道北溪管道的规模则要大很多。

对于欧洲来说，能源安全的概念与俄罗斯是不同的，欧洲的能源安全意味着能源供应更大的灵活性和多元化。多年来，欧盟一直在寻找共同的能源政策。然而这个目标在拥有28个不同国家、拥有不同利益、拥有不同资源禀赋、拥有不同需求以及拥有不同对俄态度的组织内部却很难实现。通常来说，西欧国家欢迎从俄罗斯进口天然气。中东欧国家对俄罗斯天然气的依赖虽然要比西欧大很多，然而这些国家却将这种依赖视为能源供应脆弱性的来源，这种依赖会让他们想起曾经作为苏联卫星国时莫斯科对他们的束缚。这些国家表示，对俄罗斯天然气依赖会让他们想起苏联和后来的俄罗斯以天然气断供为手段对它们施加政治压力的事情。

随着欧洲能源政策的演化，欧洲的能源目标主要有两个。第一个目标涉及天然气，具体内容就是让欧洲天然气供应有更大的安全性和弹性以及推动欧洲形成统一的天然气大市场。通过管道连接，天然气从欧洲一个地方到达另一个地方变得更为容易。欧洲对天然气管道系统实施了工程再造，这样天然气流动的方向在需要时就可以发生变化。欧洲需要在液化天然气接收终端和存储设施上进行投资。欧洲取消了限制天然气供应从一个买家到另一个买家的"目的地条款"。这样的政策包和天然气计划最终将会重塑整个欧洲的天然气体系。

欧洲的能源政策还旨在废除传统的刚性较强的天然气合同，这种合同期限长达20年甚至更长，而且合同天然气价格也是与石油挂钩。几十年来，欧洲的天然气体系是建立在这些拥有长期可预测性和长期关系定位的长期合同基础之上的。现在，布鲁塞尔想要促进天然气领域的竞争和透明度。欧洲想要市场，即很多的买家和卖家而非比较固定的长期合同关系。虽然市场未必一定要反对长期合同的签订，但是市场却想要市场化定价，即天然气交易中心出现的短期交易价格，这些交易中心主要位于天然气管道、液化天然气终端和天然气交易汇集的英国和荷兰。欧盟还想要实现天然气合同的透明度，以防止欧盟定义的那些反竞争行为出现。另外欧盟还禁止俄罗斯天然气工业股份公司对于俄气输欧管道的欧洲部分拥有所有权。

欧盟能源政策的第二个目标围绕气候展开，具体内容便是能源去碳化、能效提高和可再生能源的快速发展。欧洲国家在这方面走在前头的是德国。在能源转型的政策指引下，德国对于风能和太阳能投资提供了广泛的补贴。虽然并非出于本意，但是德国最终还是客观上间接为中国太阳能公司提供了巨额补贴，而这些公司则是世界上主要的低成本太阳能电池板供应商。截至2019年，德国33%的电力均来自可再生能源。然而这些清洁电力的成本却不便宜。为此，德国联邦审计法院批评政府部门对于可再生能源的经济效果缺乏监督，认为政府既没有关注可再生能源的成本，也未能考虑可再生能源的可靠性和国民对于这种能源的价格承受力。

2011年3月，大地震引发的巨大海啸掀起滔滔海水涌入位于日本福岛的一个核电厂，这是自1986年切尔诺贝利核泄漏事故以来人类经历的最糟核事故。福岛核灾难的出现直接导致德国政府做出了关闭其大型核电机组的决定，而该大型机组也是德国最大的零碳排放电力来源。为填补因核电关闭造成的电力缺口，德国暂时增加了煤炭使用。

对于整个欧盟来说，天然气在其能源总消费中大约占到25%的比例，俄罗斯天然气在其天然气总消费中的比例大约为35%，这就意味着俄罗斯天然气在欧洲总体能源消费中所占的比例大概为9%。继俄罗斯之后，欧洲境内天然气为欧洲第二大天然气来源，这些地方主要是荷兰的格罗宁根气田和英国的北海气田。虽然不是欧盟成员国，但是挪威经济却与欧盟经济高度融合，它为欧盟提供其所需的24%的天然气。最后，欧洲消费天然气的9%来自北非，主要国家是阿尔及利亚。

对于从苏联和现在的俄罗斯进口能源引起的政治风险问题，欧洲长时间来都存在着争论。20世纪50年代后期和60年代早期苏联向欧洲出口石油的激增引起了美国的很大警觉。一位美国参议员曾厉声警告，苏联在寻求征服世界的过程中想要将我们溺死在石油之海中。当时的新闻标题可谓抓住了跨大西洋两方对于苏联石油的不同态度，其中就包括"苏联石油助长西方争议"和"石油，苏联的一个武器"这种标题。华盛顿坚定不移地反对苏联石油的这种进攻。对于欧洲人来说，苏联石油则更多地有关生意。苏联人当时正在计划建设一条通往东欧的新石油管道，于是西德就计划出售这种工程所需的特殊大口径管道。然而美国却成功地阻止了这样的出售。然而没有经过太长时间，苏联就掌握了相关管道技术，并有了他们自己的大口径管道。美国的制止让苏联的新管道建设计划总的延后了一年。

里根政府执政的20世纪80年代早期，美欧之间围绕苏联的能源出口问题再次爆发争执。只不过这次无关石油，而是围绕天然气。当时西欧的公司在它们政府的支持下正致力于一项重大协议的签署，意在建设一条新的管道将来自西西伯利亚的天然气进口到欧洲。正在增加防务预算的里根政府则不希望苏联将出口天然气挣到的钱用于资助其军事建设。另外，华盛顿还担心欧洲尤其是德国对俄罗斯天然气的依赖可能有助于莫斯科在北约组织内部制造裂隙，而且在东西方紧张关系恶化的情况下这种依赖相当于增加了一个重大压力点。对此里根表示，这是苏联在"挖我们的墙脚"，那么我们"就靠在苏联人身上直至他们的计划破产"。

当未有迹象表明德国和其他欧洲国家将会退出该项天然气管道协议时，里根政府决定禁止欧洲出口那些利用美国技术和知识产权生产的协议所涉天然气管道建设所需的产品。这种制裁虽然意在苏联，然而却激怒了欧洲。受制裁影响，欧洲人不仅仅是可能得不到苏联的这些天然气，还因为美国技术和设备禁运而失去了相关制造领域的工作岗位。最终，华盛顿和欧洲达成了一份谅解，那就是对于欧洲从苏联进口的天然气实施总量控制。虽然该管道建设计划仍在向前实施，但是另一条从挪威到欧洲大陆的天然气新管道建设也在向前推进。

美国的制裁措施已经被美国国务卿乔治·舒尔茨言中，即它们是"无用的资产"。这些措施带来的影响与制裁常常带来的效果并无二致，那就是它们刺激苏联寻求提高自己的相关技术生产能力，用国内制造替代被禁运的进口设备。

20年后，位于波罗的海下面的北溪天然气管道工程重新激活了俄欧在管道上的争议。对于该管道带来的政治影响，在中欧国家政坛和媒体存在很多批评的声音。批评人士认为俄罗斯将会从中受益。而西欧国家具体就是德国则持有不同的意见，他们认为该管道仅是欧洲和俄罗斯涉及市场、贸易和投资的更深合作关系的一部分，而这种关系也是双方地理位置决定的不可避免的关系。而且，虽然欧洲可能对俄罗斯的天然气产生过依赖，然而俄罗斯也曾依赖欧洲以获取市场和收入。北溪管道工程的进展没有受到阻碍，管道最终于2011年在卢布明实现了启动运营。

面对伴随北溪管道而来的各种煽动和批评，莫斯科向欧洲传导了信号。在圣彼得堡国际经济论坛上，俄罗斯天然气工业股份公司首席执行官米勒向坐满一屋子的欧洲人说："克服你们对俄罗斯的恐惧，否则就没有天然气。"

第12章

乌克兰及新制裁

2013 年6月23日,"冷战"后的友好平和气氛开始被打破。这一天,心有不满的爱德华·斯诺登登上了从中国香港到莫斯科的航班,而斯诺登的雇主则是美国国家安全局。尽管他没有携带有效赴俄签证,但是俄罗斯却让他入境。登机时斯诺登携带的某种东西拥有巨大价值,这种东西便是美国情报王国的钥匙:他从美国国家安全局偷来的大量文件。从此,东西方冷战后的平静被打破,接着东西方关系出现危机,而危机中心则是乌克兰和其边境问题,危机撕裂了东西双方,快速启动了东西双方的一场"新冷战"。

斯诺登窃取信息对于美国政府是一种打击,其造成的结果也具有毁灭性。斯诺登携带的少量文件涉及情报目标和美国"情报人员"的通信联系,而情报人员身份也是他能够窃取信息的原因。然而,斯诺登携带的更多文件则与世界范围内的情报收集有关,其中多数情报都是聚焦恐怖主义和如何对抗诸如即时炸弹装置这样的威胁,而这种炸弹装置会造成美国军事人员的死亡伤残。

斯诺登能够进入莫斯科,背后有俄罗斯政府的帮助。这种信息的来源不是别人,正是弗拉基米尔·普京。在2013年9月3日举行的新闻发布会上,普京曾这样说:"我要告诉你们一些我之前从来没有讲过的事情。"据悉,斯诺登首先来到香港,与俄罗斯外交代表进行了接触,然后俄罗斯外交代表向普京报告说一名美国"特别部门人员"正在寻求来俄罗斯。普京则表示,只要停止进行各种各样的有损美俄关系的行动,这样的人在俄罗斯就将是受欢迎的。莫斯科给予斯诺登容身之地。普京还曾进一步表示,他没有必须处理斯诺登问题的想法。普京说:"处理斯诺登问题就像给猪剪毛,下很大力气然而收获却很少。"

然而,其他人却是另一种想法:俄罗斯一定从斯诺登身上获取了很多"羊毛"。他们推断称,莫斯科承受这么大的政治压力给予斯诺登容身之地,仅仅是因为出于对一个"吹哨人"的同情,这样的理由是不充分的。

很快,莫斯科因收留斯诺登而付出的代价便明显表现出来。奥巴马总统原定于2013年9月在莫斯科与普京会晤,而这也是他们4年来的首次首脑会谈。自2003年美国伊拉克战争以来美俄关系便开始出现恶化,而爆发于2008年的俄罗斯—格鲁吉亚战争和2011年的"阿拉伯之春"又进一步使两国关系变糟。虽然奥巴马政府曾力图重新定位美俄总体关系,然而两国总统的个人关系却一直脆弱,他们的首次会面发生在2009年,当时的奥巴马在听普京向他数落美国在处理对俄关系所犯的种种错误时,似乎就像一个低着头坐在儿童椅上的小孩。时至2013年8月,斯诺登事件后奥巴马有了回击的机会,美国总统称普京"就像一个感到无聊站在教室后面同样也是低着头的小孩"。

普京认为,美国有意使他在实现最高目标的过程中受挫,而这个目标则是重新恢复俄罗斯的全球大国地位,在后苏联时代中确立自己的势力影响圈。不管莫斯科和华盛顿的关系多么令人担忧,首脑会面仍是一个修复关系的路径,至少这种会面能够使两国建立起一点工作关系。然而莫斯科却给予斯诺登政治避难权,况且斯诺登还是美国历史上最严重情报失窃事件的罪人,在这种情况下奥巴马决不会与普京会面。美俄首脑会晤因此被取消。后来奥巴马还讽刺俄罗斯不过是一个"地区大国",这无异于在美俄关系的伤口上又撒了些盐。

与此同时,乌克兰则一直夹在东方和西方中间。表面上看,这是贸易问题:莫斯科正在推动其所称的"欧亚经济联盟"的形成,在这种联盟内部,苏联解体后的那些新独立国家将会绑定在一起,在莫斯科的领导下实施共同的关税制度并形成统一的经济体。当俄罗斯推出该计划时,乌克兰却正在与欧盟商讨签署旨在让乌克兰与欧盟经济实现更深融合的联合协议。这种协议和俄罗斯的计划是完全不相容的，实际上两套经济谈判计划具有根本的矛盾，原因就是乌克兰不可能同时被纳入两套互相排斥的关税体系。换句话说，如果乌克兰完成了它与欧盟的谈判，那么它就不可能再加入普京的欧亚经济联盟。

不仅如此，乌克兰与欧盟的联合还将产生重大的地缘政治影响，欧盟会把乌克兰从俄罗斯吸引到自己这里。基辅和欧盟的谈判是建立在一个相当技术性的基础上的，在地缘政治问题上没有给予很多关注。对于西方来说，乌克兰只是众多挤着想要引起布鲁塞尔和华盛顿注意的利益方之一罢了。

然而对于俄罗斯来说，乌克兰却是他的核心利益所在，奥巴马后来也曾这样评论。在莫斯科看来，在基辅罗斯公国和1654年哥萨克对于俄国沙皇宣誓效忠的时代，乌克兰就是俄罗斯的一部分。对此普京曾经这样总结说："乌克兰甚至不是一个国家。乌克兰是什么？它的一部分国土属于东欧，然而更大的部分却是我们赠予它的一份礼物。"后来，普京引用俄国内战期间一位白俄罗斯指挥官的话说："大俄罗斯和小俄罗斯——乌克兰……任何人都不应该被允许干涉我们之间的关系，这种关系一直以来就是俄罗斯的自身事务。"

乌克兰的状况是经济一团糟和腐败成风。乌克兰的腐败之王不是别人正是总统维克托·亚努科维奇。2005年竞选总统失败后，这位前拳击手重新回到了政治圈，并在2010年再次当选为乌克兰总统。

2013年，在亚努科维奇将要与欧盟签署联合协议时，俄罗斯突然意识到这会把乌克兰关在欧亚经济联盟的大门之外。莫斯科增加了筹码，并加大了对乌克兰的施压。对于乌克兰来说，这是"二选一"的选择。最终，亚努科维奇退出了与欧盟签署协议，对此莫斯科则给予乌克兰150亿美元的贷款表示赞赏。

对于亚努科维奇的做法，乌克兰人愤怒了。2013年晚些时候，50万乌克兰人涌入基辅的少女广场，抗议乌克兰退出与欧盟的协议，反对腐败加剧，反对俄罗斯干预乌克兰事务。在天寒地冻的12月，美国助理国务卿维多利亚·努兰德走进抗议人群，向他们分发蛋糕。同时，莫斯科则谴责这些抗议者为"法西斯分子和新的纳粹党"。

2014年2月，大批抗议者与警方发生冲突，乌克兰内战似乎就在眼前。

欧洲三个国家的外交部长匆匆飞到基辅，与亚努科维奇以及乌克兰反对派达成一项旨在加快总统大选的协议。然而，这时的乌克兰政府却正在瓦解。亚努科维奇自己的安全部队都消失了。亚努科维奇突然飞到俄罗斯。美国和欧盟立即宣布了他们对乌克兰新的临时政府的支持。新政府上台后采取的第一批行动中的一项就是取消俄语在乌克兰的官方语言地位，只留下乌克兰语作为乌官方语言。俄语是很多乌克兰人的第一语言，在乌克兰东部和克里米亚地区更是如此。尽管新政府的这项语言禁令很快得以修正，然而它仍旧产生了持续性影响。普京说："欧洲人阻止新政府那么做，然而新政府对于俄语的态度信号却已经发出。"

在这一切发生的时候，2014 年的冬季奥运会则正在俄罗斯南部城市索契冰雪覆盖的高山上举行。这次冬奥会也是俄罗斯对于走出苏联解体深渊的盛大庆祝，而主人则是弗拉基米尔·普京。冬奥会开幕式以音乐剧的形式全面展示了俄罗斯的历史，很多国家首脑都参加了开幕式。然而出席开幕式的却没有奥巴马，也没有克里姆林宫的客人斯诺登。代表美国出席开幕式的是奥巴马政府前成员詹妮特·纳波利塔诺，而她现在的身份则是加州大学校长。

几个世纪以来，由于夏季具有温和的半热带气候，克里米亚一直是俄国皇宫贵族、之后的社会主义领导人和数百万普通苏联民众热衷的度假胜地。1954 年，苏联领导人赫鲁晓夫戏剧性地将克里米亚"赠给"了乌克兰苏维埃社会主义共和国，这样做的目的表面上是为了庆祝哥萨克在 1654 年宣誓效忠俄国沙皇 300 周年，根据苏联领导人的说法，这样就可以让乌克兰与俄罗斯合并。然而赫鲁晓夫还正在寻求乌克兰共产党的支持以确保他能在斯大林去世一年后的权利之争中获胜。

当然，克里米亚这个礼物在苏联时代不会产生任何影响。然而当乌克兰和俄罗斯成为两个独立国家时，克里米亚就会产生问题，克里米亚也不再只有乡愁和度假的内涵。对于俄罗斯海军而言，克里米亚的塞瓦斯托波尔市是唯一的暖水港口，现在俄罗斯海军在那里只能租借乌克兰的地方。

截至 2014 年 3 月中旬，克里米亚组织了一场公投，95% 的克里米亚人投票同意加入俄罗斯。第二天，普京便宣布克里米亚再次"回归"俄罗斯。美国和欧盟吃了一惊后，宣布俄罗斯的行动超出了欧洲的容忍边界，决定对俄罗斯实施制裁。

乌克兰人激烈反对克里米亚加入俄罗斯。俄罗斯曾经是1994年《布达佩斯备忘录》的缔约方，而该备忘录的作用就是在乌克兰放弃核武器的前提下确保其领土完整。然而，莫斯科却坚持认为《布达佩斯备忘录》已经失效，原因就是莫斯科认为西方策划支持了乌克兰政变，而政变已经推翻了备忘录中认可的乌克兰合法政府。

2014年7月16日，美国升级对俄罗斯的制裁，涉及金融、国防和能源领域。这时人们还不清晰欧洲是否会和美国一道对俄制裁，因为制裁对欧洲经济的影响将会更加直接。然而第二天即7月17日，一则震惊世界的消息出现了：一架马来西亚客机在乌克兰靠近俄罗斯的边界被导弹击中坠毁，机上298名乘客全部遇难，其中2/3是荷兰人。此后，欧洲加入到对俄制裁的阵营。引用奥巴马政府财政部长雅各布·卢的话说就是，替代军事力量，制裁成为国际社会对于俄罗斯在乌克兰激进行动所做反应的中心内容。

这场战争一直在持续，战争至少造成14000人死亡，而俄乌之间以及俄罗斯与西方之间的矛盾鸿沟则因战争而进一步变大。

美欧对俄罗斯的一套制裁方案是针对具体个人和组织而来的，美欧判断他们要么与普京关系亲密，要么在克里米亚和顿巴斯的战争中表现活跃。第二套制裁方案则是旨在限制俄罗斯与全球金融系统的连接，这样俄罗斯在国际市场上的筹钱能力就会受到抑制，并同时切断外国进入俄罗斯的投资。在这种情况下，国际银行对于与俄罗斯开展业务往来就会变得非常谨慎，原因就是他们担心违反制裁规定或不经意间偏离一些规定而会承担数十亿美元罚款的金钱损失和公开名誉损失。这样的金融制裁依赖于美国在全球金融系统的中心地位，世界经济依赖美元计价且资金流动会通过纽约的全球支付体系，一旦违反制裁，某些国家就有被踢出这种金融系统的危险。

然而随着时间的流逝，这种源于美元和资本市场的美国金融领导地位却可能会因为其过于依赖金融制裁而遭到动摇,原因就是一些国家将会寻求替代选择。美国对俄罗斯施加金融制裁两年后,奥巴马时期的财政部长雅各布·卢自己就曾发出警告称:"我们利用美元和金融体系对美国外交政策施加影响的次数越多,一些国家中期之内转向其他货币和其他金融体系的风险就会增长越快。这样的结果将不符合美国的最佳利益。"

美国的第三套制裁方案旨在限制俄罗斯的能源企业。经过慎重考虑,这套制裁方案并不会限制俄罗斯当前的石油产出,原因就是西方担心在油价已经处于高位的时刻这样做将会进一步推高油价。这套方案的制裁对象是俄罗斯新的油气产区,这些新的产区需要西方的技术和合作。受该制裁影响,西方停止了在北极海上地区的石油开发。虽然俄罗斯庞大的北极大陆架几乎未被开发,但是该地区却被认为拥有非常大的油气资源规模。美国地质调查局曾得出结论称,庞大的北极大陆架可能形成了地球上最大的未开发的潜在石油资源。然而对于莫斯科而言,还有更多的风险在后面。北极地区的开放会迎来商业和政治竞争,俄罗斯挺进北极地区就是要确立自己在这个地区的首要地位,莫斯科认为北极对于自身具有很大的重要战略价值。这一点在几年前表现得很明显了,当时两个俄罗斯迷你潜水艇将一面钛金属制的俄罗斯国旗插到北极下面 14000 英尺的海床上。对此另一北极大国加拿大做出回应,其外交部长直接说道:"现在不是 15 世纪。你不能在全世界的某个地方仅仅插上国旗就宣称'这是我们的领土'。"然而俄罗斯就这样做了。

美国制裁对象还瞄准了俄罗斯的页岩油和其丰富的非常规资源,其中就包括西西伯利亚盆地下面的巨大巴热诺夫组地质层。不管这个地方的开发潜力有多大,长时间以来俄罗斯都没有可以成功将石油从那么复杂的地质层提取出来的技术。

然而,美国的页岩革命却为巴热诺夫组地质层开发提供了一种可能的技术方案,即利用水平钻井和分段水力压裂技术。想到这一点的不只是俄罗斯人。2013 年,美国能源信息署做出估计称,俄罗斯"未探明的技术可开发"的潜在页岩油资源比美国的还要多。

俄罗斯拥有技术和经验的西方合作伙伴可以为其提供很大帮助。找到和开发这样的"甜点"涉及耐心、能力、数据以及试错。就像一位西伯利亚的俄罗斯石油工程师说的那样:"我们需要逐渐地一点一点地找到开发这些资源的钥匙。"这样俄罗斯公司就需要与西方开展合作并利用西方的技术。

然而有了这些新制裁,西方公司不得不退出俄罗斯相关资源开发。恰如这位俄罗斯工程师评论的那样,西方公司害怕沾到巴热诺夫组地质层,好像这个地方就是一堆火。

因此,这些俄罗斯公司只能自力更生,依靠自己获取进步和提高他们的能力。最终他们将能够让国产装备代替那些他们不能从西方买到的装备,从而证明美国国务卿乔治·舒尔茨针对20世纪80年代苏联石油争议做出的评论是正确的:制裁是无用的。然而,这些制裁可能已经让巴热诺夫组地质层的开发延后5年或更长时间。在俄罗斯石油供应过剩和尚有大量常规资源开发机会的时候,这样的拖延在俄罗斯自己看来也不是那么坏的一件事。

第13章

石油和俄罗斯

除了美欧，包括挪威、日本在内的其他一些国家也对俄罗斯实施了制裁，这个时候油价正处于高位，而且市场对石油供应的预期还将是持续紧张。然而时至2014年晚些时候，油价便出现了暴跌，这给严重依赖石油的俄罗斯经济和国家预算带来了新的冲击。俄罗斯国内严重的危机似乎不可避免。的确，制裁带来的初始影响是严重的，俄罗斯出现了资本外逃，国内和国外投资都正在被吸干，俄罗斯失去了进入国际资本市场的通道，俄罗斯消费者支出出现直线下降，俄罗斯GDP也出现下滑。

然而俄罗斯中央银行的政策却缓和了这种冲击。俄罗斯关闭了不具经营能力的银行，其中就包括一些权力人物拥有的银行。另外俄罗斯央行还让卢布开始浮动。在浮动汇率下，卢布对美元贬值一半多。这种汇率的灵活性却有助于稳定俄罗斯经济。俄罗斯政府的支出主要是以卢布计价。这样俄罗斯来自石油出口的美元收入即使有50%的下降，较少的美元换取的卢布数量仍旧与油价下跌前能够换取的数量相等。

卢布的贬值对俄罗斯石油工业是一个极大的帮助。俄罗斯石油工业通过石油出口获取美元，然而石油公司的多数工人和设备支出却是以贬值的卢比计价，这样，暴跌的油价对于俄罗斯国内工业活动所产生的影响就非常小。的确，2014年至2016年间俄罗斯石油产出还是增加的。

然而，对于俄罗斯消费者来说，进口商品就要比油价下跌前昂贵很多，因为消费者现在使用的是已经贬值的卢布，因此消费者砍掉了一些进口商品支出。同时，由于卢布的下跌，俄罗斯国内生产商品的竞争力无论是在国内还是国外都要比之前强很多。在制造业和农业领域都出现了这种情况，当然农业领域的竞争力提高还有农业部门发生深远改革的作用。俄罗斯成为世界上最大的小麦出口国，一改20世纪70年代小麦需要进口的历史，当时苏联需要拿出相当多的石油收入用来从美国购买小麦。而且，作为报复，俄罗斯政府也对西方实施了制裁：禁止从欧洲进口食品。这对俄罗斯农民来说是一个重大利好。

尽管如此，俄罗斯经济的其他部门却受到了西方制裁的很大威胁。国际资本市场向俄罗斯关闭的现状让有美元或欧元负债的俄罗斯金融机构和公司一下子陷入无法偿还债务的危险境地。克里姆林宫针对制裁实施了提供补贴和基金的"对抗危机"计划。为此，俄罗斯政府开始动用国家主权财富基金。

俄罗斯主权财富基金在过去的几年中已被建立起来，这要归功于2000年至2011年担任俄罗斯财政部长的阿列克谢·库德林。在1998年金融危机的影响下，俄罗斯经济呈现自由落体式下降，财政资金也被用光，库德林曾为此焦头烂额。之后，库德林将俄罗斯巨大石油收入的一部分存入主权财富基金，并用石油收入偿还外债而不是将钱立即花掉，这种做法也让他遭受批评。然而，现在库德林"未雨绸缪"建立主权财富基金的智慧正在发挥作用。一个访客曾这样评价库德林，俄罗斯人民必须感谢他的远见和坚持。这个访客脸上露出少许笑容后接着说："这还不够。"然而库德林仍然正在遭受攻击。

综合而言，俄罗斯经济对于这次西方制裁和油价暴跌展现出了比之前预期要好的韧性。截至2017年，俄罗斯经济已经重新爬回正增长轨道，2019年俄罗斯经济实现了1.6%的增速。然而俄罗斯遭遇的这场危机却再次展现了俄罗斯经济严重依赖石油的风险。俄罗斯国内经济改革也偏离了原希望的轨道，其原因部分来自西方制裁、俄罗斯经济与全球脱钩以及国内利益集团的挑战。西方对俄罗斯实施的新孤立政策增强了俄罗斯公司对国家的依赖性以及政府在国家经济中的地位。

俄罗斯经济重现增长活力的希望现在主要落在了一系列"国家工程"的实施上,这些工程涉及领域广泛,包括基础设施、健康和教育。这些都是政府实施的工程计划,需要相当大的政府支出。俄罗斯经济正在重新回到国家控制的时代。改革将再次被搁置。

第14章

反　击

北溪天然气管道运营4年后的2015年晚些时候，勘察人员开始设计北溪第二条穿越波罗的海从俄罗斯到德国的天然气管道路线。同样，北溪2号管道工程也遭到了反对，而且这种反对声要比1号管道遇到的还要大很多。其中部分原因就与俄德之间所发生的事件有关，特别是与乌克兰这个国家发生的事情有关。针对管道的批评声来自部分欧洲国家，其中波兰和波罗的海沿岸国家的反对声最为突出。另外，欧盟也一反过去对北溪管道1号工程支持的态度，对计划实施的2号管道工程建设表示反对。欧盟理事会主席唐纳德·图斯克曾发出警告称，欧盟对于俄罗斯能源的过分依赖使欧洲变得脆弱。欧盟委员会副主席马洛斯·塞夫科维奇则认为北溪2号管道工程是欧盟面临的又一重大"多方交织的威胁"。

然而，也有其他欧洲人对于北溪2号管道工程不这么看，其中就包括德国总理默克尔。她表示，这是一个商业项目，项目一切由俄罗斯天然气工业股份公司和其欧洲合作伙伴来定。2017年3月，北溪2号管道工程的第一条管道抵达德国的一个管道节点中心。然而北溪2号的支持者却没有考虑华盛顿正在发生什么。

唐纳德·特朗普当选总统前，就决定对俄罗斯采取一条新的外交路线。在大选期间，特朗普曾赞扬普京是一位强有力的领导人，还饶有兴致地宣称普京称自己为一个"天才"。（普京曾使用了yarkii这个词语，这个词语翻译为"明亮"，也就是"发光"或"吸引眼球"的意思。）

然而，特朗普的竞选却有着自己的方式。"俄罗斯"已成为华盛顿一个会产生严重分歧的话题。来自中情局、国安局和联邦调查局的人员组成的联合工作组得出结论称，俄罗斯政府在2016年美总统大选中试图多方面影响竞选活动：俄罗斯对美国网络空间进行了攻击；为侵蚀美国人民对总统选举过程的信任和信心，俄罗斯总统普京起到了指挥和影响的作用；俄罗斯一边贬低美国国务卿希拉里克林顿，一边抬高唐纳德·特朗普。

普京当然不会隐瞒他对希拉里·克林顿的厌恶。这种厌恶也是相互的。希拉里曾经这样评价普京：作为一个苏联时期的特工，严格按照定义说普京是一个没有灵魂的人。2011年俄罗斯议会选举结果在国内引发了示威游行，对此，希拉里指控克里姆林宫具有选举舞弊操作。作为回应，普京则指控希拉里向莫斯科的示威者提供资金以帮助他们反对克里姆林宫。2016年特朗普赢得总统大选后，俄罗斯和俄罗斯干预美大选成了华盛顿的主导话题，俄罗斯政府的独裁性质和腐败也成为人们反复提及的内容。

对此，美国国会需要做点事情。国会通过了无数针对俄罗斯的新制裁法案，制裁目标则是那些据称靠近普京的个人、公司和金融机构。一些制裁法案的目的则是进一步限制俄罗斯能源项目和欧洲在这些项目中的参与深度。

正常来说，美国针对一些国家的制裁立法允许总统提出意见，这样立法者就能根据被制裁国家的变化作出适当政策调整。然而，这些针对俄罗斯的新制裁方案却限制了总统的这项权利，其中的一些法案内容则被永久性写入法律从而限制了美国的政策灵活性，这在美国国内引起了争议。在这种情况下，美国当前和未来政府就不能将这种制裁灵活性作为谈判筹码或影响被制裁对象的行为。历史表明，不参考总统意见被写入法律的制裁措施不能轻易被移除。美国国会于1974年通过的支持犹太人从苏联移民的《杰克逊—瓦尼可修正案》作为法律在美国存在的时间长达38年，尽管苏联解体已经那么多年，而且很多年来俄罗斯确实也没有违反该法律的行为了。现在美国国会通过的这些新的限制方案则表明了美国整体对俄罗斯的敌意，表明民主党对于俄罗斯干预2016

年美国大选持续存在仇恨，只能加深相关人对特朗普政府和特朗普的不信任感。这一点被俄罗斯石油公司首席执行官伊格·谢钦注意到，他说："有时美国的这些制裁好像是加在特朗普头上，而非我们。"

2017年，特朗普签署了一些重大制裁法律，尽管他声称这些法律存在"严重瑕疵"，原因就是它们制定时没有参考总统意见而有损总统权威。然而，特朗普却找到了一种超越宪法树立权威的新方式。就像他说的那样："我创造了一个价值巨大的真正伟大的公司。这是我能够当选总统的一个重要原因。作为总统，在与别的国家做交易签署协议方面我可以比国会做得更好。"

北溪2号管道作为制裁对象被写入几个计划的立法草案中。华盛顿一些人存在一种成见，即如果该管道计划不能实施，那么俄罗斯进入欧洲的天然气就会减少。然而这种想法却是不正确的。俄罗斯天然气只需要通过其他管道也可以进入欧洲，其中就包括位于乌克兰和土耳其的管道。

虽然欧盟的东部成员国想要美国针对北溪2号管道对俄罗斯实施新的制裁，然而欧洲其他国家却有不同的意见。德国外交部长和奥地利总理在一份联合声明中称："欧洲的能源供应是欧洲的问题，不是美国的问题。政治制裁工具不应该与经济利益联系在一起。"对于欧洲人来说，他们难以看到俄罗斯插手美国大选和欧洲天然气管道的这种联系，于是他们只能有另一种解释。欧洲一家大型能源公司的最高负责人表示，对俄罗斯制裁对于美国来说是它努力推销自己天然气的一种方式，这种天然气就是来自美国的液化天然气。德国外交部长也说过相同的话。欧洲的这种解读不是没有原因的，因为美国2017年的立法就曾呼吁美国通过能源出口来为美国人创造工作岗位。

慕尼黑安全会议主席和德国前驻美大使伊斯金格评论称，如果布鲁塞尔通过法律限制美国和加拿大之间的石油管道建设，那么美国人则会非常恼火。另外他还指出了美国对别国施加制裁的一个基本经验，即这种制裁只有在多边框架下讨论才有更大可能成功。单边制裁会在盟友之间制造敌意。美国和欧盟在制裁方面存在冲突，这种冲突的最大受益者将会是俄罗斯，俄罗斯将会非常乐意看到一个更加分裂的西方。

北溪 2 号管道的性质轮廓正在变得清晰，至少在欧洲如此。这条管道不只是一个经济项目，德国总理默克尔在 2018 年春季曾这样表示。"当然，政治因素必须也要纳入考虑范围。"默克尔说。具体来说，默克尔想的就是要确保一定量的天然气流经乌克兰管道系统。对于俄方来说，俄罗斯天然气工业股份公司也声明要保持一定数量的出口天然气流经乌克兰。然而在华盛顿，39 名参议员却号召政府叫停北溪 2 号管道，原因就是他们担心该管道将使欧洲在面临莫斯科的高压威逼和恶毒影响时变得更加脆弱。

对于北溪 2 号管道批评得最直接的是唐纳德·特朗普。在一张对面坐着北约秘书长的早餐桌上，特朗普宣称："德国完全被俄罗斯控制了，原因就是北溪 2 号新管道建成后德国 60%～70% 的能源都会来自俄罗斯。你告诉我这样是否合适。我认为这不合适。"他没有说完，又补充道："德国是俄罗斯的俘虏。"

听到特朗普的评论，默克尔总理被激怒了。她还击说："我自身经历了德国的一部分是如何被苏联控制的。我非常高兴看到今天德国实现了统一，拥有了自由，我们能够制定独立的政策并能做出独立的决定。"

没有被默克尔的反击吓退，特朗普通过推特重新对德国发起了攻击："如果德国正在向俄罗斯支付数十亿美元来购买天然气和能源，北约还有什么好的地方？"在与欧盟委员会主席会面时，特朗普承诺称美国将向欧洲出售大量的液化天然气。然而也是在这个时间前后，北溪 2 号管道 840 英里长的水下部分的第一段 18 英里管道已经在德国卢布明的浅水区布置到位。

一年半以后的 2019 年 12 月，这项耗资 110 亿美元的管道工程离完工只有几个星期的时间了。12 月 9 日，普京在巴黎会见了德国总理默克尔、法国总统马克龙以及乌克兰新总统泽连斯基。泽连斯基因为出演的电视喜剧秀《人民公仆》的流行而变得出名，在该剧中他扮演了一位学校老师，后来这位老师偶然成为乌克兰总统。现在泽连斯基真的成了总统，在 2019 年 4 月的乌克兰总统选举中赢得了 73% 的选票。泽连斯基将自己与普京的首次会面描述为"暂时的一种关系"。

一周后的 12 月 17 日，美国参议院通过了一项高达数十亿美元的国防法案。

而对于北溪2号管道的制裁措施也写进了该项法案。

3天后的12月20日,让很多人吃惊的事情发生了:俄罗斯和乌克兰对于他们之间似乎永无休止的围绕天然气展开的激烈之争达成了一项最终解决协议。这种协议超过"暂时的关系",这是乌克兰以前想都不敢想的协议。根据协议,俄罗斯将确保对欧5年的天然气供应流经乌克兰,这就保证了乌克兰一定的管道费收入。更让人吃惊的是,俄罗斯还同意支付乌克兰对俄罗斯天然气工业股份公司胜诉后所要求的30亿美元赔偿。这个赔偿额基本相当于基辅一年的对俄罗斯天然气过境收费收入。

就在俄罗斯和乌克兰最终解决了他们的长期天然气之争几小时后,唐纳德·特朗普从位于马里兰州的安德鲁斯空军基地去往佛罗里达的路上签署了美国这项将对北溪2号管道实施制裁的国防法案。

这项法案涉及的制裁目标仅是一家公司,这家公司来自瑞士,拥有管道铺设驳船,同时它又是世界上唯一的为北溪2号管道工程配套的公司。受制裁影响,该公司的驳船几乎是立刻停止作业。这家公司除了服从没有其他选择。对此德国和欧盟都表达了愤怒,在他们看来,美国这是在行使治外法权,是在非法干涉欧洲的内部事务。默克尔总理对此表示:"这是一项非常重要的工程,它符合欧洲新的法律。我们需要推进这个工程。"对于制裁,俄罗斯天然气工业股份公司则回应称它将自己独立完成管道铺设,然而速度将不会快。此前公司已经购买了一个管道铺设驳船以防出现意外,然而为适应管道铺设工作对驳船进行安装配套却需要花费很长时间。管道建设还面临新的法律挑战和新制裁带来的威胁。与此同时,在波罗的海底部,北溪2号管道工程就像一个处于暂停状态的动画,几乎就要完工但是还没有完工。

不管这些管道的走向是什么,欧洲都将需要额外进口天然气以弥补境内天然气产量下降所造成的能源缺口。1959年在荷兰北部发现的格罗宁根气田是欧洲境内最大的天然气来源,也是欧洲最初天然气系统的建立根基。现在,该气田仍然处于世界前十大气田的行列,然而它的寿命却是时日无多。由于具体的地质条件原因,多年生产已经让该气田出现地面塌陷和表层土下沉现象,并因而引发了地动和地震，继而造成房屋出现裂口和损坏。荷兰政府已经对气田生产实施了严格的限制措施，到2022年该气田可能会被全部关停。

虽然这将不会影响荷兰海上新气田的发现，然而这却意味着欧洲将失去曾经的境内最大天然气来源。欧洲将需要从境外进口更多的天然气，其中一些来自阿塞拜疆的天然气将通过新的管道系统进入意大利，一些则可能来自以色列和塞浦路斯，还有一些则是以液化天然气的形式到达欧洲。然而不管所经路线是什么，俄罗斯天然气都将从欧洲境内天然气产量的下降中收益。

仍然有人担心俄罗斯可能会将天然气出口作为其政治筹码，之所以如此，是因为这些人没有充分认识到欧洲和世界天然气市场发生了多少变化。欧洲天然气市场已经变成了一个买家和卖家的实时交易市场，交易体系基础已经不是之前的那种不灵活的长期合同。而且，液化天然气产业已真正成为一个全球性行业，就像欧盟宣称的那样，液化天然气可以给欧洲的能源供应多元化一个真正的促进，并因此大幅提高欧洲的能源安全。

西欧已经建设了一定数量的液化天然气接收终端和再气化设施，通过这些设施液化天然气最终进入欧洲的管道系统。然而在东欧，情况却不是这样。东欧第一个改变这种情况的国家是立陶宛，这个国家曾经完全依赖俄罗斯天然气并向俄罗斯支付比其他国家更高的天然气价格。立陶宛在2014年启动运营了它的首个液化天然气接收终端。在启动仪式上，该国总统将该终端描述为"不仅是立陶宛能源还是立陶宛经济独立的保证"。她还补充称，俄罗斯以后将不能再通过操纵天然气价格的方法对立陶宛施加政治压力了。就是为了确保不会有人忘了它的意义，立陶宛的这个液化天然气接收终端还获得了一个神圣的名字"独立"。他说："俄罗斯人民是非常善良的人民，但是我们却难以与他们进行谈判。我们建成了一个小的液化天然气接收终端，为的就是在与他们谈判过程中有一个较强势的位置。"立陶宛的设想成真了，俄罗斯天然气工业股份公司降低了它的天然气价格。一年后，波兰也启动运营了一座比立陶宛大很多的液化天然气进口终端，而在这之前这个国家也是完全依赖俄罗斯天然气。

欧洲现在的液化天然气接收终端已经达到30多个，短时间内这些终端的产出就可以实现爬坡增长。它们还是日益密集的全球液化天然气终端体系的一部分。在世界范围内，现在进口液化天然气的国家已超 40 个，而在 2000 年这个数字还仅为 11 个。液化天然气出口国家也从 12 个增加到 20 个。2000—2019 年间，全球液化天然气总需求增长了 4 倍多，液化天然气产能预计在下一个 5 年还将会在现在基础上再增加 30%。越来越多的国家为了获得客户，都是你争我夺，竞相在全球推销自己的天然气。

在新的竞争性全球市场上，今天的欧洲天然气买家有了更多的选择。现在他们会在综合考虑需求、经济性和风险的情况下，设计一个管道天然气和液化天然气的组合购买比例。只要乌克兰的战事还在持续，政治就将会激起欧洲天然气谈判的憎恨敌意。然而现在欧洲成为全球天然气市场的一部分，政治风险正在欧洲天然气供应中变得越来越小。

乌克兰现在对俄罗斯天然气不再存在直接依赖，它会从斯洛文尼亚、匈牙利和波兰进口来自俄罗斯或不是来自俄罗斯的天然气。乌克兰国产天然气大约占到该国天然气总需求的 2/3，而且这个比例还可以继续走高，原因就是乌克兰的天然气资源储量可能比欧洲任何国家都要多。当前乌克兰生产的天然气大约有 80% 来自国有天然气公司。在乌克兰的私人天然气公司中，第二大公司是一个名为布里斯玛的公司。它的产量仅仅占到乌克兰国内天然气产量的 5%，然而它的出名却来自能源之外。它是唐纳德·特朗普想要调查的乌克兰公司，原因就是美国前副总统乔·拜登的儿子亨特·拜登进入了该公司董事会。特朗普想要知道美国援助与公司和拜登家族的关系是否存在联系，而这也成了特朗普在 2019 年遭遇弹劾的基本原因。

令人吃惊的是，俄罗斯天然气工业股份公司又多出了一个新的竞争对手，而它却在俄罗斯国内。自 2009 年以来，俄罗斯就一直向外出口液化天然气。是的，俄罗斯已经在北极圈以北的亚马尔半岛和格达半岛发现了储量巨大的天然气资源。亚马尔半岛南部的天然气资源正在或可以通过管道对外出口。然而，位于亚马尔半岛北部冻土下面的巨量资源却由于地理位置偏远和成本高昂不能得到开发，这样那些天然气就只能永久"困在地下"。这是很多人的看法，然而却不是所有人都同意这个看法。俄罗斯独立油气公司诺瓦泰克首席执行官列奥尼德·米克逊就决定在亚马尔半岛北部建设液化天然气出口设施。这个地区人口稀少，主要居住着几千因纽特人，还有一些以放养驯鹿群兼以猎捕北极熊为生的游牧民族。在因纽特人的语言中，亚马尔的意思是"土地的尽头"，而这个位置偏远的亚马尔半岛北部地区则是一片幅员辽阔、条件恶劣、荒凉不见树木的土地，它探入北冰洋厚厚的冰盖下面，上面覆盖的则是永久的冻土。这个地区位置非常靠北，以至于每年冬季都会完全被裹在黑暗中，而在夏季则是永远都会看到极光。

亚马尔液化天然气工厂的计划位置距离北极300英里，通过陆路常常不能抵达，这个位置常常会被大风大雾和让人睁不开眼的大雪切断交通，有时直升机都会被迫中途返航。冬季这里的气温会降至零下40度以下。为了将液化天然气工业带到这个超冷地区，工程人员不得不研发各种各样的特殊设备和建筑技术。这里还没有任何基础设施。相关方还要投资300亿美元，建设一座全新的塞贝塔港口城市。接下来工程人员还要解决面积广阔的海洋冰层问题。除了核动力破冰船，工程人员还得设计和建造15艘新的适应冰雪的能够在北极海域行驶的天然气船，而每艘船的成本则为3.2亿美元。尽管如此，这项工程也不是没有优势，其中之一就是与波斯湾的炎热气候相比这里的极寒气候可以让天然气液化过程变得更加容易，这样就使得这些设施能够生产比它们的"名义"最大产能还要多的天然气。

这项工程的实施已经具有非常大的挑战性，然而在2014年它迎来了更大的挑战，这一年针对乌克兰问题国际社会对俄罗斯实施了相关制裁，这种制裁切断了诺瓦泰克与西方金融市场的联系。为了生存，诺瓦泰克投资270亿美元的液化天然气工程需要新的资金注入。中国走了出来，给俄罗斯带来了120亿美元贷款，与之前就已加入的法国超级油气巨头道达尔公司一起成为该工程的合作参与方。

2013年，相关方做出了继续推进这项工程的决定，然而这却遭到了俄罗斯国内和国际液化天然气行业的很多质疑。截至2017年12月，这里出产的第一批液化天然气准备离开塞贝塔这座新建港口。在交付仪式上，身着皮衣的普京在冰冷的天气中这样讲道："那些好心的人和好心的专业人员曾警告我不要实施这样的工程。"普京还有意将目光瞄向聚集在那里参加典礼仪式的400个人。普京继续说道："他们非常严肃地给出了不要这样做的原因。尽管面临极大的质疑，那些启动这项工程的人承担了风险。这不仅是我们国家能源领域的一个重大事件，对于我们开发北极和北冰洋路线也具有重大意义。而所有这一切都是相互关联的，都在创造俄罗斯的未来。"

这批液化天然气最终被出售到了现货市场。在英国的一个液化天然气终端，它被另一家公司买走。从英国，它被火速运往波士顿，因为那里的新英格兰人正在遭遇一场出乎意料的寒冷天气。俄罗斯天然气抵达波士顿港口后引发了美国人的愤怒。一位美国参议员声称，这批天然气的进入破坏了美国对俄外交政策大目标的实现，尽管这批货物不再归俄罗斯所有，而且其中还有来自其他国家的天然气，然而美国地方供气公司却没有其他选择，他们是能买则买，因为极端低温天气正威胁到该地区的供暖。这家公司称："突发极寒期间，液化天然气对于满足消费者需求来说是绝对至关重要。"

马萨诸塞州位于美国马塞勒斯页岩附近，这里储藏着大量的价格不高的天然气，这本来能够让美国可以避开俄罗斯天然气，然而美国的环保活动家和地方政客却坚定不移地阻挠从宾夕法尼亚引出一条新的天然气管道。

2018年8月，来自亚马尔的液化天然气首次被发往中国，这批货物将沿着北极海岸向东行进，穿过北部海线的冰层。亚马尔液化天然气工程按时完成，也没有超出资金预算。金融时报观察到了该项工程的另一方面意义。该报这样写道："俄罗斯在面对国际制裁时表现出了反弹力，没有其他商业冒险能够比亚马尔工程更能表明这一点。"

这艘天然气船所走的路线也勾勒了已为人熟悉的北海路线走向。这实现了俄罗斯的一个重大目标，即在欧洲和亚洲之间的北冰洋开通一条运输通道。尽管北冰洋的冰层数量更大的变化性有时不能被认识到，北冰洋冰层的减少助推了俄罗斯这个目标的实现。例如在2014年9月，北冰洋冰层的覆盖范围就超出了 2012 年 9 月这个数字的 50%。这条通道将上海与鹿特丹的距离减少了大约 30%，而且这个通道还避开了狭窄的马六甲海峡和苏伊士运河。这条航道的开通受到日本、韩国和中国的欢迎，特别是中国还给这条航道起了一个拥有自己特色的名字：冰上丝绸之路。

尽管如此，由于面临天气和冰雪的挑战，北极航道总的来说仍然只能是全球航道的一个补充。例如，这条航道会产生破冰费用。然而对于亚马尔的液化天然气来说这条航道仍然至关重要，因为这些液化天然气的市场就是亚洲，通过这条航道它们仅仅在 20 天之内就可以到达中国。

然而，欧洲也是它的一个市场。这样，来自俄罗斯的管道天然气不管是通过乌克兰还是通过北溪 2 号管道都可能会在欧洲面临一个新的竞争对手，这个对手便是来自俄罗斯的液化天然气。为俄罗斯北极天然气建设的液化天然气设施清楚地表明，俄罗斯将会在 21 世纪 20 年代成为世界第四大液化天然气供应国，仅次于美国、卡塔尔和澳大利亚。正如普京所说，这些北极液化天然气项目将会使俄罗斯像 20 世纪较早时候的卡塔尔那样获得同样的灵活性，即它既可以"向西走"也可以"向东走"。普京又说，来自亚马尔的液化天然气是确立俄罗斯作为世界领先能源大国地位的又一标志。

北极液化天然气的开发指向一个重大的地缘政治变动：俄罗斯转向东方，而这将会给全世界都带来影响。

第15章

俄罗斯向东转

2014年5月,弗拉基米尔·普京在众多政府部长和商人的陪同下,快速抵达上海对中国进行国事访问,在此他受到了中国领导人的热烈欢迎。俄罗斯的这次"向东转"体现了一种新的紧迫性。这距离俄罗斯合并克里米亚后仅仅两个月,而现在乌克兰南部地区正开始进入战争状态。欧盟和美国对俄罗斯推出了他们的第一轮制裁政策,俄罗斯与西方的关系正在快速恶化。几年前默克尔还曾提到要与俄罗斯发展一种"安全可依赖"的合作伙伴关系,现在的她则将俄罗斯谴责为"基本原则"和国际法的破坏者。这样说还嫌不够,默克尔还补充道:"普京正活在自己的世界里。"

在普京的世界里,上海展现出的是亚洲这个地方较之以往更大的重要性。能源和国家战略的相互交织关系已经密切到了什么程度,这一点在普京与中国领导人的会面中将变得清晰。

2014年5月中俄两国领导人的会面已是14个月来的第七次会面。然而这次会面却有所不同。就像俄罗斯一个重要的评论家指出的那样,在西方努力组织国际社会对俄罗斯实施孤立的背景下,俄罗斯以前那种美好的融入西方的梦想正在破灭。中国为俄罗斯提供了一个可替代选择。普京曾说:"在全球和地区范围内俄中两国都有着相同的优先处理问题。"俄罗斯和中国站在一起反对"世界单极化"和美国主导的"霸权主义"国际体系,共同反对一些社会活动人士和非政府组织煽动其他国家进行民主改造和政权改变。与之相反,俄中两国则是共同拥护世界多极化，而且两国对于"绝对主权"的认同超越了对其他任何事物的认同。

在中俄关系中，巨额天然气交易谈判处于首要的位置。虽然中俄两国已经为之努力了 10 年，然而现在缔结协议却成为当务之急。为了缓解雾霾污染，中国决定在经济发展中使用更多的天然气。俄罗斯需要让它的天然气客户实现多元化，以便减少对欧洲市场的依赖。面向未来，俄罗斯需要找到这样一个市场：这个国家不仅要拥有巨大的油气需求，而且这个国家的战略和经济特征还要与它能够比较兼容。

所有这些都助推了俄罗斯向东转。一份俄罗斯外交政策构想论文宣称，面对全球力量转向亚太地区的形势，俄罗斯需要做出调整，还要迅速行动以成为这个快速发展的地缘政治区域一个不可分割的部分。俄罗斯也相当清晰，这样的向东转主要就是转向中国这个国家。曾经被问到俄罗斯是否将太多的鸡蛋放在了中国这个篮子里，普京对此回应称："我们拥有足够多的鸡蛋，然而世界却没有很多放置这些鸡蛋的篮子。"

2006—2013 年，中国的天然气消费实现了 3 倍增长。尽管中俄天然气谈判已持续了 10 年，然而这项天然气大交易却主要卡在了一个问题上：价格。莫斯科想要的价格参考了它向欧洲人收取的天然气价格和石油价格（当时油价仍处高位），而北京则想要一个较低的价格，这个价格应该与国内能源价格保持一致且相较煤炭价格更有竞争力。

谈判困难，上海的天然气谈判就这样久拖不决。然而中俄双方中的任何一方都不能没有协议而离开。最后的谈判一直持续到凌晨四点。也就在这天晚些时候，中俄宣布达成重大协议：协议天然气价值为 4000 亿美元，协议期限超过 30 年。这个合同将使得中国成为世界上仅次于德国的俄罗斯天然气第二大市场。中国人还将为俄罗斯一项新的投资 450 亿美元、长达 1300 英里的西伯利亚力量天然气管道工程提供融资。合同签署后普京这样表示："不夸张地说，这项工程未来 4 年将成为世界上最大的建设工程。"然而普京也补充道："我们的中国朋友作为谈判的一方进行了狠狠的砍价。"然而中俄这项协议的确向外传达了一个信号，即俄罗斯将不用再像以前那么严重依赖欧洲天然气市场。

这些合同和它们签署的背景传达了一个关于中俄战略关系正在快速发展的地缘政治信息。

20世纪90年代苏联解体后，俄罗斯人开始担心中国人会进入他们人烟稀少的远东地区。然而普京一上台便将新的外交重点放在了中国和亚洲上面。随着俄罗斯与西方日益疏远，普京发现北京有意与莫斯科开展合作。中国成为俄罗斯最大的贸易伙伴。中俄双方各自扮演的角色是非常清晰的。中国向俄罗斯提供工业产品、消费品和资金，而俄罗斯则向中国提供石油、天然气、煤炭和其他大宗商品，当然还有地缘政治支持。

普京称中国为"我们的关键战略伙伴"。这种关系就是普京珍视的大国与大国关系。普京曾这样说："大国关系经常事关全球领导力，大国关系不是争论一些二流的地区问题。竞争是在大国之间展开，这就是规律。但问题是这种竞争应该遵循什么样的规则。"在这种规则应该是什么问题上，莫斯科和北京有相当多的共识。

从能源角度看，莫斯科的向东转也是非常清晰的。俄罗斯投资250亿美元、长达2800英里的东西伯利亚—太平洋石油管道助推了俄罗斯战略转向。2005年，仅有5%的俄罗斯石油出口到中国。现在这个数字则几乎增至30%，而且俄罗斯已经掩盖沙特阿拉伯的光芒成为中国的头号石油供应国。为支持中俄石油贸易，中国已经向俄罗斯石油公司提前支付800亿美元以便该公司能够在未来25年向中国提供石油，这也是中国对俄罗斯的金融支持。

2018年秋季在符拉迪沃斯托克举行的一个经济论坛上，中俄之间上演了一场"烤饼外交"，中俄合作已升至一个新水平。普京和他的主要客人中国领导人从会议日程中挤出时间，他们穿上蓝围裙，做起了俄罗斯烤饼，他们在烤饼上抹上鱼子酱，喝着伏特加互相祝福致意。

与此同时，一场大型的战争演习正在俄罗斯远东地区上演，而这次演习也是自1981年苏联在此演习以来最大的一次。这次演习有中国参与，演习历时一周，模拟了一场多前线重大战争。

这场演习不到 1 年后的 2019 年夏,俄罗斯和中国开始在太平洋开展联合空中巡逻。当一个联合巡逻队飞入韩国防空识别区时,结果造成韩国不得不下令军机起飞紧急应对,这个时候中俄才向世界宣布联合巡逻的消息。

所有这些都在发出一个明确的信息,中俄合作不仅是为未来可能的冲突在做准备,而且还表明当今两国地缘政治的一致性。

第16章

地球腹地

中俄之间发展新的友好关系让人更加注目。现在的哈萨克斯坦、土库曼斯坦、塔吉克斯坦、乌兹别克斯坦、吉尔吉斯斯坦五国组成的中亚和阿塞拜疆处于欧亚陆地的正中央，现代地缘政治之父之一的哈尔福德·麦金德在1904年那场向皇家地理协会所做的著名发言中，曾将这块地方描述为"世界的地缘政治枢轴"，即"心脏地带"。

苏联解体后的这些年里，尽管这些中亚国家已经成为新的独立国家，莫斯科还是决定要确保它们继续作为俄罗斯的优势范围存在。一些俄罗斯人坚持认为，美国策划苏联解体的目的就是要制造一群独立的国家并以此弱化俄罗斯的力量，这样美国就能染指里海石油。对于美国和欧洲来说，这些新独立的国家应该被允许拥有它们自己的身份和经济。在冷战后的全球化世界中，这才是生活应该有的样子。而且，如果这些国家不能实现强大和稳定，它们将会重新落入俄罗斯之手或者成为邻国伊朗的猎物。对于其中的一些国家来说，石油和天然气对于它们的独立具有核心价值。后来成为阿塞拜疆总统的伊利哈姆·阿利耶夫说："我们利用石油来实现我们的伟大目标。"而这个伟大目标就是成为一个真正的国家。为此，阿塞拜疆需要勾画一张新的基础设施地图，在这张地图上油气管道将不再是向北进入俄罗斯管道体系，而是从东向西走向黑海，这样才能确保该国的独立。

阿塞拜疆管道走向变化的另一个原因则与西方利益有关。1991年的海湾战争解救了科威特，然而也让西方对于严重依赖中东石油的现状产生了一种新的不安全感。当时的美国能源部长比尔·理查德森曾这样说："里海地区有希望将我们从完全依赖中东石油的困境中拯救出来。"在这块地区的石油开发问题上，华盛顿不想看到俄罗斯的反对和竞争，也不想看到俄罗斯重新声明对该地区的控制权。时任美国副总统的戈尔就支持为里海石油修建管道。对此他解释说："世界石油和天然气资源的安全持续成为美国及其盟友的最高利益所在。今天，美国利益的聚焦地区边界已经扩大至高加索地区、哈萨克斯坦和西伯利亚。"

之后便出现了里海管道竞争，这个已持续10年的争斗不仅涉及俄罗斯和英美的争夺，还牵涉到其他国家。俄罗斯人反对管道走向向西。然而关键的西向管道计划还是取得进展。其中一条管道从阿塞拜疆巴库正南出发，向西绵延1千多英里，穿越1500条河流、高山和敏感地形，最终向南穿越土耳其到达地中海杰伊汉港口。将哈萨克斯坦石油输送到世界市场的里海管道则从哈萨克斯坦出发，穿过俄罗斯南部地区最终到达黑海。在黑海油轮将这些石油装船后会穿越伊斯坦布尔海峡进入地中海，继而走向全球市场。这条管道是哈萨克斯坦与世界石油市场的核心连接。

21世纪的第一个10年，上述两条石油管道都已进入运营状态，从而实现了阿塞拜疆和哈萨克斯坦与全球石油市场的连接。苏联解体以来，阿塞拜疆的石油产出实现了3倍增长，现在每天的石油产量大约在80万桶。然而真正的石油大国却是哈萨克斯坦，该国的石油产出已经从过去的每天57万桶增至200万桶。两国的石油总产量超过了挪威和英国北海油田的总产量。另外，哈萨克斯坦长期搁置的巨型卡沙干油田的上产和田吉兹油田的扩建都将提高哈萨克斯坦的石油产量。石油和天然气开发的确保证了这两个国家的独立地位。

然而石油管道最终也将会有其他走向，而并非仅仅从东向西，它也可以从西向东，也就是说管道也可以是中亚—中国走向。

没有人能比纳扎尔巴耶夫更能理解这种新兴地缘政治的含义。1991年哈萨克斯坦独立后，他成为该国总统。源于丰厚石油收入的影响，哈萨克斯坦经济在 2000 年至 2019 年间增长了近 8 倍。纳扎尔巴耶夫还是一位熟练的大国关系平衡高手，善于处理哈萨克斯坦与俄罗斯、中国和美国各方的关系。另外他还寻求平衡国内事务。哈萨克斯坦的多数人口都是哈萨克族，然而也有 25% 的人口为俄罗斯族和乌克兰族，这部分人主要分布在哈萨克斯坦北部。纳扎尔巴耶夫致力于维持国内民族平衡，其采取的措施就包括在该国中部建设一个新首都。

中国和哈萨克斯坦的关系对于双方来说都非常重要。哈萨克斯坦自然资源丰富，而中国则需要这些资源。哈萨克斯坦拥有比其他中亚国家面积总和还要大很多的国土，与中国有很长的边境线，它还是中国的主要贸易走廊。对于哈萨克斯坦来说，中国市场和来自中国的投资将在很大程度上决定它的未来繁荣程度。

2019 年，纳扎尔巴耶夫在"后苏联空间"做了一件史无前例的事情。78 岁的他突然宣布辞去总统职务。他不想让自己留给哈萨克斯坦的"遗产"是国家政权转换交接的混乱。而且他将继续在哈萨克斯坦扮演一个"国家之父"的角色，这种角色有些类似于李光耀作为总理下台后继续在新加坡扮演的角色。纳扎尔巴耶夫的总统的继任者是托卡耶夫，他曾担任哈萨克斯坦总理和外交部长，而且还会说中文。

中亚国家欢迎与中国的贸易和来自中国的投资，他们意识到北京没有任何兴趣改变他们的政治体制，不会对他们以及他们的选举进行批评，也不会支持人权活动分子在他们境内活动。虽然这些国家的政府官员可能仍在使用伴随他们长大的俄语来处理事务，然而中国的经济影响却已经变大。

中国审慎地向外传达了一个信息，即中国无意取代俄罗斯在中亚地区的"优势"地位。然而，莫斯科仍然注意看着中国的影响，尽管俄罗斯自身与中国的关系也在深化。不管怎么说，中国在这个地区的能源和基础设施投资都确实在削弱俄罗斯在该地区的优势基础和影响力。然而目前，俄罗斯则认为自己是这些来自中国的投资、对中贸易以及经济之外的这种战略关系的主要受益者，而这也已经成为国际社会的一个重大事实。

无论两国的友谊有多深厚，两国之间各自的商业利益却是与此不成比例的。对于俄罗斯来说，中国市场至为重要。中国市场吸纳了俄罗斯11%的总出口，能源领域的这个数字将只会增加。对于中国来说，俄罗斯是一个重要的和可依赖的能源进口来源，然而中国对俄罗斯出口却仅仅占到中国总出口的2%。另外，俄罗斯还是中国实施能源多元化战略的一个关键因素。俄罗斯石油和天然气可以让中国减少对中东和海上交通的依赖，中国担心美国海军可能会切断中国的海上运输。

然而，从经济角度看，美国对于中国的重要性则要比俄罗斯大很多。2018年在中美贸易战和新冠肺炎疫情暴发之前，中国对俄罗斯的出口额为350亿美元，而同期中国对美国出口额则高达4100亿美元。当西方国家因为克里米亚和乌克兰问题对俄罗斯的金融交易进行制裁后，中国那些大型银行遵守制裁规定。这些银行觉得因为与俄罗斯的几个协议而违反规定继而被美元系统和国际资本市场关在门外是不值得的。于是，那几个协议就留给了少许几个特殊银行来做。

俄罗斯的向东转在2019年12月2日表现得已经明显了。中俄在上海签售巨额天然气合同的5年半后，长达1865英里的西伯利亚力量大型天然气管道准备开始投运输气。为庆祝这条管道的开通，中俄两国领导人通过复杂的视频系统与中俄边境两边各自的管道控制室连在了一起。从中俄两边各自的控制室，俄罗斯天然气工业股份公司首席执行官阿列克谢·米勒与中国石油天然气集团有限公司前董事长王宜林分别向他们的国家领导人发出启动申请，双方国家领导人则迅速发出启动指示。听到指示，技术人员及时打开管道阀门，于是俄罗斯开始在冬季为中国供气。当天然气开始流动时，普京这样说道："这是一个真正具有历史意义的事件，它不仅影响全球能源市场，最重要的是对我们中俄双方来说意义重大。"

2019年12月发生了两件大事，一件是俄罗斯西伯利亚力量管道举行了开通运营仪式，另一件则是特朗普对北溪2号管道的制裁方案签署成法。同时发生的两件事突显了东西方正在改变的地缘政治和能源版图。西伯利亚力量管道阀门的打开显示了能源在中俄战略合作关系中的基础作用。当然，中俄之间的合作不仅限于能源。莫斯科和北京还联合起来共同强调"绝对主权"，他们共同反对西方提出的普世价值观和准则，他们都依赖国家主导的经济模式，他们都反对美国的单边主义和霸权地位。然而能源却是中俄这种新的地缘政治关系中一个非常重要的部分。

第3部分

中国新版图

第17章　G2
第18章　南海问题的中国智慧
第19章　为了石油？
第20章　集装箱运输
第21章　斗而不破
第22章　"一带一路"倡议下的能源合作

第17章

G2

世界出现这么多的 G 几，会让人感到有些困惑。世界几个工业化国家每年都要举办年度会议，这便是 G7。后来由于俄罗斯的加入，G8 又出现了一段时间，再后来由于俄罗斯的离开 G8 又变回了 G7。之后世界又出现了 G20，它由世界主要经济体组成，包括 G7 成员国、欧盟以及中国、印度、巴西和沙特阿拉伯这样的大型新兴经济体。G20 曾一度被某些人认为注定会成为全球经济的"董事会"，然而它仍旧还是更多地保持了一个协商协调组织的属性。

后来，又出现了更令人困惑的 G2。事实上没有 G2，至少正式官方没有这种说法。然而它却又非常真实地存在着，因为它的决策对世界最具决定意义。从现在到 21 世纪末，可以说 G2 要比世界上任何其他组织对于世界经济的未来都有着较多的话语权。G2 仅仅包括中国和美国两个国家，然而两国经济总量在世界经济总量中所占的比例却达到了 40% 左右，而军事开支方面，这个比例则达到了 50%。G2 不是为决策而生的一个联盟，也不是为决策而生的一个论坛，它只是强调、突出了中美两个大国关系的重要性以及它们对于整个世界的影响。

不久之前，人们还认为中美两国的相互依赖关系将会更加密切，它们的产业链融为一体（苹果手机在美国设计然而生产却是在中国），它们 2018 年（贸易战之前）的贸易额达到 7380 亿美元，美国在中国的投资达 1160 亿美元，中国在美国的总投资也达到了 600 亿美元。另外，还有 36 万名中国留学生在美国大学学习，他们则为美国经济贡献了 130 亿美元的产值。

中美之间的这种相互依赖的加深是由中国 2001 年加入世界贸易组织（WTO）驱动的，当时比尔·克林顿将中国加入 WTO 称作他的总统任期内美国最重要的外交政策进步之一。就像克林顿讲的那样，美国这样做旨在将一个快速崛起的中国拉入全球贸易市场体系，而这就意味着中国的行动将会受制于 135 个国家同意和通过的相关规则和决定。这样中国将会向美国企业开放其市场，而且也能促进全球经济增长。相互依赖和"相互联姻"将能促进国家利益交汇，从而减少相关各方发生冲突的风险。这套思路汇总起来便是我们所称的 WTO 共识。尽管世界当时对于中国加入 WTO 存在批评，然而面对中国增长的经济力量世界似乎没有其他明显的可替代选择。

然而 WTO 共识却已经破裂，G2 也出现裂痕。相互联姻正在让位于彼此疏远，贸易战、经济冲突、安全问题、有关两大经济体脱钩的谈论、军备竞赛、21 世纪剩下几十年的经济模式之争正在说明这一点。

所有这些意味着两国正在走向哈佛大学教授格雷厄姆·艾利森所称的修昔底德陷阱吗？修昔底德是一个古代雅典军事历史学家的名字，这个概念描述了传统大国和崛起大国因摩擦而引起的战争风险。这样的战争例子历史上很多，最早发生在公元前 5 世纪的传统力量雅典和新兴力量斯巴达之间，修昔底德已将此写入编年史。两者之间的战争持续了 30 年，最终结果则是两个城邦双双走向毁灭。类似战争的其他案例还包括英国和德国之间的海军竞赛和经济竞争，这种竞争走到最高点爆发了第一次世界大战。最终，胜利和失败的双方都遭遇了重大损失，发生的大屠杀又给第二次世界大战埋下了伏笔。当然，上面的这些历史案例没有一个涉及核武器，当然也没有涉及网络战。

虽然修昔底德陷阱的正确性存在争议，但是它却已经进入词典成为一个固定的说法。在去西雅图访问的路上，中国国家领导人称："世界上并不存在修昔底德陷阱这样的事情。"然而他也警告说："如果大国一而再再而三地反复出现战略误判错误，那么它们就有可能为自己制造这样的陷阱。"

从1991年社会主义国家苏联解体到2008年全球金融危机，美国为全球经济管理设计的规则一直被普遍接受。然而2008年全球经济灾难的爆发点却位于美国经济的心脏地带，或者说位于"资本主义世界的核心区"。中国模式为世界提供了发展经济的另一个选择。而且，中国作为经济发动机第一个将世界经济从2009年的危机状态中拉了出来，并使世界经济重新走向恢复。那场金融危机是中美关系历史的分水岭，它将迫使美国以平等合作的一员对待中国。

在世界经济平衡正在变化的作用下，中美关系的这种转换将会进一步展现。与英国在工业革命期间的情况类似，中国已经成为了世界制造工厂。当今中国是世界上最大的钢铁生产国（占世界钢铁总产量的近50%）、铝生产大国和计算机生产大国。不仅如此，中国还是世界上最大的稀土生产大国，而稀土则是电动交通工具和风力发电机的必需材料。2011—2013年，中国消耗的水泥比美国在整个20世纪消耗的还要多。中国拥有重要的金融地位。中国国家外汇管理局掌握着总额达3万亿美元的外汇储备，其中1/3为美国政府债券。

不仅如此，中国正在快速成为一个消费大国，北京也寻求将中国经济从出口驱动的轨道转到消费驱动轨道上来。2000年，中国的汽车销量为190万辆，同期的美国这个数字则为1730万辆。而到了2019年，中国的这个数字则达到了2.5亿辆，美国仅为1.7亿辆。中国在世界经济中的重要性在2020年变得更加清晰。2003年，中国国内生产总值在世界经济总量中的比例仅为4%。而在2020年，这个比例则变成了16%，而这就意味着中国经济将会对全世界经济产生影响。

当国内生产总值以汇率衡量时，美国经济规模仍然比中国要大。而当用购买力平价这个指标衡量时，中国则已经成为世界上最大的经济体。在按照购买力平价衡量的情况下，中国经济规模在2014年就已经超过美国。然而接下来，中国未来经济增长面临着人口这个现实阻碍，这也是中国实施计划生育政策和社会变化后的结果。人口学家尼可拉斯·爱博斯塔特曾这样评论："还没有一个国家的人口老龄化速度比中国快。"未来20年，中国的老龄人口数量将会出现显著增加，而推动经济增长的工作年龄人口数量下降幅度同样也是显著的。另外，中国还面临着包括国内债务规模和经济结构在内的其他挑战。

在石油方面，中美两个国家的差别是显著的。中国73%的石油消费需要进口，北京视之为其能源供应的一个重大脆弱点，这也是驱动北京战略政策制定的一个因素。在美国石油进口水平高企的时候美国也曾有过中国类似的担忧。然而在页岩革命的帮助下，美国不再有这种担忧。

中国在亚洲的重要性持续增加。对于中国的发展，美国难以待在原地没有反应。2017年早些时候，就在成为美国总统后的仅仅几天，唐纳德·特朗普便突然退出了跨太平洋合作协定（TPP）。该协定将覆盖12个太平洋沿岸国家和地区，代表着世界40%的贸易额。该协定将会展现美国对亚洲的承诺，赋予其他亚洲国家和地区一个对抗中国经济巨大吸引力的平衡力量。对于这些亚洲国家和地区来说，该协定的政治意义与其经济意义是相等的。而在亚洲看来，特朗普的决定是美国退出这个地区的标志，而这则给予了中国填补美国退出留下的真空的机会。失去了反制力量的阻碍，中国继续与亚洲国家开展自己的贸易协定谈判，当然这种谈判将美国排除在外。

在招待29位国家领导人的一个北京论坛期间，中国国家领导人展示了中国新的大国地位。他清楚地对外阐明道，中国不会对他国人权问题指指点点："我们无意干涉其他国家的内部事务，无意输出我们自己的社会制度，……无意将我们的意志强加在其他国家头上。"中国国家领导人发出的信息得到了受到中国经济巨大前景吸引而来到北京的那些领导人的热烈欢迎。

G2之间的竞争在两个方面表现得非常明显。一个方面是南海，确切地说涉及地理版图。另一个方面是为人熟知的"一带一路"，这表明了中国要在重塑全球经济版图上做出努力。而在这两个方面，能源问题都深深地嵌在其中。

第 18 章

南海问题的中国智慧

南海曾被描述为世界上非常关键的海上通道,它将印度洋与亚洲和太平洋连接在一起。其周围分布着印度尼西亚、马来西亚、文莱、菲律宾、越南、中国这些国家。新加坡刚好在南海的海域范围之外。世界上 3.5 万亿美元的贸易都要经过这片水域,这个贸易额包括中国海上贸易的 2/3、日本 40% 多的海上贸易和世界贸易总额的 30%。除了世界 1/3 的液化天然气要经过这片水域外,每天流经南海的货物还包括 1500 万桶石油,而这个数量则与通过霍尔木兹海峡的石油数量几乎相当。中国 80% 的石油进口都要经过这片水域。另外它对于粮食安全也发挥着关键的作用。世界上 10% 的渔业捕捞都在这片海域发生,全球 40% 的金枪鱼都来自南海。它为世界最大的鱼消费国中国以及东南亚国家提供了很多海洋食物。甚至有人建议,南海渔业资源的价值和重要性应该让鱼成为一种战略性商品。

南海冲突事关岛屿和"邻近水域",它围绕三个问题展开。

第一个问题是谁对那些露出南海海面的微小的"陆地岛屿"拥有所有权?这个问题的重要性在于围绕这片海域的司法管辖权来源于这些"陆地岛屿"。主权问题是存在于中国和东南亚国家之间的主要问题。中国认为它对这些陆地地貌宣示主权的理由根植于历史,为此中国在 2014 年 12 月发布的白皮书称:"中国对南海岛屿及其邻近水域拥有无可辩驳的主权。中国在南海的活动可以追溯到 2000 多年前。中国是第一个发现、命名、勘探和开发南海资源的国家,也是第一个持续在南海行使主权的国家。从20世纪30年代至40年代，日本在中国抗日战争期间非法占领了南海部分岛屿。第二次世界大战结束时，中国政府重新恢复对南海岛屿行使主权。"

对于中国对南海的主权申明，其他国家提出了挑战，他们认为很多世纪南海地区的贸易主导者为东南亚和阿拉伯商人。而且，其他国家和法律学者还辩称，"历史权利"是一个过于模糊和含混不清的概念，不能作为宣示主权的基础。越南、菲律宾、马来西亚、文莱都对中国的主权声明存有异议，他们也都宣示了他们自己的南海相关主权声明。

南海的第二个问题是南海本身也就是这片水域是国际公海水域还是中国国家领土的一部分。关注这个问题的不仅有南海地区国家和要经过这片水域贸易的国家，还有那些商业运输公司和很多国家的海军。中国外交部发言人针对南海是这样说的：中国在南海问题上的立场是非常明确和一贯的。中国对南海诸岛及其附近海域拥有无可争辩的主权。一位中国法律专家也称，中国对南海享有主权。

南海的第三个问题涉及专属经济区。专属经济区的概念是联合国海洋公约提出的。专属经济区的这个距离可以达到200英里。而中国认为，专属经济区还赋予了这个国家对于谁通过这片水域的控制权。

美国反复表明了它在南海争端问题上不站边的态度，然而它却非常想看到相关各方根据联合国海洋公约和平解决南海争端。中国认为美国的这种立场是一种伪善，原因就是，由于美国参议院的反对，美国从来都没有实际签署联合国海洋公约。然而在航行自由问题上，美国却坚持强硬的立场。它认为海洋公开航行自由是海洋法律的基础，其中也包括"公海军事活动自由"。也正是基于此，美国海军才在全世界进行活动。

然而，中国却坚持认为外国海军驶入中国专属经济区必须要得到中国政府的许可，而不管这种专属经济区是在南海还是在中国大陆沿岸。根据美国立场，美国海军在不经过中国政府"许可"的前提下就可以在距离上海12海里之外的地方开展活动。北京拒绝接受这种看法，根据这种说法，中国也有权在距离美国圣地亚哥12海里之外的地方开展完全相同的军事活动。

过去的几十年中，围绕南海的冲突出现退潮，当时南海地区周边国家正将焦点放在经济增长上。在这方面，没有任何其他国家能够比中国做得更为突出，中国实现了年均10%以上的经济增速，而中国称之为"和平崛起"。确实，和平绝对是实现如此高速增长的必要条件；离开和平，中国在全球经济中就无法实现扩张。

据说，中国国家领导人曾经告诉过越南人，南海岛屿"自古代以来就属于中国"，然而他还是为中国处理南海问题制定了一个战略，那就是"搁置争议，共同开发"。中国传达到这个信息可以让周边国家和地区更好地处理生活问题、发展他们的经济以及提高他们的收入。2002年，中国和东盟10国给出了旨在实际解决南海问题的方案：南海行为准则。

中国对南海宣示主权的历史代表人物是郑和。他是15世纪指挥中国庞大船队的海军将官。这些船只载着种类广泛的中国产品和当时最先进的武器装备：大炮、炮弹和火箭弹。其中最大的几只船上则载着大量"财宝"，与一个世纪后哥伦布到达新世界所用的船相比，这种船的规模超出了后者的10倍。

郑和的首次海上航行出现在1405年，当时他带领的船队由317艘船组成，其中60艘是携带财宝的船只。除了这一次，他还指挥过6次海上远行，每次这样的远行都是历时2年或3年的时间，有些远行到达了阿拉伯半岛，有的甚至还会往西到达非洲的东海岸。一路之上郑和会和沿线当地人开展贸易。他们也会显示中国的力量，用郑和的话说就是，展现中华帝国道德的教化作用。郑和舰队带回中国的不仅有种类广泛的财宝和商品，还有外国统治者和驻中国大使个人带给中国皇帝的贡品。

到了现代，郑和这个名字变得响亮起来，他不仅成为中国与东南亚和南亚发展贸易关系的伟大人物代表，还成为中国历史上至高无上的海洋人物。这位海军将官的事迹曾被拍摄为一部流行的迷你连续剧在中国电视台播放，他也因此为人喜欢。在纪念郑和首次出海600周年那天，一座耗资5亿美元为郑和而建的博物馆在南京开始对外开放。博物馆旁边，是一个非常高的郑和雕像，这也是中国历史上就对南海宣示主权的持续证明。

第19章

为了石油？

中国需要进口的东西很多很多：中国进口巴西的铁矿石；进口衣阿华州的大豆；中国进口越南的零部件然后将其在国内组装最后再将产成品销往世界。不可避免地中国也需要进口能源。能源已经成为这个国家超常经济增长的基础。能源为中国这个世界工厂全球制造平台提供动力。中国增加的国民收入意味着它会有更多的楼房建设、更多的基础设施建设、更多的汽车购买、更多的航空出行以及更多的能源使用。2009年，中国超过美国成为世界上最大的能源消费国，今天中国一国的能源消费就近乎占到世界能源总消费的25%。中国能源需求还将会持续增长，然而随着服务和国内消费在国民经济中所占比重的增加，这个增速将会减缓。

尽管中国增加了核能和可再生能源的使用，但是今天85%的能源消费仍然来自化石燃料。中国能源经济结构不同于北美洲和欧洲的能源结构，中国能源消费严重依赖煤炭，它占到了这个国家总体能源消费的56%，而同样数字在美国则仅为11%。石油是美国今天的主要能源，它在美国能源结构的比重为37%。中国的这个数字则仅为美国的一半：大约20%。尽管增长迅速，然而天然气在中国能源结构中的比重仍然仅为8%，同样的数字在美国则是32%。中国的煤炭进口虽然可能有所波动，但是基本上煤炭仍是中国安全可靠的国产能源。在中国，石油还不是安全可靠的国产能源，天然气也不是。

中国石油工业的现代化历史还不足60年。20世纪50年代早期中国的石油供应被切断，后来中国又与苏联"老大哥"出现关系破裂，这让石油自给成为当时政府的绝对优先考虑的问题。1959年，随着中国东北大庆油田的发现，中国的石油自主成为可能。截至20世纪80年代，中国国内石油工业满足了其国内需求，而且还会有一定的盈余用来出口，出口地主要是日本。

然而中国的经济增长刺激了国内石油需求，最终石油需求的增速超过了国内生产的增速。1993年，中国跨过了一个里程碑，成为一个石油净进口国。从此，中国对石油进口的依赖性变得越来越大。

21世纪第一个10年，世界拉响了石油警钟：石油供应峰值是否会出现？世界石油资源是否正在枯竭？经济增长会否因此减弱？在世界石油供应总量受限的情况下，世界各国之间的竞争是否会加剧？中国出现了越来越多的这种担忧。那些年类似的担忧在华盛顿也很普遍。

在中国2001年加入世界贸易组织后的15年中，中国石油消费增加了2.5倍。当前中国是世界上第八大石油生产国，每天石油产量在380万桶的水平。然而它激增的石油需求却远超过国内石油生产数量。中国已经成为世界上最大的石油进口国，到2020年年初中国石油需求的73%都来自进口。

中国关注的不仅是石油进口数量，还有从哪里进口石油的问题。中国是经过霍尔木兹海峡的波斯湾石油的最大客户。南海是中国石油进口的超级高速公路。无论是来自中东还是非洲，多数石油都要穿过狭窄的马六甲海峡，然后再折弯进入南海。

对于中国石油进口的这种路线走向，中国国家领导人曾在2003年晚些时候对此发出过警告，将中国对马六甲海峡的依赖称为中国的马六甲困局，并警告称，某些大国可能切断中国石油供应线。因此，要求必须从新的战略全局高度，制定新的能源发展战略，采取积极措施确保国家能源安全。

大约一半的世界油轮都要途经南海，它们的目的地不仅只是中国，还有日本和韩国。

现在南海航道不仅是石油运输的通道，还是天然气运输的通道。过去天然气在中国能源构成中仅占一个小的比例，然而现在它已经呈现新的更多的重要性。

2017年12月的冬季,尽管天气很冷,寒风吹在脸上犹如刀割,但北京的天空是出乎意料的清透,水晶般的清透,而且还明亮湛蓝。北京的冬季污染已经消失了。在雾霾的作用下,这种污染会遮住阳光和北京北面的大山,还会灼伤人的眼睛,引起呼吸疼痛。空气污染成为一个健康问题,并拉了中国国内生产总值的后腿。中国政府已经承诺满足民众对清洁空气的需求,这就意味着中国东北部地区要对那些老旧的燃煤设备进行实体拆除,原因就是冬季风会携带污染物向南刮到北京。然而那年的冬季却比预期的要冷,于是造成东北地区能源短缺,医院等便民设施因此无法获得供暖。这成为一个全国性的危机。唯一快速解决这个危机的办法就是进口更多的天然气,而随着这种情况的发生,全球液化天然气价格出现了飞涨。结果导致那个寒冷的冬季中国不仅缺乏供暖,还出现了严重的天然气短缺。

为确保这种情况不再发生,中国已经开始行动。中国国内有天然气生产活动,而且还正在开发页岩气。中国从中亚地区通过管道进口天然气,现在又从俄罗斯通过西伯利亚力量管道进口天然气。当前,中国进口的一半天然气都是以液化天然气的形式入境的。不久中国就将会成为世界上最大的液化天然气进口国。然而,液化天然气还需要运输,而这则意味着中国进口的相当多一部分天然气都要途经南海。

然而,是不是可以对南海海底深处的油气资源进行开发?

2014年5月2日,一组大马力拖船拉着一艘巨型中国钻探船进入中国海南岛向南180英里的水域。这艘船就是著名的HD-981钻井平台,无论从规模还是能力上看,它都堪称技术奇迹:它有40层楼高,耗资达10亿美元,建于2011年,可以钻探到海下1万英尺的深度。除了飞机,伴随这个钻探平台的还有多达80艘的中国船只。对此感到吃惊的越南谴责中国HD-981的到来,他们召集30多艘船只旨在挑战HD-981在那块海域的钻探合法性,越南也宣称对这块海域的开发权。对此,中国果断回击称,这块海域为中国固有领土。

南海的未来前景将会符合人们的预期吗?当前南海每天的石油产量大约为

90万桶，这个数量在世界石油消费总量中所占的比例还不足1%。然而未来会怎么样？一份来自中国关于南海石油储量的最高预估显示，南海有1250亿桶的石油有待发现，这基本相当于伊拉克和科威特的石油规模总和。与这个预测相比，其他预测则要低出很多。美国能源信息署估计南海大约有120亿桶石油尚未被发现，这也与国际石油公司的预测相符合。

还有看法认为，南海石油最有可能分布在离海岸较近的区域，相当的海下深度和基础设施的缺乏会让任何资源的开发都变得昂贵。有人认为，在任何情况下南海水域大的资源发现都可能与天然气相关，而非与石油相关。

当然，就像一位著名的美国石油投机商说的那样："只有钻探后我们才能得到确定的答案。"持续的勘探将让我们对于南海实际资源有更为清楚的认知。在这个时刻，南海新发现对于南海周边国家和相关公司来说有着很大的意义，然而这也不足以对全球石油平衡产生标志性影响。虽然南海可能存在着较多的天然气，但是这种天然气却有着较高的开发成本，难以与正在增加的液化天然气和管道天然气开展竞争。

对于北京来说，不管是马六甲海峡还是南海都必须要保持开放以保护中国的能源安全。对中国能源安全真正有影响的不是深藏在海底下面的未探明的资源，而是这些海上航道本身以及跨过南海的商船。

第20章

集装箱运输

中国经济超乎寻常的增长是许多因素共同作用的结果，然而如果没有发端于美国新泽西州尼瓦克的一场革命，这种结果就将不会出现。这场革命便是发生在运输领域的革命，它改变了全球贸易版图，改变了包括中国在内的世界经济活动方式。

这场革命的发起人在中国基本不被人知，在世界其他地方也是如此。这个人来自北卡罗莱纳州的一个曾被称为鞋跟的小镇，他的名字叫做马克姆·麦丽恩，人们也会叫他"智多星"麦丽恩，他是世界交通史上最有影响力的人物之一。

起步于一家微小的卡车运输公司，麦丽恩硬是将它做成了一家大型企业。之后麦丽恩又继续在世界运输领域掀起了集装箱革命，而这也成为今天全球经济的基础。集装箱身上没有任何浪漫和闪耀的东西，它不过是一个20或40英尺长、8.5或9.5英尺高的铁盒子。就像一位作家所写的那样："集装箱没有发动机、没有轮子、没有风帆，它不能让那些被轮船、火车和飞机吸引的人着迷，也不会引起水手和飞行员的兴趣。"它就是一个铁盒子。然而它却大大地将运输成本降至只有以前的一点点并且加速了货物的装卸，另外它还促进了集装箱在轮船、卡车和火车之间的轻松移动。集装箱的这些优势将制造业改造为一个全球性产业，而不是像从前那样被限制在某个地方或地区。就如商业理论家彼得·德鲁克所写的那样，没有"这个看似平淡无奇的创新"，世界贸易的巨大扩张就不可能发生，而这个扩张也是有记录以来增速最快的人类主要经济活动。

麦丽恩从来没有上过船。他发明集装箱只不过是想要降低成本，他不过是想要让卡车在美国东海岸至得克萨斯州行驶时能够为他节省几美元运输费。港口工人搬运货物时一次只能拿一个，这非常费力。这个时候麦丽恩不得不坐在车里等待，也就是在这时他头脑里有了集装箱的想法。随着搬运痛苦的增加，麦丽恩就想：为何不将整个卡车车体一次性举起放在船上然后将它运输至更远距离呢？

1956年4月26日，停在新泽西州尼瓦克的起重机将58个去掉轮子和驾驶室的卡车车体举起，然后将它们放在了一艘目的地为得克萨斯州的第二次世界大战剩下来的油轮上。"我们确信，我们已经找到了一种融合水上运输经济性和路上运输速度及灵活性的运输方式。"麦丽恩宣布道。这就是集装箱时代的开始。时至20世纪60年代早期，集装箱正在成为一个真正的产业，而麦丽恩和他的公司则处于这个产业的领先位置。有了集装箱，运输货物就不用再被拆分装入盒子、板条箱和麻袋中，它们也不再需要大量港口工人举来举去了，而这样的工作以前在港口往往需要花费很多天的时间，因此而增加的成本也不是一个小数。而现在货物首先会被装入集装箱中，然后起重机会根据其上面指挥舱内操作员的指令将货物举起，接着集装箱就会在海岸和轮船之间移动。在这种情况下，港口工人以前的那种工作就会慢慢消失，而就在几年前的1954年，还曾有一部描述港口工人世界、名为《海港前线》的电影上映。

1965年，首艘常规化运营的集装箱船开始在美国和欧洲之间活动，然而麦丽恩却将目光聚焦在了亚洲。

麦丽恩的下一步是让从越南回来的空载货船绕道日本去捎回几个集装箱回国，这些集装箱装满的都是美国消费者需要的便宜商品。亚洲四小龙韩国、中国台湾地区、中国香港地区和新加坡的制造商也纷纷效仿麦丽恩的这种做法。正是得益于这种运输创新以及实施这种创新的网络体系的推广，东亚才得以融入世界经济。

1980年，也就是中国启动改革的第二年，麦丽恩开启了面向中国的首个集装箱运输服务。两年后，中国国有企业中国远洋运输集团则开启了面向美国西海岸的集装箱运输服务。集装箱船队在额外成本增加非常小的情况下将中国制造的产品运往全球市场，可以说没有集装箱，中国经济的快速增长就不会实现。对于中国制造以及以中国为中心的全球供应链来说，集装箱同样发挥了重要作用。

世界前十大集装箱港口中的七个都位于中国，其中上海是最大的港口。正常情况下中国集装箱运输量在世界集装箱运输量中的比重超过40%。这样贸易在中国国内生产总值中的比重就近乎达到40%，中国的产品才能出口到国外，外国的石油和其他大宗商品才能进口到中国，而这些又是中国经济增长需要的基本物质，的确也是维持中国政治和社会稳定的基础。集装箱运输成为全球商业往来的支柱。然而，中国和世界以及全球供应链对集装箱的依赖程度真正完整清晰表现出来只是发生在2020年，这一年因新冠肺炎疫情暂时关闭了很多世界贸易。

麦丽恩于2001年去世。在他葬礼的那天，运输工业表示哀悼；在全世界范围内，集装箱船都鸣笛表示对他功绩的认可，他为全球经济连接的确做出了巨大贡献。《商业期刊》这样评价他："运输集装箱化是运输领域自轮船动力由风到蒸汽转化以来最具标志性意义的发明。"

对于中国来说，这些集装箱船是中国21世纪"新宝船"，是郑和15世纪豪华船队的真正延续。它们将中国经济带到当前在全球经济和世界贸易中的中心位置。

第21章

斗而不破

南海可能关乎石油和天然气以及贸易流动问题。然而，就像国际战略研究所所称的那样："南海海洋争端居于大国政治的核心位置。"从战略角度看，南海问题是中美关系中存在争议最多的问题之一。中国政府发言人频频表示美国正试图"遏制"和"围堵"中国。对美国来说，南海关乎海洋航行自由以及美国与东南亚国家之间的关系。

随着中美两个国家的战略平衡转移以及亚洲其他国家日益融入中国经济，G2之间也就是崛起大国与传统大国的关系已变得更加复杂。就像一位新加坡外交人员说的那样："中国在我们经济生活的各个方面都会变得越来越重要。中国正在创造新的现实，中国正在构筑一个关于贸易、投资和基础设施的经济利益网，从亚洲西南到东南亚，很多国家都正在被纳入这个经济圈。"

中国船只和进行"航行自由巡逻"的美国海军舰艇持续在南海发生接近碰撞等事件。2019年10月，一艘中国驱逐舰来到距离一艘美国驱逐舰45码以内的位置，迫使后者"猛力制停"。危险的游戏还曾在南海的上空发生过。有一次，两架中国喷气式飞机距离一架美国飞机不到50英尺。还有一次，中国军队监测到一架美国监视机飞抵南沙群岛上空，对美发出了6次不同的警告。

中国军方警告称："美国军机，中国对南沙群岛及其附近海域拥有主权。请立即离开以防止出现任何误解。"

过了不久，中国新闻外宣媒体《环球时报》便点了一个赞，以表扬中国军人保卫中国领土的行为。

为应对这种竞争的增加，美国推出了他们的地区新版图，美国国务卿迈克·蓬佩奥称之为"印太版图"。在这种版图上，印度作为一个主要的中国抗衡者被引入其中。蓬佩奥说："从美国西海岸到印度西海岸的印太地区对于美国外交政策具有十分重要的意义，它是美国未来国际经济活动的一个重要地区，这样说没有错误。"彭佩奥送还补充说："美国将反对任何国家试图寻求在印太地区取得主导权。"

与此呼应，2019年美国国防预算将中国在南海地区的军事和胁迫行动列为五角大楼优先关注的问题之一，并将其作为美国军事开支增加的理由。

南海纷争和中美竞争制造的困境涉及多国，其中就包括东盟这些成员国。东盟成立于越南战争走向结束的1974年。随着美国将要撤离越南，整个地区将会进行社会主义革命的担忧开始蔓延。然而事情并没有完全按照担忧的那个方向发展，今天社会主义国家越南正在融入全球市场经济当中。与欧盟不同，东盟10个成员国的政治制度差别很大，然而东盟却正在日益成为一个拥有6亿人口的相互连接的经济共同体。

东盟这些国家在力量平衡和再平衡方面面临着持续的挑战。新加坡前驻美大使陈庆珠说："在安全领域东南亚融入美国，然而在经济领域却融入中国。"中国曾经多次重复向南海周边国家传递信息称："我们是一个地理实体。美国盟友则是一个地缘政治概念。"

在贸易领域东盟国家正在日益融入中国。2005年，美国与东盟国家的贸易比中国与东盟的贸易高出50%，而今天这个情况则反了过来：东盟与中国的贸易高出了东盟与美国贸易的50%。然而同时，东盟国家也正在寻求与美国加强安全领域合作，以此作为确保自己在这个地区行动独立的"唯一现实的角力筹码"。

中国的军事建设领先东盟国家、日本和澳大利亚，中国的军事开支正在增长。就像澳大利亚前总理凯文·鲁迪曾观察的那样："整个亚太地区的军事和海军建设有明显的增加，这是明摆着的事情，这是一个现实。"另外，东盟某些国家还有其他担忧,如一位新加坡战略专家讲的那样,这种担忧便是美国是否因为分心而没有能力聚焦地缘战略问题。这个地区还存在另一类风险。就像一位评论家问的那样,个别军事指挥官超出控制的并可能带来可怕后果的激进行为是否正在将中美及东南亚国家绑为人质?

美国拥护商品在世界上的自由流动,中国也从世界经济开放和这方面中受益很大。中国经济增长目标的实现极大可能在一个和平稳定的世界中完成,在冲突混乱的世界实现的可能较小。

有些措施可以降低南海冲突风险。为缓和这个地区的紧张局势,东盟国家和中国正在谈判制定南海行为准则。

相对谈判,军事对话和军事计划更大的透明性在降低南海风险方面发挥的作用要大很多,这有助于缓和相关方面"战略不信任"的增加,也有助于降低相关方面在关键但常常模糊的意图问题判断上的不确定性。相关方面在这个方向上已经迈出了一步,采取了两个塑造信心的措施。2014年,美国和中国同意在这个地区进行重大军事训练时给彼此发出预警,并共同接受了双方海军和空军遭遇时彼此应该遵守的"行为准则"。缓和南海周边国家的爱国主义激情将给予政府更大的灵活性来解决分歧。明确相关方面对南海"陆地岛屿"以及它们附近海域"权利"的处理方法将是重要的。还有一个最头疼的问题存在于对专属经济区法定地位的理解上面。

或许南海问题的最好解决方法可以寄希望于互相确保模糊方法。而在东盟国家扮演关键角色的多边框架下寻求南海问题的解决则有助于改变南海问题根本上属于中美之间关系僵局的这种认知。

南海冲突的缓和也可以从能源角度入手,这就需要相关方面认识到一点,即南海远离陆地的水域不可能成为另一个像波斯湾那样的油气宝库,确保南海水域油轮的安全航行才是对世界能源安全所做的最重要贡献。

对于日本和韩国来说,他们会将中国对南海的控制视为一个潜在的重大威胁,原因是他们的很多进出口也像中国那样高度依赖南海这个"公路"。日本前外相川口顺子对这一点表达得高度简洁:"海上通道对日本来说是重要的。"

用一位退休日本海军将军的话就是，在中国企图单方面占据整个南海和实现对日韩多数海上交通生命线达到控制的背景下，日韩两国正变得日益警醒。然而日韩两国与中国的相互连接也日益紧密。日本对中国的出口与它对美国的出口大致相同，二者在日本出口总额中的比例大约都是20%。相较日本，韩国对中国更加依赖，其对华出口占到其出口总额的27%，而对美国出口在其出口总额的比例则仅为12%。

G2之间的相互依赖也是广泛存在的：通用汽车在中国的销量已经超过美国。特朗普贸易战之前，高达60%的美国大豆都要出口中国，而苹果手机一年在华销售额则高达400亿美元。预计中国还会成为美国液化天然气的最大市场。

然而，两国之间在经济领域也不是没有尖锐的分歧。中国存在对美国公司以合资方式经营的要求，另外中美之间在知识产权、隐形补贴、网络侵入问题方面也存在争议。当然，中美还存在着贸易战。

唐纳德·特朗普成为美国总统后，他改变了桌子上的布置。在新政府看来，中国不再是一个经济合作伙伴，而成为美国的一个挑战者。在美国看来，中国不仅是一个战略竞争对手，还成为一个经济对手。世界贸易组织（WTO）共识被扔出窗外。特朗普谴责2001年中国签署的WTO协议是"历史上对工作机会的最大偷窃"。刚入主白宫，特朗普便宣称："贸易战是好的，容易取胜。"但特朗普没有说明他头脑中的贸易战指的是哪些贸易战。20世纪30年代的贸易战被证明是既不好也不容易取胜，只是让相关各方变得糟糕。

贸易战是美国总体战略转换过程中一个突出的事件。特朗普政府陡然改变了之前五位美国总统的国家安全战略立场。之前的美国总统和政府在一系列重大问题上对于批评中国没有犹豫，然而他们也都寻求将重点放在"合作"和正面潜在接触上。

特朗普的国家安全战略办公室将"合作"和WTO共识扔出窗外。它将中国定位为"一个对美构成深度威胁的地缘政治竞争者"，并将中国放在了美国"对手"名单的首位。美国声称，中国作为一个"修正主义"大国（与俄罗斯一起），正在寻求创建一个与我们的利益和价值观对立的世界。美国国防部遵循了其国防战略，宣称"中国是一个战略竞争者，它正在采用掠夺式的经济方法威胁它的周边邻居，南海正在变得军事化。"

这样的用语突出展现了美国战略的根本转向，它正从20年的"反恐作战"转为与中俄对峙，而且与中国的竞争更为激烈。就像美国国防部长马克·埃斯珀所讲的那样："中国是美国头号对手，俄罗斯是二号。"现在美国认为中国正在寻求替代其在全球的位置，并正在为此发展自己的能力。按照这种观点，2001年中国加入WTO不仅让美国变得健忘，还分散了美国的注意力，让美国变得不愿承认这点，20年来就是这样。五角大楼一位高级官员表示："如果我是一个中国战略专家，我唯一后悔的事情便是没有让美国睡得更久一些。"

在2018年10月的一次演讲中，美国副总统迈克·彭斯详细阐述了上述美国对中国的新看法。他表示，中国主导策划了对美国技术的批量偷窃。中国已经建成了一个空前的监控体系和一套奥威尔式体系"。中国在试图消解美国的军事优势，并有心将美国推出西太平洋。彭斯补充说："我们不会被吓倒。"在政治陷入深度分裂、党派偏见深厚的华盛顿，彭斯的讲话反应了美国两党对于他的说法已经达成广泛的共识，这在2020年的美国总统选举活动中得到了明显的表现。

对于美国的态度，中国做出回应，发布了自己的《新时代的中国国防》白皮书。在谈到包括军事在内的中美合作时，白皮书的措词还比较温和，然而白皮书也给新时代的定义添加了大国战略竞争的属性。在中国看来，中美关系变差错在美国霸权主义、强权政治和单边主义势力的增加。白皮书称，美国正在追求绝对军事优势地位，美国已经侵蚀了全球战略安全基础。亚太地区已经成为大国竞争的焦点，原因就是这个地区的外部国家也就是美国非法进入中国主权水域以及中国岛礁附近的领空，从而对中国国家安全造成破坏。白皮书宣称中国将抵制所有对其地位的威胁。

接着，白皮书接续对外部势力美国再次进行了指责，这次则指向了美国对台独活动的助长。中国国防部发言人吴谦大校在北京展示这个白皮书时表示，中国人民解放军已经做好遏制台独的战争准备，中国对于台独的立场已经表达得足够清楚了。吴谦在白皮书发布会上再次表明了这点。

一位分析师对中美未来关系有着清醒的认识：总的来看，中国国防白皮书和两份美国白皮书对外发出了一个明确的信号，这就是传统超级大国和新兴超级大国的战略竞争正在日益激烈，而这种竞争也将对中美两国未来几十年产生影响。中美两国的国家安全机构彼此都将目光聚焦在对方身上，视彼此为自己的未来敌人。

对于新冠肺炎病毒的起源问题，中美两国又出现了持续争论，而这进一步恶化了两国关系。

中美贸易战背后是双方对于未来技术更大的关注。高科技算法的竞赛已经在路上，引领者便是双方对于人工智能技术优势的争夺。

北京于2007年发布了"中国制造2025"战略，旨在让中国形成10个高科技产业的领导者。中国人指出，他们的人均收入仅有美国人均收入的1/6左右，因此他们需要提高自己的价值链以避免陷入中等收入陷阱。对此，彭斯在演讲中回应称，中国最终可能会控制90%的世界最先进产业，而这就能够让他们登上21世纪经济的最高峰。

围绕5G连接，中美技术之争已经出现了贴身相搏，具体来说就是美国与中国华为公司。作为世界最大的电信技术公司和5G技术前沿公司，华为已经成为中国技术和商业能力的符号。华盛顿称，华为技术为中国政府监控和可能的操纵行为提供了后门，并认为华为公司与中国党政部门关系过于密切。美国将华为从美国电信运营网络中剔除出去，还正在努力劝说其他国家也这么做。的确，美国与华为的故事会让人想起第一次世界大战前英国和德国战舰的历史，而第5代移动通信技术5G和华为公司则已经成为这个时代新竞争的代表。

在升级的紧张局势中，一个"互怀敌意和零和博弈"的警告从罗伯特·佐利克那里传来。在担任美国副国务卿的2005年，佐利克最先给出了中国作为一个"负责的利益攸关方"的概念轮廓。15年后，佐利克则指出，在他演讲的题目中"利益攸关方"这个词后面还跟着一个问号。没有什么是确定的。然而佐利克却表示，即便中美紧张关系表现得这么明显，中国仍以多种方式加入了美国、西欧和日本最初建立的国际体系，这是一个既定事实。佐利克进一步补充说，然而现在美国却正在逼迫中国"拥护美国自己设立的一套平行独立于国际体系而规则却非常不同的体系"。这套体系可能会非常昂贵，无论是在经济还是在政治方面。

经济相互依赖一直是中美军事和战略竞争关系的压舱石，然而这些压舱石似乎也正处于被倒入南海的风险中，随之被抛弃的还有加强合作的态度。中美经济关系的这种不稳定增加了中美"事故"、对抗或冲突不能得到管控的风险。

一个明显的事实是，无论美国还是中国都不会"离开"。虽然两国关系紧张加剧，但是G2却永远同在一个地球上。虽然中美谈判出现大的让步的可能性微乎其微，但是现实解决办法的应用加上双方的谨慎却有助于降低中美关系的风险。这看起来似乎要比"展示地图"好得多，这样双方就无需借用航海地图并将中国南海问题附加到21世纪地缘政治版图上面了。

第22章

"一带一路"倡议下的能源合作

努尔苏丹也就是以前的阿斯塔纳，作为中亚国家哈萨克斯坦的首都，部分意义上它是一座新城。每年这个城市的老区都要经历严冬和西伯利亚凛冽北风的吹打，苏联时代的它还有另外一个名字：切利诺格勒。它一直算是个偏远落后地区，直到被选为新独立国家哈萨克斯坦的首都。

今天，这座城市的新区正在成为一座光芒闪耀、未来主义气息浓厚的大都市，这里高耸着世界知名建筑师设计的大楼，而这一切都源于哈萨克斯坦自1991年独立以来不断增长的石油收入。在将自身融入全球经济方面，哈萨克斯坦是所有中亚国家中最努力的一个。它建立了按照英国商业法律管理的阿斯塔纳国际金融中心，意在使其成为中亚金融汇集点。迄今为止，哈萨克斯坦拥有的石油也是几个中亚共和国中最多的，因此它也成为中亚最富裕的国家。

2013年，中国国家领导人来到这座城市，在纳扎尔巴耶夫大学发表了重要演讲。这所大学承担的部分任务就是连接哈萨克斯坦与世界，因此它所有的课程都是用英语讲授。在演讲中，中国国家领导人揭开了中国的世界经济新版图："一带一路"的第一部分——"丝绸之路经济带"。"丝绸之路经济带"倡议将会通过基础设施、能源、投资、通信、政治和文化把中国与所有"欧亚"（欧洲和亚洲被看作一个巨大的实体）国家连接在一起。接下来，中东和非洲也被纳入"丝绸之路经济带"的范围。中国将成为发展的引擎，成为优异的合作伙伴，成为合作的促进者，成为伟大的战略家。

在阿斯塔纳演讲那天，中国国家领导人提到了中国历史上张骞这个人物，他在公元前 2 世纪曾是汉代出使中亚的特使。中国国家领导人接下来的讲话增加了诗意甚至神秘感，他说："站在这里，回首历史，我仿佛听到了山间回荡的声声驼铃，看到了大漠飘飞的袅袅孤烟。"

当年张骞向皇帝的报告标志着中国向西贸易的开始，这条贸易路线首先到了中亚和波斯地区，后来又远至罗马帝国（至少是断断续续地到过那里）。这条跨越大洲的贸易路线没有一个具体的名字。仅是在 1877 年，才有人将这条路线戏称为"丝绸之路"，而这个人则是来自德国的一位名为李希霍芬的地质学家和地理学者，他被派到中国是为了寻找矿产开发机会以及探索是否可能在中国与欧洲之间修建一条铁路。他之所以选择丝绸之路这个名字，原因就在于这条路线的贸易产品之一是中国的丝绸。以前的古罗马帝国对于中国丝绸非常热爱，有时这种"感情"看起来都到了过分的程度，因为当时有罗马参议员对中国丝绸进行了猛烈批评，而原因则是这种丝绸对女人身体暴露过多而助长了罗马的通奸行为。

丝绸之路不是单一的一条路，而是一系列路的总称，它们绕过塔克拉玛干沙漠，从一个绿洲小镇到达另一个绿洲小镇，然后翻过巍峨的大山，而这样的路途常常具有危险。几千年来，这条路发挥了超乎寻常的交流通道作用，从丝绸到香料，从皮革到乐器，多种产品贸易都要归功于这条路。不仅如此，这条路还促进了中国与其他国家的文化、民族、宗教和语言交流。通过这条路线，起初用来包装而后来才被用于书写的造纸术得以向西传播。

阿斯塔纳演讲后的一个月，中国国家领导人在印度尼西亚议会引入了中国新战略的第二部分内容。这次中国国家领导人回顾了 15 世纪中国海上将军郑和的精神。郑和留下了很多友好交流的故事，其中很多在今天仍被广泛传诵。郑和当年在继续向西进入"西部海洋"之前就曾到过今天的印度尼西亚。中国国家领导人表示，中国将与东南亚国家一起为"构建 21 世纪海上丝绸之路"而努力。

中国人将英语中的"One Belt One Road"缩写为"BRI"(Belt and Road

Initiative），翻译即为"一带一路"倡议。从实质内容看，它既是计划也是战略。简单来说，它常常被称为"一带一路"，有时也仅仅被称作 BRI。现在它已经成为一个被用于全世界工程项目的概念，它也随之成为一个无所不包的品牌。

自 1991 年苏联解体以来，中亚公路体系、铁路连接和机场建设领域都出现了重大的进展。然而截至 2020 年，这个地区最大的国际投资却是出现在油气资源开发和管道建设领域，中亚的油气依靠管道走向世界市场。

随着中国能源需求在 21 世纪的快速增加，获取中亚能源进入中国政府的优先事项清单。拥有丰富天然气资源的土库曼斯坦成为中国最大的天然气供应国。在哈萨克斯坦，中国公司占据了这个国家石油产出的大约 20%。从哈萨克斯坦西部的里海之滨到中国有 1400 英里的石油管道，这也让哈萨克斯坦成为中国能源多元化战略的一个重要石油来源。

在能源之外，中国在中亚地区有着非常具体的安全利益。中国西北幅员辽阔的新疆地区不仅与阿富汗和巴基斯坦接壤，还与哈萨克斯坦、吉尔吉斯斯坦和塔吉克斯坦存在共同的边境线。

"一带一路"将焦点放在了能源、基础设施和交通上面，这个计划的潜在总投资额预计在 1.4 万亿美元左右。用今天的美元衡量，这个投资规模是前所未有的，比当年美国第二次世界大战之后重建欧洲的马歇尔计划投资额至少还要大 7 倍。

"一带一路"不只是中国寻求向欧亚以及其他国家出口产品，它还涉及中国自己的经济模式。数十年来，基础设施投资承担了中国经济增长的发动机角色，当增长看起来疲弱的时候，这个发动机就可以被启动。

"一带一路"背后也有地缘政治因素考量。2011 年，奥巴马政府宣布美国外交"转向"亚洲。这反映了美国对战争的厌倦，美国决定从战争看起来似乎没有尽头而且美国也为此付出巨大成本的中东和阿富汗退出，转向世界经济最具活力的亚洲地区。这样的转向意味着美国向中国之外的亚洲国家发出了一个战略性的信息，即美国将会把精力放在这个地区，不会使亚洲处于中国的主导之下，将会继续增加它在亚洲的存在。美国的这次转向接下来重新有了一个

"亚洲再平衡"的名字。

中国认为美国这个战略的目的在于遏制中国、离间中国与邻国的关系以及防止中国的优势影响力在亚洲发挥作用。

中国为相关沿线国家带来的不仅有将事情迅速完成的能力，还有技术、资金以及规模化作业的能力。中国带来的东西不会有美国和欧洲推进的"民主"和"自由"、反对党、非政府组织，中国也不会批评相关国家的国内政治事务和选举。西方推崇的"普世价值观"正是中国人不屑的"西方价值观"。按照中国设定的方向，中国无意对相关国家进行"政权更迭"，中国不会支持"颜色革命"，中国不会支持一些所谓的人权活动。相反，中国将认可和尊重"绝对主权"这个概念。

为实现中国的"连接"目标，中国可用的最大工具之一便是大规模筹集资本的能力。中国已经成立了一个新的规模在600亿美元以上且全部由中国投资的新丝路基金。中国还新成立了一个亚洲基础设施投资银行，以支持"一带一路"沿线国家的发展。这些新机构的成立反映了中国对传统国际金融机构的不满，中国认为自己在世界银行中的话语权不够，这种情况与它在世界经济中的位置也不相称，中国也不满意世界银行借贷规则中的"政治正确"倾向。对于中国成立由它主导的国际金融新机构这一行为，奥巴马政府立即表示反对。然而让华盛顿失望的是，英国却冲着成为第一个在相关金融协议上签字的欧洲国家，比卢森堡行动还要快。美国其他可靠的盟友也是急着加入。最后剩下美国和日本显得有点"另类"。在谁领导亚洲基础设施投资银行问题上不应该存在任何质疑：中国提供了该银行32%的注册资本，只拥有30%的投票权。而且，目前为止亚洲基础设施投资银行最大的贷款国家却一直是印度。

"一带一路"不仅成为中国外交和经济政策的一个战略原则，还成为政界、学界和大众口中被常常谈及的话题。2014—2015年短短一年时间内，中国发表的涉及"一带一路"的学术文章数量就从492篇激增至8400篇。作为世界上最大的电影市场，中国设立了一年一度的丝路国际电影节，它将很多国家的电影人聚在一起，旨在促进电影的联合制作和突出宣传那些体现"一带一路"

价值观的电影。

"一带一路"覆盖的候选国家有多少？关于这个问题的答案，有很多不同的说法，但最高是131个。作为欧盟的成员国，中东欧的一些国家已经加入了"一带一路"倡议，就像意大利和希腊那样。现在一家中国公司掌握了希腊比雷埃夫斯港口的控制权。巴拿马总统曾问中国国家领导人一个问题，即巴拿马是否可以成为"一带一路"的一部分。中国国家领导人给出了肯定的回答。连接是"一带一路"的根本，巴拿马运河可以为世界经济提供重要的连接。中国恰好也是巴拿马运河第二大使用者，一家中国公司已经购买了这条运河上最大的港口设施，另一家公司也计划为巴拿马建设一条耗资41亿美元的高速铁路。中国最终明确了"一带一路"的合法成员数量：即该倡议向"所有国家"开放。

霍尔果斯曾经是古丝绸之路上大山之间的一个十字交汇点，现在位于中国—哈萨克斯坦边境一个巨型陆港的位置上，该陆港是一个巨大的铁路和交通汇集中心，它将能加速集装箱从中国抵达欧洲。通过铁路将载有中国产品的集装箱运输到欧洲已经实现常态化，而这种运输的时间则大约只有之前海上集装箱运输的1/2，尽管前者的运输成本现在还相对较高。2016年，中国第一辆常态化运营的物流火车抵达中东德黑兰。中国正在积极推进一项耗资60亿美元的高铁项目，该项目将会穿越老挝境内的大山并将实现中国与七个国家的互联，在某些时刻该项目将需要数万中国工人驻守工作。中国也投资了很多能源项目。中国正在推广自己的高速铁路以及自己的特高压输电技术，凭借后者中国国家电网公司能够有效地通过长距离传输将中国西部产生的电能消化掉。在美国退出其位于中亚吉尔吉斯斯坦共和国的机场项目（该机场曾被用于向美国在阿富汗的联军提供物质）后，中国为该项目提交了一个耗资10亿美元的升级提升计划。

然而大的战略和落地执行却是两件不同的事情。中国金融机构不想重复21世纪前10年的"走出去"经历，当时中国公司为购买国外资产花费了宝贵的美元。一位官员评论说："现在我们决策的价值将决定于我们的表现，现在投资的项目不仅要具有战略重要性，还要在财务经济上具有可行性。"很多交易都经历了复杂的谈判，经历的时间也比预期要长，有的交易还被取消，有的谈判还会出现破裂。在资金接收国，决策者们也会对如下问题展开辩论：接受资金会让他们放弃什么？这样做是否会让他们将自己的部分经济让给中国？做或不做某个项目将会让他们未来面临什么样的国内批评？

截至2020年，"一带一路"最大的工程项目是投资620亿美元的中国—巴基斯坦经济走廊项目。这个项目近70%的资金都投向了电力相关领域。剩下的资金则投在了公路、油气管道以及瓜达尔镇沿岸的一个主要港口上面，这个港口处于通往波斯湾和苏伊士运河的战略位置。瓜达尔港与中国的连接不是只有海路这一方式。中国与瓜达尔港之间已经建成了可以运输货物的经过扩建的现代化公路体系，该公路要穿越世界最高、海拔达1600英尺的红其拉甫口岸，因此它的施工难度极大且耗资巨大。香港《南华早报》对此特别指出："瓜达尔港口—公路运输体系为中国提供了一个可替代马六甲海峡的运输通道，这样中国就可以避开美国军舰频繁巡逻的马六甲海峡。"

中国在电力行业的投资正在增加巴基斯坦这个电力极为短缺国家的电能供应，而这则有助于巴基斯坦的制造和出口行业的发展。同时，巴基斯坦的进口额也出现了急速攀升，原因就是它需要从中国进口这些项目需要的物资。巴基斯坦不能按期归还中国贷款，它的债务正在快速上升。为此巴基斯坦在2019年向国际货币基金组织求助，而这也是它自20世纪80年代以来第12次向该组织申请救援资金。由于美国在国际货币基金组织扮演着重要角色，这将华盛顿带入到"一带一路"的事务中。美国国务卿迈克·蓬佩奥说："国际货币基金组织没有理由拿着构成这个基金一部分的美国纳税人美元去救助持有债券的中国人或中国自身。"

国际货币基金组织前总裁和现在的欧洲中央银行行长科里斯蒂尼·拉加德曾委婉地指出了相关国家债务增加存在的问题风险。批评者认为这种风险是一个债务陷阱，它为中国提供了政治和经济筹码。当相关国家不能偿还他们的债务时，中国实体就可以接管控制相关项目。这方面的第一个案例便是斯里兰卡汉班托特港口，中国为该项目提供了11亿美元的贷款。然而这个港口的繁忙度却很低，因此该港口没有任何机会可以产生足够的收入来偿还中国的贷款。中国取消了该港口的债务，作为交换，一家中国国有公司获得了该港口99年的租期合约。然而斯里兰卡政府却在印度的高压下，要求中国做出了一个承诺，即不会将位于印度洋战略位置的汉班托特港口用于军事目的。

这些债务问题面临的最明显挑战之一来自穆罕默德·马哈蒂尔，他曾长期担任马来西亚总理，并于2018年重返总理岗位。在访问中国的行程中，突然宣布取消价值230亿美元的铁路和管道合同。在93岁的年纪，马哈蒂尔没有任何犹豫说出了他的想法，他对国家发出了"新殖民主义"的警告。他解释说，马来西亚担负不起如此大的债务。他说："我相信中国自身也不想看到马来西亚这个国家陷入破产境地。"

然而过了几天后，马来西亚外交部又急着澄清称，马来西亚依然将会完全履行加入"一带一路"计划的承诺。在对这个铁路工程砍价30%后，马哈蒂尔本人也表达了他对"一带一路"的支持，尽管他还曾利用2019年北京"一带一路"会议的机会专门呼吁南海航行自由。

很多国家想要获得这些投资，也想要确保它们是构成新全球经济体系的一部分，他们不想被排除在中国驱动的"全球化2.0"之外。然而同时，他们也想要他们行为的独立自主，他们将会寻求通过与俄罗斯和美国的交流来平衡不断增加的中国存在。毕竟，美国仍然是世界上最重要的经济体，在安全领域也是非常重要。

然而，在很多国家看来美国却正在退出一些领域，美国的不可预期性在增加，也变得不再可靠，而这又增加了他们与中国合作的吸引力。就像一位中国官员评论的那样："美国的退出正在帮助我们。"

然而，"一带一路"的大规模资本筹集行动却刺激了华盛顿的行为。特朗普一上台，海外私人投资公司便进入了美国将要砍掉的机构清单，这一机构原本是通过提供政治风险保险为美国公司投资海外降低风险的。现在这个机构已经与美国另一家机构合并成了美国国际发展金融公司，它的主要目标则是在全球开展基础设施投资。它的规划借贷能力为600亿美元，这个数字刚好与中国丝路基金的资金能力大概相当。

现在，俄罗斯希望看到自己的欧亚经济联盟计划与"一带一路"计划能够重合。俄罗斯没有方法成为一个重要的全球性资金提供方，它本身还需要外国投资。当然，这符合它的向东转战略，在绝对主权问题上也与中国保持一致。然而同时，俄罗斯也会继续将中亚视作自己的影响力范围，它也会在某个时刻撇这些国家一眼看看它们是否已经落入中国事实上的影响圈。

这个地区另一个非常关注"一带一路"的国家是另一个新兴巨人：印度。它的经济规模大约为中国的1/3。然而，它也正在与世界经济融为一体并处于崛起进程中，也有着越来越多的地区安全利益。印度将"一带一路"视作中国主导力的发动机，这种主导或许将导致印度陷入被围堵的境地。印度也在担忧中国海军在这个地区的活动。印度总理莫迪说："连接本身不能超越和破坏其他国家的主权。"印度和中国围绕边境存在冲突。

印度推出了自己的"向东行动"政策。一位学者表示，该政策的推出相当程度上源于其对"一带一路"的深度不信任，"印度认为'一带一路'是中国旨在获取政治或安全利益的一项战略工程"。印度的向东看政策有四个目标：保卫印度洋；深化印度与东南亚国家的关系；加强印度与美国、日本和澳大利亚的战略合作；管控与中国存在的分歧。

然而对很多国家来说，中国正在为他们提供市镇上最好的交易之一。一些国家正在盯着基础设施和能源投资的钱，他们想要将这些钱锁定在全球经济新版图上他们所在的位置，这样的国家正得出一个结论，即他们与一个崛起的中国和一个合作的中国联系在一起是有好处的，而不是与看起来行为日益有些不稳定且有些退缩的美国走在一起。

中东新版图

第23章　赛克斯—皮克线
第24章　伊朗革命
第25章　波斯湾战争
第26章　地区冷战
第27章　为伊拉克而战
第28章　抵抗之弧
第29章　"东地中海的崛起"
第30章　"答案"
第31章　石油冲击
第32章　奔向未来
第33章　新冠肺炎疫情的冲击

第 23 章

赛克斯—皮克线

2014年夏，一则视频流传到了网上。视频当中，一个圣战分子踩着脚下的沙地，站在伊拉克和叙利亚的国境线上，而这名圣战分子所在的组织直到近来才为人们熟知。这名圣战分子的身后，是墙壁遍布弹孔的废弃的简陋房屋，这些房屋在保卫伊叙边境的战争中发挥了作用。这位圣战分子声称，他站在那里的意义，就是要表明"伊斯兰国"（注：一个极端恐怖组织）不再承认伊叙边境所谓的赛克斯—皮克线。

他说，赛克斯—皮克线最终已死。"我们不认可这条边境线，而且永远也不会认可。"这样的意思又被伊叙边境上的宣传画进一步强调和放大，这位圣战分子如此宣称："我们将打破、推翻所有的国境线划定。"

这则视频出现之前，伊斯兰国极端恐怖组织已经展开了几个月的军事行动。2014年1月，伊斯兰国极端恐怖组织冲出叙利亚东部地区，穿过伊叙边境进入伊拉克西部。他们驾驶着敞篷卡车，身穿防弹服装，躲过伊拉克武装和军事人员的阻拦，占领了一个又一个城镇，一路凶猛残暴，犯下了令人震惊的罪行。

经过6个月的打杀，伊斯兰国极端恐怖组织最终被挡在了巴格达的门前。然而，这并未妨碍该组织昭示其野心：它当即宣告一个新的哈里发王国（即"伊斯兰国"）成立。该恐怖组织宣称其领土范围覆盖伊拉克1/3的国土面积，加上它所控制的叙利亚国土，其总面积要比以色列和黎巴嫩的面积总和的3倍还要多。总的来说，当时有多达800万人已经陷入了伊斯兰国极端恐怖组织的统治之下。

对此，美国国防部部长表示："这不仅仅是一个恐怖组织，它超出了我们之前看到过的任何东西。"

伊斯兰国极端恐怖组织的目标是建立一个取代现有国家和国家边境的伊斯兰国，这个国家不是建立在国家主权基础上，而是建立在伊斯兰教权威和7世纪教义约束基础上，这个教义呈现给世界的将是一场全球性圣战。

伊斯兰国极端恐怖组织的进攻是中东版图面临的最新一次挑战，一个世纪之前中东版图被划定后，赛克斯和皮克这两个名字就一直被紧紧的绑定在一起。伊斯兰国极端恐怖组织的出现则给这个地区制造了一场新的危机。一个世纪以来，中东地区从来就是被混乱裹挟，其原因或来自战争，或来自帝国的崩塌，或来自大国的竞争，或来自阿拉伯民族主义思想的影响，或来自宗教狂热，或来自意识形态冲突，或来自王朝野心，或来自帝国梦想，或来自美国的干预，或来自建立犹太国的梦想，或来自石油竞争。伊斯兰国极端恐怖组织出现在中东这个对世界能源供应继而对全球经济至关重要的地区，而且还是出现在沙特阿拉伯和伊朗冲突对于中东未来具有核心决定意义的时刻。

不仅如此，在这个时刻能源的未来也已变得更不清晰，能源正受制于正在增加的地区冲突。中东地区和产油国对石油依赖是如此之深，这些国家能够继续前行吗？石油能否像过去那样，在21世纪剩下的这些年对于世界经济和地缘政治依旧有着同样的影响力？

首先我们需要搞清楚这个问题：赛克斯和皮克是谁？

1915年12月下旬，伦敦细心的观察家可能会注意到这一幕：一个年轻的英国人每天都会悄悄地溜进法国驻英使馆。然而这位年轻人从事的事情却是非常引人注目，他正在着手为中东地区绘制一张新的版图，以取代奥斯曼帝国时代对这个地区的域界划分。根据新版图，这些具有殖民主义色彩的"域界"将会按照一定的程序，变成具有现代主权意义上的国家。

马克·赛克斯曾是一位旅行书籍作家和保守派议员，第一次世界大战让他迅速赢得了伦敦城内英国政府最重要中东专家的美誉。孩提时代，赛克斯就曾跟随父亲有过一次奥斯曼帝国的旅行经历，从那以后他就深深地被中东这个地区迷住了。牛津大学毕业后，他曾围着中东旅行，他的游记也成为一系列书籍的编写基础。就在第一次世界大战爆发之前，他还写了最新的一本书，名为《哈里发最后的遗产》。考虑到他对这个地区的着迷，在某些意义上赛克斯就是穆斯林中的"疯狂毛拉"。第一次世界大战的爆发将赛克斯拉回到伦敦，在那里凭着他的资历他成为一名中东政策专家，而这反过来又赋予了他一个绘制中东新版图的重要角色。

赛克斯的工作是在法国使馆秘密会见弗朗克斯·乔治·皮克，这是一位比较资深的外交家，曾被描述为似乎"永远都不会衰老"。皮克出身于一个有着法兰西帝国雄心的家庭，曾在贝鲁特担任法国总领事。尽管有着不同的背景，赛克斯和皮克却有着共同的信念，即他们需要做点什么以取代统治中东5个世纪之久的奥斯曼帝国。

巅峰时刻，奥斯曼帝国的统治范围覆盖了中东和北非的大部分地区，并将统治触角伸向了欧洲东南部。帝国之内，只有地区，没有国家。距第一次世界大战爆发很久之前，奥斯曼帝国已经开始走向衰落，它的财政状况已变得飘摇不稳。第一次世界大战开始时，它与德国、奥匈帝国结盟对抗英法俄三国。就像马克·赛克斯所写的那样，现在英国和法国已经做出决定，必须停止奥斯曼帝国的存在。然而帝国消亡后谁又来接替它原来的角色？

对于英国来说，中东的重要意义在于它通往印度的战略位置，其中就包括苏伊士运河的重要地位。而且，奥斯曼帝国的哈里发也就是穆斯林精神领袖和伊斯兰教的保护者已经号召对英国展开一场圣战，这将给英帝国所属的印度和其保护国埃及的穆斯林信徒带来潜在影响。这给英国带来了警醒。虽然法国对中东的兴趣更具有商业性，但是也裹挟着宗教、历史因素以及想要收获自十字军东征以来法国7个世纪努力成果的决心（尽管一位英国官员曾有过"十字军被打败，十字军东征失败"的记载）。

1915年12月，赛克斯被首相胡伯特·阿斯奎斯召集到一场会议上，讨论有关中东未来的问题。阿斯奎斯自身一直对于向美索不达米亚（当时对于现在伊拉克的粗泛称呼）承担责任持有怀疑看法：在这个拥有大量阿拉伯部落的地方，要处理各种各样盘根错节的行政管理问题。对于赛克斯的提议，与会人员却普遍表示认同。赛克斯提出在战后中东的"沙地上划一条线"，建立新的处于欧洲直接控制下的势力影响范围。

不久之后，赛克斯就开始了他对法国使馆的那些秘密拜访活动，目的就是与乔治·皮克见面商讨中东问题。截至1916年1月3日，两人已经达成一致意见。这条"沙漠之线"从地中海沿岸的海法附近开始，一路延伸至波斯边境附近的基尔库克。这条线以北地区属于法国的势力保护范围，以南则归属英国保护。不仅如此，新的中东版图有更多的规定。在版图的"蓝色区域"，法国将可以施加直接控制，而"红色区域"则是英国可以施加直接管辖的地方。围绕一个问题，赛克斯和皮克发生了激烈争论，这个问题便是巴勒斯坦和圣地的控制问题。最终，他们同意让英国获得海法和阿卡的控制权，一个连接美索不达米亚的铁路狭长地带也为英国掌握。巴勒斯坦其余地区则以某些不确定的形式为国际社会管辖。作为第一次世界大战中的盟国成员，俄国也在战后条约上签字，表明了自身有意接管奥斯曼北部地区领土的想法。

赛克斯—皮克线在历史记忆中可能表现得非常重要，但是有一点却被知道得较少，这就是两人绘制的中东新版图并非建立在一张白纸基础上。在绘制新版图的过程中，他们严重依赖于过去的版图和资料，即奥斯曼土耳其帝国的版图以及1864年划定的那些中东"省份"边界线。其中三个东部"省份"组成了今天的伊拉克，建立在巴格达、摩苏尔和巴士拉三个城市基础之上。阿勒颇、大马士革和代尔祖尔则组成了现代的叙利亚。贝鲁特曾是一个"省"，黎巴嫩山则是一个自治单位。耶路撒冷极其周边区域曾是一块独立的地区，以前向伊斯坦布尔直接汇报工作。位于阿拉伯半岛西部包括麦加和麦地那在内的希贾兹也曾是一个"省"，同样也门也是一个"省"，在不确定的年代被纳入奥斯曼帝国的实际控制范围。一位学者曾写道："根据民族聚集分布，划定这些区域'省'界不需要付出任何努力。"建立在多语言交汇的奥斯曼帝国版图基础之上，赛克斯和皮克为中东绘制了新版图，也并未考虑到中东民族内部的分歧问题。

然而，划定边界并非西方为战后中东考虑的唯一计划。一些中东的英国官员还提出了"阿拉伯革命"的想法，该想法希望阿拉伯人联合起来与土耳其统治者作对。而且，英国人还为这样的革命找到了领导人，他便是具有领袖气质的费萨尔王储。他是国王侯赛因的儿子，是麦加的守卫者和阿拉伯半岛西部希贾兹省的统治者。作为穆罕默德的嫡系后裔，侯赛因拥有独特的权威。他还有一个容易被记住的电话号码：麦加1号。

一个年轻的英国人是费萨尔的支持者，最初是为考古来到中东的，这人便是劳伦斯。第一次世界大战爆发后，他成为了驻守开罗的英国情报官员。劳伦斯的两个弟弟都死在了欧洲的西部战场前线。劳伦斯曾这样写道："他们两人都比我年轻，然而我却还在开罗平静地生活，无论如何这都显得相当不合理。"劳伦斯不安于这种平静生活。劳伦斯将精力和激情用在了点燃"阿拉伯革命"的火种上，他组织游击队对土耳其的铁路系统展开了攻击。另外他还确保了一点，即当盟军从土耳其人手中夺取大马士革时，费萨尔和阿拉伯骑手能够出现在斗争前线。

1917年11月，英国外交大臣贝尔福给拜伦·莱昂内尔·罗斯柴尔德寄出了一封公开信，信中宣称英国将支持犹太人在巴勒斯坦建立一个国家性的定居点，而且还要尽最大努力帮助犹太人实现这个目标。显然该信认为这不会损害巴勒斯坦境内已有的非犹太人社区的民事和宗教权利。而中东的新版图绘制也因这封信而变得更加复杂。

英国人的助犹计划该如何实施呢？1918年5月下旬，一个不可能的旅行者搭乘一艘机动货船从苏伊士运河来到了红海东北角的亚喀巴，然后他又继续借助汽车、骆驼和步行走进了沙漠，最终到达一个峡谷，在那里他找到了费萨尔王储，也就是麦加最高领袖的儿子。费萨尔的部队正驻扎在这个地方。这个旅行者名为哈伊姆·魏兹曼，是一位出生在俄罗斯的犹太人，在瑞士获得了化学博士学位。第一次世界大战期间他在化学技术上的突破促进了炸药的生产，因此他在英国赢得了很多荣誉。他不仅是犹太复国运动的领导人，还是贝尔福宣言的主要推动者。

见到费萨尔后，威兹曼说："他是一个非常真诚的人，和照片上一样英俊。"在接下来的两场会议上，费萨尔确定了他们之间"血缘兄弟关系"，闪族家族的两大主要分支阿拉伯人和犹太人在此相遇。在根据贝尔福宣言在巴勒斯坦建立一个犹太人"定居点"并实施犹太人迁入问题上面，这两人看起来有着一致的看法。然而对于这种一致费萨尔还有其他补充，即它要建立在阿拉伯领土的独立以及最终建立一个由哈希姆家族统治的阿拉伯国两个前提上面。然而这样的前提肯定不会出现战后和平协议里。

除此之外，还有一个因素也让战后的中东问题变得更加复杂。1908年，在经历了7年的艰辛和失望后，中东有了第一个石油发现，地点位于伊朗一个偏远的地区。第一次世界大战证明了石油的重要性，它不仅是战舰的燃料，而且还是摩托车、卡车、坦克和飞机的燃料，而这些工具也都成为战争的交通工具。石油和内燃机的应用重新定义了机动性和战争。所有这一切都将让石油成为世界最重要的战略商品。

第一次世界大战最后的几个月，一份名为《英帝国石油形势》的秘密报告特别提到一点，即英国使用的多数石油都需要依赖从美国进口。如果英国想要继续维持自己的海军主导地位，那么它就不能依赖一个总统为伍德福·威尔逊的美国，原因是该人总是一成不变地反对帝国这个概念。因此，英国需要尽可能地对最多的石油资源掌握无可争议的控制权，而这就意味着英国要更多地从波斯和美索不达米亚获取石油。在已经控制波斯石油的情况下，英国人得出结论称，获得美索不达米亚拥有价值的油田和确保下次大战来临之前英国拥有独立的石油供应是英国"优先的战争目标"。

随着第一次世界大战的结束，德国、俄国、奥匈和土耳其四大帝国都走向了衰亡，据此欧洲和中东的版图很大程度上也都要被重新划定。为此，国际社会在1919年的巴黎之外召开了凡尔赛和平会议。

没有人比英国的中东问题专家"疯狂毛拉"更能集中参与中东未来的谈判。但当马克·赛克斯抵达巴黎时，他已经病得很厉害了，从阿勒颇捡到的某样东西让他"中了毒",他当时情况很危险,身体消瘦,主要依靠罐装牛奶维持生命。尽管如此,他仍旧怀揣着重塑战后中东版图的决心。然而就在凡尔赛会议开始后一个月,马克·赛克斯又染上了西班牙大流感,这让他的身体变得更加虚弱,最终他死在了罗蒂饭店的房间里。

凡尔赛会议开始前,赛克斯—皮克协议的很多内容都被确认了下来,然而并非是所有内容。赛克斯—皮克协议将与维拉耶特同名的拥有大量库尔德人的摩苏尔划入了法国的势力影响范围。然而在凡尔赛会议上,在经历了激烈的辩争后,英国却成功地夺回对这个地方的控制权,将它划入了自己的势力影响范围。就如一位英国官员写的那样,英国之所以这样做,其主要原因就在于"世界上最大的油田一路延伸并穿过摩苏尔"。

凡尔赛条约的签署促成了国家联盟的建立,提供了"地方托管概念",这个概念是建立殖民地势力影响范围思想和美国总统伍德福·威尔逊提倡的"国家自决"理念的一个折中产物。这些"托管"国将指导他们管理的地区走向最终的独立。

1920年色佛尔条约出炉。开始于赛克斯和皮克的中东版图划定这时仍在继续。随着1923年洛桑条约的签署,中东版图划定活动才算结束。中东新版图建立在赛克斯—皮克线基础之上,也做出了一些重要的调整。根据新版图,说阿拉伯语的地方被从土耳其划了出来。法国将对阿拉伯叙利亚和黎巴嫩拥有管辖托管权,后者则是一个马龙派基督教徒占人口多数的新国家。美索不达米亚将成为英国的管辖国,巴勒斯坦也将成为英国的一个托管国。英国还将负责在巴勒斯坦为犹太人建立一个"家国"。约旦河东岸的托管部分变成了泛约旦,成为拥有自己地方政府机构的独立的阿拉伯地区。在土耳其,一位聪明的将军穆斯塔法·卡莫尔,也就是后来的"土耳其之父",推翻了奥斯曼帝国的残余政权,建立了一个世俗意义上的现代共和国。在他的管理下,土耳其主权范围覆盖到安纳托利亚和叙利亚阿勒颇的内陆腹地,这就让阿勒颇这个城市离土耳其边境很近。

至此,中东现代版图就算初步成型了,它始于1915年的谈判,直到1923

年才得以结束。然而在这个过程中,在中东地区新的国家产生过程中,赛克斯—皮克线却一直持续伴随。一个多世纪以来,赛克斯—皮克线也是很多力求推翻中东现有版图的那些人的攻击目标。

英国官员决定将奥斯曼帝国的三个东部独立省划入他们具有委托管辖权的一个国家。最初这个国家名叫"美索不达米亚",也就是后来的伊拉克。库尔德住在摩苏尔和伊拉克北部,逊尼派人住在巴格达和伊拉克中西部地区,而什叶派人则住在巴士拉和伊拉克南部地区。伊拉克的问题在于这些部落派别并没有一个共同的身份认同。巴士拉对着波斯湾,南向印度,巴格达向东与波斯联系广泛,而摩苏尔则是向西,与土耳其和叙利亚联系广泛。伊拉克内部的分歧还不仅是地缘联系的不同,其人口民族也是多样,其中包括库尔德人、曾经从土耳其逃离出来的亚述基督人(有时被称为内斯托里人)、犹太人(巴格达最大的单一族群)、聚集在辛贾尔山周围的雅兹迪人、土库曼人、波斯人、亚美尼亚人、迦勒底人和萨比人。当然,占据伊拉克人口总体比例最大的还是阿拉伯人,然而这些阿拉伯人又分为两派,分别是拥有人口较多的什叶派和人口较少的逊尼派。

英国人认为,伊拉克团结这个棘手问题的解决方案是在其内部安插一个国王。于是,他们找到了国王候选人费萨尔王储,也就是"阿拉伯革命"的领导人和麦加统治者的儿子。费萨尔最近失去了工作,刚刚被法国人从叙利亚国王的位置上拿了下来,被开掉时费萨尔在国王位置上待的时间也是很短。而他在全民投票中却以惊人的96%的支持率获得了伊拉克的王位,更何况伊拉克还是一个多数人都是文盲的国家。他于1921年8月23日登基,伴随着《天佑国王》的乐曲。而这首曲子选得也是十分匆忙,因为这个国家当时还没有自己的独立国歌。

6年后的1927年,另一个具有重大意义的事情出现了:伊拉克东北部地区发现了石油。此前有人打赌表示,如果伊拉克发现石油他将会喝掉所有这些石油。一位参与该石油发现的工程师对此表示:"从此以后,我们再也不需要面对这样的嘲讽了。"虽然伊朗发现石油还要比这早近乎20年的时间,然而这却是在主要的阿拉伯土地上的首次石油发现。

伊拉克的托管治理结束于1932年，伊拉克成为一个独立的国家，实现了费萨尔的伟大目标。然而，费萨尔却没有机会去品尝独立主权国家的味道，伊拉克独立仅仅一年后他就离开了人世，之后他的国家的未来也承受着痛苦的阴影。他曾这样写道："伊拉克内部没有具有国家意识的伊拉克人，只有没有爱国情怀的各种各样的派系群体，我相信这一点。"在他死后，军事政变成为伊拉克政治生活的"家常便饭"。叙利亚脱离法国接管的时间更为靠后，过程也更为混乱，直到1946年叙利亚才真正实现完全独立。

两年后的1948年5月，联合国一项决议号召在巴勒斯坦成立两个国家，唤醒人们对犹太人大屠杀的记忆，顺应于此以色列宣告了它的独立。对此，虽然5个国家立即对以色列发动了一场战争，然而战争却以以色列的胜利而告终，于是中东便有了一个犹太人组成的国家。在整个中东地区，阿拉伯人持续的愤怒源头也是这场失败。这场失败也改变了一位曾经参与这场战争的埃及官员，他就是加麦尔·阿卜杜勒·纳赛尔，曾经的他是一位埃及民族主义者，而现在他则成为一位阿拉伯民族主义者。4年后的1952年，他领导了一场军事政变，将肥胖的法鲁克国王"打包"拿掉，连带英国曾经在埃及的统治影响力。

纳赛尔是第二次世界大战之后第一位决定推翻第一次世界大战后中东版图的领导人，就像他写的那样，他要拔掉那些将中东国家隔离和孤立开的"带刺铁丝网"，然后团结他们的民族建立单独的一个"阿拉伯国家"。他于1956年对苏伊士运河实现了国有化，并成功抵御了英国、法国和以色列的侵略，这些让他成为一个"英雄"。就像他早在几年前宣称的那样，中东正在等待"英雄"的出现。在推进他标志性的军事化阿拉伯民族主义过程中，纳赛尔与第一次世界大战之后形成的格局体系发生了碰撞。他的目标敌人是美国、英国、以色列以及那些"封建"和"反动"阿拉伯君主政权，这种政权以沙特阿拉伯和科威特最具代表性。他的这个想法通过强大的阿拉伯之声广播被放大开来。他宣称，中东的石油是"阿拉伯国家"力量的关键"资源"之一，推翻富藏石油的君主专制国家将为他提供这种力量。

当通过政变夺取叙利亚政权的军事人员对他"宣誓效忠"时,纳赛尔心中的中东新秩序似乎正在到来。1958年,埃及和叙利亚"合并"为一个单一的国家:联合阿拉伯共和国。然而1961年,其他军事人员却在大马士革夺取了政权,迅速将叙利亚从这个新的"国家"抽离了出来。接下来的1962年,纳赛尔派遣部队对也门内战进行干预,他想要取得速胜以扩大他的势力范围。然而也门内战却演变为一场与皇家游击队长时间对峙的拉锯战,并成为一场埃及和沙特阿拉伯之间的代理战争。在这场战争中,伊朗加入了沙特阿拉伯的阵营,支持皇家游击队抵抗埃及部队,这造成的结果之一便是伊朗—阿拉伯友谊协会的成立,该协会在德黑兰和利雅得均设有办公室。最终,也门成为纳赛尔的"越南",他深陷战争泥潭,这成为他的政治麻烦,而埃及还面临着国内经济管理粗放不善的难题。

1967年,纳赛尔宣称:"我们所有的人民都已做好战争准备",而战争目标就是"完全毁灭以色列"。然而以色列却率先行动。在1967年阿以战争失败后,西奈半岛被以色列从埃及手中夺去,这给纳赛尔的地位和威望造成了重大打击。他曾经立下的抹掉"赛克斯—皮克线"、重塑中东版图的雄心壮志最终归零。他不得不面对接受他曾经大加辱骂的沙特阿拉伯和科威特这些君主国家财政救助的现实。由于患有严重的糖尿病,他在1970年就早早离开了人世,寿命仅为52岁。

第24章

伊朗革命

沙特阿拉伯是欧佩克中最大的石油生产国，伊朗正常情况下也是石油生产大国之一，当今两国之间的斗争就是中东版图主导权之争。导致这种斗争局面形成的背后因素有多种：宗教冲突、意识形态、国家利益和首要地位争夺。石油是这种斗争中必不可少的一个部分，而斗争的影响又是全球性的。

伊朗和沙特阿拉伯的互相嘲讽从来没有消停过。伊朗当前最高领袖哈梅内伊谴责沙特阿拉伯王室是"一群傲慢无礼、充满罪恶的保守玩偶"、是一群"白痴"，是一群"为美国人服务的奶牛"，凶残无情。沙特阿拉伯王储穆罕默德·本·萨勒曼则称哈梅内伊是想要征服整个世界的"中东希特勒"。对此萨勒曼还进一步解释称："在中东出现的任何问题背后，你都将会发现伊朗的影子。"

沙特阿拉伯和伊朗这种斗争的宗教根源可以追溯到7世纪先知穆罕默德死后的继承权之争。谁将成为穆罕默德的继任者？是他的岳父阿布·巴克尔还是他的女婿阿里？逊尼派为阿布·巴克尔的追随者，而巴克尔为第一任哈里发。然而巴克尔位置的合法性却受到"阿里拥护者"什叶派的挑战。两大派别互相认为对方是异教徒。

当然，对于所有穆斯林来讲，无论是逊尼派还是什叶派都会将位于沙特阿拉伯的麦地那和麦加视作圣城。在神权政体的伊朗、伊拉克和巴林，穆斯林主体教徒为什叶派。另外，在沙特阿拉伯东部、叙利亚（执政的阿拉维派被视为什叶派的分支）、黎巴嫩、阿塞拜疆、巴基斯坦和印度，也分布着相当数量的什叶派教徒。今天，位于也门的真主支持者有时也被视为什叶派相关的一个门派。

20世纪60年代后期，穆罕默德·巴列维国王领导下的什叶派伊朗与逊尼派沙特阿拉伯结盟以反对他们的共同敌人和挑战：苏联对中东的渗透蚕食、阿拉伯社会复兴党、阿拉伯地区的社会主义化、纳赛尔以及他的全盘阿拉伯化运动（这个挑战非常突出）。然而在20世纪70年代初，英国人决定不再继续维持在波斯湾的军事存在，于是巴列维国王在华盛顿强有力的支持下，走向前台成为这个地区的实力存在和海湾地区的警察。沙特阿拉伯人则将巴列维国王视为"自大狂"。

巴列维国王匆忙推进了伊朗的现代化进程，实现了伊朗经济的快速增长。伴随1973年10月战争之后油价4倍的增长，大量石油美元涌入伊朗，这使得巴列维的大规模购买武器计划能够更快推进。

石油财富可能驱动了经济增长，然而这也让伊朗成为"资源诅咒"的典型案例，在这种诅咒下，伊朗通胀急速攀升，贫民窟数量快速增长，浪费性无效支出增加，腐败盛行，所有这些则意味着社会会快速陷入混乱，而这又会助长政治和社会领域人们的不满和反对声。

反对巴列维国王最坚定的人是鲁霍拉·霍梅尼，一位严肃、执着、信仰笃定的什叶派神职人员，在反对和摧毁那些有碍神权伊斯兰共和国建立问题上，他信念坚定不可动摇。从开始被流放，霍梅尼就号召进行一场伊斯兰革命。伊朗这个国家被拖入一种混乱状态，罢工和示威游行的规模越来越大，且暴力特征日益增加。1979年1月，随着政权的崩裂，巴列维也逃离了伊朗。两周之后，77岁的霍梅尼结束流亡生活，回到伊朗，受到了盛大的欢迎接待。不久之后，霍梅尼就对外宣称自己为"伊朗革命的最高领袖"。

至此，巴列维国王的批评者迅速变成了霍梅尼的拥护者。一位著名的普林斯顿大学教授曾在《纽约时报》撰文，对于"霍梅尼将如何为一个第三国家提供急需的人道治理"进行了鼓吹。霍梅尼和他的追随者为巩固权力展开了行动。1979 年的几个月内,数百人在霍梅尼总部官邸的房顶上被枪杀。11 月,就在巴列维国王因为需要癌症治疗被美国接收后,一伙年轻的伊朗激进主义者"在伊玛目的指示下"侵入美国驻伊朗大使馆,他们将 52 名美国外交官作为人质在恶劣的条件下扣押了 444 天。霍梅尼和他的同盟利用扣押人质作为实现对伊朗完全控制的一个机会。

霍梅尼为伊朗引入了新的宪法,该法律也成为今天伊朗政治权力的基础。宪法确立了伊斯兰教法管理体系和宗教学者的终极权力,明确霍梅尼作为首席教廷法官享有最终话语权(或者说霍梅尼就是伊朗最高领袖)。既然他是从真主安拉那里获得的权威,那么霍梅尼的话语就具有不可挑战性。这位最高领袖拥有对宪法监护理事会的控制权,而该机构则决定着谁可以竞逐官员,并且还拥有对议会法案的最终批准权。另外,霍梅尼还控制伊朗革命卫队(伊朗政权的重要军事支柱)、媒体和司法体系。当选的伊朗总统在地位上从属于最高领袖。在这样的新宪法下,少有人质疑反对霍梅尼的权威。霍梅尼坚称,他的领袖合法性来自于先知、上帝以及他对伊斯兰法律的精通。就像一位学者简短总结的那样:"霍梅尼获得了巴列维国王没有想到过的宪法权力。"

虽然伊朗的总统竞选和选举风向转变也会引起全球的注意,但是伊朗的上述宪法安排仍旧是今天伊朗社会治理方式的基础,伊朗伊斯兰共和国仍是一个由什叶派神职人员最保守的群体所掌握的一个国家。与巴列维君主政权相比,这种神职政权直接控制和通过伊朗革命卫队间接控制伊朗经济的程度都要比前者大出很多,今天伊朗经济的运行方式仍是这样。

伊朗革命动摇了中东的地缘政治秩序,固化了贯穿这个地区的政治裂痕。霍梅尼的新宪法充分清楚地表明了一点,即伊朗革命并非仅仅为了伊朗,它还有意构建一个"世界性的共同体"。霍梅尼自己宣称:"伊朗只能是革命开始的起点。"我们的目标是要毁灭"所有具有压制性和罪恶性的政权"。为实现这个目标,霍梅尼宣称伊朗必须将革命"出口到其他国家而不能将革命仅仅限制在伊朗国境范围之内。"

霍梅尼的重要行动目标包括沙特阿拉伯、埃及总统安瓦尔·萨达特（曾在1979年与以色列达成和平协议）、"小撒旦"以色列、"大傲慢"美国。

伊朗革命发生后，美国介入中东事务的程度比以前深入很多。至今这场革命还在影响着美国的外交政策，同时对中东地区本身也造成了深远的影响。

第25章

波斯湾战争

美国被拖入波斯湾，并非仅仅伊朗革命一个因素。1979年圣诞节前夕，苏联入侵阿富汗，怀疑当地社会主义领导人在与美国进行秘密交易。苏联的行动对于华盛顿来说是一个巨大的冲击。这是第二次世界大战以来，苏联在社会主义阵营之外所开展的首次大规模军事部署行动。伊朗革命后，波斯湾安全体系陷入混乱状态，伊朗也不再能够充当地区警察抵御苏联的行动，进入阿富汗被苏联视作走向波斯湾和控制中东石油的潜在第一步。

1980年1月，美国总统吉米·卡特向其助理表示他需要发表一个讲话，目的就是要向波斯湾国家传达一个讯息，即如果苏联入侵这个地区，美国将第一时间介入。在国会发表的国情咨文中，卡特宣称："苏联入侵阿富汗是第二次世界大战以来对世界和平造成的最严重威胁。"卡特对于苏联的反应被称为卡特主义，它建立在杜鲁门以来历届美国总统对于苏联的态度基础之上。

卡特说："任何外部力量试图控制波斯湾地区的努力都将被视作对美国重大利益的侵犯，而这种侵犯将会遭到包括军事力量在内的任何必要手段的反击。"大约10年前英国放弃了保卫波斯湾及其石油的角色，现在这种角色被美国直接接管了下来。对于莫斯科来说，入侵中东付出的代价将要比克里姆林宫想象的大出很多，原因就是美国介入可能会启动苏联解体进程。另外，入侵中东还可能会制造新的圣战活动，而这种活动则将会给全世界带来影响，这种影响将会触及阿拉伯世界的核心地带，从而将中东地区拖入危机状态。

在伊拉克，萨达姆·侯赛因以独裁的方式巩固了自己对这个国家的控制权，在毁灭了其所有真实的和想象出来的潜在竞争对手后，他还有意向前一步成为整个阿拉伯世界的领导者。在唤起其政权的社会复兴意识思潮后，萨达姆表示阿拉伯民族应该是"一个国家"。他有意重塑中东版图。1980年2月，来自美国驻巴格达利益代表处（美国当时在伊拉克还未设立大使馆）的一份报告将这位独裁者描述为"一位非常自大的狂人"。由于完全习惯于别人的吹捧、服从、油腻的公开宣传、奴隶式的奉命服从，面对大众的欢呼萨达姆总是露出一种给人距离感的冷酷微笑，同时还会庄严地举起一只手。在高层为萨达姆工作是可怕的。一位官员说道："他会直视你的眼睛，就像要控制你那样。有时候他的行为表现得极其感人，下个时刻又可能表现得极其冷酷和充满敌意。"萨达姆喜爱为所有的事情进行录音，即使在与他非常亲密的心腹开会也是如此，这样他就积累了巨量的录音带。2003年伊拉克战争后发现的这些录音带，不仅包含萨达姆与他的内部圈子人员的讲话，还给人们了解他的多疑思维和愚蠢决策提供了一个超乎平常的窗口。

石油是让萨达姆变成这个样子的推动者。1973年战争之后油价的上升给伊拉克带来了巨量的意外之财，这些财富为伊拉克经济和大规模工业化项目提供了资金来源。非常重要的一点是，这些石油收入还被用来对军事力量进行大规模扩张和现代化改造。然而1979年的伊朗革命和什叶派国家的出现却给巴格达的社会复兴党政权带来了直接威胁。萨达姆和他的政治集团属于统治伊拉克的逊尼派少数派别。尽管面临着激烈的压制，占多数的什叶派还是变得焦躁不安，反对萨达姆的组织正在地下形成。

萨达姆对霍梅尼其所谓的"撒旦头巾"的强烈仇恨得到了霍梅尼的充分回应。霍梅尼称社会复兴党正在压制伊拉克占多数的什叶派，并称萨达姆不仅是"小撒旦"，还是"一头猪"，而伊拉克社会复兴党政权就是"对伊斯兰教神圣地位的亵渎"。

萨达姆从他的情报部门获得的所有信息表明，一个巨大的机会正在向他走来：由于内讧伊朗正在分裂，伊朗正在滑向一个充满混乱、违法和犯罪的国家，伊朗军队分裂和拆台事件正在增加。

为此，萨达姆构思了一场能够以低成本获取大收益、可以速胜的有限战争。他将征服说阿拉伯语、占有90%伊朗石油储量的胡泽斯坦省，将其从波斯人的枷锁中解放出来，而这些石油财富也将会增加萨达姆新的阿拉伯超级大国的经济武器数量。他将要从底部动摇霍梅尼的根基，结束它对于自己政权的威胁。不仅如此，萨达姆还将要庄严神圣地确认自己作为阿拉伯世界领导人的地位。"我们必须要将他们的鼻子插入泥土，除了军事没有其他手段可以做到这点。"1980年萨达姆在一场与其顶级官员的会议中谈及伊朗人时这样说道。

1980年9月22日，伊拉克发动了战争，对伊朗展开了致命的空袭。然而，萨达姆却陷入了一场长时间的血腥战争状态，这场战争成为20世纪最长的大型战争。伊朗军队获得了支持，战场出现了一支新的力量，即伊朗革命卫队，这支力量最初也是训练不良，然而却拥有勇猛的战斗精神，士兵都意在为霍梅尼领导的革命而战斗。在这场战争中，伊朗和伊拉克都因为1986年油价暴跌及各自的石油产量和石油出口下降而遭受重创。然而伊拉克却拥有"银行家"。它从沙特阿拉伯和科威特手中接收了数百亿美元的贷款。然而伊朗却没有这样的银行家，它正在用光自己的金钱。1988年，这个伊斯兰政权的几位高级官员劝说霍梅尼时表示伊朗将要被打败。霍梅尼接受了一份联合国的停火协议，尽管他将这项决定描述为"要比喝一杯毒药还要痛苦和致命"。战争夺取了50万人的生命，另有100万人因战争受伤。

尽管对于萨达姆和他的社会复兴党政权存在敌意，战争期间沙特阿拉伯还是给予伊拉克金钱和武器援助，以抵御伊朗这个相较伊拉克更为直接和更为强大的威胁。德黑兰和利雅得的敌意从来没有停止。伊朗资助了一个新的恐怖组织希贾兹真主党的建立，这个组织的目标要么是推翻沙特阿拉伯君主王权，要么至少助推沙特阿拉伯政局的不稳定性和其东部地区脱离该国。该组织在沙特阿拉伯国内针对其石油设施和军事目标发动过袭击，还曾在沙特阿拉伯国外针对其外交人员开展攻击。

1988年沙特阿拉伯国王法赫德曾如此表示："我不知道这种情况何时是个尽头，伊朗不仅伤害了与我们的关系，而且还伤害了与其邻国以及与整个世界的关系，伊朗已经多次试图暗中破坏海湾地区、阿拉伯半岛和整个世界的安全，伊朗因此获得了什么？伊朗什么也没有得到。"法赫德还进一步补充说："我们不能改变伊朗的地理现实，伊朗也不能改变我们的地理现实。"

1990年夏季，伊拉克与伊朗的战争结束还不到两年的时间。然而此时萨达姆却做出了要再次重塑这个地区国界的决定。8月2日早上，伊拉克入侵了它的"银行家"之一：石油资源丰富的科威特。不到两天时间内，伊拉克就完全征服了科威特。萨达姆军队迅速行动，试图将科威特从地图上抹去，而伊拉克军事手册则将此描述为"科威特的伊拉克化"。在实施这场行动中，伊拉克动用了残忍的恐怖和抢掠手段。

1990年8月伊拉克入侵科威特带来的直接后果便是，伊拉克军队开始大规模在科威特—沙特阿拉伯的阿拉伯半岛边境聚集。伊拉克准备派遣部队进入沙特阿拉伯和夺取占据世界探明石油储量25%的沙特阿拉伯油田吗？当时的英国首相撒切尔夫人向美国总统老布什说："伊拉克看到夺取世界一个主要石油储藏国的机会，但失去沙特阿拉伯石油对我们来说是一个不能接受的打击。"

拥有科威特，萨达姆就控制了近20%的世界探明石油储量。如果他能继续向前进而夺取沙特阿拉伯石油，那么他控制的这个石油比例将要达到45%。即便不掌握沙特阿拉伯的石油资源，他也将会主导占据世界石油储量2/3的波斯湾地区。简而言之，萨达姆将会成为世界石油走向的决定者。

萨达姆可以实现埃及纳赛尔没有实现的成为"阿拉伯国家"领导者的目标，可以消除奥斯曼帝国以前的边境线以及后来的赛克斯—皮克线，最终主导中东版图。他将会启动实施一个阿拉伯超级大国的宏伟工程，而这个大国的基础则是武器、石油以及石油带来的金钱和全球影响力。所有这些都将会改变全球政治格局，而改变方式则是冷战后的新世界所没有预料到的。对于萨达姆来说，这种改变存在风险，同样，对于老布什总统和詹姆斯·贝克尔国务卿来说，这也为他们提供了强有力的理性逻辑从而最终建立起一个由34个国家组成的后冷战时代反对萨达姆的联盟。

战争开始于1991年1月，联军对伊拉克开展了持续的轰炸，对伊拉克军队造成了毁灭性的影响。某个时刻，伊拉克内部还出现了一个寻找拥有"放养骆驼经验"士兵的紧急通知，原因就是骆驼队伍被空袭的可能性要小于卡车队伍。2月24日，数量巨大的联军士兵对伊拉克启动了地面战争。战争仅持续了100多个小时，伊拉克便被打败了。

在联军内部，广为存在一个预期，即随着战争失败萨达姆的统治地位将会被军方推翻，然而他却牢牢地维持着自己的绝对权力地位。

直接推翻萨达姆政权从来不是联军军事计划的一部分。7年后的1998年，老布什和他的国家安全顾问布伦特·斯考克罗夫特道出了没有继续向前推翻萨达姆政权的原因："如果将萨达姆赶下台，我们就将会被迫占领巴格达，也就是实际意义上的统治伊拉克。如果我们按照入侵路线来走，那么可以想象美国仍旧会被视为占领这块拥有极深敌意的土地上的一支侵略力量。"

联军已经实现了它的目标。伊拉克已经被赶出去，它的军事力量被打败，科威特获得了解放，波斯湾版图得以恢复原貌。伊拉克被装入"笼子"，面临着一整套错综复杂的制裁和限制措施。萨达姆已经被打败了。

然而伊拉克国内看待战争的结果却和联军不同。就像伊拉克共和国卫队历史描述的那样，美国和联军其他力量就是害怕陷入与战壕里的伊拉克军队直接血腥交锋的陷阱。联军也明显付出了一定程度的生命代价，并伴有武器装备损失，据此，老布什总统得出结论称，停火是走出战争的唯一出路。

停火后的几天，萨达姆告诉他的军事人员说："最强大的科技化军事力量集合在一起攻打我们，然而他们却没有成功。尽管我们退出了科威特，然而他们却不敢攻击巴格达。"他对外宣称，战争之母（萨达姆为这次战争冠名）对于伊拉克和他的政权来说是一次重大的胜利。

海湾战争以后，西方政府仍然坚信萨达姆筹集钱款想要获取大规模杀伤性武器的决心未变。就像联合国首席武器检察官所写的那样："萨达姆对于大规模杀伤性武器已经成瘾。"

　　2001年1月，在其父亲总统竞选输给比尔·克林顿的8年后，小布什成为美国新一届总统。2001年9月11日，基地组织人员劫持民航客机袭击了纽约世贸中心和华盛顿特区五角大楼，2977人因此失去了生命。对此，美国做出了"启动反恐战争"的反应，首先对庇护基地组织人员的阿富汗塔利班政权展开了反击。小布什政府的一些官员支持美国下一步对萨达姆展开清除行动，也算是完成1991年海湾战争没有继续攻入巴格达的未竟之业。美国一些官员认为，伊拉克已经与基地组织结盟。这种看法遭到了很多人的尖锐反对，这些人认为世俗的伊拉克社会复兴党与基地组织几乎没有什么联系。另外一个清晰的事实便是受到制裁和遏制的伊拉克正在变得衰弱。

　　国际社会对伊拉克的关注焦点聚集在大规模杀伤性武器上。一种观点认为，萨达姆不得不正在炮制一项新的大规模杀伤性武器计划。小布什之前的克林顿政府就一直持有这种观点。而这种观点还获得了"证据"支撑，原因就是在1991年海湾战争之后国际社会发现伊拉克距离拥有核武器的时间不会超过18个月。如果萨达姆能够等到1994年或1995年再入侵科威特，那么面对联军的打击他将处于一个远比1991年海湾战争强势得多的位置，他可以用核武器威胁或抵御联军的打击，从而可能获得一个非常不同的战争结局。

　　另外，美国还有面对"9·11"袭击的情绪反弹，美国想要重新展示美国力量，以确保美国不会再次遭遇另一场更加致命的打击。除了恫吓或遏制，小布什政府还采纳了"先发制人"的策略。对此小布什解释说："如果我们等到外界对我们的威胁已经完全实施，那么我们等待的时间就过长了。"

　　2003年3月20日，伊拉克战争打响了，美军首先对伊拉克展开了代号为"冲击和敬畏"的猛烈空袭。截至4月第一周的周末，伊拉克的抵御体系就要崩溃了，而萨达姆还幻想着给已不再存在的军事单位发布命令。截至4月9日，以美国为首的联军已经完成12年前没有实现的任务：夺取巴格达。

　　这场意在短时间内结束的战争最终却变成了一场痛苦的长时间冲突。虽然从影响力方面战争已经实现了它的最初目的，但是战争结局却并不令人满意。

战争之后提出的政策都是临时性的、相互矛盾的，政策与地面现实的契合度也很差。

战争之后"去社会复兴党"政策出现了，这个说法也是与第二次世界大战之后德国"去纳粹化"相呼应，虽然政策意在清除社会复兴党体系的高层，但是该政策却被较深地应用在了伊拉克社会中，下至教师都未能幸免。承担政府部门和国有经济运行的很多公务人员消失了，其他很多维持这个国家日常运转的人也走了。

瓦解伊拉克军事力量的命令推翻了美国之前的很多政策，包括战前心理战，这种心理战向伊拉克士兵做出承诺，即如果他们放弃战斗，他们就能获得照顾，而且很多士兵还将会被用来参与伊拉克重建和秩序维持工作。一位美国将军向600名伊拉克高级官员发表演讲阐述他们将要在伊拉克军队重建时扮演什么角色时，消息传来，所有这些高级官员刚刚被全部解散。甚至为这些官员每人发放20美元以便为他们的家庭购买紧急必须品的计划都被取消。总的来说，超过60万士兵和其他安全官员都被遣送回家，他们没有补偿，没有养老金，没有前途希望，他们只有可以拿起反抗的枪、怨恨、愤怒。几个月后，一个为伊拉克士兵建立的支付系统才最终建立。时任美国海军陆战队将军（后来在特朗普总统任期内担任美国国防部长）詹姆斯·马蒂斯对此写道："解散伊拉克军队而不是对军队进行去政治化促成了伊拉克最有能力可以与我们进行对抗的组织力量。"在伊拉克的一位美国官员后来对此表示，做出解散伊拉克军队的决定就是"我们从胜利中抓取失败和制造伊拉克混乱"的时刻。

战争后的第9个月，一位美军士兵将果园里的一个毯子踢到一边，下面漏出一个泡沫塑料块。他差点往洞里扔手榴弹，结果萨达姆出现了，衣冠不整，胡须又脏又乱。这位曾想成为地区主宰者、中东"英雄"和石油之王的人物，一直躲在一个兔子洞大小的地方，只有几把枪护身，随身带着75万美钞的箱子。

美国发动伊拉克战争的理由是伊拉克拥有大规模杀伤性武器，但从来没有找到。如果萨达姆能让外界清楚他真的没有任何大规模杀伤性武器，那么他就可以从根本上切断这次战争的整个理性逻辑。然而如果这样做，他就会向伊拉克人民发出他的无能这样一个信号。对于是否拥有大规模杀伤性武器保持一个模糊态度，还有一个更加重要的原因，即维持伊拉克对外界的威慑。萨达姆的威慑目标是谁？据战后审讯萨达姆的美国联邦调查局官员所说，萨达姆对这个问题的答案总结为一个词：伊朗。

第26章

地区冷战

没人预料到穆罕默德·哈塔米能赢。在伊朗神职人员中,哈塔米被视为一个没有多少政治根基的温和改革派。然而这时伊朗人民对最高领袖哈梅内伊(霍梅尼的继任者)给他们带来的生活却怀有深深的不满,而且这时伊朗的人口年龄结构也发生了重大的的变化,70%的伊朗人口都在30岁以下,这样就使得哈塔米在1997年总统选举中能够战胜保守的宗教势力候选人从而赢得大选。

就职以后,哈塔米便发布包括社会解放、取消严格的伊斯兰控制令、推进依法治国和改革经济的命令。围在哈梅内伊周围的保守教派势力以及他们的联盟革命卫队迅速行动,决定破坏哈塔米的国内改革计划以及对哈塔米本人进行打击。

在外交事务上哈塔米多少取得了更大成功。为帮助伊朗走出被孤立的困境,他提出了"文明对话"计划。在这个计划中,伊朗的对话触角甚至都将要触达美国,然而德黑兰和华盛顿却从来没有找到过相同的政治理念,也从未发现过共同的会谈基础。从华盛顿的角度来看,美伊对话首先需要解决1996年针对沙特阿拉伯东部胡拜尔大楼卡车炸弹袭击事件,该袭击共造成19名美军士兵身亡,另有372人因此受伤。这次袭击是伊朗革命卫队策划发动的。

而且,为了缓和与华盛顿的关系,哈塔米正在走入伊斯兰强硬派划定的"禁区"。伊朗革命期间,伊朗最高领袖哈梅内伊曾经是霍梅尼的主要助手之一，在成为伊朗总统之前，还是伊朗—伊拉克战争初期伊朗革命卫队的最高首领。对他来说，反美是维持政权生存的绝对必需选项，这也是伊斯兰共和国的意识形态和合法性基础。

尽管面临国内的反对，哈塔米还是实施了改善与沙特阿拉伯关系的行动，当时萨达姆仍然大权在握，而伊朗和沙特阿拉伯则都将他视为共同敌人，这有助于哈塔米的外交行动。伊朗和沙特阿拉伯签署了涵盖范围宽泛的合作协议。1999年，哈塔米自己还访问了利雅得，后来的2001年，两个国家接受了内容有限但历经痛苦谈判才换来的安全协定，该协定提议两国互不干涉各自国家内政。

伊朗和沙特阿拉伯从1998年贯穿至2001年的这种友好引发了两国相互勾结的评论，用今天的敌对主义视角来看，这种勾结是惊人的。沙特阿拉伯王储纳耶夫·本·沙特作为沙特阿拉伯内务部长，宣称两国签署协议标志着两国朝安全互信方向迈出了重要一步。他表示，我们把沙特阿拉伯的安全视作伊朗的安全，同样把伊朗的安全也视为沙特阿拉伯的安全。伊朗驻沙特阿拉伯大使对此做了进一步解释。他说："伊朗的导弹任由沙特阿拉伯王国使用，我们与沙特阿拉伯的关系已经达到一个彼此可以互为补充的历史阶段。"

然而两国不可改变的事实便是建立在两国政府和两套治理体系上面的互相猜忌：一个国家充满革命激情，另一个国家愿意维持现状；一个国家为什叶派主导，另一个国家为逊尼派主导。由于伊朗对黎巴嫩局势的干预，两国关系遭遇了挫折。随着2003年萨达姆的倒台，两国不再面临共同敌人的威胁。自此以后，伊朗国内爆发的逊尼派—什叶派冲突将两国拖入冲突摩擦的轨道。随着伊朗想要在伊拉克实施霸权，伊朗与沙特阿拉伯的冲突更加明显。沙特阿拉伯国王阿卜杜拉曾如此表示，伊朗不是"一个人想要见到的邻居"，而是"一个人想要避开的邻居"。对此国王进一步补充说，之所以这样，是因为伊朗的目标是要制造问题。

2002年，美国和其他政府获悉伊朗正在秘密推进核武器研发计划时，感到非常震惊。在意识到该计划伤害到与西方对话和关系正常化后，哈塔米中止了该计划。

哈塔米的行动在伊朗国内引发了强硬派的滔滔谴责。有强硬派这样表示："那些想要开展对话的人被西方吓住了，甚至在他们坐下来与西方谈话前，他们就已经先后退了500千米。"这样的话出自一个名为艾哈迈迪·内贾德的人，继哈塔米之后他成功当选伊朗总统。

沙特阿拉伯—伊朗关系缓和的结束和彼此敌意的重新燃起可以追溯到艾哈迈迪·内贾德在2005年伊朗总统大选中的获胜。获得交通管理博士学位后，艾哈迈迪·内贾德做过德黑兰的市长。他还是伊朗革命卫队的一位老兵，曾经宣誓要将伊朗重新拉回革命轨道，坚称伊朗才是"中东地区的强大力量"。伊朗与美国没有任何文明对话，也没有任何妥协。关于"9·11"事件，内贾德认为这是犹太复国运动分子所搞的一次策划。犹太大屠杀从来没有发生过，以色列将要"随着时代的进展而被抹去"，世界末日将要受到欢迎，因为这会让马赫迪（伊斯兰教中的救世主）重新回归。

一就任总统，艾哈迈迪·内贾德便重新启动并加快了伊朗的核武器和弹道导弹计划，利用很多花招逃避联合国的制裁。旋转的离心机正在增强伊朗铀燃料的浓度，该浓度可能正在走向核武器研制级别。与其他阿拉伯邻居和以色列一样，沙特阿拉伯对于伊朗有意研发核武器和寻求主导中东也没有任何怀疑。国王阿卜杜拉劝告美国要阻止伊朗的行动并"砍掉蛇头"。

2011—2012年，联合国五大常任理事国和德国出台了两套针对伊朗的制裁和遏制方案。总的来看，这些制裁措施犹如强有力的钳子，将会以一种以前从来没有过的方式对伊朗经济形成挤压。

一套制裁方案意在将伊朗锁在全球金融体系之外。在这套方案下，任何与伊朗银行有交易往来的银行都将会受到美国的惩罚。惩罚方式包括巨额罚款、将这些银行踢出全球美元金融体系之外等。这些金融制裁措施产生的影响要比最初预料得大很多。

另外一套方案则将制裁对象锁定在了伊朗石油上面。这直接触及伊朗经济的中心。伊朗每天生产大约400万桶石油，出口为250万桶。伊朗经济的多元化水平虽然要比海湾地区其他阿拉伯产油国高，然而石油仍然是这个国家经济运转的主要驱动因素，并且承担了政府预算收入的 65%。西方的其他制裁措施还包括限制伊朗石油进入欧洲，限制为伊朗石油货轮提供保险，限制国际公司在伊朗石油领域进行投资。

然而接下来一个艰难的工作便产生了，这就是劝说亚洲主要石油进口国中国和印度减少从伊朗进口石油。美国国务院能源事务代表卡洛斯·帕斯卡就曾致力于向印度大型炼油商展示如何做到让他们的石油供应来源多元化，从而实质性降低来自伊朗的石油进口，这样就可以避免受到国际金融体系的排斥。对于中国来说，他决定站在"国家安全"的基础上减少从伊朗进口石油，并将仍然需要购买的伊朗石油集中到一个与国际金融体系没有关联的单一买家进行购买，这样就避开了美国的制裁。

总的来说，因受到制裁伊朗石油出口从每天 250 万桶下降到每天 110 万桶的最低水平。国际社会对伊朗的挤压并未止步于此。即便这 110 万桶石油出口的货款也没有进入伊朗，而是进入了第三方银行账户，这个账户的金额最终远超 1000 亿美元。总的来说，伊朗石油收益的减少加上减少的经济活动对伊朗整个经济造成了非常严重的打击。

包括伊朗人自己在内的很多人都曾经认为针对伊朗的石油制裁将会失败，原因就是石油消费国需要伊朗的石油，这样才能避免石油短缺和油价上涨。然而他们却没有看到一个事实：美国的页岩油产量正在快速上升。同时，沙特阿拉伯和其他海湾产油国也增加了他们的石油出口。全球石油市场正在走向过剩。

2012 年夏，美国外交官悄悄进入阿曼，这个位于阿拉伯半岛尖端上的国家。阿曼是一个保持与伊朗对话的阿拉伯国家。在阿曼首都马斯喀特，他们会见了来自德黑兰的中级官员。会谈结束时，一位美国人以"砖墙"来形容沟通的难度。然而毕竟这样的秘密会面已经发生了，这本身就具有很大的意义。

2013 年 6 月，随着德黑兰政府的变化，伊朗开启了新的时代。就像 1997 年发生的那样，一位改革家或者至少说是一位实用主义者在伊朗总统竞选中战胜保守派候选人赢得大选。他便是哈桑·鲁哈尼。同样，他的胜利也是建立在伊朗人民对生活普遍不满的基础之上，因为国际社会的制裁和孤立，伊朗已经陷入深度衰退。

鲁哈尼本身并非权力的局外人。他在苏格兰格拉斯哥卡里多尼亚大学获得博士学位，而博士研究课题则是关于"伊斯兰教法灵活性"的。他负责伊朗国家安全理事会长达16年时间。然而他在2013年的总统竞选活动中也清晰表明了自己的立场："运行铀离心机对伊朗是有好处的，但是伊朗的经济运行以及工业车轮的运转也是重要的。"现在作为总统，鲁哈尼意识到他的新政府正在继承"最差状态"下的伊朗经济，新政府财政将要枯竭。伊朗想要摆脱制裁枷锁，那么它就需要做出点什么事情。

接下来便是发生在阿曼偏远海边别墅的秘密谈判，美方谈判小组由美国副国务卿威廉姆·伯恩斯领导。在谈判中，让人印象深刻的一个事实便是，有太多高级别伊朗官员都曾在美国或英国完成大学教育，而且这些人的留学机会还都是由他们所鄙视的伊朗国王为他们创造的。当这些秘密谈判被外界获悉时，沙特阿拉伯、阿联酋和以色列都感到非常吃惊，原因就是他们的亲密美国盟友一直在和他们的敌人进行秘密谈判，而没有向他们发出任何信号甚至连一点暗示都没有。接下来的谈判则需要联合国五大常任理事国和德国共同参加。

2014年1月，一份临时性的伊核协议"联合行动计划"被公布。考虑到政治谈判和技术细节的复杂性，临时协议之后相关方面又进行了一年半的耗费心神且令人失望的探案。美国国务卿约翰·克里是美方谈判小组的领导人。能源部部长欧内斯特·莫尼兹是来自麻省理工学院的一位物理学家，他也在谈判开始几天前被征召入谈判小组，旨在为这场长期谈判提供关键性的专业知识。在某个时刻，当鲁哈尼从联合国大会会场驾车驶向机场时，奥巴马还出人意料地与伊朗总统进行了15分钟的电话交谈。交谈结束时，鲁哈尼还用英语向奥巴马发出了"祝你今天愉快"的问候。

最终在2015年8月，伊核协议得以出炉。从本质上说，它按下了一个巨大的核停止键。10年之内，它将限制伊朗进行核燃料铀浓缩和研制核武器的能力。它纳入了"强制性检查"措施，如果伊朗的确想要打破伊核协议并重启核武计划，那么该措施就会启动，意在确保给伊朗提供1年的警告期。伊朗阿拉克核反应堆芯将要被混凝土填充，以确保反应堆不会被重新启动。反过来，国际社会对于伊朗的金融和石油制裁措施也将会被移除。德黑兰将会获得存储金额超出1000亿美元的石油出口第三方账户的控制权。另外，伊朗还将会获得500亿美元自1979年伊朗人质劫持事件发生后就被西方冻结的资产。所有这些资金都是伊朗非常急需的。

尽管伊核协议的出炉在华盛顿和德黑兰都遭到了强烈反对，然而协议还是在2016年1月如期开始实施。此后，伊朗开始加大石油出口，同时也开始向相关方面索要被放在国外账户本属于自己的那数十亿美元。

10年后将会发生什么？西方国家希望看到的是，随着时间和人口代际的变化，伊朗政府将会发生"软化"，将远离之前那种革命霸权雄心，转而融入这个全球共同体。伊核协议的支持者还指望以下这个条款作用的发挥，即如果伊朗违反协议规定，那么对伊制裁将会"快速"归位。然而，批评者却认为10年时间太短，而伊朗不值得信任，将会继续研发弹道导弹，追求它在中东地区的"进攻"计划，按照这个逻辑最终伊朗会不可避免地违反协议。到那个时候，国际社会共同遏制伊朗核武计划的共识都已经烟消云散了。"重回"制裁措施也将会失去原来的果断。

无论是作为总统候选人还是后来的美国总统，唐纳德·特朗普都在反复谴责伊核协议是"最糟糕的协议"。2018年5月，在拒绝了德国总理默克尔和法国总统马克龙的个人请求（两人都曾来到华盛顿游说特朗普）后，特朗普宣布美国正在退出伊核协议。这意味着美国将会重新对伊朗施加制裁。

如果奥巴马政府在伊核协议谈判中的预期是所谓的"伊朗政权软化"，那么某种方式上特朗普政府对伊朗政府的预期就是寻求德黑兰政权的改变，要么是改变伊朗政权的运行模式，要么是更换领导人。截至2018年11月，美国对伊朗的单边制裁已经开始实施，措施包括对购买伊朗石油施加新的限制。鲁哈尼说："石油处于我们对峙和反抗西方的最前线。"签署伊核协议的其他五国对于美国退出伊核协议进行了强劲反对，然而这些国家的公司和银行也别无选择，只能与美国的这些制裁措施保持一致，否则的话，它们就将会被排除在美国金融体系之外，并受到美国的惩罚。

第27章

为伊拉克而战

从伊朗革命开始，伊拉克就一直处于德黑兰的视线范围之内。伊拉克多数人口为什叶派，且两国之间的宗教流动让伊拉克成为伊朗进行革命输出的明显目标。然而只要萨达姆还在掌握伊拉克大权，伊朗的革命输出计划就会受到阻碍。

2003年伊拉克战争将萨达姆政权推翻后，伊拉克陷入了权力和资源争斗以及复仇的大漩涡。纷争当中，政客、逊尼派和什叶派军事人员为权力和战利品展开了殊死之争。争斗的最后，为伊朗进入伊拉克打开了一个很大的口子，伊朗与伊拉克国内的什叶派政客和军事人员联合在了一起。伊朗的目标是使伊拉克保持分裂并处于它的控制之下，确保什叶派在伊拉克的主导地位。关键的一点是，伊拉克可以成为阿拉伯世界向外输出革命和对抗逊尼派沙特阿拉伯以及海湾阿拉伯国家的舞台。

伊朗在伊拉克拥有很多追求其目标的工具：宗教和贸易、向政客和部落领导人提供贿赂和补贴、恐吓和威胁、暴力和暗杀。然而伊朗最重要的工具却是伊斯兰革命卫队下面的圣城旅，该组织拥有自己的士兵，创建并指导伊拉克什叶派军事武装展开行动。然而伊朗的计划却受到了美国力量的阻碍，面对逊尼派的暴动美国驻扎中东的军事力量在2007—2008年进行了"激增"。然而在2011年，暴力的下降以及无法与伊拉克政府就美军地位达成一项新的协议导致美国多数军事力量从伊拉克撤出。

美军大规模撤出伊拉克后，作为什叶派达瓦党一员的的伊拉克总理马利基转变立场，变得日益专横暴躁。他实施集权统治，激化了与世俗派的紧张关系，并与亲伊朗的军事人员结成联盟，成为伊拉克国内的"伊朗尖兵"。沙特阿拉伯国王阿卜杜勒拒绝与马利基会面。对此国王表示："他是伊朗的代理人。"

马利基废除了什叶派与逊尼派的合作。逊尼派官员和军事官员在没有工资和养老金的情况下遭到解雇，还有的被投入牢房。一位逊尼派酋长表示："作为一位与恐怖主义作战的部落首领，与美国人合作是我的责任和荣耀，然而现在我们却感觉已经被抛弃了。我们被丢在了马路中间。"

对于德黑兰来说，伊拉克是其所谓的"抵抗之轴"的核心基地。在这个"抵抗之轴"的中央，站着担任圣城旅司令已有20年的苏拉曼尼。他既是"抵抗之轴"的建造者，也是"抵抗之轴"计划的实施者。

1980年两伊战争开始的时候，苏拉曼尼几乎还不到20岁，当时在市政水务部门工作。战争时期，他接到了为伊朗前线部队送水的短暂任务，从此他就永远没有离开过战场。战争成为他的职业，他愿意将战场视为"另一种天堂"。

在他的管理下，圣城旅成为一个具有高度组织性的高效战斗机器，无论是在常规战争还是在敌方实力较强的非常规战争中都是如此。驱动苏拉曼尼在这些战争中前行的动力便是他对伊斯兰共和国和伊朗革命的忠诚。

美国为首的部队在2003年入侵伊拉克后，苏拉曼尼便监视着针对西方联军的战争。他最重要的战争工具是受伊朗（具体来说就是他本人）支持和控制的伊拉克什叶派军事力量。伊朗招募战士，在位于伊朗和黎巴嫩的秘密基地对他们进行训练，并用伊朗的意识形态和殉道而死的荣耀对他们进行理论灌输。伊朗为这些军事人员提供资金支持，并为他们提供情报和致命武器，这些武器包括重型装甲、路边炸弹以及可以穿透坦克金属外壳的爆炸性穿透武器。这些武器造成了包括美军在内的联军很多士兵的死亡。

就像过去那样，石油将成为决定伊拉克未来的中心因素，然而该国的石油产出却出现了塌方式下滑。造成这种结果出现的原因是多方面的，战前是因为缺乏相关投资、管理不善以及国际社会对伊拉克的制裁，战后则是因为伊拉克国内安全形势恶化，洗劫和暴乱分子的袭击让该国的石油产出进一步下降。直到 2009 年，伊拉克的石油产出水平按年计算才重新恢复到 2001 年的水平。

2009 年是伊拉克战争发生后的第 6 年，也就是这一年，伊拉克成功组织了一轮有竞争力的招标，旨在将拥有资本和技术的外国公司引入国内，其国内开发和投资不足的巨型油田的复兴正急需资本和技术。最终大概有 15 家公司组成的联合体向伊拉克 10 个现有的油田进行注资开发。

对此，《纽约时报》一则社论称，看到这样的消息，对于美国入侵伊拉克的真正原因是为了控制伊拉克石油这样的怀疑，人们就可以理解了。然而这样的"怀疑"却遭到了现实的否定。结果表明，15 家公司组成的联合体中，仅有两家为美国公司。除了美国公司，其他公司来自的国家包括马来西亚、中国、韩国、俄罗斯、挪威、土耳其、法国、英国和荷兰。伊拉克需要这些公司。石油不仅仅是伊拉克经济的核心。从经济角度看，伊拉克就是石油，超过 90% 的政府收入都来自于它，超过 99% 的出口来自于它，几乎 60% 的国内生产总值也来自于它。世界银行将伊拉克描述为"世界上对石油依赖程度最深的国家"。

萨达姆封锁了库尔德人所在地区的石油开发。萨达姆政权被推翻后，半自治的库尔德人地区获得了开发该地区石油资源的权利。然而，这个地区有石油吗？

库尔德人认识到，由于地质知识和发展的欠缺，他们必须要具备较高的竞争力才能吸引外国投资。截至 2016 年，在库尔德地区活跃着 27 家公司，其中多数都是独立石油开发商。随着这些公司在断裂山区进行石油钻探，他们发现了这个地区的石油钻探挑战性。尽管如此，2016—2018 年间库尔德地区的石油产量仍然上升到每天 30 万桶，对于一个 2003 年前没有任何石油产出的地区来说，这个数字也着实不低了。

围绕石油和石油收入，巴格达和阿尔比尔（库尔德斯坦首府）之间持续存在争吵，其中部分原因来自 2005 年伊拉克通过的一部宪法条款的模糊不清。这给现有的巴格达控制的伊拉克北部石油管道造成了问题。截至 2013 年，一条通往土耳其边境的库尔德斯坦新管道已经完工，这让库尔德斯坦地区有了直接将石油送往土耳其继而送往世界市场的通道。这就意味着这条管道将不再处于巴格达控制之下，而是受制于土耳其能够释放的善意。

包括库尔德斯坦在内，伊拉克总的石油产出在持续恢复。价格上涨时期的这种恢复为伊拉克提供了亟需的资金。伊拉克的石油收益在2004年还不到180亿美元，截至2014年初这个数字已经超过了890亿美元。

2014年夏，渴望权力的马利基从伊拉克总理位置上被迫下台。马利基的继任者是阿巴迪，他在15岁就加入了达瓦党。他的两个兄弟在萨达姆时期被处死。他曾在英格兰有过一段流亡岁月，在那里他获得了电子工程博士学位，并运营了一家工程公司，公司业务之一便是负责管理英国广播公司国际台所在大楼的电梯。当上总理，阿巴迪便修改了马利基残酷的反逊尼派政策，将逊尼派人拉入政府机构，并在一些州省寻求对于民兵组织的坚决控制。不仅如此，他还开始制定重振伊拉克经济和打击腐败的政策。毋庸置疑，主导这个地区的仍是伊朗，然而伊拉克与美国的关系却出现了改善。阿巴迪也积极与逊尼派占主导地位的阿拉伯邻国发展关系，因为这些邻国能够做到伊朗不能做到的事情，这便是帮助伊拉克重振经济。

无论伊拉克多么希望一个稳定的局势，然而不久这个国家就陷入另一场危机中，这场危机来自于石油市场。油价从2014年11月开始出现崩塌，这让伊拉克付出了高昂的代价。正因为此，巴格达的年度收入在2013—2016年间下降了50%。

阿巴迪想要美国和其联盟的一些空军和地面部队重返伊拉克。之所以这样想，首要原因在于这些部队能够帮助伊拉克打击伊斯兰国组织。其次便是这些部队能够帮助伊拉克抵御伊朗向阿巴迪政府施加的不可承受的压力。

总的来说，伊朗已经深深渗入到伊拉克的政治和安全体系，而苏莱曼尼则是这场"渗透大戏"的指挥家。2019年，700份被泄露的伊朗情报信息表明，伊朗在伊拉克存在一张严密的间谍特工网，推进这张网络运行的则是贿赂和恐吓。正如一位伊朗人所写的那样："在伊拉克领导人当中，我们拥有很多盟友，对于他们我们可以是闭着眼睛的新人。"各种各样的什叶派民兵组织，被打造为人民动员部队后，已经与伊拉克安全机构融为一体。大约一半的民兵组织处于伊朗圣城旅的控制之下。为了进一步巩固其未来的位置，伊朗正试图帮助伊拉克将民兵组织按照黎巴嫩真主党模式改造为政治和社会组织。伊朗还确保其在伊拉克所扮演角色能够带来经济好处，其中就包括石油合同。

尽管阿巴迪取得了包括打击伊斯兰国极端组织在内的很多成功，但是他的地位却遭到了来自两方面的破坏，一方面是弥漫伊拉克政坛的腐败，另一方面是伊拉克社会服务体系的瓦解。作为伊拉克经济之都，巴士拉的石油产出占据了伊拉克石油总产出的80%，然而2018年这个地方却爆发了抗议活动，原因就在于该地缺乏投资和工作岗位以及缺水缺电，在夏季气温达到115华氏度的炙烤条件下，这里的生活是不能忍受的艰难，当伊朗切断送往伊拉克南部的供电时这里的生活更是雪上加霜。这些抗议活动从巴士拉蔓延到伊拉克南部的其他城市，继而转化为暴力行动。伊拉克人前所未有地烧毁了属于什叶派政党的伊朗官方办公室和设施，同事呼喊着"烧掉这些伊朗政党"的口号。

数百万人注目的伊拉克宗教高级领袖西斯塔尼用"悲惨"形容巴士拉的生活条件，呼吁伊拉克更换新的领导人。作为总理，阿巴迪被迫下台。之后经历近半年的时间，伊拉克政府才得以重新组建。虽然围绕新政府的争斗一直都很艰难，但是这却是萨达姆政权被推翻后伊拉克经历的第四次权力转换。这一次新政府也没有持续多长时间。2019年，围绕失业、腐败和失败的社会服务，伊拉克再次爆发了抗议活动。伊朗在伊拉克的主导角色成为伊拉克什叶派抗议者的主要总目标。伊朗位于伊拉克的什叶派圣城纳杰夫的领事馆被烧毁。数百抗议者遭到枪杀。新政府垮台了。又经历了半年，伊拉克另一个新政府才得以组建成功。最终在2020年5月，伊拉克前情报局长穆斯塔法·卡迪米才巩固了其作为新任总理的位置。之前卡迪米还曾经做过记者，担任过一个致力于记录萨达姆政权罪行基金会的领导人。他说："维护伊拉克的安全、稳定和繁荣是我们要走的道路。"这看起来是一条非常艰难的道路。除了美国和伊朗的对抗，伊拉克新政府还必须要应付恶化的新冠肺炎疫情、伊斯兰国极端组织武装人员的报复式袭击、政府依赖的很多石油收入的蒸发。

然而，在很大程度上，伊朗已经实现了它的目标。伊拉克既是一个弱国，还是"抵抗之轴"（大部分为什叶派领导的国家和组织）的中心国家。

第28章

抵抗之弧

针对阿拉伯政权系统性失败的抗议开始于突尼斯一个绝望的年轻水果小摊贩的自杀。在社交媒体的"助燃"下，示威活动在突尼斯大规模席卷开来，这个国家长期腐败的独裁者扎因·阿比丁·本·阿里被迫结束在该国23年的统治，被迫于2011年1月逃离突尼斯。

接下来的几个月，在北非和中东地区，在社交媒体和卫星电视的影响下，大规模的示威者走上街头，占据了很多城市的广场。这些示威活动以及所导致的政府更迭也就是著名的"阿拉伯之春"，这让人想起了威廉姆·伍德沃斯在法国大革命开始时所说的话"幸福就是黎明还活着"。然而，没有经历很长时间，幸福就转为了黯淡，"阿拉伯之春"就变成了一些人所描述的"阿拉伯之冬"。

2011年1月末，埃及示威者涌入开罗市区解放广场，最终聚集人数多达100万人。他们的政治诉求千差万别，然而他们却有着共同的目标：把在位长达30年、年龄高达82岁的埃及总统穆巴拉克赶下台。玩着脸书和推特，受到全球性电视节目的影响，这些人很快被全世界认为是新一代现代人类的先锋。警察逐渐散开。暴徒从马和骆驼上袭击警察，也未能将警察驱离他们的位置。

作为一个坚定的盟友，在与以色列的和平谈判中，在1991年海湾战争联盟（被当时的布什总统称赞为"明智的朋友"），在后来的打击基地组织斗争中，穆巴拉克都发挥了关键的作用。奥巴马的高级顾问团（国务卿希拉里·克林顿、国防部长罗伯特·盖茨、副总统乔·拜登）力促相关方在加入逼迫穆巴拉克下台的行动中保持谨慎。盖茨1979年在美国国家安全理事会工作时，就预计美国"将地毯从中东国王脚下抽了出来"后，中东接着将会发生民主革命。然而实际情况却是霍梅尼的崛起，美国外交官作为人质被绑架444天，还有无法平息对西方敌意的伊斯兰共和国的诞生。

总统身边资历较浅的顾问对于上述观点则表示强烈反对。这些人被"阿拉伯之春"带来的兴奋深深地迷住，对脸书和推特一代青年抱有亲近感。感受到奥巴马横扫一切的演讲力量，他们力促总统在逼迫穆巴拉克下台方面不要犹豫。他们告诉奥巴马说"总统应该站在历史正确的一边"。

"然而一个人怎么能够知道历史的哪一边是正确还是错误。"盖茨后来写道，"几乎所有的革命都是以希望和理想主义开始，然而最后都以镇压和流血结束。穆巴拉克下台以后，又会发生什么呢？"

国务卿希拉里·克林顿派遣弗兰克·魏斯纳（一位成熟老练的美国退休外交官和美国驻埃及前大使）去开罗看望穆巴拉克。魏斯纳从华盛顿带来的信息是明确的，即有序政权过渡应该在埃及开启。不久以后，穆巴拉克在电视上发表讲话，呼吁"权力和平转移"。用盖茨的话说就是，穆巴拉克"确切地说了美国政府让他做的事情"。

然而光做上面这些还不够。奥巴马给穆巴拉克打电话，告诉他改变必须从"现在"开始。然而，"现在"是什么意思？打电话的第二天早上也就是2月2日，奥巴马新闻秘书提供了该问题的答案，"现在"开始于昨天。

9天之后，穆巴拉克辞职。被派往埃及的美国副国务卿威廉姆·伯恩斯回来报告说："埃及不太好的消息是民主预期不切实际的高涨。"那天晚些时候埃及匆匆组织了一场选举，穆斯林兄弟会是唯一拥有实际选举组织能力的组织，该组织的候选人穆罕默德·穆尔西获胜，尽管赢得非常勉强。赢得大选后，他迅速行动，力图永久确立穆斯林兄弟会的权力位置。结果他的行动过于迅速了。2013年，在穆巴拉克下台的第二个纪念日，更大规模的示威游行在开罗解放广场上演，这次抗议目标是反对穆尔西争夺权力。抗议者成功将穆尔西拉下总统位置。他的继任者是阿卜杜勒·法塔赫·塞西，埃及前军事最高长官。"历史的正确一边"被证明难以找到。

穆巴拉克的下台对于中东地区的权力平衡有着显著的影响。罗伯特·盖茨后来说道："我们中东的盟友正在思考在他们首都发生的示威或抗疫活动是否也在加速让美国将他们扔到公车下面。"在关键时刻海湾阿拉伯人看到了美国的不可依赖性，这提高了他们在面对伊朗中东权力部署时的脆弱感。

利比亚是一个重要但是居于二等地位的石油出口国。开罗解放广场暴力抗议后，利比亚也爆发了抗议活动，抗议对象则是执掌利比亚政权42年的反复易变的独裁者卡扎菲。抗议迅速演变为一场内战。2003年，卡扎菲结束了国际社会对他的孤立，放弃了大规模杀伤性武器。然而到了2011年，随着卡扎菲准备在班加西启动对反对者的流血镇压，阿拉伯联盟急切向国际社会寻求帮助，美国和欧洲空军在联合国和北约组织的领导下，前来利比亚解救这些抗议者。一位奥巴马的顾问表示，美国"在幕后领导了这场战争"。

利比亚内战对石油市场产生了直接影响。一段时期内，利比亚的所有石油生产都受到了干扰，油价一度上升至130美元每桶。2011年10月，为躲避空袭，逃跑的卡扎菲躲在了一个下水管道中，也是在那里他被杀死。他的政权结束。

卡扎菲高度个人化的治理方式没有给利比亚的制度留下多少东西。国内武器到处都是，内战变成了民兵组织和暴徒的战争，而伊斯兰国极端组织正在利比亚地中海岸建立自身的势力范围。来自利比亚的大量武器涌入次撒哈拉非洲。由于民兵组织为争夺油田、石油终端和累积的石油收入控制权，利比亚石油生产持续受到干扰。2012年9月11日，美国驻利比亚大使克里斯·史蒂文斯和另一位美国官员在美国位于班加西的外交大院中遭袭身亡。第二天利比亚又发生了针对美国大使馆附近美国中情局附属建筑的袭击，又有两名美国人因此丧生。

利比亚可能仍旧存在版图上，然而它却不再是一个正常运转的国家实体。

"阿拉伯之春"还让沙特阿拉伯和伊朗的竞争演变为直接的对抗，这种对抗多数都是直接发生在巴林——一个紧挨着沙特阿拉伯东部省份的岛屿王国。

石油安全处于非常大的风险之中。巴林60%～70%的穆斯林人是什叶派信仰。在"阿拉伯之春"运动的过程中,什叶派示威者走上街头抗议的对象是处于统治地位的逊尼派皇族家庭和机构组织,背后原因则是他们在实际生活中遭受了特有的政治和经济歧视。

虽然巴林面积不大,但是在伊朗和沙特阿拉伯之间却处于关键的连接位置。它通过一条18英里长的堤道公路与沙特阿拉伯相连。对于伊朗要把影响范围扩展到海湾西海岸来说,巴林还扮演着潜在的桥梁连接作用。

巴林的石油产量不高。在阿布扎比、迪拜和卡塔尔崛起之前,巴林是海湾的商业和金融中心。1995年,海湾战争之后,第二次世界大战之后被解散的美国第五舰队得以重编,以巴林为基地,为海湾地区提供安全保护。巴林的什叶派人口往伊朗和伊拉克的宗教中心朝圣。虽然巴林穿越海湾,但是从以前的伊朗国王到后来的伊朗伊斯兰共和国,都坚称巴林是伊朗"一个丢失的省份"。1981年,在霍梅尼掌权两年后,伊朗在巴林支持了一场失败的政变。1996年巴林又避免了一场政变。尽管自1783以年来巴林一直处于阿勒·哈利法家族的统治之下,但是伊朗却在2007年开始重新向巴林王国索要领土权力。圣城旅领导人苏拉曼尼宣称,巴林是因为殖民主义而被分裂出去的伊朗一个省。

很多走上街头的年轻什叶派信众抗议的是失业、住房和歧视问题,然而抗议的核心却是意在推翻政府。对此,美国匆忙扮演"掮客",促成抗议者和政府签署了一个新的"社会合同",承诺给什叶派更多的权力话语权。从华盛顿的观点角度分析,在应对国内示威游行及对待什叶派公民时巴林政府的反应残酷且迟钝。然而这个"社会合同"却不为海湾合作理事会的其他成员所接受,具体来说就是阿联酋尤其是沙特阿拉伯都不同意。这两个国家通过堤道公路将部队和警察运送到巴林国内,以平息抗议和恢复社会秩序。

对于沙特阿拉伯来说,巴林具有关键的重要意义。这个国家距离沙特阿拉伯最大的油田加瓦尔油田仅有40英里,距离沙特阿拉伯巨型石油出口终端(也是世界最大)拉斯坦努拉仅50英里,而距离沙特阿美石油公司在达兰的总部还不到30英里。而且,什叶派在毗邻巴林的沙特阿拉伯东部地区占据主导地位。什叶派在巴林地位的可能上升以及巴林对于伊朗政策的服从对于沙特阿拉伯王国来说都将是一个直接威胁。

自 2011 年"阿拉伯之春"以来，巴林什叶派人口的部分抗议已经融入伊朗的"抵抗之轴"计划中，而伊朗则加快了对这个国家抗议者的支持。在伊朗革命卫队阵营、黎巴嫩真主党和伊拉克什叶派民兵组织的培训下，大量年轻的巴林什叶派信众已经接受了炸弹制作和军事战术训练。针对警察和安全官员的袭击一直持续，而路边炸弹和穿甲炸弹的使用也在增加。2017 年，从沙特阿拉伯到巴林炼油厂的输油管道发生爆炸，该炼油厂也是巴林的一个主要收入来源。压力还将持续。苏拉曼尼预言，巴林一场"流血的起义"将会导致"巴林政权的倾覆"。

叙利亚的领导人巴沙尔·阿萨德很有信心，以至于在 2011 年 1 月末大量抗议者涌入解放广场要求穆巴拉克下台时，他还在大马士革接待了两名美国记者。他向记者保证，埃及发生的那种事情在叙利亚将不可能发生。他说中东出现了一个"新时代"。他说："在埃及和突尼斯发生那种事情之前如果你没有看到改革的必要，那么再进行任何改革就过晚了。"阿萨德补充说，叙利亚不存在那样的问题。他说：叙利亚局势稳定，为什么？因为你和民众的信任非常紧密地连接在一起。这是问题的核心。"

他的信心受到了考验，比他想的要来得更早。

他的父亲哈菲兹·阿萨德在 1970 年的政变中赢得权力。在他的治理下，叙利亚逐渐成为以色列邻国中最不愿意承认其合法性的国家，且最具斗争性。对于哈菲兹·阿萨德来说，他面临着很多威胁，从以色列到其竞争对手伊拉克复兴党政权再到国内的政变策划者。然而其最大的内部威胁却来自占叙利亚人口多数的逊尼派的挑战。

哈菲兹·阿萨德属于阿拉维特教派，这是什叶派的一个分支，大约占叙利亚人口的 20%。尽管人口较少，但是阿拉维特教派却在叙利亚政府、军事、安全机构占据主导地位，而且在叙利亚经济中的话语权也在增加。为应对向阿拉维特控制权发起的挑战，阿萨德动用了压倒性的力量。该政权至少运转着 15

家独立的情报机构，不间断地对潜在挑战者进行监视。在叙利亚之外，阿萨德利用暗杀和军事力量确保其对黎巴嫩的统治，在他看来，黎巴嫩是叙利亚的一部分，在第一次世界大战期间和第一次世界大战之后被"帝国主义者"在中东版图划定中被"割裂"开了。

哈菲兹·阿萨德也做了一些非常重要的事情。他让叙利亚成为苏联的盟友。就像苏联结盟那样，他还组建了另一个联盟，这个联盟是与霍梅尼和革命伊朗在一起，而几十年后也证明了这个联盟对于阿萨德政权的生存具有关键性的作用。阿萨德的举动得到了来自黎巴嫩最高什叶派理事会主席发来的一份律令的支持，这份律令指示阿拉维特教派是伊斯兰教什叶派的一部分，尽管阿拉维特教派和什叶派在教义和行为上存在差别。叙利亚将成为伊朗"志愿者"踏上加入黎巴嫩真主党之路的一个中途站点。萨达姆倒台后，从伊朗途经伊拉克和叙利亚再到黎巴嫩真主党的一条路径穿越带已经形成。与苏联和伊朗的结盟为叙利亚政权的存在提供了核心的支持。从经济角度分析，石油也为阿萨德政权的财政提供了很多帮助。

1947年，在经历了一系列油井钻探失败后，伊拉克石油公司宣布它将退出在叙利亚的石油开发。该公司称，叙利亚不存在任何石油商业开发前景。当时的叙利亚总统急需石油能够为其提供收入，便指示叙利亚驻联合国大使在美国努力找到一位叙利亚裔了解石油开发的人。这就是叙利亚驻联合国代表团成员为什么在1948年齐聚美国伊利诺伊州南部小镇本顿的原因。他们在那里想要寻找一位名叫詹姆斯·门霍尔的人，他曾经在几十年前从叙利亚移民美国。门霍尔在可携带钻机上面获得了几项专利，还曾经在伊利诺伊和肯塔基州小型油田开发了一些油井。他就是叙利亚要找的人。

然而由于叙利亚政治的不稳定，门霍尔整整八年不能在叙利亚开始钻探活动，这种情况一直持续到1956年春。在半年时间内，他在叙利亚发现了可商业性开发的石油。然而不幸的是，在埃及合并叙利亚组建阿拉伯联合共和国后不久，门霍尔的特许开采权就被取消了，而没有获得任何赔偿。

然而，门霍尔却为后来的叙利亚石油工业奠定了基础。虽然叙利亚从来没有进入过石油生产的重要阵营，但是石油对于阿萨德政权来说却具有高度的实用性。就在 2010 年年末，石油收入在叙利亚收入总预算中大约还能占到 25% 的比例。

2000 年巴沙尔·阿萨德继承了父亲的位置，主政叙利亚的头几年他放松了父亲在治理国家上曾经施用的铁腕控制。对于阿拉伯社会主义的承诺让位于更加开放的社会市场经济理念。巴沙尔允许叙利亚接入因特网，甚至还将手机使用实现了合法化。随着来自邻国伊拉克的中产阶级和资金流入叙利亚，叙利亚经济得到了有力支撑。流散在世界各地的叙利亚人重新回到叙利亚，开始在大马士革购置财产。

巴沙尔在伦敦曾是一名眼科医生。然而当他的哥哥在一场车祸中丧生时，作为法定继承人巴沙尔被召回大马士革。2000 年继承父亲的位置后，在一场总统选举中他赢得了 99.7% 的选票，他的位置也得以巩固。巴沙尔的妻子阿斯玛是伦敦一位逊尼派叙利亚裔心脏病学家的女儿。与妻子一样，巴沙尔似乎在将一种新的现代性融入个人元素。阿斯玛曾经是一名定要去哈佛商学院进修的初级投资银行人，然而她却放弃了原定计划嫁给了巴沙尔。她的身上似乎体现了她的丈夫讨论的"思维开放"新时代的特征。她甚至成为一篇美国时尚杂志文章中的主题。

然而叙利亚的经济改革却只能走这么远，阿萨德父亲创建的具有压制性的安全和监视体系被保留了下来。

在阿萨德那么自信的宣称阿拉伯世界其他地区发生的暴力示威永远也不会侵入到叙利亚的一些日子后，在一个名为达拉拉的小镇，一群男学生在学校院子的墙上喷上了一行字："人民想要这个政权倒掉。"当地秘密警察逮捕并殴打了这群男孩。愤怒的公民走上街头对此表示抗议。一波示威游行接下来蔓延到整个国家。

对于阿萨德来说，改革结束了。阿萨德政权现在处于危险的存亡时刻。他发誓毁灭这些"恐怖分子"。到 2011 年 5 月，坦克开始涌入叙利亚城市街头以平息抗议。

示威游行演变为全规模的起义。现在的世界拥有因特网、移动电话和YouTube，是一个即时通信的世界，还有阿拉伯卫星电视台。不仅如此，现在那些拥有充足资金支持的伊斯兰圣战分子正在被动员加入到暴力、残忍且动机目的性超强的战斗部队中。

随着叙利亚部队加快镇压行动，持不同政见的军官出现了叛变，组成了自由叙利亚军队，它成为一个松散的叛乱组织联盟。随着它的出现，叙利亚这场起义成为一场真正的内战。叛变者的官阶上升得很快，竟然包括阿萨德政权的前任总理和负责起诉叛变者的将军。2014年8月，奥巴马总统发表评论："为了叙利亚人民，阿萨德总统下台的时间到了。"

阿萨德并不打算去什么地方。同时，伊斯兰极端组织在叙利亚成为一支快速成长的力量。一个组织宣称自己为基地组织在叙利亚的分支。叙利亚一些反叛武装分子转而加入伊斯兰民兵组织中，后者有更好的资金支持和武器装备。

叙利亚不断加深的混乱让地区其他国家加入进来。伊朗革命卫队和民兵组织以及黎巴嫩什叶派真主党很快就与阿萨德的士兵站在一起，加入叙利亚的内战。包括沙特阿拉伯和土耳其在内的逊尼派国家急切渴望看到阿萨德下台，并向叙利亚反叛组织提供资金和武器。来自海湾希望看到阿萨德什叶派阿拉维特族政权倒台的个人也为伊斯兰组织慷慨提供援助。

阿萨德政权的高度世俗化性质使支持该政权的阿拉维特派与逊尼派产生了竞争。同时，叙利亚基督徒害怕逊尼派圣战分子取得优势从而以伊斯兰教法统治这个国家，于是他们共同支持阿萨德政权。叙利亚库尔德武装组织了自己的战斗部队，沿着他们所在的与土耳其接壤的地区划出一块自治区。他们是反阿萨德力量的天然支持者。然而对于土耳其来说，他们却被认定与库尔德工人党存在关系而遭人厌恶，后者在土耳其境内一直反对安卡拉。因此，土耳其不仅会把武器提供给伊斯兰极端分子，还会把这些东西送给叙利亚库尔德武装。

叙利亚内战造成的难民数量和流离失所的人数是个巨大数字，其中很多人涌入土耳其、黎巴嫩和约旦。奥巴马总统发出警告称，如果阿萨德政权使用化学武器，那就触及美国的红线，对此美国将做出军事反应。2013年8月，有消息称阿萨德用毒气袭击了大马士革郊区的一个反叛武装，死亡人数多达 1400 人。这是一个关键时刻。离美国对叙利亚发动空袭仅有几个小时的时间。美国参谋长联席会议主席马丁·邓普西后来说："当时我们的手指就在扳机上面。"

奥巴马做出了另外的决定。他得出结论称，仅仅空袭叙利亚是不足也是无效的，他想要获得国会军事授权，但是没有成功。他上台后结束了美国的两场战争（伊拉克战争和阿富汗战争），他不想让美国再滑入第三场没有清晰成功路径的战争。在利比亚的空袭将卡扎菲赶下了台，然而留在后面的却是利比亚的混乱。就像他后来讲的那样，奥巴马正在打破"外交政策势力集团"的军事反应"剧本"。更重要的是，奥巴马担心空袭将不会消除掉叙利亚境内的所有化学武器，阿萨德然后可以宣称"他已经成功地抵御了美国的袭击"。

然而，作为美国总统，奥巴马毕竟已经划定了化学武器使用这样的红线，但是他却没有按照说的那样做。这让其他国家领导人怀疑美国作为盟友的可信度和可依赖度。

接下来，来自叙利亚的化学武器挑战突然被化解，然而却是以一种没有预料到的方式。已经在支持阿萨德的俄罗斯总统普京介入进来，促成了一份协议，协议内容是将被认定的阿萨德所有的化学武器转交给国际社会。一位美国官员将俄罗斯的这个行动形容为"令人震惊的扭转"。这帮助俄罗斯从克里米亚事件被孤立中走了出来。

叙利亚不再是一个国家，而是一系列战场和据点，而且战线还在时刻移动。截至 2015 年，阿萨德政权还处于防守态势。然而到了那年的 9 月，俄罗斯却宣布将要在叙利亚展开军事行动以示对阿萨德的支持。这是叙利亚局势的另一个反转。这让俄罗斯成为了叙利亚战争的主要角色，将叙利亚冲突完全赋予了国际化特征，俄罗斯角色也超出了奥巴马口中所谓的"地区"角色。现在离开俄罗斯，叙利亚冲突可能就是无解。

截至此时，叙利亚境内活跃着数千圣城旅战士。苏拉曼尼正在频繁飞入叙利亚亲自指挥战斗。伊朗还召集了数万来自黎巴嫩真主党和伊拉克民兵组织的战士，来自阿富汗和巴基斯坦的什叶派人也加入其中，这些人在打击美国人过程中受到了成熟的战争训练。

在伊朗和俄罗斯的支持下，现在的阿萨德由守势变成了攻势。尽管普京在化学武器方面促成了国际社会与叙利亚达成了协议，但是并非所有的化学武器都进行了移除，这变成了明显的事情。由于阿萨德武装使用化学武器针对反叛组织据点展开攻击，唐纳德·特朗普总统做出了空袭叙利亚的反应。2017年美国第一次袭击了叙利亚空军基地，但基地被很快修理完毕。2018年，在英法的配合下美国对叙利亚化学武器设施展开了新的袭击，但是只是按照规定动作进行了袭击，防止袭击到附近的俄罗斯军事人员。

位于叙利亚东北部的美国部队与叙利亚库尔德和叙利亚民主力量密切合作打击了伊斯兰国极端组织。然而在2019年1月，在接到土耳其总统埃尔多安的电话后，特朗普总统突然宣布撤出驻叙利亚的美国部队。美国的决定有利于土耳其军事人员挺进叙利亚东北部地区，驱赶美国的盟友叙利亚库尔德武装，以在叙利亚境内建立一个"安全地带"。普京派出俄罗斯部队帮助保护这个地区。接到特朗普的命令，美国匆忙撤军，但是却没有全部撤出。美军重组了一支部队以保卫叙利亚的油田，尽管外界并不明确这样做到底是为了防止油田遭到伊斯兰国极端组织袭击还是防止落入阿萨德政权之手。

在2200万叙利亚人口中，预计大约有50万人死于这场内战，超过600万人在国内流离失所，500万人作为难民逃离国内，受影响人口超出了叙总人数的一半。战争影响范围超越了中东。来自叙利亚（和其他国家）的难民流入欧洲，仅德国就涌入了100万难民。这改变了欧洲政治，刺激了欧洲一种新的民族主义右翼民粹思潮的兴起，助长了英国反欧和脱离欧盟思潮的兴起，也给欧盟自身带来了持续压力。

随着地面打击的成功，伊朗寻求夺取从伊拉克出发穿越叙利亚南部进入黎巴嫩的"陆地通道"。这条通道有利于士兵、装备以及包括火箭弹和导弹在内的武器的运输。不仅如此，这条通道还利于沿着该通道建设地下武器工厂。为了强调该目标的重要性，伊朗还公开了圣城旅司令苏莱曼尼穿越伊拉克—叙利亚边境的一段视频。苏莱曼尼发出的信息是明确的，即将伊拉克和叙利亚两个国家的什叶派群体联合起来，并且用他的行动将陆地桥"踩出来"。

"阿拉伯之春"2011年在也门首都萨那，引发了巨大的街头抗议。然而这个位于阿拉伯半岛西南角落的国家却用了近1年的时间才将统治该国33年的总统阿里·阿卜杜拉·萨利赫赶下台。这之后的结果便是一场具有部落之争和宗教之争色彩的内战，这场战争还成为一场沙特阿拉伯、阿联酋共同针对伊朗的代理人战争。

萨利赫在1990年曾是北也门的统治者，当时北也门与南也门合并为一个单独的国家。然而联合后的也门却不像一个国家，更像一个分裂重生的各种部落的集合，萨利赫通过恩惠、暴力以及世俗的技巧平衡着一个组织与另一个组织的关系，也就是他所谓的"在蛇头上跳舞"。

也门是石油生产的后来者。然而石油发现却将该国的石油生产峰值推高至每天近46万桶，这给这个中东最穷的国家提供了急需的收入流。2009年也门建成了一个液化天然气项目，并随之签署了一系列的期限为20年的合同，这给也门带来了更多的收入。

21世纪的早几年，基地组织的一个分支在也门南部地区建立了一个基地。2000年，在也门亚丁港美国驱逐舰科尔号遭袭，之后2001年美国境内又发生了更为严重的"9·11"事件，于是美国开始进入这个国家。美国的打击目标是圣战分子，主要手段是利用无人机和喷气式飞机，然而也动用了特殊力量。2009年，基地组织在沙特阿拉伯和也门的分支合并组成了阿拉伯半岛基地组织。该组织将活动中心设在了也门，被认为是最危险的基地组织分支，拥有专业的导弹制作专家，一直在寻求用导弹击落美国和欧洲客货机的方式。面对来自圣战分子不断增加的威胁，也门接收了大量的美国援助，还有邻国沙特阿拉伯的支持。

萨利赫也有他自己的打击目标，最为著名的便是名为真主支持者的反叛组织。该组织建立在位于也门西北连绵起伏山区的扎伊迪部落基础之上（一些武装分子扩散到沙特阿拉伯的南端）。扎伊迪代表了也门大约40%的穆斯林人群。他们被认为与什叶派关系相近，尽管其教义与伊朗什叶派不同而与逊尼派存在一些相近。

真主支持者出现在20世纪90年代。它的创建人是侯赛因·胡塞，他谴责萨利赫为扎伊迪部落思想体系中"不公平的统治者"的活人化身。胡塞去了伊朗和苏丹接受宗教教育。他返回也门建立了扎伊迪民兵组织，并以对神虔诚、反腐败的名义领导了针对萨利赫的反抗斗争，并抵制来自邻国沙特阿拉伯的原教旨主义传教活动。他的2002年布道主题"面对自大傲慢的呼喊"隐含了对具有革命精神的伊朗的赞赏。真主支持者在真主党内部为其新的民兵组织创建了新模式。胡塞研究真主党领导人哈桑·纳斯鲁拉的视频，感叹"纳斯鲁拉的话语对于以色列有多么强大的震动力量"。真主支持者的民兵组织在进入战斗时，会呼喊胡塞布道时的讲话，它改编于伊朗的口号"美国去死"，口号内容为"神是伟大的！美国去死！以色列去死！诅咒这些犹太人！胜利属于伊斯兰教"。真主支持者开始在黎巴嫩和伊朗之间来回穿梭。

胡塞在2004年被萨利赫的武装力量杀死。之后，他的狂热追随者继承了他的名字：胡塞武装。他们还接受来自伊朗和真主党的支持。随着"阿拉伯之春"的开始和萨利赫在2012年的离开，胡塞武装取得了攻势地位。不久之后他们开始获得了一个新的盟友，这个盟友不是别人，而是他们以前的敌人，也门前统治者萨利赫，萨利赫认为与胡塞武装合作可以作为他重获权力的最好路径。2014年秋，在萨利赫部队和真主党顾问的支持下，胡塞武装夺取了也门首都萨那。他们没有浪费任何时间在萨那和德黑兰之间建立空中直航服务。夺取萨那后，胡塞武装继续向亚丁港进发，而亚丁港也是通往阿拉伯海最重要的港口。

胡塞武装向亚丁港的进发给沙特阿拉伯敲响了警钟，原因就是胡塞武装对也门的政府将会做实一个伊朗盟友的地位，而这个盟友却与沙特阿拉伯拥有长达1100英里的边境线。这个边境线常常是千疮百孔、难以明确且难以管理。对利雅得来说，一个进行军事化渗透的伊朗盟友在沙特阿拉伯南部边境给沙特阿拉伯增加了危险：伊朗对沙特阿拉伯和阿联酋正在进行包围。

伊朗对胡塞武装表示支持。哈梅内伊的一位助手宣称，夺取萨那对于德黑兰来说是一个"胜利"，并高兴地补充说德黑兰现在控制了4个阿拉伯首都：巴格达、贝鲁特、大马士革和萨那。哈桑·纳斯鲁拉代表真主党也发了信息："'抵抗之轴'在叙利亚取得了胜利，在伊拉克取得了胜利，在也门又取得了胜利，而如果神愿意的话，我认为这个胜利是一次重大的决定性胜利。"

胡塞武装的胜利给石油运输带来了直接威胁。也门俯瞰红海尽头曼德海峡的东边，该海峡最窄的地方仅有18英里宽。它是连接印度洋和苏伊士运河继而地中海的咽喉要道。每天光经过这里的中东石油就接近500万桶。这还不包括经过这里的其他贸易货物。曼德海峡的安全脆弱性给沙特阿拉伯和阿联酋石油出口带来了重大风险，对于大量收入依赖苏伊士运河的埃及和全球商业贸易来说都是如此。在一艘沙特阿拉伯油轮经过曼德海峡时，一枚胡塞武装导弹袭击了该油轮，危险表现了出来。

2015年3月，在胡塞武装将要夺取亚丁港的时候，沙特阿拉伯和阿联酋以地面部队和空军以及海上封锁的方式展开了"决定风暴行动"。对于利雅得来说，这是国王萨勒曼首次做出重大决策。萨勒曼在1月刚刚继承王位，对于他的儿子穆罕默德·本·萨勒曼来说更是如此，后者已经被任命为沙特阿拉伯国防部长。

战斗原本预计会在几周内结束，然而战斗却变成了一个长期战争。战争造成很多平民伤亡，数百万人流离失所，更多人面临饥饿的风险，水、电、医药卫生之类的基本服务遭遇中断，霍乱和白喉疾病流行，接着便是新冠肺炎疫情。联合国将上述情况描述为一场重大的人道主义危机。

沙特阿拉伯领导的空袭遭到了批评，原因就是袭击对于平民进行不加区分的攻击，批评也扩大到一直为沙特阿拉伯提供军械的美国那里。对于胡塞武装来说，他们在也门一直采用残忍的压制手段。胡塞武装向沙特阿拉伯发射弹道导弹和在沙特阿拉伯境内使用无人机，然而它们多数都被沙特阿拉伯空中防御力量摧毁。弹道导弹和无人机的来源则是伊朗和真主党。

到了2017年，萨利赫又与沙特阿拉伯人发生了联系，将要翻开"新的一页"，这次他可能又要换边站了。他谴责胡塞武装为伊朗的木偶。他寻求逃离。

然而在某个检查点，他遭到胡塞民兵组织的拦截而遭到枪杀。

尽管联合国断断续续在也门停火事情上做了不少斡旋努力，但是也门已经被描述为"一个混乱的国家"，不再是一个功能正常运转的国家，而只能成为在地图、报纸报道和政策制定者新闻发布会上出现的一个轮廓或概念，变成了一个名义实体，由一系列迷你型的省组成，每个省都有自己独立的统治者，不同省之间存在不同的冲突。

也门战争本身陷入了僵局。在美国参议院，针对沙特阿拉伯对也门的袭击和美国对沙特阿拉伯军事援助的反对声变得越来越大。伊朗人正在从冲突中以便宜的价格获取好处，就像一位学者指出的那样："对于伊朗来说这是一个高回报的投资。"虽然沙特阿拉伯人在战争中花费了数十亿美元，但是伊朗为此付出的代价仅有数千万美元。2019年，阿联酋宣布退出打击也门的联盟。

也门可能是一个混乱国家的典型。由于其所在的战略位置，它还变成了中东地区沙特阿拉伯和伊朗两大竞争对手的一个关键战场。真主党在电视上宣布："从现在起，我们不能再谈论叙利亚部队、真主党、也门部队、伊拉克部队和伊朗部队了。我们必须要说在各个剧场上演的一条'抵抗之轴'。"总结伊朗的战略和为什么整个地区变成了"抵抗之轴"的原因落到了苏拉曼尼身上。在一次庆祝伊朗革命的周年集会上，苏拉曼尼宣称："我们正在见证伊朗革命正在输出到整个中东地区，从巴林和伊拉克到叙利亚，到也门，到北非。"

第29章

"东地中海的崛起"

伊朗正在寻求在紧邻以色列的北部边境建立一个永久军事据点，这样就能够与黎巴嫩真主党一起在对抗以色列拥有比现在大得多的活动空间。然而这只是伊朗可以采取的最让人恼火的步骤之一。因为这会增加以色列—伊朗冲突升级的可能性甚至不可避免性。为了应付针对其北部地区的火箭弹袭击，以色列军事力量已经袭击了伊朗圣城旅位于叙利亚的基础设施，并摧毁了伊朗武器输入叙利亚并最终达到真主党那里的通道。

通过支持统治加沙地带的军事化的穆斯林兄弟会组织哈马斯，伊朗还在以色列北部边境构筑了"抵抗之轴"。哈马斯属于逊尼派，然而它却与什叶派的伊朗站在了一起，遵循敌人的敌人就是盟友的理念，共同对抗以色列。

用伊朗革命卫队一位高级将军的话说，伊朗的一个主要目标就是"将安全边境扩展到东地中海地区"。这对于那些开放东地中海水域的新碳氢资源开发的地区将是一个直接挑战，这些资源为之前缺乏资源的中东国家提供了无法预料的机会。然而这些资源也制造了新的海上争端。

1999年，一个天然气田在以色列南部海域被发现。虽然气田规模不大，但是却打破了以色列完全依赖进口化石燃料的历史。进口能源也是以色列很大脆弱性和焦虑的来源。2008年，以色列开始从埃及通过横穿西奈半岛的管道进口天然气。

尽管如此，从是否拥有大型油气储量角度来看，东地中海地区仍然被视为一片死海。然而在2009年，一家美国油气独立开发商诺贝尔能源和其以色列合作伙伴却在距离以色列北部海岸50英里的地方发现了一个世界级气田：塔玛尔气田。在特拉维夫和海法大学研究人员的帮助下，利用超级计算机进行数据分析之后，地质学家发现了一个更大更有潜力的构造，这是其他任何人都没有想到的。此后，地质学家在距离以色列海岸80英里的地方又发现了另一个气田。这是一个巨型气田，也是10年来全世界最大的发现之一。将该气田戏称为利维坦（一种传说中的海中巨大怪兽），也恰如其分。

这些气田的发现来得恰逢其时。随着"阿拉伯之春"的开始和穆巴拉克的下台，从埃及经过西奈半岛再到以色列的输气管道反复遭到破坏。接着到了2012年，埃及穆斯林兄弟会政府取消了以色列与埃及的供气合同。

这些发现对于以色列的能源安全可以说非常及时，然而气田的开发却遇到了阻碍，以色列政府早前已经承诺不会改变财税政策，然而现在想反悔。围绕这个问题，以色列政府产生了争议，阻碍了气田的整体开发，将气田的未来置于一种不确定性之中。它成为以色列政治当中一个具有争议性的话题，引发了组织群体的示威抗议。抗议组织宣称以色列未来将无法获得足够的收入。然而这种争论却处在国内一种虚幻的泡沫中，而未考虑到全球天然气工业面临的竞争实情和投资挑战。让事情更为复杂的是，一个政府委员会提出建议称，公司的投资回报率应该向下调整，应该与无风险债券的投资回报率看齐，存在广泛的地质风险、地缘政治风险和商业风险的项目则不能获得理应得到的风险补偿。之后，反托拉斯权威机构便开始引用不适用于以色列这种还处于培育期的小型天然气市场的原则理论，进一步阻碍了气田的开发。经历了5年气田开发也没有取得任何进展，看起来以色列的这个天然气开发巨大机会不只是陷入了"休眠"，而是死在了水里。

2015年，艾里·格罗纳成为以色列总理办公室主任。之前他担任以色列驻华盛顿大使馆经济部长，见证过能源之于地缘政治的重要性，明白以色列海上气田开发意味着什么。他之后偶然发现了一本关于世界能源的新书，书中描述了不断增长的全球天然气市场。这让格罗纳更加明白，事实上使他确信了一点，即如果围绕以色列气田开发的僵局还在持续，以色列将会被全球很多竞争性的天然气项目永远关在天然气出口国的大门之外。

在开始推进气田开发这项工作之前，格罗纳向内塔尼亚胡提起了以色列气田的问题。这位总理的第一个问题便是："你知道保护这些气田需要付出多大成本吗？"对此格罗纳回应道："之所以要付出很大成本，原因恰恰是气田拥有难以置信的开发价值。"

担任总理办公室主任的第一天，格罗纳便宣布他的首要任务便是将"以色列的天然气从海水里取出来"。气田开发不仅能够为政府提供大量的收入，还有可能成为最为重要的决定以色列经济未来的行动计划之一。对于一个近乎完全依赖能源进口的国家来说，气田开发将会改变以色列，以色列将会变得更加安全，以色列与邻国的关系也会发生改变，这种改变的范围可能还会更大。如果气田开发不能向前推进，最大损失者就是以色列自身，以色列就不能以一种有意义的方式将天然气转化为金钱，以色列也会变得更不安全。

内塔尼亚胡将他的政治资本放在了工作上。气田开发的僵局被打破，工作终于可以往前推进。

现在，以色列60%的电力生产燃料来自本国生产的天然气，而非进口石油和煤炭。以色列正在通过私人公司向巴勒斯坦权力机构和约旦出口天然气。它具有成为国际天然气出口国的潜力，要么通过液化天然气的形式，要么通过在海底建设输欧天然气管道，这对于一个曾经因为依赖能源进口而深为能源供应脆弱性而担心的国家来说，现在的局面是一个惊人的反转。

诺贝尔能源公司又发现了另一个大型气田：阿芙洛狄忒气田。该气田位于塞浦路斯共和国的水域、以色列利维坦气田东北18英里处。2012年，意大利埃尼集团利用世界上最大超级计算机在埃及海域又发现了一个巨型气田，该气田位于利维坦气田西部100英里的位置，该气田以创纪录的时间投产，确保埃及实现天然气自给自足。因为一系列气田的发现，现在整个地区已经成为著名的东地中海盆地或者东地中海地区。

虽然气田的发现给这个地区带来了新机会，然而随之而来也产生了新的脆弱性。就像首先"看到"利维坦气田存在的那位80多岁的以色列地质学家所讲的问题："我们应该经常意识到等待我们的风险。"

最为直接的风险在这个拥挤的地区北部是明显的。贝鲁特一直密切观察着以色列海域的成功发现，加速了其对黎巴嫩近海的油气区块招标。然而就像预期的那样，这些招标却遇到了阻碍，原因就在于以色列和黎巴嫩在近海海域划界上存在争端。

伊朗直接和间接通过真主党在黎巴嫩发挥作用，给真主党带来了在黎巴嫩的地中海海域参与油气开发的机会。另外，伊朗还为黎巴嫩挑战以色列提供了一个新基地，这个新基地便是以色列近海气田。以色列已将这些气田认定为一份重要的国家资产。真主党领导人哈桑·纳斯鲁拉宣称："我向你保证，在发生冲突的情况下，以色列这些海上采气平台将在几小时内停止运行。"为了更清晰解释这句话的意思，真主党发布了一份攻击靶心对准一座以色列采气平台的视频。纳斯鲁拉发出威胁的第二天，现在需要进口天然气的埃及宣布了一项价值150亿美元的合同，意在以色列近海气田购买天然气。这项合同宣布的时机非常巧合，然而却向外界传达了一个信息：对于这些采气平台的安全，主要的利益攸关方不仅是以色列，现在还包括埃及。

面对伊朗—真主党的威胁，以色列对于采气平台的安全施加了大量投资，包括采用导弹防御系统以拦截真主党和哈马斯的地对海导弹。

2019年的最后一天，利维坦巨型气田开始进行生产。通过转变西奈半岛的管道走向，以色列迅速将新生产的一些天然气出口到埃及，而以前则是埃及通过该管道向以色列出口天然气。随着现在埃及实现天然气自给自足，以色列天然气在帮助埃及停止运营的天然气液化工厂重新启动，让埃及重新恢复液化天然气出口生意。埃及石油部长塔里克·毛拉表示："欧洲是我们的液化天然气客户，我们能够随时出口天然气，我们拥有基础设施。"

以色列能源部长尤瓦尔·斯坦尼茨表示："我们已经发现了比我们能够消耗的多得多的天然气。"这句话不仅仅适用于以色列，希腊、以色列和塞浦路斯已经签署协议，准备在海里修建长达1180英里长的输气管道，以便将来自东地中海的天然气输送到希腊继而输送到意大利。土耳其不失时机地谴责这个工程项目，并声称该项目跨越其海域。为表明这个想法，土耳其还派军舰伴随钻气船只进入相关海域，而塞浦路斯则称海域为自己的专属经济区。

"东地中海的天然气发现对我们来说完全是一个奇迹。"斯坦尼茨说。不能比这再惊奇了。从资源角度分析，今天这些水域再也不能被认为是一片死海了。相反，对于全球能源工业和地缘政治来说，这片海域已经成为一个新的、充满活力的元素，并正在改变这两者的版图。它提供的天然气不仅可以供应欧洲，还能通过液化天然气的形式供应到世界市场。然而这个地区的政治却就是这个样子，未来这片海域还将继续作为争议之海而存在。

第30章

"答案"

"伊斯兰国"极端组织在21世纪的出现开始于伊斯兰人对国家概念的排斥。奥斯曼帝国的崩塌、欧洲主导该地区统治的结束、世俗世界和现代文化的影响、第一次世界大战后中东各国边界的强行划定以及令人讨厌的中东国家领导人加速了伊斯兰国极端组织的发展。

20世纪20年代,位于苏伊士运河岸边的埃及城市伊斯梅利亚是英国统治地位的明显体现。这个城市不仅是一个殖民主义飞地,还是一个公司城镇;不仅是一个英国空军基地所在地,还是苏伊士运河公司运营总部所在地,该公司拥有运河的所有权。

哈桑·阿勒·班纳是一个学校老师,虔诚的穆斯林,在当地清真寺和咖啡店进行布道。1928年,就像他记录的那样,6名工人想要找他控诉苏伊士运河公司对他们施加的"侮辱和限制",控诉"他们只是属于外国人的雇佣小工"的现实。他们请求他提供伊斯兰教义方面的指导。

班纳回应这些工人说:"我们是信仰伊斯兰教的兄弟。因此,我们就是穆斯林兄弟。"他说,新社会将会拯救穆斯林人,穆斯林人受到了"帝国主义的"的"入侵"和"剥削",外来力量在"毁灭穆斯林人的宗教信仰"。他说:"答案就是伊斯兰教,它无所不包,将会规范调整我们生活的所有方面。"穆斯林人的最终的目标是重新建立一个将能主导全世界的"伊斯兰国"。"伊斯兰国"也成为对抗国家思想的一个概念。

穆斯林兄弟会发展迅速，以致于成为埃及政府的一个打击目标。穆斯林兄弟会在 1943 年建立了一个"秘密机构"，以执行包括暗杀在内的秘密行动。1949 年，班纳遭到暗杀，原因很可能是出于报复。截至此时，穆斯林兄弟会已经发现了新的目标。其中之一便是激烈反对以色列在 1948 年建国。另一个目标则是反对战后强大的世俗威胁：美国。

在阿勒·班纳遭到杀害的那一年，一位埃及公务员和散文家赛义德·库特布获得了去美国学习的奖学金。刚到美国，他被一种巨大的恐惧所包围，这种恐惧便是他能否抵御肯定在前方等待他的"罪恶的诱惑"。最让他感到警惕的是他看到美国社会中无处不在的性欲及其女性的开放。他将美国人贬斥为"一群只知道肉欲和金钱的鲁莽而被欺骗的群体"。

1950 年返回埃及后，库特布成为穆斯林兄弟会领导人之一，而且是最为引人注目的领导人之一，原因则是他的写作才华。他给穆斯林兄弟会这个组织注入了新的军事色彩，在追求目标过程中将暴力活动提上了日程。

早先，穆斯林兄弟会只是 1952 年埃及军事政变中的某类联盟，将加麦尔·阿卜杜勒·纳赛尔上校领导的"自由军官"推到了权力位置。的确，纳赛尔为库特布提供了很多位置。然而随着纳赛尔拥抱更加世俗的民族主义和阿拉伯社会主义并继而巩固自己的权力，两人痛苦地分道扬镳了。

1954 年，穆斯林兄弟会的一名成员在企图暗杀纳赛尔失败后，该组织遭到了查禁。作为穆斯林兄弟会秘密机构的成员，库特布被控诉入狱。在监狱他写了一系列评论，这些评论被偷偷传了出来，最终以《路标》作为题目公开发表。

库特布辩称，现代世界已重新进入伊斯兰教先知之前那个充斥傲慢和野蛮的时期。世俗的穆斯林或者不严格遵守教规约束的穆斯林都将会被逐出教会，最终成为被嘲弄的猎杀对象。现在我们需要的是一名有决心重新恢复伊斯兰教地位的先锋，通过暴力圣战方式，最终将伊斯兰教带到世界主导宗教的最终位置。他补充说："我已经为这位先锋写了《路标》一文。"

库特布在 1966 年获释，接着因为参与另一场密谋策划被重新逮捕，最终在 1966 年被处死。然而就像劳伦斯·赖特曾写的那样，库特布的话"将在年轻一代穆斯林的耳中回响，而这些人正在寻求在历史中扮演角色。"

1979 年 11 月 20 日，也就是在美国人质被德黑兰抓住 16 天后，在伊斯兰教最神圣的地方麦加大清真寺，黎明前夕响起了枪声。一个头发胡须凌乱的极端分子从正在祈祷的伊玛目那里夺过麦克风，开始大声发布命令。这就是朱赫曼·阿勒·乌特比，一个原教旨主义传教者。

利用国家警卫队前成员和麦迪纳大学的伊斯兰教学生，他已经构筑了一个网络。埃及穆斯林兄弟会对该网络的传教者具有很大影响力，其中受到影响的就包括库特布年轻的弟弟。朱赫曼的行动在一些传统高级神职人员慈善的目光下得以扩大。他的跟随者受到了物质和社会剧变的影响，1973 年石油危机后大量的石油金钱涌入沙特阿拉伯，这个国家经济也逐渐融入世界经济。1974—1978 年间，沙特阿拉伯国内生产总值几乎实现了翻番。繁荣的建筑业改变了城市。大量的财富被制造出来，教育规模快速扩大，沙特阿拉伯人将要去海外留学，技术官僚正在绘制五年计划，越来越多的西方人开始来到这个王国工作。

朱赫曼的跟随者接受了他在一系列书信中列举的那些观点：沙特阿拉伯政府宣传的是异端学说，腐败的政府正在破坏伊斯兰教，不该允许女人接受教育甚至在电视露面，也不该允许"基督徒的大使馆"驻扎在穆斯林的土地上，当然也不该将石油卖给相隔遥远的美国。

朱赫曼有多达 500 名武装人员带着武器秘密藏身于各个大清真寺中。政府用了两周多的时间才将这些武装人员驱赶了出来，这些人要么被杀死，要么被逮捕，政府为此也牺牲了很多人的生命。大清真寺的夺取被描述为"现代国际圣战运动中的第一次大规模行动"。

朱赫曼的行动可能是一场失败，然而它也是一次成功，因为他在年轻伊斯兰主义者中形成了号召力。他的书信获得了地下流通，并在伊斯兰主义者中间产生了影响力。

到此为止，埃及已经建立了一个广泛的圣战分子网络。安瓦尔·萨达特曾经劝说伊斯兰主义者要获得权力以打破纳赛尔政府的控制，然而现在又站在了伊斯兰主义者的对立面。他的妻子走得更远，曾公开赞成妇女应该拥有与丈夫离婚的权利。而且，萨达特还犯了更大的罪行，也就是与以色列实现和平，以便让以色列归还1967年战争中被夺走的西奈半岛。1981年10月6日，3名圣战主义士兵在一场阅兵中从一辆吉普车里跳出来，先是投掷手榴弹，然后便开始射击，杀死了萨达特。策划这场袭击的领导人是一个23岁的中尉，他的哥哥给他介绍了朱赫曼的文章，在大清真寺袭击事件发生时他的哥哥曾在麦加。在对这名中尉进行质询时，这名中尉表示，这些文章把他引上了"殉道之路"。它们为圣战主义指明了道路。

中东的伊斯兰主义运动覆盖的范围很广。最为突出和影响最广泛的是埃及穆斯林兄弟会，该组织在几十个国家都有"附属机构、分支和下线"。它是一个等级分明的组织，它的成员通过层级获得提升，新加入会员几年过后才能成为成熟的会员。就像一位学者写的那样："伊斯兰主义组织"的政治关切必须要与教育和宗教活动展开抗争。数百万人所依赖的巨大社会基础设施就包括政府提供的不充分的医疗健康服务。尽管如此，伊斯兰教和建立在其基础之上的一个社会却是其他一切事物的基础，这个社会的目标是要推翻宗教中的国家概念，最终建立一个"全球性的伊斯兰国"。然而这个目标却寻求回到7世纪的时代。它并不接受库特布的圣战主义，但是肯定有接受的。

1979年12月，在朱赫曼在麦加被逮捕1周后，苏联军队穿过阿姆河的浮桥，开始入侵阿富汗。苏联人本来认为这将是一场快速行动，然而结果却变成了一场长期的消耗战。苏联人发现他们面对的是一群激烈抵抗难以投降的穆斯林游击队员，而美国和沙特阿拉伯则为他们提供武器和金钱支持。

在为这些游击队员提供金钱的人中，还包括奥萨马·本·拉登，他是一位不识字的也门人的第17个儿子，该人移民沙特阿拉伯后成为沙特阿拉伯最大建筑合同商，建造了该国很多现代基础设施。尽管如此，本·拉登却发现他的职业爱好不在建筑，而在于抵抗苏联入侵阿富汗和之后的圣战和恐怖活动。而且他视美国为首要敌人。

本·拉登的主要合作伙伴为阿亚曼·阿勒·扎瓦希里，后者是一位医生，在埃及创建了圣战组织。扎瓦希里认为阿富汗圣战是穆斯林游击队对抗当今社会主导全球事务的唯一超级大国也就是美国的最好方式。扎瓦希里还对他的偶像库特布的言论进行放大：那些没有严格按照伊斯兰教义行事和那些与民主机构开展合作的穆斯林人都会被定义为叛教者，都应该被处死。他推广自杀式炸弹的使用，尽管自杀在古兰经中是被禁止的。

1995 年，本·拉登宣布沙特阿拉伯国王是异教徒，这也宣告了他与他的祖国出现了不可挽回的感情分裂。接下来的一年，就美国部队在沙特阿拉伯的持续存在，他发布了"反抗美国占领两座神圣土地的战争宣言"。在沙特阿拉伯之外的世界，从阿富汗一个山洞发出的这篇文章并未受到人们的注意。

1998 年早些时候，几个圣战组织合并成为一个单独的组织，即基地组织。这个组织的领导人就是奥萨马·本·拉登，本·拉登的副手就是扎瓦希里。组织的目标是对美国在全世界的利益发动战争。

这样的战争开始于 1998 年 8 月 7 日，自杀式炸弹袭击者相互配合针对美国驻肯尼亚和坦桑尼亚大使馆发动了大规模袭击，两场袭击间隔仅有 11 分钟。在肯尼亚，210 人因此丧生，4000 人因此受伤。两年后，在也门港口的美国科尔号导弹驱逐舰遭炸弹袭击。然后就是 2011 年 9 月 11 日，三架被劫持的客机毁灭了世界贸易中心双子塔大楼和五角大楼部分建筑设施。美国国会山幸免于难，唯一的原因就是第四架飞机从诺瓦克机场的起飞时间比正常晚了 1 个小时。在飞向华盛顿特区途中，飞机上的乘客获悉发生的事情后，试图夺回飞机控制权，最终第四架飞机在宾夕法尼亚州乡村坠毁。

对此，美国开始了"反恐战争"。第一个反恐前线在阿富汗，打击目标是基地组织和庇护该组织的塔利班政府。基地组织成员遭到无情的追击。然而直到 10 年后的 2011 年，本·拉登才最终被杀死在距离巴基斯坦首都伊斯兰堡城外 35 英里的一个别墅内，而本·拉登在伊斯兰堡竟然隐藏了几年。本·拉登死后，基地组织 2 号人物扎瓦希里成为该组织的最高头目。

在基地组织针对阿拉伯政府、美国和世界经济的袭击战略中，石油占有重要突出的位置。本·拉登号召袭击石油设施，以推高油价让美国经济流血到破产的境地。一份圣战宣传材料还展示了"打击石油相关利益的规则和经济圣战相关规制评论"两份内容。

2013 年，圣战分子侵入阿尔及利亚南部的阿梅纳斯天然气工厂，700 名工人被劫持为人质，40 人因此丧命。一份基地组织宣传材料在一篇题目为《针对西方经济的阿喀琉斯之踵展开袭击》的文章中煽动对石油工业展开袭击，并宣称袭击能源设施是"神的旨意"。一份研究记录显示，2001—2016 年间，有 7 个中东和北非国家的 97 处能源设施遭到了袭击。

基地组织衍生出一个分支机构：伊拉克基地组织。该机构成员的行为更加残忍，以致于宣扬对处死"不虔诚"的穆斯林人进行合法化的扎瓦希里都批评该组织的行为过于血腥。伊拉克的基地组织用了一个新的名字"伊拉克伊斯兰国"，它的任务就是将前 100 年的地图抹去，替而代之的则是一个没有边界和地图的"伊斯兰国"。

叙利亚内战的混乱为"伊斯兰国"极端组织提供了新的活动舞台。于是，该极端组织又重新获得了一个新名字"在伊拉克和叙利亚的伊斯兰国"。一些人称它为"伊拉克和东地中海伊斯兰国"。在穆斯林世界和欧洲，人们则以一个贬义词称其为"达伊沙"。起初，"伊斯兰国"极端组织还仅仅是众多互相争斗的伊斯兰群体组织中的一员，它们也反对叙利亚政府及其伊朗和真主党盟友。然而"伊斯兰国"极端组织却因为它的组织性、能力、激情和暴力而显得比较突出。该组织宣称，包括基地组织在内的其他伊斯兰反抗组织都是伊斯兰教叛徒，无论在什么地方发现他们都应该将他们杀死。

"伊斯兰国"极端组织夺取了拉卡，这是伊拉克和叙利亚之间的一个连接点，它也就成为"伊斯兰国"极端组织的"首都"。为使该城市运转，该组织设立了很多部门。除了战斗和杀戮，该组织还赋予了该城市小到粘贴邮票和核实人们完税的其他社会服务功能。

这里也展示了"伊斯兰国"极端组织的生活样子：宗教警察在街上巡逻徘徊，寻找着人们最微小的可以施加最严厉惩罚的行为漏洞。音乐是被立即禁止播放的，男人被要求每天去清真寺做 5 次祈祷。胡须留得不够长的男人或漏出哪怕一丝身体部位的女人都会遭到惩罚。对于大大小小的违法，甚至还只是拥有违法嫌疑时，男人都会被带到纳姆广场，在那里男人会被利用中世纪的刑罚残忍地杀死。

整个 2013 年，"伊斯兰国"极端组织在伊拉克执行了有针对性的暗杀行动，除掉了与它作对的几个关键领导人。2014 年 1 月，"伊斯兰国"极端组织横扫叙利亚边境进入伊拉克，最终进入城市拉马迪和费卢杰，这件事仍旧少为人知。这些胜利没有引起外界的很多警惕，然后"伊斯兰国"极端组织就开始快速横扫伊拉克。

2014 年 4 月，一名"伊斯兰国"极端组织领导人劝告他的士兵："不要停下来，直到这些杂种被移除，这群猪被杀死。继续向前，重新划定边界地图。"同样在这个月，随着圣战分子闪电横扫伊拉克安巴省，一位部落酋长才发出了悲哀的呼喊："恶魔已经来到这些村庄和城镇了。" 6 月 6 日，"伊斯兰国"极端组织对伊拉克第 3 大城市摩苏尔发动了猛烈攻击。虽然伊拉克军队分支规模要比极端组织军队规模大出很多，但是他们已经被极端组织所发的斩首伊拉克士兵的视频吓呆了，这样的伊拉克军队瓦解了。5 天之内，"伊斯兰国"极端组织完全控制了摩苏尔。伊拉克军队丢弃的武器极大地增加了"伊斯兰国"极端组织的威望和军械，这在网上得到了炫耀。这个城市银行的数亿美元落入极端组织之手。

萨达姆军队的一些残余力量加入了"伊斯兰国"极端组织的进攻中。很多逊尼派的部落人士也加入进来，作为"伊拉克之子"，他们曾经加入"觉醒逊尼派"与美国军队共同平息国内暴乱，然而他们收到的承诺却遭到了背叛。总理马利基的什叶派政府已经停止向"伊拉克之子"支付资金。逊尼派部落正在遭到什叶派民兵组织和中央政府部队的打击，他们的成员或入狱或被绑架或被杀害。用一位逊尼派部落领导人的话说就是，他们视马利基为伊朗的傀儡，而视"伊斯兰国"极端组织为"与波斯人战斗的领导者"，至少刚开始是这样。

随着"伊斯兰国"极端组织逼近巴格达的大门，恐慌和混乱的气氛开始笼罩这个城市。互相配合的汽车炸弹袭击又给巴格达增添了末日即将到来的感觉。在巴格达绿区的美国大使馆，美国外交人员烧毁文件后，准备逃离。圣战分子夺取巴格达将这座城市收入囊中看起来只是一个时间问题。"伊斯兰国"极端组织宣称，在夺取巴格达后，它的下一个目标将是什叶派圣城纳杰夫和卡尔巴拉。这就意味着伊拉克南部的大型油田已处于危险之中。国际石油公司匆忙制定计划撤离他们的员工。石油价格出现了猛涨。数量快速增加的什叶派民兵组织，在苏拉曼尼的圣城旅的协调和配合下，阻止了"伊斯兰国"极端组织夺取巴格达。到了7月，油价开始掉头向下。

然而"伊斯兰国"极端组织的进攻带来的后果却是惊人的。拥有狂热但组织精良的军事进攻能力，"伊斯兰国"极端组织至少在一段时间内已经在中东心脏地带重新划定了地图。现在它控制了一条连续的地带，从叙利亚中北部出发，一路穿越伊拉克到达摩苏尔，这个距离几乎等同于伦敦到爱丁堡的距离，而在它管理下的人口则多达800万人。

2014年7月早些时候，在"伊斯兰国"极端组织发动对摩苏尔攻击后的几乎刚刚1个月，一个留着胡须、穿着黑衣、戴着黑色头巾的人慢慢登上了摩苏尔800年历史的大清真寺的讲台。他的名字是易卜拉欣·阿瓦德·巴德里，然而他却用了另一个名字阿布·巴克尔·巴格达迪。

巴格达迪获得了古兰经研究的学士学位，然后又获得伊斯兰法的博士学位，后者的研究焦点为中世纪古兰经吟诵。在美国和其盟友2003年侵入"穆斯林土地"后，他在伊斯兰反抗西方入侵组织中变得活跃起来。也因为此，2004年他被投入美国管理的过于拥挤的布卡营监狱，该监狱后来也变成了著名的圣战大学。它为组建圣战网络提供了讲坛，网络成员则是圣战分子和伊拉克前复兴党军事和情报官员。巴格达迪成为为伊拉克基地组织服务的伊斯兰教法方面的主要专家。他研究的内容之一便是为骇人听闻的恐怖行为提供中世纪神学合法性支持。2010年，他已经成为当时的"伊斯兰国"极端组织领导人。其他领导人还包括萨达姆政权时期的军官。这些军官为"伊斯兰国"极端组织带来了经验、组织和战略，当然还有对于复仇的极大渴望。

从2014年7月在摩苏尔登上清真寺的讲台起，巴格达迪就对外宣称要建立一个新的"伊斯兰国"。不同于常规的国家概念，这个"伊斯兰国"没有明确的边界，而是忠诚的穆斯林人组成的王国，这个"国家"由圣战武装力量来保护和实现扩张。就像巴格达迪的一位高级副官所说，巴格达迪的目标是重新建立一个"没有疆界"的"伊斯兰国"，这个王国将要征服那些无信仰者和叛教者，并将统治延伸到现在的伊斯兰世界之外。就像巴格达迪那天在摩苏尔对集结起来的圣战分子所讲的那样："你们将征服罗马而拥有整个世界。"

这个目标远远超出了巴格达迪的能力。然而随着"伊斯兰国"极端组织快速征服一些地区，它也实际成为一个"国家"。而且，它已经将自身定位为世界历史上最富有的恐怖组织。在某个时刻，它一年的收入多达10亿美元。

石油是"伊斯兰国"极端组织的重要收入来源，因为它控制的地方给予了它控制叙利亚石油生产的机会，另外它还控制着少部分伊拉克的石油产出。虽然石油生产出现了下降，但是"伊斯兰国"极端组织仍旧维持着半专业化的生产，仍旧可以产生收入。

在"伊斯兰国"极端组织控制的石油中，一些在它控制的地面范围内被售出，一些被卖给阿萨德政权，尽管双方存在敌意。然而更多的石油还是被运出"伊斯兰国"极端组织，通过卡车运输被主要走私到土耳其。除了石油，"伊斯兰国"极端组织的其他收入来源则包括税收、过路费、偷盗、敲诈、征用、古玩店抢劫和海湾国家"伊斯兰国"极端组织的同情者的捐款。所有这些给"伊斯兰国"极端组织提供了极大的资金支持，这在以前的恐怖组织中是从来没有过的。这些收入让"伊斯兰国"极端组织能够给自己的战士支付较高的薪水，这个薪水要高于其他组织能够给予的，也比战士返家找到的工作薪水高。

通过宣传和对社交媒体（已成为有力的人员招募工具）超乎寻常的掌握，"伊斯兰国"极端组织的影响力已经触及全球。这些制作水平很高的灵活视频的受众目标就是年轻的、对社会抱有不满的穆斯林人，这些人不仅存在于阿拉伯世界和中亚，还存在于亚洲其他地区。值得注意的是，北美和欧洲的伊斯兰教移民群体中也有"伊斯兰国"极端组织的信众。在"离开圣战没有生活"的视频中，"伊斯兰国"极端组织从威尔士招募的一名成员宣称："我们理解没有边界的意思。"另一位来自苏格兰的被招募人员则称："在西方生活，你的心情是抑郁的，治疗抑郁的办法就是圣战。"这则视频之后则是一段"赛克斯—皮克线的消亡"的视频，该视频庆祝伊拉克和叙利亚边界的消失。搭配这些视频播放的则是残酷的斩首和处死画面以及圣战分子战斗中庆祝胜利的场面。"伊斯兰国"极端组织从穆斯林世界和欧洲招募的人员数量出现了激增。在某个时刻，它招募的外国战斗人员数量估计超出了3万人，而这些人则来自世界的一半国家。

"伊斯兰国"极端组织持续在叙利亚扩大自己的版图。在伊拉克，它夺取了古代就拥有自己宗教的雅兹迪人居住的地区。那些雅兹迪人能逃的都逃了，剩下的未能逃跑的，男人被杀死，女人和女孩则沦为性奴。

直到"伊斯兰国"极端组织开始向阿尔比尔挺进时，美国才终于回过味儿来，开始对进攻的"伊斯兰国"极端组织部队发起首次空中打击。

2017年前"伊斯兰国"极端组织掌控的土地给基地组织带来了不可挑战的威名。其他圣战组织祈求效忠"伊斯兰国"极端组织，其中就包括位于尼日利亚的博科圣地组织。"伊斯兰国"极端组织在利比亚的分支似乎是伊拉克直接出口到该国的。"伊斯兰国"极端组织分支机构在西奈半岛击落了载有俄罗斯旅客的飞机。圣战分子还将战争带回到欧洲，恐怖分子在欧洲发动了一系列袭击，其中就有2016年3月早上在布鲁塞尔机场发动的恐怖袭击和2016年11月夜晚针对巴黎的恐怖袭击。这些"独狼"将在欧洲、美国和加拿大展开袭击，他们有些在网上已被极端化，有些要听从叙利亚境内的极端分子的控制。2014—2016年间，"伊斯兰国"极端组织极其附属机构在伊拉克、叙利亚、埃及和利比亚发动的袭击超过了150次。

2015年年末，美国开始向伊拉克派出特殊任务部队，以支持伊拉克和库尔德斯坦的战士与"伊斯兰国"极端组织作战。很多受伊朗控制的什叶派民兵组织成为伊拉克部队的一支重要力量。几个月后，伊拉克部队持续重新取得了拉马迪和费卢杰的控制权。经过在人口密集区9个月的激战，伊拉克政府才宣布摩苏尔获得解放。战争毁坏了很多东西，其中就包括具有800年历史的大清真寺，而三年半之前也就是在这里，巴格达迪宣布建立"伊斯兰国"的目标。

2019年3月，"伊斯兰国"极端组织失去了它在东叙利亚的最后一块领地。"伊斯兰国"极端组织从此消亡。然而"伊斯兰国"极端组织活动却并没有结束，它变换形式，成为一个游击队组织，再次在伊拉克、阿富汗和世界其他地区利用恐怖武器发动袭击。在2019年9月中旬，巴格达迪发布了一段意在启动"伊斯兰国"运动的音频。他说："美国已经被我们碾压，并受到了侮辱。"

这个时候，美国部队在叙利亚库尔德盟友和伊拉克情报部门的帮助下，正在逼近巴格达迪。2019年10月一个晚上的后半夜，8架载有美国三角洲部队突击人员的直升机从伊拉克库尔德斯坦起飞。他们快速低空飞过俄罗斯和土耳其控制的领地，在1个多小时后，他们降落到叙利亚西北无人统治区的一个院子里。在那里，基地组织的一个小分支机构把巴格达迪与"伊斯兰国"极端组织其他战士隐藏了起来。巴格达迪带着他的家庭逃进一个地道中。然而这个地道却没有出口。在一条三角洲部队军犬的追赶下，巴格达迪引爆了他身上穿着的自杀背心。这就是他的最终命运。几小时后，上空的飞机将这个院子炸为废墟。

然而这并不代表"伊斯兰国"极端组织的彻底消失。加上被关在临时监狱的1万名和全世界"伊斯兰国"极端组织附属机构的人员和追随者，估计全世界仍旧有1.5万～2万"伊斯兰国"极端组织武装人员。

然而，"伊斯兰国"极端组织的显著影响早就消退了。2014年，"伊斯兰国"极端组织人员闪电般横扫伊拉克引起了石油市场的恐慌，造成油价上涨。然而，它对油价的这种影响却几乎没有持续。

第31章

石油冲击

2011年至2013年,油价连续3年出现了令人惊奇的稳定,一直处于每桶100美元多一点。虽然这个价格高出了10年前的5倍,但是世界却已经适应了这个新的价格。这种情况被称为"新常态",在这个基础上,国家可以制定他们的预算,公司可以进行项目融资。当不是那么正常时,石油市场就会出现动荡,国家就会受到冲击,新的地缘政治联盟也将会从油价危机中浮现。

然而令人惊奇的是,尽管那3年也出现了全球石油供应的动荡和不稳定,但是油价却保持了真正的稳定。这段时间一个巧合的事实是美国页岩油产量出现了激增。然而,美国石油产量的增长却被利比亚和尼日利亚石油生产的中断和下降抵消了。利比亚石油公司主席曾说这个国家已经完全分裂了,而尼日利亚的石油管道则遭到了武装人员的袭击。在委内瑞拉,该国的石油产出一直是直线下降。为阻止伊朗核计划,国际社会对伊朗施加的制裁切实降低了该国的石油出口。一段时间内,所有这一切都抵消了美国页岩油产量的激增。

实际上到了2014年春季后期,国际社会对于石油短缺的担心又出现了增加,人们担心没有足够的石油支撑经济的增长。这时,"伊斯兰国"极端组织正在快速穿越伊拉克,将更多的石油生产置于危险之中。对此,金融时报刊登了一篇标题为《伊拉克暴力点燃油价上升的引线》的文章。

然而在2014年夏季,阿拉伯海湾石油生产国却开始从石油市场上收到了不安的信号。出于某些不明原因，他们不能将他们全部的石油卖到亚洲。

虽然这种信号在当时不能被轻易解读，但是却指向了世界石油市场和全球经济的重大变化。这个时候，金砖国家时代正在让位于页岩时代。全球石油工业最为活跃的因素不再出现在新兴国家的需求方，而是出现在美国石油心脏地带的供应方。

2014年9月初，油价为每桶99.51美元，仅仅在100美元向下一点。到了10月中旬，油价下降到每桶84美元。各种力量正在快速汇聚，打破原来的整个石油工业体系，而该体系的油价基础则为每桶100美元。

其中一种力量来自需求。全球经济增长低于此前的预期，而这就意味着石油需求增长的减速。在这方面表现最为明显的是中国。2014年夏季，一群经济学家集会讨论国家的经济前景。一些人建议中国应该考虑将经济从"高增长"转回到"中速增长"轨道上来。然而这种转换跨度却太大。于是，这群经济学家提出了一个折中方案，即从"高速增长"转向"中高速增长"。与此同时，来自加拿大、俄罗斯、巴西和伊拉克的石油产量却正在快速增加。然而，美国的页岩油产量激增却正在石油增长中占据主导地位。截至11月中旬，油价下降到每桶77美元。

就像以前每当石油市场存在压力时经常发生的那样，人们将眼光转向了欧佩克。然而这次欧佩克却不是从前的那个欧佩克。作为欧佩克的元老之一，委内瑞拉却深深地陷入自我导致的经济崩溃中。那里的人们无法获得需要的药物，待产的妈妈需要穿越边境到哥伦比亚进行生产，原因就是委内瑞拉的医院已经没有了药品。

伊朗和沙特阿拉伯的竞争变得更加尖锐。伊核协议的达成对于阿拉伯国家的石油生产产生了巨大的影响，这意味着伊朗石油将会重返世界市场。美国总统奥巴马表示，签署伊核协议后伊朗将成为"一个非常成功的地区大国，之后伊朗还将成为也应该成为一个地区大国"。听到奥巴马的讲话，海湾阿拉伯国家进一步提高了警惕。不仅如此，存在第三方账户的数百亿美元伊朗石油收入将给伊朗提供更多的资源，以助力该国实现主导中东的目标。

拥有削减石油生产以提振石油市场助推油价上升的欧佩克国家只有沙特阿拉伯、阿布扎比和科威特，然而高油价的最大受益者却是伊朗。而帮助伊朗则是三者中的任何一方都最不想看到的事情。地缘政治紧张和混乱将会推动油价上涨，几十年来这已经成为一个公理。然而此时相反的情况出现了，地缘政治紧张正在推动油价下降。利雅得和德黑兰的竞争决定了二者不可能达成任何协议以阻止油价暴跌。

沙特阿拉伯不削减石油产量还有另一个理由。20世纪80年代中期，在石油供过于求的时候，沙特阿拉伯人汲取了一个教训，即如果他们削减产量而其他国家没有这么做，那么最终他们就将会失去石油市场份额，当然还有石油收入。

这个教训深刻存在于沙特阿拉伯代表团的脑海中，2014年11月该代表团赴维也纳参加欧佩克会议。沙特阿拉伯人尤其没有忘记美国页岩油出现了前所未有的增长这件事。沙特阿拉伯石油部长纳伊米说："非欧佩克组织成员的石油生产国需要来到谈判桌边。"这就意味着当时世界上最大非欧佩克石油生产国俄罗斯需要加入谈判。

纳伊米自己的人生经历反映了沙特阿拉伯的转变。作为一个贝都族人，纳伊米早年在沙漠居住在帐篷生活，需要徒步穿越沙漠照顾那些他的家庭游牧生活所赖以生存的山羊。1947年，在他12岁左右的时候被沙特阿美石油公司雇佣在办公室打杂。这时，沙特阿美石油公司已经与美国公司进行合资经营，在第二次世界大战之后正在加速成长。根据预定的路线，纳伊米被派往美国学习地质学，开始在宾夕法尼亚的理海大学，接着便转到了斯坦福。回到沙特阿拉伯后，他在公司的地位获得了提升，并在1983年成为担任沙特阿美石油公司主席的首个沙特阿拉伯人。这时沙特阿美石油公司已经完全实现了国有化。12年后，他被任命为沙特阿拉伯石油部长。他成为国王阿卜杜勒亲近的人，国王依赖于他的判断，并委托他管理沙特阿拉伯的石油政策。

纳伊米提前会议几天赶到了维也纳，因为他要参加一场私人会谈，该会谈由委内瑞拉石油部长拉斐尔·拉米雷斯组织，参会的还有两个关键的非欧佩克关键石油生产国：俄罗斯和墨西哥。为了避开一向警觉的新闻记者团，纳伊米和他的顾问从通往柏悦酒店厨房的装货台上下了车，然后搭乘客房服务的专用电梯上了楼。

在会议套房，墨西哥石油部长解释说墨西哥不能削减石油产量，不仅是技术原因，还因为墨西哥正在启动吸引外国投资重振墨西哥工业的计划。发布石油减产命令对于墨西哥将是一个非常不好的消息。俄罗斯方面，俄罗斯石油公司首席执行官伊格·谢钦和俄罗斯能源部长亚历山大·诺瓦克也解释说俄罗斯不能削减石油产量，原因就是他们后来所描述的"气候、组织保障和技术原因。"

纳伊米清晰地意识到，其他国家没有削减石油产量的意图。他总结说，他们都在努力施压沙特阿拉伯要其再次"大幅削减石油产量"。

纳伊米说："看起来没有谁能够减产，因此，我认为这场会谈该结束了。"他站起来，拿起他的文件，握手告别。"谢谢你们，"他简短地说。

然后纳伊米走了出去，整个房间的人都惊呆了。停了一会儿其他人才意识到刚刚发生了什么。纳伊米的助手迅速打包他们的文件，跑着跟了出去。

在接下来 2014 年 11 月 26 日举行的欧佩克部长级会议上，纳伊米表明了利雅得的立场。他表示，在大的非欧佩克组织成员国没有参与的情况下，如果沙特阿拉伯作为一个实体的欧佩克削减石油产量，我们将面临石油市场份额和石油收入的双损失。问题是现在出现了"太多的新的石油国"。

那天，欧佩克石油部长未能做出历史性的决定，实际上他们没有做出任何决定。不能做出稳定石油市场的努力，他们将油价交给市场自身调节。石油出口国能够自由生产他们可以实现的产量。纳伊米表示，市场将实现"自我稳定"。然而他也补充了一个词："最终。"

接下来的几周，石油继续涌入市场。截至 2015 年 1 月中期，油价已经跌到还不到 5 个月前的一半。《经济学人》杂志捕捉到了这个情况，称其为一场新的石油战争，并在封面用了"阿拉伯谢赫对美国页岩"的标题。在美国，页岩油生产商受到了严重打击，很多生产商为他们的钻探项目累积了高额的负债。一篇文章标题称：页岩油生产商遭遇了油价的连续暴击。"剩下的页岩油生产商则削减支出预算，实施裁员计划。

一些人认为，市场肯定将会实现稳定，原因就是页岩油生产商的开发成本高，石油处于每桶70美元时大部分生产商就要停业。一个海湾国家的资深决策者回忆说："我们看到的所有研究都表明，页岩油开发的油价盈亏平衡点为每桶70美元。"然而结果却是页岩油的开发成本并不高。美国页岩油生产商的生产效率有了很大的提高，业务也更加聚焦，他们在持续学习页岩知识，创新钻井和完井技术。不仅如此，一些公司还显著削减了对外支出，技术成本以及所依赖的钻井服务成本都出现了下降。石油供过于求的局面快速发展。

页岩油的出现迫使石油工业学习新词汇："短周期"对"长周期"。很明显，短周期就是页岩油生产。在做出钻探决定后，半年内出油。实际钻探时间本身则可以被压缩到5或6天。一两年前单个油井1年的耗费可能达到1500万美元，但是现在所有耗费加起来仅有700万美元。当然，由于页岩油井较高的递减率，开发商需要不断打新井。

与长周期形成对比，海上油田或液化天然气项目的开发则需要经历5～10年的筹备期，然后生产多年。一个长周期的海上石油项目开发将会耗费7亿或70亿美元，甚至更多，而不是页岩油的700万美元。很多长周期项目都是在金砖四国时期启动或纳入规划，那时人们相信每桶100美元的油价将是"新常态"。然而现在，随着油价的下降，新的长周期项目开发正在被推迟、拖延甚至被直接取消。低油价持续贯穿了整个2015年。

由于没有做出任何决定，欧佩克就将石油控制权让给了所谓的"摇摆投资者"：金融市场、对冲基金、贸易商以及从事"纸桶"交易的其他金融玩家。不管是乐观还是悲观、对油价和市场是看多还是看空，这些投资者的情绪都将决定他们是签署长期还是短期的石油期货合同。他们每个人的决定汇总在一起，就会决定油价是往这个方向还是另一个方向发展。现在是熊市情绪主导石油市场。油价跌到了每桶30美元以下，而且似乎还在往25美元的位置下探。一些投资银行对此警告称，油价可能会降到每桶20美元以下。

2016 年 2 月，纳伊米说："石油市场的概念要比欧佩克大出很多。"然而其他非欧佩克国家却没有展现出"共同分担油价压力"的渴望。因此，纳伊米继续说："我们让市场作为最有效的方式来重新平衡石油供需，让市场来做决定，这很简单，以前是这样，现在还是这样。"

伊朗石油部长要求海湾其他国家削减石油产量，而伊朗要重新找回之前丢失的市场份额。阿拉伯海湾国家坚定表示他们不会削减石油产量而给伊朗增加的石油产量腾出空间。当时的沙特阿拉伯石油部副部长阿卜杜勒阿齐兹·本·萨勒曼说："谁需要石油，我们都将会提供给他。"

多数石油出口国都处在极端的痛苦中。在拥有 1.75 亿人的尼日利亚，70% 的政府预算都要依赖石油。在俄罗斯，其主权财富基金正在被快速消耗。沙特阿拉伯出现了财政赤字，正在加速提取变现其大规模的外国资产储备。伊拉克石油收入出现了坍塌式下滑。2015 年，绝望的委内瑞拉向欧佩克国家提议，他们应该在美国内部开展一场环保运动以对抗美国的页岩油生产。

纳伊米发出的"不会独自行动"信息最终获得了呼应。沙特阿拉伯和俄罗斯决定致力于签署一份石油稳产协议。截至 2016 年 4 月，代表半个世界石油产量的石油部长们在卡塔尔首都多哈喜来登酒店集会。他们很快就达成了冻结石油产量、保持石油产量稳定的共识，以支持石油库存的上涨趋势，并为油价上升争取时间。

然而值得注意的是，伊朗却缺席了这个会议。决定增加石油产出后，伊朗将永远不会同意加入石油生产冻结计划。

然而，纳伊米已经实现了他自 2014 年起就坚持的目标：对俄罗斯的石油产出实现某种限制。然而参加会议的晚上，纳伊米却接到了来自沙特阿拉伯的一个电话。电话给他传达的信息明确，即如果伊朗不参与石油生产冻结计划就不要签署任何协议。显然，伊朗不会参与该计划。协议告吹了。

经过重重努力做出的决定却出现了跨夜大反转，多哈的其他参会人员被这种情况震惊了。然而事实就是事实。这是沙特阿拉伯发出的一个新命令。纳伊米不再是掌管沙特阿拉伯石油政策的人。

几天后，国王萨勒曼宣布了内阁重组计划。以前作为世界石油领域最有权势的人物，纳伊米的位置有了其他替代人选。沙特阿拉伯新的石油部长是法利赫，一位来自得克萨斯州农工大学的毕业生，曾在沙特阿美石油公司首席执行官的位置上连续做了7年。这段时间内，他推动公司的国际化进程，在沙特阿拉伯国内外扩展石油下游业务，以获取更多的石油消费国市场份额。接着他担任了沙特阿拉伯卫生部长以处理中东呼吸综合征危机，这种病毒性疫情当时已经成为沙特阿拉伯的一场国家卫生紧急事件。然而在这个位置上，法利赫仅仅做了1年，就又被重新拉回到石油领域，而现在的他却是职责范围更广的超级能源部长，除了石油，他还要管理工业、电力、水、矿物。总的来说，这些领域的活动大约占到沙特阿拉伯经济的60%。

同时，油价肯定同所有价格一样，会重新平衡市场、缩小供需差距。油价的大幅下降正在减缓新的石油供应速度。低油价也正在刺激需求。2015年，世界石油消费的增长超出了2014年同期的2倍。在便宜汽油价格的驱动下，美国SUV和轻型卡车的市场份额从2012年的不足50%上升到2015年的60%。

在没有达成石油冻产协议的情况下，石油出口国的绝望情绪正在上涨。2016年9月初，在中国杭州举办G20峰会间隙，普京与当时的沙特阿拉伯副王储穆罕默德·本·萨勒曼坐在了一起。他们一致表示，在俄罗斯和沙特阿拉伯不参与的情况下，世界上不可能产生稳定的石油政策。沙特阿拉伯副王储补充道，沙特阿拉伯认可俄罗斯的世界重要参与者和大国地位，而大国地位说法则是对奥巴马关于"俄罗斯不过是一个地区大国"说法的有力反驳。对于普京来说，他明确表示正在寻求与沙特阿拉伯建立不仅仅局限于石油领域的一种最宽范围的合作关系。

9月晚些时候，国际能源论坛部长级对话在阿尔及尔举行，该论坛有72个成员国，代表了世界90%的石油供需。俄罗斯石油部长亚历山大·诺瓦克向大会传递了一个信号，即俄罗斯将考虑签署一份协议。然而俄罗斯这样做的前提是欧佩克国家必须要先有他们自己的协议。

在接下来的几个小时里，欧佩克部长们开始开会。任何人都不准走出房间。最终达成了一份协议框架,也就是《阿尔及尔协议》。这让市场吃了一惊,原因就是该协议准备将欧佩克每天的石油总产出减少100万桶。伊朗石油部长宣称:"欧佩克今天做出了一个极不寻常的决定,经历两年半的时间后,欧佩克终于达成了共识。"

就像沙特阿拉伯王储穆罕默德·本·萨勒曼解释的那样:"石油收入是促成这份协议出现的主要因素。"

而促成这份协议的另一个因素则是欧佩克最终有了一个永久的秘书长。由于欧佩克成员国之间的分歧这个位置自2012年起就一直空着。新的秘书长穆罕默德·萨努西·巴金多是一位尼日利亚人,曾经做过尼日利亚国家石油公司主席。他是一位共识创建者。从一个欧佩克国家的首都到另一个首都进行巡回游说,对每个成员国的想法进行认真理解、倾听和分类,努力弥补分歧。而最大的分歧则存在于沙特阿拉伯和伊朗之间,因为石油政策方面的分歧就是两国地缘政治竞争的一个方面。当巴金多在利雅得和德黑兰之间穿梭时,他还不得不飞经第三国进行转机。

2016年11月的欧佩克会议结束时,巴金多宣布:"我们克服了种种困难后,达成了具有里程碑意义的决定。"或多或少,欧佩克正式接纳了《阿尔及尔协议》。伊朗的意见被巧妙地化解。欧佩克正式文件中赋予了伊朗较高的石油生产配额,但是实际当中这却没有什么意义,原因就是其他国家知道伊朗不会在短时间内实现那么高的石油产量。

两周后,欧佩克和由俄罗斯领导的非欧佩克国家组织在维也纳会面,一致同意签署协议:欧佩克和非欧佩克协议。根据协议,欧佩克国家每天减产120万桶石油;与此对应,非欧佩克国家则每天减产55.8万桶,而其中30万桶则来自俄罗斯的减产。其他10个非欧佩克国家(包括哈萨克斯坦、阿塞拜疆、阿曼、墨西哥等国家)将完成剩余数量的减产计划。新的石油生产分配协议成为著名的"欧佩克+"协议或"维也纳联盟"。

当然,非欧佩克国家的这种组合并没有包括其他大的非欧佩克国家,例如美国、加拿大、英国、巴西、挪威、中国、澳大利亚。然而美国的石油产出却出现了下降，原因就是在低油价的影响下，受到严重冲击的美国石油公司减少了石油相关投资。

就像2014年11月欧佩克部长级会议后油价遭遇重挫那样，2016年11月和12月的石油会议后，油价则出现了反弹。

"欧佩克+"的出现还有助于地缘政治的重塑，莫斯科和利雅得建立了新的关系。20世纪90年代早期苏联解体后，纳伊米曾被问到如何看待俄罗斯的问题，他这样回答："我认为俄罗斯是一个竞争者。"石油曾经是两国竞争的源头，而现在石油却将两国绑在了一起。2017年10月，沙特阿拉伯国王萨勒曼对莫斯科进行了国事访问，展现了一种超越石油的两国关系。他的随访人员高达1500人，沙特阿拉伯代表团包下了红场周围的三个大型酒店。周围的交通车辆和安全人员非常密集，以致于当时在附近能够转悠的唯一现实方式就是步行，尽管当时下着不同寻常的大雨。访问期间，两国签署了一系列协议，除了能源合作，协议内容还涵盖投资、军事合作、武器出售、技术共享。国王在莫斯科国际关系学院还接受了一个荣誉学位。访问期间的会议上，沙特阿拉伯一位高级官员被问到一个问题，即俄罗斯和沙特阿拉伯这种迅速发展的关系将如何影响利雅得和华盛顿建立起来的长期关系。这位官员用外交辞令回应道，沙特阿拉伯必须要维护自己的国家利益。

几个月后，普京对沙特阿拉伯能源部长说："如果我们持续按照我们这种方式去做，我们就将从竞争对手转化为合作伙伴。"面对不断增加的西方制裁以及西方日益严重的孤立，莫斯科欢迎与沙特阿拉伯这个美国最重要的阿拉伯盟友建立一种伙伴关系。这会加强俄罗斯向中东的回归，并增加俄罗斯的影响力。俄罗斯是一个玩家，或者就像一个沙特阿拉伯人所称的那样，是一个世界玩家。它是一个可以跨越分歧与以色列、沙特阿拉伯、阿联酋、叙利亚、伊朗、真主党、哈马斯对话的唯一大国。

对于沙特阿拉伯来说，利雅得可以利用与俄罗斯的新关系巩固其国际地位，并对冲奥巴马政府时期沙特阿拉伯与美国不断增加的摩擦。而且，沙特阿拉伯与俄罗斯的这种新关系可能还有助于沙特阿拉伯与伊朗进行竞争。

石油市场的恢复还得益于委内瑞拉的持续内乱和该国石油产量因此而出现的直线下降。20世纪90年代后期，委内瑞拉每天的石油产量达到330万桶，而到了2019年年末，这个数字则降到了60万桶，仅仅相当于美国北达科他一个州的石油产量。这是由于查韦斯—马杜罗政府非常不善管理经济造成的结果。

委内瑞拉有着世界上最大的探明石油储量，比沙特阿拉伯还要多，但是这些石油品质"较重"且开发成本较高。然而该国石油工业却缺乏投资，有能力的管理者被赶出了这个国家，国家石油公司也没有资金支付其需要的技术等服务费用，而马杜罗政府又将石油工业的控制权移交给了军方。

到2018年春后半期，全球油价又回到了每桶80美元的位置。然而这个时候的石油市场却出现了一个新因素，这便是唐纳德·特朗普。

2018年4月20日，维也纳联盟的一些成员国代表在沙特阿拉伯吉达会面，重新审视石油生产趋势。会议中间，一个参会者的手机推特上蹦出了一条消息。感到震惊的他将手机递给其他参会者后，他们同样也被吓了一跳。特朗普总统好像刚刚在美国福克斯新闻台上看到了汽油价格上涨的一个新闻片段，就在推特上发出了一则消息："看起来，欧佩克又有行动了。石油价格被人为推得很高了！这样不好，将不能被接受。"围在吉达会议桌周围的专家被特朗普的话震惊了。美国总统竟然在通过推特与欧佩克国家进行谈判。

长期以来，特朗普都一直在谴责欧佩克。更为紧急的是，汽油价格正在上涨，而这则是影响2018年11月美国国会选举结果的一个重要因素。从策略上说，这也是石油市场向阿拉伯海湾国家发出的一个信息，以便让这些国家增加石油产出来抵消伊朗未来石油出口的下降，因为美国政府已经决定要对伊朗重新施加制裁，而又不想推高油价。

2018年6月下旬，欧佩克国家在维也纳会面的那天，特朗普又发了一条新的推特："希望欧佩克国家能够实质性增加石油产量。需要将油价向下压！"然而这不仅仅是美国想要发出了一条信息。印度85%的石油消费都来自进口，高油价已经阻碍了其经济增长。欧佩克会议召开前夕在维也纳霍夫堡宫举行的一个专题研讨会上，印度石油、天然气和钢铁部长达曼德拉·普拉丹描述了油价正在给印度带来的"痛苦"。中国也传达了同样的信息。由于高油价，甚至俄罗斯政府也正在感受到来自消费者和其他经济部门的压力。当然将石油市场份额让给美国页岩油，莫斯科也肯定不会高兴。

到了 2018 年 10 月早期，油价已经重新升至每桶 86 美元的位置。而且，一些人甚至还预测油价可以再次回到每桶 100 美元的位置。油价的这种上升符合人们的预期，因为美国要对伊朗石油出口实施全面禁止。为了抵消预期石油短缺造成的影响，沙特阿拉伯大幅提高了石油产出。

然而美国对伊朗制裁的实际开始执行时间却是 11 月 4 日，这个时间恰好比 2018 年美国中期国会选举早两天。制裁措施被宣布时，伴随着一个意外。美国政府并没有"一下子将伊朗的石油出口降为零"，而是允许伊朗石油出口的 85% 要卖到的 8 个国家获得了"很大的制裁豁免"，这就意味着这些国家仍然可以进口一些伊朗石油，而不会面临惩罚。对此特朗普解释称："虽然我可以立即将伊朗的石油出口降为零，但是这将会给市场带来冲击。"他补充说："我不想抬高油价。"

2018 年，马杜罗在委内瑞拉赢得了第二个总统 6 年任期。西半球的几个国家都拒绝承认这个结果。

在古巴安全部队的支持下，马杜罗控制了两项关键资产：石油工业和军事。美国禁止从委内瑞拉进口石油，而对美国石油出口则占到了委内瑞拉石油总出口的一半。委内瑞拉的政治僵局在持续，而经济和人民生活水平则在恶化。停电成为常见现象，民众对日常生活变得更加不可忍受。作为曾经的全球石油大国，委内瑞拉已经成为世界石油市场上一个无足轻重的存在。

2019 年春，特朗普政府宣布不再对伊朗石油进口国实施政策宽容。伊朗石油零出口成为正式政策。曾经每天出口石油达 250 万桶的伊朗现在每天出口石油的数量很快将降到几十万桶，这还是通过物物交换或走私的形式实现的。针对伊朗其他产品的出口，美国也实施了制裁。

制裁措施阻碍了伊朗经济发展。作为回应，伊朗打破伊核协议的限制，增加了其铀浓缩浓度。支持对伊朗实施孤立的海湾国家担心被逼到角落的伊朗将会干些什么。2019年5月，美国派出一艘航空母舰驶进海湾执行特别任务。《经济学人》封面如此报道："冲突的轨道，美国、伊朗和战争威胁。"

然而世界已经发生了另一类战争：贸易战。而且这种战争还在加剧。贸易战对全球经济增长造成了负面影响，反过来又降低了世界石油需求，进一步又会再次拉低油价。

2019年9月14日凌晨大约3点45分，爆炸声和火光划破了沙特阿拉伯东部省份两座石油加工重要城市的夜空。起初消防员还认为出现了事故，冲了出来救火。然而这并非事故，而是无人机和巡航导弹袭击。被袭的一个位置是布盖格，这是一个延伸较长的管道和庞大的石油加工设施。这是整个全球石油工业最关键的"硬件"，通过它，沙特阿拉伯大量的原油被加工和净化处理后运送到沙特阿拉伯国内炼厂或出口到国外。另一个被袭的位置是胡赖斯，它也是一处主要的石油加工设施。

这是一个重要的时刻，假设多年的"战争情景"变成了即刻的现实：战争游戏变成了实际战争。袭击展示了分布在波斯湾的巨型石油基础设施的实体脆弱性。这次袭击打掉了570万桶旧的石油，从绝对数量看，这是全球石油工业遭遇的最大冲击。袭击后的第二天也就是周一，油价出现了上涨。

也门胡塞武装立即宣布对袭击负责，将其描述为对沙特阿拉伯空袭是也门的复仇行动。伊朗否认与该袭击有任何关联。

然而对于沙特阿拉伯来说，对于袭击来源保持一定程度的模糊性是有用的。否则，沙特阿拉伯就将要面临对伊朗进行报复的压力。然而这又会增加冲突进一步升级的风险，该地区的石油和海水淡化设施也可能会因此遭遇更多的毁坏。

在过去的年份中，世界石油工业心脏发生的这么严重的事情将会通过全球市场造成恐慌蔓延，进而造成油价上涨。然而，现在让人印象深刻的一点却是油价并未像以前那样上升很多，而是上升后不久就重新回到袭击前的水平。之所以如此，部分原因在于沙特阿拉伯在遭袭后很快就向外界清晰地表示要通过消化库存和减少对国内炼厂供应的方式维持已有的石油出口水平。沙特阿拉伯将展开快速行动对遭袭石油设施进行修理。不仅如此，全球石油库存当时还处于高位。

另外一个原因就是美国石油产量的持续增加对世界石油市场进行了再平衡。美国页岩不仅重塑了世界石油市场，还重塑了世界石油市场的心理情绪，给世界提供了一种新的安全感。

然而，混乱仍在中东地区持续。在伊拉克，愤怒的示威者持续反抗国内公共服务崩溃、失业、腐败和到处弥漫的伊朗影响力。伊拉克石油出口也开始受到影响。

2019年12月末，伊朗主导的民兵组织真主党旅发射的火箭弹在伊拉克一个军事基地杀死了一个美国合同商，并造成几名美国军事人员受伤。美国对此做出反应，展开空袭杀死了24名真主党旅武装人员。该组织成员以及他们的支持者然后轻松进入巴格达受到保护的绿区，反击了美国驻伊拉克大使馆，这个场景出现在了全世界的电视上。在看到这一幕的人中，也包括唐纳德·特朗普。

2020年1月2日晚上，圣城旅的领导人苏莱曼尼登上了一架从大马士革飞往巴格达的民航客机。前一天他还在贝鲁特与真主党领导人会面，似乎展现了他的无处不在。他还曾与唐纳德·特朗普在推特上打过嘴仗。他在2018年讽刺特朗普为"赌徒"。他曾这样评价特朗普："你要清楚在非对称战争中我们的强大，来吧，我们正等着你。"然而现在美国人等着苏莱曼尼。

1月3日的大约早上12点45分，当苏莱曼尼乘车离开巴格达国际机场时，美国无人机发射的导弹袭击了他的车辆，造成了他的死亡。一块儿被杀的还有曾是抗击"伊斯兰国"极端组织的民兵组织领导人和苏莱曼尼亲密盟友的真主党旅领导人。这在伊朗引发了巨大愤怒。苏莱曼尼已经从一个影子司令成为伊朗名人和国家英雄，甚至对伊朗政权的批评者来说都是如此。曾赞扬圣城旅为"跨越国境的战士"，伊朗最高精神领袖哈梅内伊承诺复仇。对于仍处于守势的"伊斯兰国"极端组织来说，苏莱曼尼的死亡是一个很好的消息：地面上该组织最可怕的对手消失了。伊拉克什叶派内部对于苏莱曼尼之死感到愤怒，伊拉克国内反伊朗的抗议暂时平息下来。

苏莱曼尼的死亡没有引发油价的螺旋上涨。在接下来的几周里，油价反而出现了直线下降。中国武汉暴发的新冠肺炎疫情造成中国很多经济活动停止，世界石油消费因此出现了自2003年以来40%的下降。随着人们待家不出，交通车辆消失，飞往中国航班被取消，石油需求出现下降。2020年的不稳定性控制了石油市场，尽管这种控制方式是以前人们没有预料到的，而这种影响也是人们之前没有想象到的。

而到了这个时候，页岩时代到来而引起的2014—2015年的油价下跌已经引发全球最重要石油出口国发生了显著变化。

第32章

奔向未来

位于沙特阿拉伯首都利雅得的丽思卡尔顿酒店最初是为皇家客人建造的。2011年,它被改造为一个气势恢宏的商业旅馆。2017年10月,3500人参会的未来投资会议在此举行,来自沙特阿拉伯和全世界其他地方的主要金融和商业人物齐聚于此,伴随他们的还有一些友好的机器人和让人眩晕的虚拟现实。

大会的亮点聚集在了沙特阿拉伯王储穆罕默德·本·萨勒曼,也就是未来的沙特阿拉伯国王身上。这不是那种沙特阿拉伯人已经习惯看到的那种圆桌讨论。首先,在过去沙特阿拉伯王储根本不会参加圆桌讨论。而且,会议的主持人还是一位美国新闻女主持人,并且她头上还没有在公众场合沙特阿拉伯妇女需要戴的黑色头巾。

比圆桌讨论本身更值得注意的是沙特阿拉伯王储所说的话。他在会上宣布道:"开始于1979年的时代结束了。"从现在起,沙特阿拉伯将成为"温和穆斯林人"的家园。为了进一步解释他的意思,他宣称:"我们将消灭那些极端主义者。"

为了向正在线上观看这场会议的沙特阿拉伯年轻人强调这个国家正在发生的变化,王储掏出了一部类似"老"黑莓手机和一部正在流行的苹果手机。他说,就像两部手机不同那样,未来的沙特阿拉伯也将要发生改变。王储拿着两部手机的图片在网上火了。

然而会议上也有确切的描述。某个时刻,日本科技大佬孙正义听到一个耗资0.5万亿美元的未来城市建设"梦想"计划时(机器人会在这种城市忙碌地工作,甚至可以帮人购物),而变得非常兴奋,以致于孙正义对外声称这样的城市将会成为一个"新的麦加"。

那样的梦想太过了。王储抓过麦克风,说:"不不不,世界上只有一个麦加。"

然而沙特阿拉伯总的变化是不容否定的。在变化方面向来较慢且按部就班的沙特阿拉伯突然正在加速冲向未来。20世纪70年代后期和80年代早期束缚沙特阿拉伯社会且被视为不可改变的一些限制现在将要松动了。

沙特阿拉伯社会不再延续过去的改变是值得注意的,甚至是惊人的。未来投资会议结束一周后没多久,中东又出现了更多的改变。黎巴嫩首相突然出现在了利雅得,宣布他正在辞去总理职务,作为对伊朗支持的真主党主导黎巴嫩社会的抗议(尽管他在1个月后又收回了他的辞职决定)。伊朗支持的也门胡塞武装直接针对利雅得国际机场发射了一枚导弹。导弹被沙特阿拉伯爱国者导弹防御体系在利雅得城市上空成功拦截,最终导弹在空中爆炸。

除此之外,整个沙特阿拉伯王国还出现了更大的变化,尽管变化的种类有所不同。包括沙特阿拉伯皇室成员、商业和政治领导人、现在和过去的内阁部长在内的200多人因涉嫌腐败而被捕。同样是被拘押在丽思卡尔顿酒店,只不过酒店已被改造成了监狱。一些被捕者一周之前还在未来投资会议上与外国客人握手。接下来的几个月里,沙特阿拉伯政府表示,从这些被捕者手中收缴了超过1000亿美元的腐败赃款。

这次逮捕行动给出了谁在掌控沙特阿拉伯这一问题的答案。沙特阿拉伯权力以前为沙特阿拉伯国王阿卜杜勒·阿齐兹(沙特阿拉伯王国的创建者)一群年老的儿子共享。然而现在,权力正被集中在阿齐兹众多儿子中的一个人以及这个人自己的儿子手里,也就是沙特阿拉伯现国王萨勒曼以及他自己的儿子穆罕默德手里。

穆罕默德·本·萨勒曼将会成为国王的继承者几乎是没人提前想到的。他的父亲萨勒曼·本·阿卜杜勒阿齐兹出生于1935年，是阿卜杜勒·阿齐兹大约40个儿子中活得较长的一个。萨勒曼在利雅得市长的位置上做了将近半个世纪，也是在这段时间内利雅得的人口从20万增长到500多万。萨勒曼后来成为沙特阿拉伯国防部长，之后成为王储。2015年1月，国王阿卜杜勒在大约91岁的年龄去世。萨勒曼成为国王。

生于1985年的穆罕默德是萨勒曼较为年轻的一个儿子。他说，孩童时代通过观看美国影片他便学了英语。随着慢慢长大，父亲一周会给他指定一本历史书学习，然后针对学习的东西再对他进行测试。

通过历史的学习，他肯定吸收了关于权力、如何巩固权力以及如何运用权力的知识。他曾是一个私人投资者。他曾加入内阁咨询法务办公室，在那里他对做事情的传统方式表示了强烈的反对。之后他转到当时还是利雅得市长的父亲身边工作。之后，父亲晋升为王储，穆罕默德·本·萨勒曼则成为宫廷的总管。

在萨勒曼登上王位的2015年，之前还不被多数人所知的穆罕默德却在29岁的年龄走到了副王储的位置，之后很快便获得了更多权力。他做过国防部长，掌管过沙特阿拉伯最高经济理事会和石油工业最高监督理事会。他监督了沙特阿拉伯针对也门胡塞反叛武装展开的旷日持久的斗争。2017年6月，穆罕默德·本·萨勒曼将堂兄（弟）穆罕默德·本·纳耶夫推到一边，自己成为王储。沙特阿拉伯前内政部长本·纳耶夫自21世纪早期开始便领导沙特阿拉伯反对极端主义分子的斗争，为华盛顿所熟知。而现在穆罕默德·本·萨勒曼则成为未来的国王，而且作为父亲的继任者有可能会在一段很长的时间内担任国王。而负责国内安全的沙特阿拉伯内政部长也开始受他的支配。

对于经济，穆罕默德·本·萨勒曼提出了2030远景计划，该计划承诺更多的改革，从而改变沙特阿拉伯经济严重依赖石油和对石油市场上下波动敏感脆弱的局面。沙特阿拉伯经济要变得更加多元化、更富竞争力、更具动能和活力和更具高技术特征。

对外宣称沙特阿拉伯一个新时代的到来，穆罕默德·本·萨勒曼正在吸引他的选民，也就是那些对社交媒体非常着迷、占沙特阿拉伯人口70%的35岁左右的年轻人。对这些人来说，没有变化，工作岗位数量就将会不足，而这会让他们感到不满，会让极端主义对他们的吸引力增强，也会让他们与国家关系变得更加疏远。

沙特阿拉伯面临的核心挑战是对石油出口的依赖。穆罕默德·本·萨勒曼说："我们将不能再让国家受到大宗商品价格波动和外部市场的支配。"然而他也宣称，沙特阿拉伯已经出现了"对石油上瘾"的病症。为了解释他的新政策，他转向了历史和他的爷爷。他说："阿卜杜勒·阿齐兹和那些与他一起工作的人在不依赖石油的情况下建立了王国，在没有石油的情况下他们管理着这个国家，也是在没有石油的情况下生活在这个国家。"

的确如此。然而却是石油、麦加和伊斯兰教才使沙特阿拉伯变成了今天的这个样子。

1933年，加州标准石油公司也就是现在的雪佛龙公司赢得了沙特阿拉伯的石油勘探开发权。1938年3月4日，一份电报从沙特阿拉伯发往标准石油公司的旧金山总部。电文内容是在对沙特阿拉伯东部省份一个名为达曼的7号油井的测试中，石油从地下4694英尺的深度流了出来，每天可采石油数量为1585桶。石油在沙特阿拉伯的发现缓解了标准石油公司的很大压力，在大萧条时期连续几次的油井勘探失败后，这家公司正在考虑是否应该放弃在沙特阿拉伯的开发。现在这家公司不用再考虑这个问题了。然而，公司总部最初却表现出谨慎的态度。一位高管写道："虽然是孤燕不报春，一木难成林，但是我却受到了相当大的鼓舞，我感觉在这种情况下一个油井将会发展为一片油田。"

几个月后，公司有了足够的信心派出公司代表去利雅得与国王阿卜杜勒·阿齐兹见面。公司代表告诉国王，"具有商业性开发价值"的石油已经被找到。这个宣布对于这个君主来说似乎是一个"完全的惊奇"。他说："我高兴，而且是非常高兴。我的一些人一直告诉我在沙特阿拉伯永远也不可能发现大规模石油储量，而其他人则一直说你的公司已经发现了大规模石油储量，但是却不愿意承认。可是我经常认为他们都是错的。"

让沙特阿拉伯国王还感到"非常自豪"的事实便是，沙特阿拉伯已经跻身世界第22大产油国的位置，而且还有更高的石油生产潜力。这个消息特别受到国王的欢迎，原因就是他的王国正受困于财政困难，而这已对他几十年建立起来的国家造成了很大威胁。

始于1901年，阿卜杜勒·阿齐兹和为数不多的跟随者被从临近的科威特酋长国的家里驱逐出来，骑上骆驼进入沙漠。他们的目标是重新复兴在18世纪和19世纪两次统治阿拉伯半岛部分地区的沙特阿拉伯王朝。在接下来的25年中，阿卜杜勒·阿齐兹与凶猛的依赫瓦尼人联合横扫阿拉伯半岛。伊赫瓦尼人是坚定的苦行派伊斯兰教信奉者，这一教派可以追溯到18世纪的神职人员穆罕默德·伊本·阿布多·瓦哈比，他曾试图对伊斯兰教进行纯化，使伊斯兰教回归到它早期的根源，剔除掺杂其中的外来异教杂质。瓦哈比伊斯兰教成为沙特阿拉伯的信仰，这对于将不同的部落整合为一个沙特阿拉伯王国则具有关键的作用。

1932年，汉志和纳吉王国被重新命名为沙特阿拉伯。当时沙特阿拉伯王国的财政非常困难，原因则是去麦加朝圣的人数量出现了巨幅下滑，朝圣收入是沙特阿拉伯王国的主要收入来源。在邻国科威特发现石油后的不到两周内，沙特阿拉伯也于1938年发现了石油，这让沙特阿拉伯国王松了一口大气。第二次世界大战之后的20世纪50年代，沙特阿拉伯石油产量开始增加，资金开始流入该国。然而沙特阿拉伯石油财富的真正时代却开始于1973年石油危机，当时油价上涨了3倍，人口还不足800万人，沙特阿拉伯成了一个非常富有的王国。

这就是沙特阿拉伯王储口中的"1979年开始的时代"的历史背景。这一年，沙特阿拉伯王国突然遭遇了挑战。宗教极端主义分子夺取了麦加的大清真寺，接下来几周发生的战斗震惊了沙特阿拉伯王国，动摇了这个国家的信心。沙特阿拉伯王室是大清真寺的监护人和保护人，皇室与伊斯兰教的关系对于皇室的身份认知具有基础性作用。

沙特阿拉伯面临的另一个主要威胁来自哈梅内伊作为最高领袖的伊朗神职

政权。哈梅内伊号召毁灭阿拉伯君主政权,尤其是沙特阿拉伯政权这个"大撒旦的主要代理人"(大撒旦指的是美国)。随着沙特阿拉伯大清真寺遭袭,国内什叶派抗议示威正在沙特阿拉伯东部地区出现,助推这种抗议示威的因素还有当地人的冤屈以及伊朗伊斯兰共和国之声的广播宣传。

对于向其伊斯兰权威地位的挑战,沙特阿拉伯做出了反应,对伊斯兰教变得更加虔诚,重新宣称基础教旨主义的伊斯兰教为沙特阿拉伯共同的思想体系,这也就是外人所称的瓦哈比主义,然而利雅得自身却持续反对这个称呼。传统神职人员在国内变得更具主导型和权威性。宗教警察在街头巡逻,惩罚那些穿戴不当的妇女或牵手的未婚的男女。妇女被强制与男人隔开,她们的决定、受教育和旅行都要受到"男性监管者"的控制。女人的照片不再被允许出现在报纸上。电影剧院被谴责为"堕落腐化"的源头,而遭到关闭。教育体系比以前更加偏重于对伊斯兰教的教育宣传。

沙特阿拉伯的转变不仅具有维护沙特阿拉伯王国地位的防御特点,还具有进攻性。就像已经指出的那样,沙特阿拉伯与美国联手资助那些宗教圣战分子,以便让他们与阿富汗的苏联人战斗。沙特阿拉伯还在全球范围内与什叶派的伊朗展开了竞争。政府在宗教教育上花费了数百亿美元的支出。沙特阿拉伯资助伊玛目、清真寺、伊斯兰教中心以及全世界的很多穆斯林学校、大学。尽管如此,随着时间的推移,这些为推进基础教旨主义伊斯兰教在国外传播而花费的资金却也助长了极端主义和圣战主义的兴起。

石油美元的激增创造了沙特阿拉伯的福利经济社会,直至今天都没有改变。这些资金被大量投入到穆罕默德·本·萨勒曼所称的"草泥小屋组成的国家"改造中,包括房子、办公大楼、酒店、学校、大学、公路和机场在内的现代基础设施在沙特阿拉伯大量出现。沙特阿拉伯的人口和城镇化增速都很快。识字率也从之前的仅有10%跃升至80%多。金钱的流入为政府和平民百姓之间新的社会契约提供了资金,这种机制是利用政府对石油财富进行收集和再分配。沙特阿拉伯成为所谓的"权利之国"。

这种财富体系分配机制能够运转得很好,但前提是石油收入能够持续流入沙特阿拉伯。2014年油价的暴跌显示了这个石油王国的脆弱性。沙特阿拉伯石油出口收入从2013年的3210亿美元下降到2016年的1360亿美元。然而政府支出预算承诺若要兑现，沙特阿拉伯政府需要油价保持在不低于每桶100美元的水平，而不是45美元或35美元。不仅如此，从2015年开始，为了应对也门战争沙特阿拉伯还出现了新的更多资金需求。

在这种背景下，沙特阿拉伯开始致力于将国家引向一个不同过去的未来，改变该国经济严重依赖石油、石化产品出口以及石油市场周期的局面。沙特阿拉伯制定了经济多元化目标，旨在让经济更具竞争力、更具活力和动能、更具创新性、更具高技术特征以及更多地融入全球经济。沙特阿拉伯的当务之急是为青年人提供工作岗位，为他们在社会中找到一个位置，从而让他们远离极端主义和反对政府。沙特阿拉伯的改变将增强它在与地区对手伊朗竞争时的能力。然而沙特阿拉伯奔向未来的起跑线却表明这个国家还有很长的路要走。新冠肺炎疫情出现之前国际货币基金组织表示："石油产业在沙特阿拉伯GDP中直接占据了40%多的比例，非石油经济活动也高度依赖于政府的石油收入分配。"

摆脱石油实现经济多元化对于沙特阿拉伯来说是一个重要的避险手段，经济严重依赖石油已经成为这个国家面临的一个风险。从前的石油暴跌经常会加速对于经济多元化的讨论，然而以前却从来没有对石油的长期地位有过多少质疑。以前认为，石油需求在未来很多年肯定还将会持续攀升。然而今天，这种确定性却不复存在。

始于2014年的油价暴跌与一场新的关于未来石油需求路径的全球讨论出现了巧合，而这种讨论则体现在"需求峰值"的短语中。讨论的议题是未来石油消费是将维持平稳还是下降比通常预期来得更早，如果后者出现，石油就将会被"搁浅"在地下，而不再有任何价值。在气候变化政策、交通能效提高以及电动汽车（经过一个世纪的沉寂）重生的情况下，这种讨论尤为重要。

沙特阿拉伯可能拥有世界上最大的常规石油储量，其石油生产成本还将持续维持在最低水平，长期来看该国仍将拥有竞争优势。然而它也面临着"世界可能逐步远离石油"的挑战。而且，虽然中东石油拥有低成本的竞争优势，但是它也面临着更多的竞争，其中就包括美国页岩油的崛起。

所有这些都为萨勒曼国王领导下的沙特阿拉伯政府设定了大幅度加速社会改革的舞台，而在阿卜杜勒国王时期这种改革要比现在谨慎许多。沙特阿拉伯王储宣布了建造一个主题运动公园巨型综合体的计划，这样沙特阿拉伯家庭就可以待在国内将钱消费在本国而不用再去迪拜度假了。2017年，沙特阿拉伯大穆夫提（伊斯兰教法典说明官资历最高的神职人员）在流行的的每周电视秀"与穆夫提在一起"上，还在谴责音乐会和电影，原因就是它们会使道德价值观堕落，还会引起两性发生性行为，在伊斯兰教中是被禁止的。然而，沙特阿拉伯本地和国际娱乐明星却开始在沙特阿拉伯全国举办音乐会，而且政府也为影院的回归开了绿灯。第一家影院于2018年4月在利雅得开放，首部影片则是超级大片《黑豹》，影院座无虚席。沙特阿拉伯新成立了娱乐管理部门，公布了未来10年投资640亿美元打造沙特阿拉伯本国现代娱乐工业的计划，旨在为年轻人提供除了购物广场和清真寺之外的其他活动选择场所，同时在这个过程中创造工作岗位。

然而最明显可见的社会改革却是对妇女驾车禁令的废除。该禁令已经存在了数十年。1990年，5名妇女在离开沙特阿拉伯一家食品商店时，让载她们而来的司机分别从5辆车里出来后，她们自己抓起方向盘加速离去。对于此事，大穆夫提当时还指责这些驾车的妇女为"不能否定的罪恶之源"。

沙特阿拉伯的妇女驾车禁令于2018年6月被废除，沙特阿拉伯也成为世界上最后一个禁止妇女驾车的国家。沙特阿拉伯还制定了宏大的经济目标，即允许人口流动，这将使更多的妇女加入劳动大军，从而提高该国的劳动生产率和经济增速。然而在驾车禁令被废除的几周前，几位妇女活动人士却全部遭到了逮捕，其中还包括一些曾参与过1990年妇女驾车相关抗议活动的人。当加拿大外交部长在推特上批评这种逮捕时（其中一个被逮捕的妇女在加拿大拥有家庭），沙特阿拉伯中断了与加拿大的外交关系，并召回了700名在加拿大大学留学的沙特阿拉伯人。在写本书时，一些被捕妇女都还在监狱。

随着1979年后社会和宗教限制的放松,沙特阿拉伯开始努力培育基于爱国主义和沙特阿拉伯国家的身份认知。2005年国王阿卜杜勒推出了国家日,以纪念沙特阿拉伯王国的建立,但这遭到了反对非伊斯兰假日的宗教人士的批评。在萨勒曼国王和穆罕默德·本·萨勒曼时期,沙特阿拉伯又引入了一个两天的假期,这天会举行盛大的烟火秀,数百架无人机组成了沙特阿拉伯国旗的形状飞过利雅得和吉达。这种新的爱国主义支撑着沙特阿拉伯的2030远景计划。

沙特阿拉伯并非中东地区第一个拥有2030远景如此宏大计划的国家。10年前,它的邻国阿布扎比就提出了另一个2030远景计划,该计划是经济多元化的先导者。

阿布扎比是阿联酋的7个酋长国之一,而阿联酋则是在英国从海湾撤军的1971年成立。迪拜和阿布扎比是阿联酋最出名的两个酋长国。迪拜是中东的商业中心,也是世界经济全球化背景下的一个国际城市。阿布扎比是最大的一个酋长国,也是石油资源最富有的酋长国。在发现石油之前,阿联酋靠近海洋的位置使其在历史上就是中东贸易网络的一个节点,这一点也常被用来解释为什么该国需要更加开放融入世界。阿联酋可能是世界上少数几个(也可能是唯一一个)政府内阁中拥有宽容部长的国家之一。

阿布扎比是石油生产的后来者。石油在1958年才被发现。引用参与过该国首个5年计划制定的一个人的话,1967年的阿布扎比还是一个"发展中的村庄",没有公路,没有电力,仅有一座学校。今天它成为拥有办公塔楼和复杂公路系统的四处扩展的现代城市,它拥有沿波斯湾临海而建的滨海大道。石油方面,它拥有每天可达400万桶的石油产能,而且有意将这个数字提高到500万桶。若是如此,它就会成为欧佩克组织中第二大石油生产国。同时,该国石油公司阿布扎比国家石油公司还在计划实施一项特别的私有化战略,不是整个公司的全部私有化,而是与国际公司在不同的商业模块领域建立合作关系。

谢赫·扎耶德·阿勒纳哈扬从1966年开始统治阿布扎比,也是1971年阿联酋的创建者,他常常警告阿联酋不能一直依赖石油。因此,他成立了阿布扎比投资局，今天的它已被视为世界上第二大主权财富基金，其公开的资产估计超过 8000 亿美元。他的儿子穆罕默德·本·扎耶德在 2004 年成为王储。他则加速了该国经济多元化的步伐。他说："50 年后，当我们可能只剩下最后一桶石油时，当这最后一桶石油也被运到国外时，我们会伤心吗？如果我们今天就投资于正确的产业部门，我可以告诉你那时我们将会庆祝。"其启动的另一个主权财富基金名为穆巴达拉，管理着大约 2300 亿美元的资产，该基金倾向于在阿布扎比和全球其他地方创建公司并进行公司投资。它所投资的一家名为地层的公司就在阿布扎比为波音公司和空客公司制造高端飞机零部件，其投资的另一家公司则是阿布扎比一家主要区域性医疗中心克利夫兰诊所的合作伙伴。阿布扎比实施的另一个计划名为马斯达，该计划旨在使该国能源结构实现多元化，而非仅仅依赖石油和天然气。在太阳能和风能领域，它已经成为一个地区性和全球性的主要参与者，还成为能源领域的一个创新和技术中心。

阿布扎比实施的第三个计划就是 2030 年远景计划，它于 2007 年启动，计划列出了阿布扎比的总体发展战略。该计划发出的信息是阿布扎比需要多元化收入基础，需要提升其工作人员技能，需要创造工作岗位，需要提高妇女在经济中的参与度。计划实现的效果要比预期来得快。20 年前，该国几乎所有的 GDP 都依赖于石油。今天，该国大约 60% 的 GDP 都与石油不相关。非石油产品在该国出口总量中的比例已经从 2010 年的仅有 13% 上升到 2018 年的 57%。助推经济多元化的因素是多方面的，其中包括投资环境、政策的持续性、商业文化、支持制造业发展的便宜电价、具有成为贸易中心的位置优势。所有这些都成为经济多元化的一个剧本，至少这个剧本对于阿布扎比是有效的。

沙特阿拉伯的 2030 远景计划目标则超出了经济多元化，它还要实现国家转变。计划包括 13 个小的远景计划，其中涵盖经济、金融、生活质量、"国家特色丰富化"等很多内容。国家转变计划的最初版本包括了 178 个目标，371 个表征进步的指标和 541 个小计划。

沙特阿拉伯一位官员说："自 20 世纪 70 年代早期开始，我们就一直制定五年发展计划。这些计划都拥有相同的目标，即实现经济多元化，助推私人经济增长，降低对石油依赖度。我们建造了大量的基础设施，也增加了教育和医疗服务。但是看了这三个基本目标后我们就会发现，我们并没有成功实现这些目标。我们仍旧依赖石油，私人部门仍旧依赖政府，我们未能实现经济多元化。现在我们正在对一切进行改革，包括社会、经济以及行政体制，同步推进。这真的很有必要，看看人口就会发现。"

2030远景计划旨在为沙特阿拉伯重造设定路线图，它植根于一项持续性的经济交流计划。私人部门对GDP的贡献将要上升。国外投资也实现实质性增加。沙特阿拉伯和俄罗斯作为国防开支的第三和第四大国家，两者国防开支接近，仅次于美国和中国。自2011年以来，沙特阿拉伯还成为美国武器的头号买家。为此，沙特阿拉伯制定了一项非常有雄心的目标，也就是建立自己的国防工业，旨在让国内军事装备开支实现50%的本地化。沙特阿拉伯减少了对国内居民的水电补贴，与此同时，"公民账户"则被建立起来以便向那些低收入的沙特阿拉伯人提供资金补助以抵消他们公用开支的上升。

沙特阿拉伯制定的另一个目标是大幅扩大非石油产品出口，包括服务出口以及穆罕默德·本·萨勒曼所称的旅游服务的出口。2030远景计划将目光投向了去麦加的朝觐，旨在让沙特阿拉伯显著提升"宗教游客"数量。而沿红海建造的新的度假胜地则旨在吸引更多的"非宗教游客"。对此，穆罕默德·本·萨勒曼表示，不用再履行繁琐的签证提前申请程序，非宗教游客下机甚至在网上就能预定酒店或公寓房间并获得签证。远景计划还包括其他一些目标，比如，改善住房和健康服务获得能力、创造600万新工作岗位、增加劳动力中的妇女比例（大学女生数量已经超出了男生）、打击官僚主义。最后一点特别值得注意。

沙特阿拉伯的首要任务是在私人部门创造工作岗位，而沙特阿拉伯政府又有意让私人部门减少对政府的支出依赖。在这方面沙特阿拉伯面临的最明显困难是就业结构本身。对于沙特阿拉伯人来说，它们看到的工作岗位主要在政府。私人部门的工作通常来说不仅报酬较低，还被认为比较缺乏吸引力。这些工作常常是由拥有临时签证的"外籍劳工"在做，这些人通常是来自诸如巴基斯坦、印度、孟加拉国、埃及和菲律宾这些国家的穆斯林人。他们永远不会成为沙特阿拉伯公民,他们的孩子也不会,即使出生在沙特阿拉伯情况也不会改变。

这造成的结果就是沙特阿拉伯的双层劳动结构。在沙特阿拉伯常驻人口中,每两个沙特阿拉伯人(总量大约为2000万人)对应着1个外国人(总量大约为1000万人)。在劳动力结构中,这个比例则发生了反转。沙特阿拉伯大约450万工作人口的70%在政府工作。相较之下,外籍劳工的数量则是沙特阿拉伯本国劳动人口的两倍,超出了800万人,多数人的薪酬水平较低,且都是在私人部门工作。

讽刺的是,沙特阿拉伯整个经济计划的实施依赖于一项前提条件。沙特阿拉伯想要实施该计划并且逐步远离石油实现经济多元化,它就需要很多的石油收入。它想要在10年多一点的时间内完成东亚经济用20多年甚至更长时间才完成的奇迹。因此,国民和资源都需要被动员起来。沙特阿拉伯的价值体系需要从基于身份和补贴的体系转移到基于绩效、竞争和表现的体系,而且还要很大程度减少对政府决策的依赖。沙特阿拉伯在调整步调和平衡上面临大的挑战。"时间"的概念必须要发生改变,时间弹性需要降低,时间要更富刚性。公众的"买账"和年轻人的持续支持对于计划实施起着关键的作用,这样才能对抗改变可能导致的社会混乱,其中就包括来自社会较传统部门的抵制。而且,还必须考虑到一种情况,即伊斯兰主义者将会千方百计造成沙特阿拉伯社会动荡和秩序混乱。

所有这些能够在时间被压缩的情况下实现吗?曾经为阿卜杜勒国王工作的一位沙特阿拉伯高级官员如此表示:"即便只能实现50%的目标,那也将是很好的事情。"即便这样,它仍意味着沙特阿拉伯发生了另一场堪比20世纪70年代之后那种转变的社会变革。

然而改革之路和沙特阿拉伯想要融入世界经济的新努力却突然遭到了发生在伊斯坦布尔一件事情的中断。贾马尔·哈苏吉,一名记者,曾是沙特阿拉伯一家报纸的编辑,还曾担任过沙特阿拉伯王室一些成员的非正式发言人。他在

2017年去了美国。他成为《华盛顿邮报》的一名供稿人，为该报撰写专栏，批评阿拉伯世界的治理方式以及对抗议不满的镇压。

2018年10月2日，因为想要再婚需要办理一些文件手续，哈苏吉进入沙特阿拉伯驻伊斯坦布尔领事馆。然而他却再也没有能够出来。他在沙特阿拉伯驻伊斯坦布尔领事馆里面被残忍杀害，一个来自利雅得的15个人组成的打击小组实施了该行动。然而，这个打击小组没有想到的是，土耳其情报部门获取了这场杀害行动的内容。接下来，一点一点地，土耳其公布了杀害行动的一个又一个细节。

为什么土耳其埃尔多安政府按照它的那种方式公布这些细节？仅仅是因为15人打击小组无视土耳其主权飞进伊斯坦布尔无耻杀害和土耳其政府有着密切联系的一个记者吗？还是土耳其想要利用这次机会限制和削弱沙特阿拉伯王储（在土耳其看来沙特阿拉伯王储正在寻求成为中东地区的主导人物）的影响力，同时彰显土耳其的地区角色（埃尔多安则将这种角色描述为"奥斯曼帝国地位的延续"，对此他曾表示，土耳其的历史积累和地理位置能够让土耳其成为领导穆斯林世界的唯一国家）？

在哈苏吉事件的余波中，沙特阿拉伯的改革计划仍将进行，但是国际社会对此不再有以前的那种称赞和兴奋。德国宣称它不会再将武器出售给沙特阿拉伯。曾赞扬穆罕默德·本·萨勒曼为改革者和现代主义者的美国参议员现在则对他和沙特阿拉伯进行批评。国际媒体同样也对沙特阿拉伯进行批评。美国国会通过了一项联合决议，旨在中止美国在也门战争中向沙特阿拉伯提供军事支持。唐纳德·特朗普将这些批评者顶了回去，重新坚定表示其政府仍会向穆罕默德·本·萨勒曼和沙特阿拉伯提供支持。

沙特阿拉伯与美国的关系在另一方面已经变得复杂。2017年5月，特朗普访问沙特阿拉伯，这也是他上任总统后的第一次外出访问，在沙特阿拉伯他与国王萨勒曼共同主持了阿拉伯领导人和穆斯林国家参与的一个峰会。两人还共同参与了一个反恐中心的启用开幕式，其他海湾阿拉伯国家也参与了进来，其中就包括与沙特阿拉伯毗邻的天然气出口国卡塔尔。然而卡塔尔与其他海湾国家之间却存在着紧张的关系，而且这种紧张还正在加剧。

两周后的2017年6月5日，沙特阿拉伯和阿联酋突然断绝了与卡塔尔的外交关系，并宣布对卡塔尔实施封锁和禁运。电话联系被切断。沙特阿拉伯和阿联酋国民被命令待在国内。后来埃及和巴林也加入沙特阿拉伯对卡塔尔的行动。沙特阿拉伯和阿联酋表示，卡塔尔在持续为伊斯兰极端主义分子提供资金和活动场所，并与伊朗有"关系私通"。但是这种最激烈的批评都是有原因的，据说卡塔尔支持穆斯林兄弟会和其他伊斯兰主义者，还在努力通过半岛电视台对其邻国搞破坏，为极端伊玛目提供宣传平台，并在电视台对邻国进行激进型的批评新闻报道。

沙特阿拉伯与卡塔尔的关系疏离状态一直在持续。卡塔尔是一个非常富有的国家，正常情况下它会进口接收来自沙特阿拉伯的食物，其中就包括从沙特阿拉伯空运进口数以千计的牛。土耳其正在提高其地区大国地位，并在试图恢复奥斯曼帝国的荣光，迅速向卡塔尔派出了数千部队，并在那里建立一个军事基地，而这激怒了沙特阿拉伯和阿联酋。更让两国感到愤怒的是卡塔尔与伊朗的关系。就像一位卡塔尔人解释的那样："伊朗是我们的邻居，我们必须要按照它本来的样子对待它。"卡塔尔从伊朗进口的食品出现了激增，伊朗向卡塔尔开放了领空，而现在卡塔尔则不被允许通过其阿拉伯邻国的领空。天然气收入要比石油收入重要很多的卡塔尔则退出了欧佩克，原因则是讨厌欧佩克被沙特阿拉伯主导。

在沙特阿拉伯对卡塔尔实施封锁、两国关系走冷过程中，卡塔尔手中还握有3张有价值的王牌。第一张便是对全球具有重大意义的卡塔尔液化天然气出口规模。第二张便是其财富。它掌握着3500亿美元的主权财富基金，全世界都有该基金的战略投资，其中就包括获取英国航空母公司25%的股权。第三张便是它与美国之间具有独特价值的战略关系。卡塔尔国内有一个军事人员达1万人的大型美国空军基地。就像一位美国空军将军指出的那样："卡塔尔拥有极具战略性的位置，恰好位于所有国家的中间。"它还是美国中央司令部前方指挥部所在地。沙特阿拉伯与卡塔尔的这种关系僵局是美国非常不愿意看到的。

在经济领域，事情就不一样了。2019年春，沙特阿美石油公司启动了100亿美元的债券发行计划，以筹集资金为收购大型国有化工公司沙特阿拉伯基础工业公司做好准备。国际金融市场对此反应热烈。债券出现了严重的供不应求现象，认购量达到了实际计划发行量的大约10倍。该债券的发行表明了非常明显的一点，即沙特阿美石油公司是世界上盈利能力最强的公司。

这项债券的发行重新激活了沙特阿美石油公司进行IPO的想法，即使在几年前这还一直被认为不可想象。2016年1月，穆罕默德·本·萨勒曼透露了一个惊人的计划。在接受《经济学人》杂志的一个采访中，他被问道："你能想象出售沙特阿美石油公司的股份吗？"王储回应道："我们正在重新评估这件事情。从个人角度看，我是非常希望看到这件事情发生的。"

这番回应惊呆了全球石油和金融领域人士。在此之前，这种事情是绝对上不了讨论话题范围的。这番回应对于沙特阿拉伯人来说也是一个惊人的消息，因为沙特阿美石油公司与沙特阿拉伯的认知连接非常紧密，沙特阿美石油公司对于沙特阿拉伯也具有非常基础的地位。关于公司的潜在价值，王储给出了2万亿美元的估价。沙特阿美石油公司如果进行私有化，其潜在IPO规模将超出历史上任何一次IPO，也将改变世界石油工业的动态进程。

沙特阿美石油公司是沙特阿拉伯经济的发动机，也是该国最重要的公司机构之一。自20世纪80年代完成国有化以来，它一直就是世界上最大的石油公司，它做的每件事情都拥有巨大的规模。它的工程师和科学家在美国、英国和其他地方的大学接受了训练，通常沙特阿美石油公司被认为处于石油工业的技术前沿。从申请的新专利来看，它处于世界石油公司的顶尖位置行列；它的重大投资项目历经时间会长达20～25年；坐拥2615亿桶原油可探明储量，在其他公司油井干枯后很久它也仍将能够生产石油。

然而随着IPO的出现，沙特阿美石油公司也将会发生很多的变化。每个季度，它的管理层都需要向投资者出示经营报告。沙特阿美石油公司不再是一个仅代表沙特阿拉伯的单纯的国家石油公司，它还是一项金融资产。对此沙特阿拉伯王储宣称："石油应该被当作一项投资来对待，不多不少就是投资。"对于对此有所疑虑的一些人，他表示："这些人与社会主义、共产主义接近，什么事情都应该国家拥有才对，甚至蛋糕店也不例外。"

沙特阿美石油公司 IPO 的想法为什么让人如此震惊？当然，无论是全部还是部分，国有公司的 IPO 和私有化都一直是全球经济的一个主要关注点，从 30 多年前开始到现在都是这样。然而却没有其他一家公司能够像沙特阿美石油公司那样与一个国家那么紧密地绑定在一起，在一个国家扮演着如此重要的角色。

如此规模公司的私有化准备工作是一个复杂的过程，需要几年的时间才能完成。为此，公司需要实施全新的财务内控、会计和经济信息化系统。包括公司分红、公司税收和公司治理在内的很多问题也需要向投资者做出解答。而且，公司还需要向投资者回答一个基础性问题，即在一个油价波动的世界中，阿美公司的企业价值是多少？这家公司实际能值多少钱？

沙特阿美石油公司的 IPO 收益进入沙特阿拉伯主权财富基金公共投资基金的账户。反过来，这也是沙特阿拉伯更大战略的一部分，这个更大战略便是将公共投资基金变成世界上最大的主权财富基金。

利雅得可以看看"隔壁邻居"阿布扎比主权财富基金或掌握着 1 万亿美元资产的挪威主权财富基金的情况。通常来说，沙特阿拉伯的石油产量是阿布扎比的大约 3 倍，是挪威的 5 倍还多。就像沙特阿拉伯王储讲的那样，从石油产量角度来说，沙特阿拉伯理应拥有一个比全球最大的基金还大的主权财富基金。反过来说，公共投资基金的钱将有助于沙特阿拉伯启动 2030 远景计划，从而重塑沙特阿拉伯。穆罕默德·本·萨勒曼想要构建一个"全球投资集团"那样的一个主权财富基金。公共投资基金肯定能够为沙特阿拉伯提供大量的非石油收入现金流。但是就像国际货币基金组织指出的那样，用非油收入替代石油收入是沙特阿拉伯需要攀登的一座高山。

沙特阿美石油公司的 IPO 应在哪里开启？纽约、伦敦、东京、香港还是新加坡？这个问题引发了人们的很多猜测。最终，沙特阿美石油公司 IPO 时间选在了 2019 年 12 月 11 日，地点则选在了"自家院子"：比上述金融交易所小很多的利雅得证券交易所。而且，仅有 1.5% 的股份被公开发售。然而，沙特阿美石油公司仍旧筹到了 294 亿美元的资金，超过了中国阿里巴巴之前创造的最大 IPO 筹资记录。沙特阿美石油公司股价出现了大幅上涨，第二天交易日公司价值触到了 2 万亿美元的关口，也让它成为当时世界上价值最高的公司。从那以后，公司的价值便随着油价的波动而波动。

沙特阿拉伯经济领域出现的成功变化将会改写国内社会契约并重塑沙特阿拉伯。然而 2020 年随新冠肺炎疫情而来的油价暴跌却限制了沙特阿拉伯公开市场的筹资，也限制了其 2030 远景计划的实施。最终来看，不管这种影响如何展现，它必将会蔓延到整个地区。总的来说，变化带来的风险还是非常的高，对于沙特阿拉伯和中东是这样，对于地缘政治和世界经济也是这样。实际风险影响范围还会更广。

在波斯湾一个海滨大别墅的小室里，沙特阿拉伯邻国的一个统治者对沙特阿拉伯改革的必要性进行了反思。当夜幕降临外面的整个沙漠时，他说："改革的风险不在于人们的想法，不在于石油，不在于沙特阿拉伯的领土和地理位置，而在于谁控制麦加和麦迪娜，因为这才是对于全世界穆斯林人意义重大的东西。"

第33章

新冠肺炎疫情的冲击

2019年10月，普京抵达利雅得对沙特阿拉伯进行了国事访问，作为两年前对萨勒曼国王访问莫斯科的回访。俄罗斯总统的座驾由身着盛装、带着沙特阿拉伯和俄罗斯国旗的骑兵卫队引导。知道放鹰是沙特阿拉伯皇族喜爱的运动，普京为沙特阿拉伯国王带来了一份礼物：北极矛隼。国王欣然接受了这种世界上最大的鹰。普京的访问为双方数十亿美元合同的签署创造了机会。访问还标志着双方新的战略关系的起飞。然而，这种关系不久就遇到了考验，而且以一种任何人都没有预料到的方式。

两个月后的2019年12月，一种新的呼吸道疾病出现，它的正式名字为COVID-19。然而人们对它更为熟悉的一个名字为新型冠状病毒，原因就是世界上存在很多冠状病毒，包括一种普通感冒病毒都是冠状病毒。

到了2020年1月下旬，这种病毒已完全传播开来，这对经济和能源产业造成的影响是巨大的。如果人们不再驾车或乘坐飞机，那么他们就不会消耗石油。中国的石油消费出现了直线下降。中国不仅已经成为世界上第二大石油消费国，其石油需求增长还占到了世界石油需求增长总量的一半。世界石油消费随即出现了之前从来没有的直线下滑，2020年第1季度全球每天石油消费下降数量达到了800万桶，而正常情况下这个石油需求是增长的。

为应对石油需求的这种加速下滑，2020年3月第1周欧佩克和23个非欧佩克国家代表齐聚维也纳，商量对策应对有史以来世界石油消费最大的下滑。

虽然这些来到维也纳的各国代表知道石油需求形势很差，但是却不知道到底有多差，也不知道还会变得更差到哪个程度。然而，在那个时候两大主要石油生产国沙特阿拉伯和俄罗斯建立的共同利益关系在最近的几年中已经出现松动。俄罗斯财政预算收支平衡所需油价水平为每桶42美元，而沙特阿拉伯则是每桶65美元，而根据国际货币基金组织的测算，沙特阿拉伯需要油价在每桶80美元甚至更高的水平才能维持预算平衡。不仅如此，俄罗斯一直把2016年签署的"欧佩克+"协议作为暂时的权宜之计，而沙特阿拉伯则想要该协议变为永久性协议，并想要俄罗斯一直在协议里面。

沙特阿拉伯能源部长阿卜杜勒-阿齐兹·本·萨勒曼寻求产油国更大力度的减产，在会上强烈要求产油国进一步削减石油产量，俄罗斯能源部长亚历山大·诺瓦克对此给予了强烈的反对。他想要将现有石油减产协议期限延长几周，根据新冠肺炎疫情形势的发展再做打算，而非实施更大力度的减产。3月6日早上，诺瓦克从莫斯科飞抵维也纳，去了欧佩克总部。在15层的一个小会议室中，他与阿卜杜勒-阿齐兹·本·萨勒曼举行了私人会谈。他们的想法没有交集。他们板着脸下到一楼，去共同会见欧佩克和非欧佩克国家的能源部长们。会议没有达成任何协议。

沙特阿拉伯能源部长在出来会议房间的路上说："今天我们都感到遗憾。"在被问到沙特阿拉伯现在将如何做时，他回应道："我们想要你一直猜。"俄罗斯能源部长诺瓦克说："欧佩克国家没有考虑其他任何变量。"他补充说，既然没有达成任何协议，现在所有的国家都能自由生产他们想要的石油数量。阿联酋石油部长苏哈伊尔·埃尔-玛泽诺埃努力平息双方的不快。他说："他们需要更多的时间思考。"然而"欧佩克+"却已经破裂了。

维也纳的会谈失败震惊了全球石油市场，给金融市场造成了波动。沙特阿拉伯没有浪费任何时间便中止了外人的猜想，对外宣称要开足马力在下一个月内将每天的石油产量从970万桶提高到1230万桶。经济学家出身的诺瓦克说："需求正在下降时却增加产量从经济理论角度看是不理智的行为。"虽然俄罗斯现在没有可以被利用的额外石油产能，但是也将尽最大可能提高石油产量。

开始于 2016 年的沙特阿拉伯和俄罗斯的"关系蜜月"结束了，在石油价格战和市场份额的争夺中结束了。未来的合作伙伴再次成为竞争激烈的对手。莫斯科一些人本来就一直抵制石油限产协议，他们愿意两国关系的破裂。俄罗斯石油公司首席执行官伊格·谢钦称："如果你现在放弃市场份额，那么你未来永远也不会再把它找回来。"从一开始，谢钦就是俄罗斯国内对"欧佩克+"的最大反对者。像谢钦这样的人反对与欧佩克国家签署减产协议，具体说就是讨厌将石油市场份额让给美国。在俄罗斯与欧佩克国家签署协议后石油产量受到限制的 4 年中，美国石油产出却增加了 60%，一举将美国推升到石油产量世界第一的位置。除了市场，谢钦这些人还将美国页岩油气资源视为战略威胁。丰富的页岩油气资源为美国外交政策增加了筹码，让美国能够自由对俄罗斯能源产业施加制裁。就在几个月前，美国还强迫几乎就要完工的北溪 2 号管道停止施工。谢钦等人预计，美国页岩油气将不可避免地成为价格战的主要受害者，因为页岩开发成本较高且需要持续不断地钻探投资，而沙特阿拉伯和俄罗斯生产的则是常规石油。

然而在 2020 年 3 月初人们没有完全理解的却是这场石油市场份额之争是在争夺一个因为新冠肺炎疫情而快速萎缩的石油市场。新冠肺炎疫情正在变成一场全球性疫情。

16 年前的 2004 年，美国情报领域一个研究机构——全国情报理事会，公开发表了一份报告，报告题目名字为《全球未来版图》，展现了 2020 年的世界情景。这份报告给出的众多场景之一便有 2020 年爆发疫情。这是一场奇怪的预言，甚至都准确预估到了年份。疫情报告这样写道："一场新的疫情到来只是一个时间问题，就如 1918—1919 年大流感估计在全球夺走 2000 万人生命那样。在发展中世界大城市出现的这种疫情将具有毁灭性，并可以快速地在全世界范围内传播。如果因此死亡人数在几个大国进入百万级别，那么全球化就将会面临威胁，病毒的传播也会迫使全球旅行和贸易在一段较长的时间内停止，这又会迫使政府消耗巨大资源。"

2015 年，一直将很多精力致力于健康慈善事业的比尔·盖茨曾警告称，全球面临着"强传染性病毒"的巨大风险。盖茨表示："我们没有为下一次疫情的到来做好准备。"与疫情造成的潜在伤害相比，为此准备付出的成本其实要小得多。可能一种自满已经形成，这种自满不是存在于研究传染病的那些人中，而是存在于一般人中，原因就是人类在控制传染病上面取得了相对成功，将感染人数控制在了一定数量范围内：非典（8098人患病，774人死亡）、中东呼吸综合征（1494人患病，858人死亡）、埃博拉病毒（11325人死亡）。

新型冠状病毒较强的传播力在3月初就变成了一个明显的事实。3月6日，"欧佩克+"谈判破裂的这天，世界范围内101000人感染了该病毒，更多的病例正在欧洲和美国被发现。"免握手"政策也随着疫情的加剧变成了"保持社交距离"政策。办公室歇业，商铺关门，学校和饭店停课停业，会议取消，机场空荡无人，旅行停止，人们被告知待在家里。2020年前3个月石油需求出现了每天800万桶数量的前所未有的下降，然而这个数字与接下来几月石油需求下降的数字相比，仍然显得"逊色"。

石油战争迅速变得激烈。沙特阿拉伯国王萨勒曼试图与俄罗斯总统普京进行电话沟通，但没有成功。俄罗斯人对此解释称，这并非俄罗斯有意不尊重沙特阿拉伯，而是普京与土耳其总统埃尔多安围绕叙利亚冲突陷入了一场6个小时之久的会谈中。

3月，一个接一个国家开始快速封闭。除了偶尔有交通车辆驶过，全世界的街头都是空空荡荡。与3月初相比，3月末世界似乎就像换了一个星球。

也就是在这个时候，世界石油消费出现了真正坍塌。如此突然剧烈的石油需求下滑是人们之前从来没有见到的。就如世界经济中其他很多部门那样，油气生意陷入了一个深度危机当中。在美国，石油公司正在快速削减预算。然而市场的变化速度却比石油公司更快。截至2020年3月末，油价已经跌至每桶14美元，而不到3个月前这个数字还是63美元。在加拿大，由于石油进入消费市场遇到了限制，一些石油的市场价格跌到了个位数。对此一位美国高级官员表示："形势非常可怕，然而形势却还在变得更糟。"

讽刺的是，美国的石油产量峰值却出现在了2020年2月，达到了每天

1300万桶。然而到了3月，随着钻机数量的下降和勘探预算的削减，很明显美国石油产量又将要发生下滑。石油工业的阵痛和工作岗位的流失给美国经济造成了一次重大打击。达拉斯联邦储备委员会警告称，油价的崩塌已经"削弱了美国经济"，并从"总体上"而不是仅在能源领域降低了美国的投资支出。不仅如此，美国债券市场以及更广义的金融市场也深受影响，美国中西部工业带也不例外，原因就是它是油气工业设备的主要供应地。

这段时间，美国的汽油消费下降了大约50%，欧洲则下降了65%。然而在美欧政府宣布取消封城措施之前，他们对于石油需求的严重下滑却束手无策。随着疫情的发展，美欧却不可能在很快时间内解除封城措施。3月16日，全球新型冠状病毒病例达到了18.1万例，而美国则达到了6000例。同样这一天，13名来自美国油气生产州的参议员（包括参议院军事委员会主席）向沙特阿拉伯王储穆罕默德·本·萨勒曼写信表达对于沙特阿拉伯"提高产出从而降低原油价格"政策的失望。几天后，当石油向每桶14美元的价格下探时，其中的几位参议员又向沙特阿拉伯王储写了另一封信，警告沙特阿拉伯称，如果沙特阿拉伯继续有意给美国油气生产商制造痛苦，那么沙美军事防御合作关系就将难以维持。

其中的9名参议员还与沙特阿拉伯驻美大使丽玛·宾特·班达尔通了电话，她是沙特王储的堂姐，在她父亲担任驻美大使时就去了美国大学念书。美国参议院毫不吝啬语言，直言沙特阿拉伯正在针对美国挑起"经济战争"。沙特阿拉伯大使则坚持称，油价问题出现的原因在于俄罗斯拒绝沙特阿拉伯在维也纳提出的建议。对此美国参议院给予了回击。一位参议员说："让我给你算算账吧。"这个账就是关系到沙美军事关系走向的美国参议院票数。警告信的签名人员都是沙美军事合作关系的关键支持者。如果价格战继续，这种支持就将消失。

2020年3月19日，特朗普表示："我经常站在那些驾驶汽车需要加满油箱的人的一边。"然而几天后又说："可是我从来没有想到有这一天，因为价格太低而我们不得不让油价有所上升。"在人们不开车的时候，低廉的汽油价格给那些机动车驾驶者没有带来很大好处。然而它却成为一个国家安全问题,就像特朗普指出的那样,我们要确保美国石油产业作为一个战略产业不被低油价"抹掉"。换言之,也就是美国的"能源主导"优势不能因低油价而消失,而这种优势也是特朗普政府所支持的,给美国外交政策带来了更大的灵活性。而且在总统大选年油价还牵涉到政治问题。得克萨斯州拥有38张选举人票,仅次于拥有选举人票数最多的加州,是宾夕法尼亚洲和伊利诺伊州选举人票的总和。

特朗普开始了他整年都在做的工作:打电话。先是沙特阿拉伯国王萨勒曼,接着是王储穆罕默德·本·萨勒曼,继而是俄罗斯总统普京以及其他国家领导人。这个交易促成人现在准备要完成一个大交易。考虑到沙特阿拉伯和俄罗斯在维也纳因为"不可调和的分歧"而导致的关系破裂,特朗普的行为就像某种意义上的"离婚调解"。在两周左右时间内,特朗普与普京的通话次数超出了过去一年的总和。4月1日,沙特阿拉伯每天的石油产量升至1200万桶。在一些通话中,特朗普讲得非常直接。他又提到了之前给沙特阿拉伯写信的13名美国参议员。一次通话过后,特朗普在推特上发文道:"写给我沙特阿拉伯的朋友穆罕默德·本·萨勒曼王储(他也与俄罗斯总统普京进行了通话交流),我期望并希望他们能够将石油产量削减近1000万桶甚至可能更多。"很快,特朗普又将前面的数字提高到1500万桶。

考虑到石油战和各方的敌意,特朗普给出的减产数字遭到了质疑。然而特朗普的呼吁发挥了作用。沙特阿拉伯号召石油生产国召开紧急会议,以响应美国总统唐纳德·特朗普的要求。4月3日,普京在一场视频会议上表示,不仅是沙特阿拉伯和美国,俄罗斯也非常有兴趣加入到联合行动中来,以便很好地协调各国行为来确保石油市场的长期稳定。普京表示,油价的崩塌由新型冠状病毒引起,然而他也特别点出,"沙特阿拉伯想要清除所谓的页岩油竞争对手而增加石油产出"也是油价下降的原因。

然而如何协调各方行为?俄罗斯和沙特阿拉伯认为,如果他们削减石油产量,那么美国也要这样做。在其他国家,政府可以下令削减石油产量,但是在美国,总统却没有那样的权力。美国的每个州管理着各自行政范围内的石油产量。尽管如此,美国政府也强调指出,低油价可以通过市场机制强制美国石油产量削减的出现。页岩油属于短周期商品。这就意味着,虽然它的产量能够快速增加,那么如果钻探没有持续,它的产量也可以出现快速下降。于是,在低油价时市场上就不会出现很多的资金投向新的页岩油钻探。

市场的基本作用已经导致了一些石油商退出了石油战。当石油需求正在消失时,没有任何方式可以赢得市场份额争夺战。虽然国家在加大石油生产,但是却卖不掉所有的石油产出。石油买家也在罢工。如果石油不能走向消费者,那么它不得不走向某个地方,而这个地方也就是储油罐。然而,从世界范围看,储油罐正在被快速加满,而且不仅是陆地上的,包括海上的都是这样。海上的每个可用油轮都正在被租赁,不是为了运输石油,而是作为浮仓用。欧佩克秘书长穆罕默德·巴金多表示:"市场供需原理实在可怕。"显然,留给欧佩克的时间不多了。截至 4 月末,最晚也就是 5 月,世界上储油罐的最后一个空间也被装满了石油。这时油价出现了彻底崩溃。在没有储油罐可用的一些地区,石油生产商甚至要面对一个不可想象的情景:负油价。原因就是他们为了将他们生产的石油运走,还需要向客户付钱。

这样的一种油价下跌对所有石油出口国的经济是一个沉重打击。对于沙特阿拉伯 2030 远景计划的资金筹集是一个巨大的打击,对于俄罗斯政府的预算也带来了巨大麻烦。

特朗普曾说:"我讨厌欧佩克。"然而现在他却需要欧佩克帮助他完成一个交易。接下来几天发生的事情让人眩晕,他与欧佩克和"欧佩克 +"的那些国家夜以继日地通话和进行视频会议。当然,美国既不属于欧佩克组织成员,也不是"欧佩克 +"组织成员,然而它却是 G20 成员,与巴西、加拿大这样的石油生产国以及德国和日本这样的主要石油进口国一样,美国需要石油市场的稳定。G20 需要发挥作用了,原因就是它将其他大国带入石油市场的讨论中,具体来说就是将美国和俄罗斯拉在了一起进入交流。而且,沙特阿拉伯还是 2020 年的 G20 会议的主席国,这样沙特阿拉伯成功主办 G20 会议就被给予了很大厚望。在这个新的多边会议中，一场新的交易谈判正在发生。然而交易谈判的推动人也是明显的。他们就是石油三巨头：美国、沙特阿拉伯、俄罗斯，再进一步具体说主要就是美国。

2020年4月10日，G20国家的能源部长齐聚一堂。美国能源部长丹·布鲁耶特说："我们必须要稳定世界能源市场，这个时候每个国家都要严肃审视其行为以修正能源市场的供需不平衡。"那个时候，签署一个大的协议的各种条件基本都已具备。然而"欧佩克+"的一个成员国却退出了。墨西哥总统洛佩斯·奥夫拉多尔不想在这个协议里有任何参与。他有自己的政治打算，他坚守墨西哥国家石油公司的想法，即提高而非削减石油产量，即便在其实际产量正处于下降状态时也是这样。在更多的晚间电话过后，一份包括墨西哥在内的谅解协议终于出炉。接下来特朗普、普京、萨勒曼国王通过电话会议的形式达成最终协议。

这个"欧佩克+"协议将每天的石油削减量定在了970万桶，俄罗斯和沙特阿拉伯为这个数字分别贡献250万桶。现在两国的石油产量达到了绝对的平等：共同商定的每日基础石油产量分别为1100万桶，现在由于削减产出分别降到了850万桶。"欧佩克+"的其他21个成员国也接受了他们各自的削减任务。那些非"欧佩克+"的石油生产大国巴西、加拿大和挪威也接受了各自的石油削减分配额。然而这些削减却包括了经济状况导致的石油产量下降，而这样的下降已经正在发生。

这样的协议本身具有历史意义，从协议涉及国家数量和纯粹的复杂性来看都是如此。它是历史上最大的石油供应削减。这样的事情之前在石油领域从来没有发生过。

这场协议达成后，沙特阿拉伯王储称，石油战是对沙特阿拉伯政策"不受欢迎的偏离"。然而他也表示："我们又不得不这样做，原因就是我们要获得一些收入，而不能坐在那里无所事事。"来自华盛顿的"斡旋"帮助了沙特阿拉伯，原因就是它弥补了沙特阿拉伯与俄罗斯的关系裂痕，至少暂时是这样。王储用些许轻松的语气说道："我们也不需要'离婚'律师了。"

这份协议还预示着一个新的国际石油秩序的出现，它的成因不仅来自欧佩克和非欧佩克国家，还来自美国、沙特阿拉伯和俄罗斯。未来，市场将要转移，新冠肺炎疫情暴发以后，地球已经变成了一个不同的星球。政治、价格和人性在未来的年月里也将要变化。然而各国资源的纯粹规模以及美国在石油领域地位的显著变化却将确保这三大国会以这样或那样的方式在新的石油秩序构建中占据主导地位。

这项协议的确具有历史意义，然而这种意义却还不够，特别是在考虑到石油需求出现前所未有的深度下滑时更是这样。2020年4月每天的石油需求下滑了2700万桶，这个数字超出了世界石油总需求的1/4。协议过后，油价下滑到每桶十几美元，在某些石油无法存储和运输的地方，价格则还要低很多。世界正在用完所有的储油设施。由于期货市场机制的不正常，油价跌到了每桶1美分，接着在4月20日还出现了"负"值。这就意味着卖出石油期货合同的金融投资者在交割日那天不得不向石油买家支付资金，原因就是如果不这样做，这些没有石油存储设施的投资者就不得不花费资金为石油买家实际运输石油。这确实具有历史意义，油价最低时跌到了每桶-37.63美元。然而这个价格并非油田的交易价格，而是金融市场某个时刻的偶然现象，偏离了正常的石油期货价格。

同时，全球疫情仍在持续。5月1日，全球新冠肺炎病例超过了320万例，其中100多万例出现在美国，5周内超过2500万美国人因为疫情失去工作岗位。国际货币基金组织不得不宣布世界已经进入自20世纪30年代大萧条以来最严重的经济衰退，而年初该组织对全球经济增长的预测数字还是3.4%。

2020年5月1日还是"欧佩克+"石油生产国大协议开始生效的时间，沙特阿拉伯、俄罗斯和其他石油生产国开始大幅减产。同时，经济的力量也正在逼迫公司削减产出或关闭油井。为什么要以低于生产成本的价格出售石油呢？假设你可以找到买家或存储设施，而实际上这种存储设施即使是"地下"，你可以让石油"藏在原地"，等到价格恢复时再将其出售掉。迄今为止市场力量驱动下的最大石油减产发生在美国，其次是加拿大。5月，"欧佩克+"协议与市场因素导致的全球石油减产让世界原油市场每天减少了 1300 万桶。较大的美国石油工业上游公司计划支出被削减一半，这就意味着在接下来的月份中能被钻探的油井数量将会出现很大程度的下降，这就预示着美国石油产量在未来一年将会出现很大程度下滑。美国肯定还会处于三大石油国行列，但是不会像以前那么大了。

截至 2020 年 6 月初，全球新冠肺炎病例数量已经超过了 600 万例，是一个月前的两倍还多。然而世界经济的黑暗却正在开始散去。最先实施防疫封锁的中国第一个解除封锁，多数活动已回归正常。欧洲的经济活动也在增加，但每个国家的增加水平不同。美国也在分阶段解除封锁措施，但是每个州的情况存在相当大的不同。随着经济的恢复，石油需求也在增加。中国的石油消费几乎回归到疫情前的水平，随着拥有选择权的人们选择自驾而非乘坐公共交通，北京、上海、重庆的街道重新出现交通大堵塞。在 4 月初还比之前减少一半的美国汽油消费现在再次出现增长。所有这些都在助推油价上涨，虽然上涨的价格水平在不太久之前还被视为一个低油价情景下的水平，但是现在这个水平对于石油生产国已经是一个宽慰了。

随着价格的上涨，"欧佩克+"国家还能站在一起保持石油减产吗？问题的关键在于沙特阿拉伯和俄罗斯的关系修复情况。然而还有一个因素对于这个问题也会产生重要的影响，这便是曾经关闭油井的美国石油生产商能够多快转身再次打开油井，而这又会重新造成石油的供应过剩，给油价带来另一场冲击，就像经济低速增长或持续的经济衰退以及爆发的疫情给油价带来的冲击那样。

对于未来可以有很多观察视角。从超越危机的视角来看，一些人认为石油市场周期已经结束，即使经济恢复，油价也将长期保持低位。一些人则不这样看，他们认为随着经济增长的恢复，新的石油生产投资的削减更可能导致石油供需平衡的偏紧，继而推高油价。还有一些人的想法与上述完全不同。他们在寻求一个"绿色恢复"，也就是政府利用危机重新定位他们国家的能源构成，努力脱离油气从而转到他们认为的将要出现的能源转型轨道上来。

第5部分

未来路线图

第34章 电动革命
第35章 智能交通
第36章 网络打车
第37章 汽车技术

第34章

电动革命

2003年,洛杉矶一家海鲜餐馆迎来了几个人:斯特劳贝尔、哈罗德·罗森、埃隆·马斯克。几个人的午餐吃得并不融洽,前两个人正在"游说"埃隆·马斯克。马斯克,这位有着钢铁般意志的企业家还因为是PayPal创始成员之一而为人们熟知,他不仅创建了网上支付系统,还在后来创建了SpaceX公司,旨在降低政府在航天发射领域的成本,并为人类去火星的星际旅行铺平道路。现在,两位工程师向马斯克提到的则是另一种新事物:一种可以在较低空飞行的电动飞机。

"那种东西不可行,"马斯克打断两人:"我对此没有任何兴趣。"

马斯克说完,午餐气氛陷入了别扭的沉默中。三个人都重新将注意力回到了盘子中的鱼上。接着斯特劳贝尔说:"为什么不可能呢?"他或许还可以向马斯克说一下他对电动汽车的着迷。

斯特劳贝尔说:"锂电池真正推动了电动汽车的进步,这令人吃惊。"接着,他解释了"将大约1万个笔记本电脑电池连在一起然后塞到一辆汽车"中的想法。

马斯克变得兴奋起来,而且比之前听了斯特劳贝尔这一想法的任何人都兴奋。

2003年,除了一小群狂热的爱好者,电动汽车对于任何人来说都还是一个奇谈。人们已经形成这样一个广泛共识,交通领域的能源市场已经被石油牢牢占据，具体来说就是汽车领域。

那是2003年。然而现在，电动汽车已经成为全球汽车工业的一个现实问题，整个汽车领域都在加速进步以争取电动汽车的未来。同样石油工业也在不断加码以确保石油的未来：一个世纪以来，石油工业首次要在汽车和轻卡市场，头一回面对潜在的真正竞争对手，而这两种交通工具的石油需求占到了世界石油需求的35%（仅仅汽车就占到了20%）。汽车时代的能源将来自油井，还是将来自电线？这个问题的答案将影响到数十亿人的的出行，而且还将对地缘政治、工作机会、国家经济、全球经济以及经济中的巨额资金流动产生深刻影响。今天，相对其他任何事物，气候政策正在成为人们接受电动汽车的最大驱动力。汽车产生的二氧化碳排放大约占到能源相关碳排放的6%。然而在马斯克三人共进午餐的2003年，人们接受电动汽车的逻辑因素却非气候，就是为了电动汽车而电动汽车。

马斯克三人的午餐结束时，主角肯定比开始要积极很多。马斯克甚至为午餐买了单。经历了更多会面的几周后，马斯克填了一个更大的"支票"：启动电动汽车公司。

斯特劳贝尔的电动汽车想法孕育了很长一段时间。他说："我热爱电池，我热爱电力电子和马达。"13岁时，他就制造了一种大马力的高尔夫电动小车。在斯坦福大学，他发明了他自己的专业：能源系统工程。他是这个专业唯一的学生。大学毕业后，关于太阳能驱动的电动汽车，他拥有各种各样的奇怪想法。

现在，有了马斯克的支持，斯特劳贝尔迎来了他人生的重大机会。利用硅谷的产业生态体系，他组建了一个团队。然而，不管他对电动汽车的热情有多高，为电动汽车组建企业看起来却不合常理。自1925年以来，美国没有再出现任何一家新的汽车制造商。

的确，电池驱动的电动汽车的支持者可以追溯电动车悠久的历史。1900年，纽约城市街道的电动汽车数量超出了汽油车数量。当时，没有一个人能比大发明家托马斯·爱迪生更加看好电动汽车的未来。为了电动交通工具的完善，爱迪生投入了自己的大量金钱、名誉和努力。

然而，两个因素却扼杀了第一代电动汽车。第一件因素是亨利·福特的T型车的下线以及流水线式的大规模汽车生产。另一个因素较少为人所知，这便是汽车电启动装置。在有人因为摇动曲柄发动汽车而意外死亡后，查尔斯·凯特灵在1911年为凯迪拉克发明了这种装置。凯特灵的发明让人们无需再站在汽车前面摇动曲柄发动汽车。接下来几年中，电动汽车渐渐淡出人们视线。

现代电动汽车的时代开始于20世纪90年代的加州。其原因则是雾霾。加州空气资源委员会作为一个监管机构，虽然并不出名，但是却拥有超出其规模的世界影响力，其原因不仅在于加州汽车市场庞大的规模，还在于该委员会的汽车排放标准为美国其他一些州所效仿。20世纪90年代，为减少雾霾，加州空气资源委员会开始要求该州销售的一定数量的新车必须要达到"零排放"。实现这个目标的唯一方式就是通过电力或氢能驱动汽车。然而该要求也引起了很多争议，原因就是这样的零排放汽车当时就根本不存在。

通用汽车公司的确在零排放汽车上做了尝试，为研制双座电动汽车EV1花费了10亿美元。这款车于1996年面世，由于形状原因，确切地说这款车一点儿也不"威风"，它有一个更为人熟悉的名字"轮子上的鸡蛋"，而且它的行驶里程也受到了限制。除了少数车迷的追捧，EV1未能受到很多人的欢迎，最终荒废在了旧车场中。当时的汽车电池还不够好。而且，在汽油价格仅为每加仑1.3美元的时候，又能有多少人真的想要拥有一辆零燃油汽车呢？

几年之后，北加州的一群极客重新开启了电动汽车的发明努力。为纪念电能先驱尼古拉·特斯拉，他们将公司命名为特斯拉公司。他们的目标是要研发一种看起来很酷、能够引起人们驾驶欲望的高性能电动汽车，而不是"轮子上的鸡蛋"那样的电动汽车。

尽管遇到了难以逾越的障碍，特斯拉公司取得了很多积极成果。其中之一便是利用元素锂在电池技术上取得的进步。

锂离子电池是由埃克森美孚公司实验室在20世纪70年代中期首先发明的，当时人们认为世界将会用光石油，因此埃克森美孚公司需要找到其他方式以保证其不会被挤出交通领域的市场。由于石油供大于求，油价出现了暴跌，锂电池技术的研发驱动因素也就消失了。在接下来的10年中，电池技术得到了改进。20世纪90年代早期，索尼实现了一种电池的商业化利用，而这种电池也成为笔记本电脑和移动电话的能量来源。斯特劳贝尔说："我们轻率地认为，我们可以利用当时基本上仅在笔记本电脑上使用的电池为汽车提供能量。"然而，锂电池的能源密度的确达到了传统铅酸电池的4倍。特斯拉公司的想法是将数千个锂电池集合为一个电池包。在这个时候，利用电力驱动汽车的未来之门已经打开，原因就是这时已出现了电动机搭配汽油发动机的混合动力车。

同时，为应对世界对于气候不断增加的关切并确信其中可有很多潜在的钱可赚，硅谷风险投资公司对于"清洁技术"和可再生能源的兴趣正在日益增加。这让特斯拉公司的融资变得较为容易。那些年油价的快速上涨再次加强了"石油峰值"的恐慌，非汽油驱动的交通工具看起来正在日益吸引人们的兴趣。

电动汽车的发展离不开政府政策这个关键的因素，包括激励、补贴、针对燃油经济和排放的监管措施。在加州，随着气候政策提上日程，加州空气资源委员会提高了零排放交通工具的排放目标，并针对二氧化碳排放推出了排放上限。如果汽车制造商不能完成排放目标，他们就不得不向完成排放目标的公司购买排放指标，这就意味着已有的汽车公司最终都将会向特斯拉支付一份"排放税"。随着汽油价格的上涨，联邦政府向购买电动汽车和安装充电桩的消费者提供了税收优惠。很多州也开始这样做了。

讽刺的是，特斯拉公司也受益于电动汽车未被非常严肃对待这个事实。斯特劳贝尔说："从每个人都看到电动汽车后说这车不行到现在已有近10年的时间，人们戴上眼罩就忘记了它。这的确给了我们一个巨大的机会窗口。"

即使这样，刚开始特斯拉公司看起来还是完全脱离现实。很多次，这家公司都面临着资金仅能维持数月的窘境。斯特劳贝尔说："在濒临绝境时，我们也不得不保持继续前进，努力树立一个个里程碑，努力展现我们的东西，以说服人们向我们投资足够的钱。"特斯拉公司内部的人事冲突则进一步加大了公司面临的压力。

在缺乏资金的情况下，特斯拉发现可以通过计算机模拟测试的方法降低设计成本。尽管如此，仍然有一些事情需要在真实世界中完成。特斯拉买不起价值数百万美元的碰撞测试设施，但它需要测试电池的安全性。斯特劳贝尔说："我们意识到一点，我们基本上可以通过将东西举到空中然后再将它们抛下的方法测试一件东西的安全性。"于是特斯拉就租了一辆起重机，然后将电池抛下来。斯特劳贝尔说："我们是一个很小的团队，拥有很少的资源，但是在创新上迈出的步伐却是惊人的。"他们的产品每个系统都需要进行一次又一次的设计修改。

最终，世界看到了特斯拉的成果，这便是2006年揭幕的两款颜色分别为红色和黑色的运动汽车。当时马斯克宣布："今天之前，所有的电动汽车都糟糕透了。"然而这只是一个序幕。直到2008年，首批车型才得以实际发售。这款车是一辆激动人心的运动车型，能够在4秒之内从0加速到60米/秒。这款车迅速成为标志性的地位象征。这款车可能是被作为"限量"版出现的，但是它却表明了一个事实，即锂离子电池包可以被用于汽车中。当时的通用汽车副主席罗伯特·鲁特兹回忆说："我已经接受了所有人认为锂电池不能被用于汽车的理由。然而现在这个加州的小创业公司却正在这样做。特斯拉就是一个撬棍，有助于撬开电动汽车的各种技术堵塞。"

价格初始定在10.9万美元，这款车确切地说不是一辆大众市场车型。而且它也不是市场上唯一的电动汽车新车型。2010年，雪佛兰推出了插电式混合动力车：伏特；尼桑也推出了全电动车型：聆风。然而电动车的销售状况却令人失望。

随着Model S轿车的推出，特斯拉2012年的境况实现了跳跃增长，该车初始价在6.5万美元左右，然后在此基础上一路上升。《汽车趋势》杂志将这款车定为当年的"年度车型"。不仅如此，这款车更大的荣耀在于每个大型汽车制造商实际都在购买Model S车型，旨在将它拆开研究它的工作原理。

2012年对于马斯克来说肯定是一个重要的年份。原因不仅在于Model S车型，还在于Space X公司。他的猎鹰火箭已经与国际空间站实现成功对接，并向空间站投送了货物，之后返回被成功实现回收。两项工程都是规模巨大的工业成就，都是马斯克异乎寻常的动力和意志力的结果。马斯克曾说："我的动力是与希望、激情或其他任何事情没有关联的某种东西，我只是将我所有的一切东西都赋予它，而不管周围的环境是什么。我只是保持前进，直至将事情做成。"

然而，Model S 车价格却是昂贵的，肯定不是一辆大众车型。接下来在 2016 年，特斯拉推出了 Model 3 车型。这款车目标直指大众市场，价格为 3.5 万美元。截至 2016 年，雷诺－尼桑公司已经售出了 50 万辆电动汽车，这个数量虽然是特斯拉的 3 倍，但是却只有公司原来预测数量的 1/3。尽管如此，特斯拉和雷诺－尼桑公司都不再是孤独的汽车产业局外人。的确，通往电力交通工具未来的路上正在开始被更多的新车型所填满，还有更多未来将要实现的相关承诺。

2005 年，立克·瓦格纳治下的通用汽车公司已经重新投入电动汽车的研发中，并推出了伏特车型。然而那个时候，随着 2008 年金融危机的到来，经济前景很快黯淡下来，给所有事物都投下了一层深深的阴影。在一场管理会议上，瓦格纳向一位到访的发言者打趣道，之前他们都会向发言者赠送一辆汽车以示感激，然而现在公司只能向发言者赠送一支钢笔。当然，笔也是不错的。

接下来便是 2008 年全球金融危机造成的一副完整惨状：工厂关门、工人失业、公司破产、巨额的美国政府救助。丹尼尔·埃克森接替了瓦格纳的首席执行官的位置，面临着重振公司的艰巨挑战。就像他说的那样："我们碰到了大麻烦。"然而给他重新再造公司业务的时间并不是很多。

2013 年，通用汽车投入全新电动汽车博尔特的研发中。这款车的研发最具挑战的方面是它的核心：电池。电池对温度的变化可以特别敏感，而且设计也要经受从零下 85 度到零上 185 度这个温度范围的严酷模拟测试。通用的目标是要降低电池成本，以便让博尔特车在大众市场上具有竞争力。这种电池必须能够通过一次充电实现 200 英里的续航里程，这个数字已经成为缓解消费者"续航里程焦虑"的基准：消费者担心的就是在汽车没电时却在附近找不到任何充电装置。

这个时候，负责通用汽车全球产品研发的人首次出现了一位女性，她便是玛丽·博拉。而博尔特的研发则是她的首要任务。

博拉从内心深处是一个反叛者。她的父亲在通用汽车工厂曾经是一个磨具工人。博拉曾说她的父亲是一个"汽车爱好者"，而博拉也是。孩童时代，她就跟随父亲访问汽车工厂，在工厂周围走动，被工厂的地板吸引。当她的父亲开着一辆新款车型回家时，这都会成为街坊邻里的一件大事。她和其他孩子会在车里钻来钻去，还会轮流坐在驾驶位上。当新的车型在秋季被启动发售时，她就会来到汽车交易商那里，她会兴奋地观察纸被扯掉露出光彩照人的新车的这一幕。她进入汽车行业，没有任何疑问。

博拉首先进入通用技术学院工作。她说："我热爱科学和数学。"后来他去了斯坦福商学院攻读研究生。从工厂经理到人力资源部门经理，她在公司一路上升最终做到了全球产品研发的经理。推出博尔特是她的责任。在关键的决策时刻，她的团队为最重要的电动汽车核心部件——电池提供了两种选择：一种是让汽车一次充电能够实现一定的续航里程，另一种是经过较长时间充电达到前一种续航里程的两倍。

对此博拉回应道："我们让汽车的续航里程加倍。"然后她又补充说："但是我们的充电时间选择第一种方案。"

整个电动汽车的研发团队听到博拉的决定都惊呆了。对此博拉回忆说："我永远都不会忘记电动汽车研发小组负责人的脸上表情。"

然而，一旦整个研发团队从惊呆的表情中恢复过来，他们就开始执行，终于在2016年12月（提早特斯拉7个月）推出了价位中等、一次充电可以行驶200英里的博尔特车型。

然而，通用汽车仅仅是在博拉成为首席执行官后才开始面临未来汽车革命的直面挑战。在接下来的几年中，通用将很多努力用在了研究将会塑造汽车工业的外部趋势上面：监管和公共政策、气候和环境、正在变化的消费者需求、新的商业模式、汹涌而来的新技术融合趋势、来自硅谷的新兴挑战。博拉后来回忆说:"这仅仅只是开始。"她做出承诺,到 2023 年通用汽车将至少在市场拥有 20 款电动车型。

这个时候,开始看起来还晦暗不清的事情将会变成全球汽车工业的一个巨大转折点,成为电动汽车发展的一个重要加速器。在欧洲,机动车驾驶者习惯购买更多的柴油车而非汽油车,主要原因在于使用柴油车的能效更高,承担的税负也较轻,而这个原因与欧洲零售终端汽油价格比美国要高出 3 倍有非常重要的关系。然而在美国,柴油却价格昂贵,还有着 20 世纪 70 年代一直留下来的坏名声。然而到了 2005 年左右,全球柴油车技术的主要推动者大众公司却决定在美国推进安装新型发动机的"清洁"柴油汽车的销售。10 年后,大众公司在美国的柴油车销售取得了实质性的增长。

2013 年,在西弗吉尼亚大学的一个燃料和排放研究中心,研究人员租用了两辆大众汽车,以测试汽车在路上的氮氧化物排放情况。这项工作得到了欧洲一个"清洁交通"组织 5 万美元的合同研发资金支持,由于资助规模非常小,研究人员不得不到处寻求另外 2 万美元的补充资金支持。氮氧化物引起烟雾,与空气中的其他化合物发生反应后会产生影响人体呼吸系统的颗粒物和臭氧。在 2400 英里的驾驶测试中,西弗吉尼亚大学的研究人员发现,大众汽车的氮氧化物排放远远高出了实验室测试的排放记录。在困惑中,他们意识到大众公司一直在使用特殊软件将实验室测试记录调低以符合排放监管要求。当汽车上路时,这种软件就失去了作用,这样汽车就不再符合排放监管规定。

大众公司安装这款软件背后是有原因的。它当时不能研发具有好的燃油经济型且二氧化碳和氮氧化物排放都较低的小型柴油发动机。较大的柴油汽车还拥有可以应用成本较低的可替代减排技术的空间。然而对于小汽车来说,汽车公司却需要在降低氮氧化物排放和提高燃油效率以及降低碳排放之间做出权衡。

加州空气资源委员会和美国环保署在核实了西弗吉尼亚大学的研究报告后,与美国司法部一起介入进来。于是,这便成为众所周知的"柴油门"事件,并引发了一系列后果的发生。大众公司首席执行官被迫离职,一些高管因此入狱，公司本身也面临着罚款，加上问题处理以及弥补损失费用，大众公司为此付出了高达 300 亿美元的代价。

在欧洲，柴油车一直很流行，而"柴油门"事件则让欧洲城市交通的柴油化进程发生了 180 度的大转弯。反柴油思潮给德国汽车工业带来了严重威胁，而这种威胁对于德国经济的影响也在放大。针对柴油车的"被妖魔化"，德国总理默克尔进行了谴责。她表示，柴油的使用对于人类抵抗气候变化具有基础性作用，原因在于柴油车较低的二氧化碳排放和较高的燃油经济性。为阻止城市对柴油车的禁用，默克尔还组织了"柴油峰会"。然而这却没有起到什么作用。由于担心柴油车所产生的较高水平的氮氧化物排放，欧洲城市开始针对柴油车施加限制。很多限制的最终目标就是禁止柴油车使用。不仅如此，欧洲还掀起了更大的城市中心街道和部分区域禁止所有汽车通行的运动。法国生态部部长称赞自行车为后疫情时代隔离结束后的"完美出行小工具"。

2015 年，来自宝马的赫伯特·迪丝开始领导大众公司，并提交了一项新的工作日程。他提出的一个首要问题便是，大众公司的电动汽车战略是什么？他的问题超出了柴油车和汽油车的对决，而这对于所有的欧洲汽车制造商都是一个正在逼近的挑战。迪斯表示这个问题具有一些紧迫性。

在经历了数年的讨论后，欧盟也在这一年针对在欧洲销售的汽车通过了新的排放标准，标准要求新售车的二氧化碳排放平均水平要有大幅度的下降。该标准将在 2020 年和 2021 年开始实施。欧洲一家大型公司的高管对此表示："满足这个标准的唯一办法是生产零排放汽车，扩大零排放车在新车销售中的比例。"若不能满足新标准，欧洲汽车制造商可能会面临高达 400 亿美元的罚款。考虑到只有 5 年推出全新车型的准备时间，欧洲汽车公司开始立即将研发目标放在电动汽车上。

随着新的汽车排放标准的实施，欧洲汽车制造商正在竞相宣布各自的电动汽车计划。走在前列的是大众公司。现在作为整个大众公司的首席执行官，迪丝表示，大众公司面临着一个汽车"新世界"和"新时代"。大众公司宣布在 2028 年前将至少推出 75 款纯电动汽车。他说："汽车的未来属于电力驱动。没有电动汽车，我们就不能打赢遏制气候变化这场战争。"他还承诺，大众公司的整个汽车供应链都将实现碳中和。

不仅如此，还有报道称，沃尔沃成为首家为内燃机敲响丧钟的主流汽车制造商。然而报道内容并非沃尔沃的真实意思。沃尔沃只是正在远离柴油汽车。在转向电动汽车的同时，该公司还在拥抱混合动力车、"轻度混合动力车"和"插电式混合动力车"，而且沃尔沃还会继续生产现有的传统燃油汽车车型。沃尔沃现在为中国大型汽车制造商吉利所有，为此沃尔沃的定位就是要参与到世界最大汽车市场中的新的电动汽车游戏中。

不断有新的计划公告从全世界的汽车制造商那里传来。甚至已经深度致力于混合动力和燃料电池汽车开发的丰田公司也表示要推出自己的电动汽车。丰田公司董事会主席内山田武解释道："随着新的排放法规在中美这样的地方实施，汽车制造商将别无选择，他们要么推出电动汽车，要么就要面临业务损失的风险。"他补充道，考虑到汽车用户的便利性问题，丰田公司仍然对于汽车市场能否快速向纯电动汽车转换表示怀疑。在美国，福特公司则宣布在2022年前将投入115亿美元用于电动汽车的生产。福特公司执行主席比尔·福特表示："电动汽车的推广应用是有道理的，我们正在其上面下一场非常大的赌注。"

除了上述公告，关于电动汽车生产的公告还在不断增加。马斯克表示："我们有那么多公告，以致于我得等我妈妈来帮忙宣布一个。"马斯克开得起这种玩笑。2017年，产量仅在10万辆左右的特斯拉公司总市值超过了通用汽车公司，而后者当年的全球汽车销量则为960万辆。

然而1年后，特斯拉则再次陷入到另一场混乱风暴中。Model 3的生产比原来的预期慢了很多。马斯克每周的工作时间长达120小时，经常就睡在特斯拉的工厂里，Model 3的生产经历了他所谓的"生产地狱"。后来他在推特上说："正在考虑以每股420美元的价格对特斯拉进行私有化。回购资金已经到位。"特斯拉的股价出现了上涨，然后又出现了下降。美国证券交易委员会对特斯拉启动了调查，对该公司实施了2000万美元的罚款。马斯克放弃了特斯拉董事会主席的职位，并同意在发布具有"实质性重大"内容的推特之前先经过公司律师的审核。然而截至 2018 年年末，特斯拉便实现了强势回归，推出了自己新的具有军车外观样式的全电动网卡汽车，作为对美国畅销车型福特 F–150 汽车的回应。截至 2020 年 7 月，特斯拉的市值已经达到了通用和福特两家汽车公司市值总和的 3 倍。

电动汽车与内燃机车的不同表现在很多方面。电动汽车拥有一个显示充电和用电的屏幕。相对传统燃油车，电动汽车的零部件也较少。它拥有较强的环保属性，尽管在某些地方电动汽车的电能仍然来自燃煤发电，而这一点也让某些电动汽车被诟病为"在别的地方进行碳排放的车辆"。电动汽车拥有较快的加速性能。它以一个插电接口代替了传统的油箱，不过充电所需的时间可能要比加油长很多。然而说到最后，电动汽车仍是汽车，和传统汽车的驾驶体验多数仍是相同的。

2019 年，电动汽车在美国新车销量中的比例还不到 3%。大概 189 个邮区（大约占该国 43000 个邮区的 0.4%）的电动汽车销售占到了总销售的 25%，而所有的这些邮区又都在加州。美国的电动汽车销售的主要推动力来自政府政策，这与全世界都一样。合并后新的标致–菲亚特–克莱斯勒公司的首席执行官卡洛斯·塔瓦雷斯对此做了简洁的总结："电动汽车的崛起非常依赖于政府能够给予的补贴和支持。"

纯电动汽车和插电式混合动力汽车的市场渗透率最高的国家是挪威，2019 年两种车在该国的汽车销售中占据 45% 的比例，这背后肯定有政府支持的功劳。政府给予电动汽车的补贴范围非常广，还对于上路的电动汽车给予了特殊优待，以致于在挪威人们找不到不买一辆电动汽车的理由。之所以如此，一个原因就在于一些挪威人的心理动机：挪威是一个非常富有的国家，作为一个油气生产国，掌握着世界上最大的主权财富基金（来自油气收入）。另一个原因在于挪威的全部用电都来自其充沛的低成本的水力发电。第三个原因则非常简单，就像一位挪威老人讲的那样："我们有钱。"

在美国，电动汽车消费最重要的激励因素来自政府对于首批 20 万辆电动汽车给予的最高可达 7500 美元的联邦税收优惠（根据电池容量不同，优惠有所不同)。为什么是7500美元？参议院一位工作人员解释说："我们认为5000美元不够，而我们又认为政府不能承受1万美元那么多的钱。因此我们决定将优惠定在7500美元。"除了联邦优惠，一些州和城市还推出了它们自己的刺激措施，其中除了税收优惠，还包括电动汽车可以享受宽阔专用车道和免费停车服务。作为应对2008年金融危机财政刺激计划的一部分，奥巴马政府还分别向特斯拉和尼桑提供了4.65亿美元和12亿美元的贷款，以支持两家公司的电动汽车研发。

电动汽车的崛起背后还有另一个强有力因素。作为加州政府执法内容的一部分，大众公司被要求花费8亿美元在加州修建电动交通工具基础设施和推进公民电动汽车使用意识提升，而后者则通过"公众教育和推广营销"两大计划来实施完成。加州空气资源委员会也批准了以上内容。另外，加州政府还要求大众公司另外花费12亿美元在加州之外进行电动汽车的宣传推广。在整个美国，大众公司的行动有助于减轻美国安装电动充电站的的资金压力。

2009年，中国超过美国成为世界第一大汽车市场，而且中美之间的市场规模差距还在继续拉大。北京决定，到2025年新能源汽车在中国销售新车的比例应该达到20%。中国拥有电动汽车的强烈拥护者：万钢。从对电动汽车的推广方面看，他可以与埃隆·马斯克齐名，他也是全球汽车工业最有影响力的人物之一。

在20世纪60年代后期，万钢被下放到乡村。在拖拉机库房的时间减轻了他在乡村的无聊并缓解了日子的艰辛。也是在那里，他对拖拉机发动机产生了浓厚的兴趣，他会将发动机拆开然后再对它进行重新组装。70年代后期，他上了大学，然后在德国获得了工程博士学位，之后在奥迪工作直到回国。早在2000年，他就被邀请为中国国务院提出建议方案。

万钢先是担任了中国"关键电动交通工具计划"的项目负责人，接着又担任了科技部部长，万钢领导着中国电动汽车计划的实施。他说："发展电动交通工具将会存在一个战略机遇期，我们必须要采取行动。"

中国也确实展开了行动。今天，中国出售的中国制造的电动汽车款型达到了100多种。对于北京来说，电动汽车的发展实现了其三大目标。第一个目标是降低空气污染（虽然这种降低某种程度上将会被燃煤发电抵消）。第二个目标是推进中国的能源安全。万钢曾警告说："中国的石油需求每天都在增加。"随着汽车保有总量的快速增长，北京在依靠电动汽车来降低持续增加的石油进口压力。

第三个目标便是全球竞争力的提升。作为汽车工业的后来者，中国经历了艰难的追赶过程，难以在传统汽车领域成为全球市场的主要竞争者。然而电动汽车是一场新的竞赛，全球还没有任何已经确立大的地位电动汽车玩家。中国电动汽车工业的快速增长不仅将为中国创造工作岗位，还会让中国成为全球汽车工业领域一个主要的出口方和一支主要力量。中国已经制造了世界近3/4的锂电池。电动汽车还被嵌入中国更大的电动交通网络建设计划中，该网络将城市之间用高铁相连，城市内部人们靠电动汽车、电动公交和电动自行车出行。截至2017年年末，中国超过一半的城市公交都已经实现了电动化。

新能源交通工具计划是中国工业战略优先考虑的方向之一。它是一种从"消费者为中心"的模式向"生产者为中心"的模式的转变。这意味着汽车制造商增加的市场份额必须源于电动汽车。另外中国还提供了无数的电动汽车推广激励措施。在拥挤的大城市，人们只能通过摇号来获得汽车购买资格。在北京，通过这种方式获得购买燃油车资格的机会微小，摇中率只有可怜的1/907。即使摇中，人们也必须要支付一笔费用，而这笔费用也相当大。然而电动汽车的购买却是例外：电动汽车购买者可以绕过摇号自动获得购车资格（尽管这可能仍旧会有一段等待期），而且购车者也不需为牌照支付费用。

2019年，中国售出了近100万辆电动汽车，占到了当年新车销售总量的4%，占到了全球电动汽车销售总量的一半多。

在印度，国内也存在较大的交通工具电动化热情，这种热情不仅涉及四轮汽车，还包括该国无处不在的两轮和三轮交通工具。今天，虽然印度的国产电动交通工具很少，但是印度却有意构建自己的电动交通工具生产能力，并将电动交通工具的使用作为提升国内制造附加值的一个机会。

电动交通工具已经成为印度国内的一个热点话题。印度交通部部长曾宣称，他将"强迫"汽车制造商进入电动汽车的制造，其原因"如水晶般清晰"：印度面临城市污染，印度经济面临的能源约束（85% 的石油需要进口）。

然而，印度要发展电动交通工具却面临着一个问题：该国电力常年处于短缺状态，经常会遭遇数小时的滚动式停电，而且其电力生产依靠煤炭。对于国内要发展电动汽车的喧嚣，印度石油部部长称之为一种"赶时髦"。他认为这是年轻迷人的宝莱坞电影女星阿莉雅·布哈特引起的一阵"骚动"。

从印度汽车工业的观点来看，政府政策是决定印度电动汽车工业发展走向的关键。塔塔汽车负责工程的副主席和电动交通工具的负责人阿基特·金达说："除非有强制性要求，人们还是可能会继续使用柴油交通工具，必须要有某种强制性规定才行。"印度接纳了一种更加可以量化的方法。在电动交通工具的推广上，印度为诸如公交、出租车这样的每个具体行业设定了数量指标，以替代燃油和人力车。然而，为减少城市污染，印度最近却将焦点从电动汽车转向了压缩天然气和生物燃料（由农业废物制取）的使用上。

在英国，保守党政府在关于英国退出欧盟的旷日持久的谈判之余，宣称要在 2040 年前全面禁止新的燃油（汽油和柴油）车销售，尽管这样做可能让英国面临电力短缺的局面，而且保守党自身也声明反对建设新的陆上风电场。2020 年，英国政府宣布将这一禁令提前到 2035 年前实现。法国政府也承诺要进行一场新的真正革命，革命目标就是要在 2040 年后针对新的燃油车销售推出类似英国那样的禁令。

电动交通工具能够多快渗入全球汽车大军？2019 年，电动汽车在全球新车销售中所占的比例还不到 3%。电动汽车会在未来 10 年主导新车销售吗？抑或是只能保持一个比例？

日本政府高级汽车官员说："消费者会将电动汽车与他们拥有的其他燃料交通工具进行比较。政府拥有两种选择。一是宣布到某个时间点禁止电动交通工具之外的交通工具销售，另一种是对汽车消费者提出极端强制要求。电动汽车推广既涉及安全，也涉及价格。"

现在，电动汽车的销售仍旧主要受到两种因素的驱动：政府政策（法规和补贴）、汽车制造商对于这些政策日益坚定的响应的驱动。然而，为了向电动汽车的消费大众提供补贴，政府也面临着极大的财政挑战。这种政策的成本过于昂贵。尽管如此，当前的激励措施将足以推进电动汽车的生产规模和电动汽车的技术进步，继而降低电动汽车的生产成本。来自2019年丹麦、荷兰、中国的数据表明，当补贴被移除时，电动汽车的销量会出现陡然下降。考虑到后疫情时代的经济恢复，一些政府仍旧会扩大电动汽车补贴，还会将电动汽车作为支持汽车工业发展、实现"经济绿色恢复"的工具。

电动汽车若要实现大众化，还需要跨过两个关键门槛。第一个是电池自身。特斯拉的斯特劳贝尔明白这一点，他说："没有什么能比电池成本更能决定电动汽车产业的未来。"如果仅仅看使用成本，电动汽车行驶的成本要比汽油车便宜。然而，电动汽车的能源存储成本却要比燃油汽车昂贵很多。内燃机车是将能源存储在油箱里，而电动汽车则是将能源存储在电池中。2015年至2019年，电池成本出现了超过50%的大幅下降，降到了每千瓦时180美元左右。其中原因主要来自于电池的设计改进、生产规模的扩大和电池重量的下降。然而一个一次充电能够行驶200英里甚至更多的电池包的成本仍旧在1.1万美元左右，这个数字仍然很高，离开补贴电动汽车仍然没有竞争力。有观点认为，只有电池成本降至每千瓦时100美元左右，电动汽车才能与内燃机车展开竞争。麻省理工学院最新的一项研究表明，电动汽车与燃油汽车的这种差距可能会一直存在到2030年。

对于在没有技术突破的情况下电动汽车的这些成本可以在多大程度上进一步降低，目前存在着很多争论。降低成本的一种路径是扩大生产规模，目前新工厂的增加速度让人印象深刻。然而一些电池材料的供应链问题也在引发人们的关注，这个问题增加了人们对于未来电池成本不确定性的担忧。在积极的情境下，2030年电动汽车对于锂材料的需求将会在现在的基础上增长18倍，届时这个需求在世界锂总需求中所占的比例将会达到85%左右。作为电池生产所需的另一种基础材料，钴的需求则会在同样的时间段增长14倍。全球超过

50%的钴供应都来自刚果民主共和国的砍塔各省。总的来说，汽车电池所需的电池材料要求必须符合优质高等级的材料标准，而这让电池材料供应遇到了额外的瓶颈。中国在电动汽车工业已经确立了一个关键位置。同时，中国的电动汽车潜在市场规模也正在刺激新的电池技术的改进和研发。

电动汽车的使用消除了人们去加油站的需要，然而电动汽车却需要充电。电动汽车的推广面临的第二个大的障碍便是充电时间和充电设施的可获得性问题。虽然人们要花费较长的时间为电动汽车充电，但是利用超快充电设施却可以将充电时间降至10～15分钟，当然这种充电设施的价格也会比较昂贵。充电设施的覆盖范围必须要比现在广很多，数量级要以百万作为单位。一些人将要为充电支付费用，最终将必须得有一个标准化的商业模式。充电设施的建设还需要考虑到生活在公寓、高层建筑以及在街道停车的人的需求问题。

最近几年，世面上出现了很多关于电动汽车的预测。与实际发生的情况比较，一些预测显得非常乐观。做出这种乐观预测的原因是多方面的，比如，电动汽车很酷、很新，代表着身份地位，传递了关于气候变化或价值观或品牌的信息；电动汽车的质量很好，可以在4秒内实现从零到60英里的加速。而且购买者还可以获得政府财政补贴或管理优待。然而人们仍不清楚电动汽车本身的整体效用比燃油汽车优越在什么地方。电动汽车还是汽车。

那么决定电动汽车接受度的因素是什么？福特汽车公司的比尔·福特说："交通工具的电动化仍然来自于消费者需求的驱动，而我们不知道消费者需求是什么。交通工具将会存在一个变化，我们未来的汽车市场将会是一个融合内燃机车、混合动力车、插电式混合动力车和纯电动汽车的多样化类型。随着时间的推移，交通工具的转变将会发生。

关于电动汽车的预测结果则非常粗泛。一家领先的投行预测称，2050年电动汽车在新车销售中所占的比例将处于10%～90%的范围区间，具体数值则要依据政府政策以及技术发展情况而定。政府政策将来肯定会对电动汽车的推广使用产生最重要甚至决定性的影响。政府可以要求汽车商增加的新车销售必须是电动汽车，或者将碳减排标准制定得更加严格。汽车制造商将不得不承受或面临更多的惩罚。在电池价格降低之前,政府或消费者将不得不承受更高的电池成本。政府可以针对燃油汽车的排放和能效提高标准,而这则会推高燃油车的生产成本,从而增加电动汽车相对燃油汽车的经济性竞争优势。政府也可以调整税法增加电动汽车相对燃油汽车的竞争优势。

目前,这还是一个"汽车对汽车""汽油对电能"的竞争故事。然而一场更深远的科技革命也正要到来。

第 35 章

智能交通

胜利谷是位于南加州的一个小镇，处于莫哈维沙漠的西部边缘，从19世纪开始就一直是那些穿越沙漠的人们的淡水等物质供应站。最近几十年，荒凉的沙漠景色和优良的天气让它成为拍摄电影的取景胜地，3D科幻大片《宇宙访客》就是在此地取景。2007年，那里上演了不同寻常的一幕，而这一幕看起来则可能像某个新的科幻大片：沿着一个废弃的空军基地街道，一些"僵尸"车辆为避免发生碰撞、或躲避障碍物、或变换车道、或泊车停留、或碰到红灯停下，最重要的是车辆的驾驶位根本没人。

这些"僵尸"并非来自外太空，而导演这些"僵尸"活动的也不是某个好莱坞电影工作室，而是美国国防部先进研究项目部。在伊拉克和阿富汗，驾驶坦克和卡车的美国士兵因为路边炸弹或被炸伤、或被炸死。为此，美国国防部决定研制一种无人驾驶的军用交通工具，这也就是人们熟知的自动驾驶交通工具。这也是为什么这些"僵尸"车辆在位于加州沙漠腹地的一个废弃空军基地横竖穿梭的原因。

然而，这并非人类在无人驾驶方面的首次尝试。1925年，一位名叫弗朗西斯·休迪纳的工程师便决定在纽约市的街道上展示他发明的无人驾驶"幽灵"汽车，这辆汽车由紧随其后的一辆汽车上安装的无线电设备进行控制。然而不幸的是，事情却出现了一点差错。正如《纽约时报》在一篇标题为"无线电驱动的汽车冲向护卫队"的文章中所报道的那样，无人驾驶汽车忽左忽右从百老汇经过、绕过哥伦布圆环广场，然后向南部驶向第五大道。它差一点就碰到了两辆卡车和一辆送奶车上、与一辆满载摄影师的汽车发生了碰撞，然后在43街几乎撞上了一辆消防车。几十年后的20世纪50年代，内布拉斯加州公路局再次进行了无人驾驶车实验，而这次对车辆实施控制的则是内嵌在公路中的电路。20世纪80年代和90年代，美国和欧洲的研究小组为提高道路安全性又深入研究了无人驾驶的概念。但是所有的努力都没有产生任何效果。

美国国防部先进研究项目部成立于1958年，是当时苏联领先美国首次发射了首颗人造地球卫星之后的应对举措。该项目部的任务是确保美国从那时起成为战略技术的发起者而不是牺牲品。通过与大学和工业界的合作，该项目部资助了涉及国家安全领域的技术前沿突破性研究。从先进计算技术到隐形炸弹再到GPS全球定位系统，该项目部创造了超乎寻常的科研资助记录。然而2004年它发起的大挑战赛却是一场彻底的失败。在这次比赛中，在位于加州—内华达州交界处的142英里的沙漠赛道上，所有交通工具最好的结果也就是仅能行驶7.5英里。然而这次失败也是一次成功。该项目部一位官员说："首次挑战赛是创新人员、工程师、学生、程序员、越野车、业余机械爱好者、发明爱好者、梦想家的大聚会，他们带来的新鲜思维是创新的火花。"

机器学习领域技术的进步在接下来的2005年大挑战赛中明显表现出来。在内华达州南部132英里的赛道上，将近200个团队参赛。其中，5个团队成功完成了整个赛道的挑战。然而从比赛开始，两个顶级团队的竞争明显激烈，这两个团队分别是来自匹兹堡的卡内基梅隆大学和来自加州的斯坦福大学。这是一场旗鼓相当的较量。

卡内基梅隆大学的参赛领队是威廉·惠特克，他是该大学机器人研究中心的负责人，并且是机器人领域的一位传奇人物。几十年前，宾夕法尼亚州三里岛核事故发生后，无人知晓核反应堆内部到底发生了什么，里面灌满了具有放射性的水和核废料。无人敢进入一探究竟，因为这太危险了。当时惠特克刚完成自己的博士论文，他设计了一个可以进入核反应堆内部的特殊机器人，对核反应堆内部情况进行了分析后，将结果发回到工作人员，对于核反应堆清理发挥了作用。总的来说，机器人研究就是惠特克终生的工作。他不仅发明和建造了60多个机器人，还创立一个被称为"野地机器人学"的研究学科，这种机器人可以在复杂困难的地形上移动并完成任务。

斯坦福大学的参赛领队是塞巴斯蒂安·特龙，他是一位在德国接受教育的计算机科学家，在卡内基梅隆大学曾与惠特克共事，后来被斯坦福大学吸引主持该大学人工智能实验室的工作。在德国还是一个研究生时，特龙和同事就已经设计了博物馆导览机器人。之后他继续努力开创了概率机器人学科，将统计学融入到该学科中，以帮助机器人处理真实世界场景中的不确定性问题。现在，特龙的目标是研制一辆"具有可以在路上做出各种决定的脑力"的智能交通工具。他对自动驾驶交通工具的兴趣在上升，原因在于他对人工智能的好奇。他还曾表示，出于对交通拥堵的厌恶，他对自动驾驶汽车产生了强烈的热爱。他解释道："我感觉我仅仅在路上就浪费了一到两年的时间。"特龙探索的自动驾驶交通工具将会让驾驶更加安全，其背后还有他个人的原因：他最好的朋友18岁时在一次车祸中丧生。

卡内基梅隆大学的参赛车辆为两辆军事风格的"厚实"车辆。为构建地形计算机模型，该大学团队曾经花费28天用激光扫描莫哈维沙漠的赛道信息。斯坦福大学带来的是一个"中体型"的大众运动型轿车，名为"斯坦利"。让惠特克痛苦的是，斯坦利第一个参赛，用6小时53分钟完成了整个赛道的行驶，比卡内基梅隆大学的车辆领先11分钟。

这是一个重要的时刻。特龙赛后表示："这是有史以来第一次由机器做出所有的决定。"他自己也因为竞赛的强度变得非常疲惫，以致于在接受美国有线电视新闻网采访时就睡着了。

斯坦福的参赛团队斩获了200万美元竞赛奖金。奖金并非唯一的收获。就像特龙后来说的那样，大挑战赛证明了"生活正在改变。因为比赛，赛前的特龙和赛后的特龙也出现了变化"。在那些悄悄观看大挑战赛的人中，谷歌的联合创始人拉里·佩奇就是其中一位。赛后，他戴着墨镜和帽子向特龙走来。佩奇真的想要"理解未来世界将要发生什么。"特龙后来说，"佩奇曾经是自动驾驶技术的长期信仰者，甚至比我还要早。"的确，佩奇甚至还"玩着"完成了自己的关于自动驾驶的博士论文。

过了一段时间，特龙收到了佩奇发来的电子邮件。佩奇在邮件中表示，他建造的一个机器人出现了问题，而这个机器人的作用是在他可以实际不出场的情况下代他参加谷歌的会议。机器人不工作了。特龙在一个停车场与佩奇见了面。佩奇打开了他的汽车后备箱，拉出了这个机器人让特龙检查。特龙迅速组建了一支队伍，而这个机器人也修好了。

两年后的 2007 年大挑战赛是一场具有决定意义的比赛，比赛地点在加州胜利谷一个废弃的军事基地。沙漠当然比较空旷。但是自动驾驶汽车可以在美国城市街道上穿行吗，即使这样的城市是一个鬼城？

11 支队伍进入 2007 年大挑战赛，然而最终决赛仍然发生在卡内基梅隆大学和斯坦福大学之间。斯坦福大学带来的是一个名为"初级者"的大众汽车，旨在纪念利兰·斯坦福也是斯坦福大学命名时所要纪念的人。特龙是斯坦福大学团队的成员，尽管参赛时他已经转到谷歌工作了。卡内基梅隆大学带来的是一辆名为"老板"的雪佛兰·塔和，旨在纪念通用汽车老板查尔斯·凯特灵，他也是 1911 年汽车电启动装置的发明者，曾领导通用汽车的技术研究 25 年多。

卡内基梅隆大学的参赛汽车让人想起通用汽车的传奇研究主管不是偶然的，原因就是该大学这次参赛的合作伙伴就是通用汽车。数年来，这个汽车巨头和卡内基梅隆大学一直在合作进行先进技术研发。两家机构的关系由拉里·伯恩斯促成，后者也就是通用研发和战略主管。伯恩斯担心通用的未来，具体来说，就是担心什么东西可以颠覆现有的汽车。曾经，通用的首席执行官里克·瓦格纳和伯恩斯曾经谈论过一个事实，这就是 100 年来其他工业领域都发生了变化，但是汽车工业的基本模式却仍然和亨利·福特 T 型车时代相同：燃油驱动、内置内燃机，装备四个轮子。

瓦格纳曾问伯恩斯："下个百年的汽车将会是什么样子？如果汽车是在今天被发明，那么它会呈现一个什么样的样式？"

伯恩斯进行了反思：一百年来汽车领域没有出现真正具有颠覆性的技术创

新。然后他继续思考发现,其他工业很少是这种情况。自动驾驶汽车可能很大程度上为瓦格纳的问题提供了答案,如果自动驾驶汽车可行的话。

让伯恩斯感到揪心的还有他认为的汽车面临的最重要的可持续性问题,这种问题无关能源和排放,而是这样一个事实,即全球每年死于汽车事故中的人数高达120万人。自动驾驶汽车可能能够实际减少交通事故的发生。这也是为什么伯恩斯力促通用和卡内基梅隆大学惠特克机器人研究团队开展合作的主要原因之一。

在胜利谷废弃空军基地举行的第三届大挑战赛中,卡内基梅隆大学获得了冠军,所用时间比第二名快了20分钟。

惠特克后来说:"2007年获得冠军的这一天是一个重要的时刻,流行数年的自动驾驶概念突然走出实验室,进入现实世界。"而他一生的工作也因此得到了证明。

胜利谷的公路挑战赛吸引了主要汽车制造商的兴趣。然而,汽车制造商这时却有更为值得忧虑的现实问题:生存问题。金融危机在这时出现了。汽车制造商的现金正在走向枯竭,面临破产的危险。因此它们的很多计划都被迫中断,其中就包括通用汽车与卡内基梅隆大学的联合研究项目。

然而,美国硅谷还有不差钱的公司。谷歌已经致力于自动驾驶汽车的研发工作,负责人便是特龙。谷歌的司机项目研发被安排在一个独立的建筑中进行。特龙说:"一年半来谷歌任何人对我们的研发计划都毫无知晓。"作为自动驾驶汽车研发工作的一部分,汽车的车顶上放置了360度全覆盖相机。这便有了"谷歌街景"的想法,谷歌志在将全世界的每个街道都拍摄记录下来。

2010年,特龙在博客上发布道:"我们已经开发出了汽车自动驾驶技术。"谷歌对外公开表示正在致力于自动驾驶汽车的研发。从加州北部的硅谷到谷歌在圣莫尼卡的办公室再到好莱坞大道,谷歌的自动驾驶汽车刚刚到过了这些地方。这些汽车穿过了金门大桥,甚至还围着太浩湖转了一圈,自动驾驶行程已经达到14万英里。虽然汽车在行驶过程中有操作人员在场以防万一,但是汽车却是通过将关键信息传递给谷歌强大的数据中心来完成行程的。

消息传出来了。谷歌已经用实践和能力证明了无人驾驶汽车的可行性。在该领域谷歌并不孤独。这个时候,很多其他科技公司和企业家也都纷纷进入无人驾驶汽车的研发中来。科技进步和成本的降低让无人驾驶汽车的未来变得完全可能。特龙说:"2000年前还没有任何方式可以制造一些有趣的东西,当时没有传感器,没有计算机,没有地图。雷达还是放置在山顶上价值2亿美元的装置。"

即使充满了竞争,至少无人驾驶汽车领域在定义标准上有了共识。美国汽车工程师协会根据自动化水平对汽车进行了分级。最低级为"没有任何自动化"的0级,第3级可在司机监控下实现巡航控制和自动驾驶。第4级为高度自动化,这种情况下汽车能够在无人在场的情况下实现对环境的监控,但是所监控的环境只能是"有围墙的区域",比如大学校园、中央商务区这样的地方,这种级别下的汽车还可以从希思罗机场的5号航站楼自动行驶到商业性停车场。第5级别为"完全自动化",这种级别下的汽车可以在各种条件下完成各种行驶任务。达到第5级别的汽车需要有很多复杂能力的应用和持续提高。

自动驾驶汽车首先需要传感系统,而传感系统本身又依赖于几种技术。激光雷达利用激光探测物体,然后以光速将物体信息反馈回来。此外,传感系统还需要利用无线电波技术的雷达的支持,虽然无线电波没有激光那么"先进",但是在恶劣天气中信号却比较稳定。探测周围的照相机会持续不断捕捉电子画面,然后机器图像算法会高速辨识这些画面。另外传感系统还要用到超声波技术以及用来捕获热像的红外技术,GPS定位技术以及惯性导航系统也是需要用到的。所有信号都会生成一种精确到厘米级的三维地图画面,而这种地图系统被提前预置到车中。现在,对于上述技术的最优组合业界还没有达成共识,此外必需的技术标准或技术提供方也没有形成一致意见。

传感信息的获取还只是开始。传感数据需要持续进行即刻处理,而这需要一个非常重要的"大脑",这种大脑的算力相比今天汽车拥有的算力会有指数级的增长。这种大脑的关键是软件,人工智能和机器学习在图像识别方面的快速发展,驱动无人汽车取得比几年前预期的更快的进步。计算机必须要以光速处理来自传感装置的巨量数据，以辨认汽车周围是存在停车标识，还是存在一条狗，并在辨认的同时完成停车。这种重要的计算机大脑还要能够管理控制刹车和转向的电子系统单位元件，才能确保汽车躲过那些只顾低头看手机而没有看路的人们。汽车计算机和其他计算机之间的通信技术必须要能够提供信息和软件更新。信息和更新传输的速度将依赖于快速的网络连接和 5G 无线技术的可利用情况。

然后，自动驾驶工具的内部设置还存在一个问题。它将是一个移动办公室、一个信息交流中心、一个起居室，还是一个被包裹的娱乐中心？当然不能忽视的一个重要装置便是人机界面，它决定着计算机与乘客的沟通交流以及乘客乘车是否放心。的确，自动驾驶汽车发展面临的一个大的障碍可能来自乘客心理方面，即乘客是否有意愿甚至有能力将对汽车的控制完全交给一个机器人。

随着参与者数量的快速增加，自动驾驶汽车赛道的竞争开始变得白热化。在接下来的几年中，虽然汽车上的自动驾驶元素将会变得越来越多，然而从自动驾驶等级水平来看，其自动水平距离更高的 4 级或 5 级仍然很远。在这个时点，汽车要达到完全自动化水平将会使汽车的成本增加 5 万美元。然而随着技术的集成和生产规模的扩大，在 2025 年前自动驾驶汽车开始生产的条件下，完全无人驾驶汽车比常规汽车多出的生产成本将会下降 8000 美元到 1 万美元。至少存在这种可能。

无人驾驶汽车的发展还将面临其他障碍。它的可靠性必须要得以确保。如果汽车走向错误的目的地，之后会发生什么事情？或者说如果路上有一个建筑物或一场事故，接下来又会发生什么？如果天气引起汽车失灵怎么办？还有汽车在紧急情况下是撞人还是撞向路边？由于人们是通过向机器发送控制信号，因此只有在这些无人驾驶汽车比常规汽车的表现高出很多时，人们才会对无人驾驶汽车的信心逐步增加。虽然无人驾驶汽车现在已经走过了数百万英里的路程，但是在美国人们每天的驾驶里程就超过了 80 亿英里。某些黑客组织会不会通过侵入数万汽车的软件而制造灾难？除了对网络安全的明显重点关注，为应付黑客,"优雅降级"的概念也正在被进行悄悄的测试,在这种情况下,汽车的自动化水平将会被降级到最低,也就是允许司机对汽车的控制进行接管。当然,这样做的前提是自动驾驶时代的人们仍将需要学习驾车,当然还需要获得一个驾照。如果没有控制方向盘、没有加速器、没有刹车踏板而只有一个可以交谈的计算机,那么人们将通过什么方式控制汽车?

无人驾驶汽车的相关保险会出现什么变化?当前,司机买保险是因为他们存在个人义务。然而,如果是无人驾驶汽车发生了交通事故,将会是由产品来承担责任吗?是由汽车制造商或者软件提供商而不是车主来负责吗?而且还有一件事,那就是无人驾驶汽车产生的关于车主的兴趣、癖好以及行程目的地等相关数据的所有权该归谁所有?如果将数据所有权问题搁置一边,那么谁能够获得这些信息,又该以什么目的才能获取这些信息?

简而言之,汽车自动驾驶的前景已经制造了新的重大监管难题。有很多难题需要监管者和立法者来解决。其中就包括谁来监管和监管哪个领域的问题。围绕联邦政府和州政府的监管角色、安全和隐私问题,关于无人驾驶汽车的争论仍在继续。同时,在美国联邦政府内部,多达38个机构正在试图厘清他们在自动驾驶汽车监管方面(如安全、隐私和网络连接)所要扮演的不同角色,尽管美国有大约30个州已经通过自动驾驶交通工具的相关立法。因此,在自动驾驶汽车领域,美国可能出现联邦监管和州监管同时共存的结果。

自动驾驶汽车对社会还会产生影响。一些人预言,运输卡车也将变为自动化交通工具,未来大卡车上路将是"组团"上路,可能是领头卡车里面配备一个司机,其他剩下的卡车都是无人驾驶。而这将意味着美国现在350万司机大军中的相当一部分人将不得不寻找其他工作。最后,无人驾驶汽车的推广还会产生"中间期"的难题,这便是不断增加的无人驾驶汽车如何融入现有的有人驾驶的交通大军中的问题。

自动驾驶汽车发展的一条可能路径就是伴随着越来越多的无人驾驶技术包的应用(例如防碰撞和加速管理技术),随着时间的推进汽车慢慢的走向自动驾驶。然而这又会产生另一个问题。在仅能实现部分自动驾驶的交通工具中,当司机需要突然紧急集中注意力时，相对常规汽车会不会进一步受到其他事情（例如在智能手机上输入文字）的干扰？

最终的大挑战赛将针对商用可行的自动驾驶交通工具展开，竞赛的热度正在提高。竞赛参与者既包括大型汽车制造商，还包括硅谷的科技大公司以及那些风险资金支持的科技创业企业。在某个时刻，自动驾驶汽车领域将会出现重要的、各方能接受的标准。然而在标准产生之前，很多具有竞争性的相关技术都将力图在市场中取得自己的一席之地。一位创业公司的首席执行官说："随着不同的汽车利用不同的算法，观察这些汽车公司之间如何互动将变得有趣。"她还进一步补充道："这些公司会相互礼让而愿意跟随其他公司后面走，还是愿意将其他公司从市场上排挤出去？这将是人工智能对人工智能的较量，但最终这将是一个需要解决的社会问题。"

一些公司已经走到了更新的技术前沿。特龙联合他人先是创建了一家名为优达的网络科技教育公司，然后与谷歌的拉里·佩奇又创建了一家飞行汽车出租车公司：小鹰。特龙确信，他们将能够在自动化地面打的服务方面占得先机。

自动驾驶汽车需要的技术进步仍旧面临着很多需要克服的障碍。然而有一个更为关键的发展却可以和无人驾驶汽车一起切入一个具有决定性意义的不同的移动新世界，这个发展便是现在无所不在的智能手机打车。简而言之，这便是网络打车。

第36章

网络打车

2008年夏，一个名为加勒特·坎普的加拿大软件工程师站到了旧金山的大街上，而他却已经受够了随机性很强的路边打车。虽然他已经在约会中迟到了，但是却仍不能招手拦下一辆出租车。他的手里握着一部新的苹果手机。他突然意识到，他可以用这部手机进行打车，而无需再站在街上等待这不可预测的出租车的到来。或许这还能为他带来一个更好的社交生活。也就是一年前苹果刚刚发布了一款新的手机，然而仅仅在2008年苹果才开通了APP商店并允许非苹果APP在手机中的存在。坎普想，为什么不能用苹果手机上的APP按键代替招手打车，从而让算法实现乘客与司机的连接呢？他后来这样说道："当时我的想法就是如何获得更好的出租服务。"2008年8月8日，他注册了一个网址：www.ubercab.com。

坎普没有想过改变交通现状和挑战整个交通行业的事情，而现有的交通情况则是建立在人们拥有自己汽车的基础之上。坎普最初的目标非常普通。首部投行投标书将优步打车描述为旨在提升现有出租车服务的"下一代打车服务"。电子打车可以让街头打车失去存在的必要。移动APP将匹配客户和司机。只有APP尊贵会员才能享受到优步提供的梅赛德斯和其他高端车提供的服务。使用这种服务的有离/去饭店的，有离/去酒吧和演出场所的，也有去往"传统交通"场站的。

乐观的想法是，优步将成为这个市场的领导者，并创造了10亿美元的收入。现实的想法是,美国5家顶级城市的5%的出租车服务市场被优步占领,并产生2000万～3000万美元的利润。最坏的情况是什么?在旧金山维持一种"10辆汽车、100个客户"的经营模式,为旧金山的企业高管提供服务,帮助他们节省打车时间。前途想好了,那么下一步该怎么做呢?买3辆车,然后融资几百万美元。

12月的一个晚上,坎普在巴黎与特拉维斯·卡兰尼克待在了一起。因为一场暴雪,巴黎这座灯光之城被迫关闭。酒吧和酒馆关门,甚至出租车司机都回了家。由于没有什么事可干,坎普和卡兰尼克吃力地爬到了埃菲尔铁塔的顶部。在那里接下来的两个小时时间里,他们深入探讨了网络打车的想法,而算法则将成为网上打车的"胳膊"。

几年前从大学退学后,卡兰尼克创建了两家公司,第一家以失败告终,另一家取得了还算不错的成功。拿着后一次创业成功中获得的几百万美金,卡兰尼克成为小的天使投资人,在旧金山的科技界变得自以为是。在埃菲尔铁塔的顶部望着被白雪覆盖的安静的巴黎,坎普和卡兰尼克的创业态度因为那个晚上的经历变得非常坚定。与投标书相反,卡兰尼克认为公司不应该拥有自己的出租交通工具。公司应该为"轻资产"形式,应该成为21世纪的中介平台,而不应该在实体汽车上面有任何的投资,公司应该为司机和乘客的连接提供便利,并从二者的交易费中砍掉一块作为自己的收入。卡兰尼克说:"你没有自己购买汽车的必要。"

优步在2010年5月上线打车服务,提供豪华车和城镇普通车打车服务。优步的公司标语是"每一个人的私人司机"。这一年的9月,公司接到的打车服务总数为427次。卡兰尼克于2010年10月开始担任公司首席执行官。在卡兰尼克开始上任的那天,当地交通管理部门的一位代表拿着一封要求公司停止运营服务的信出现在了公司办公室,原因是优步作为出租车公司没有得到当局的批准许可。对此,卡兰尼克要求将"出租车"几个字从公司的名字中去掉,而无视管理部门的命令。接下来的一年,优步在旧金山赢得了人们的兴趣,然后相继在纽约、伦敦两个城市启动了打车服务。然而这时优步提供的服务内容仍然仅仅涉及豪华车和林肯城市汽车以及专业司机。它的定位仍旧是"每一个人的私人司机"。

这种情况在 2012 年突然出现了变化。这一年，一个采取不同路径运营的竞争对手突然出现在了优步面前。长期以来，在洛杉矶长大的罗根·格林被这个城市近乎常态化的单人乘坐的汽车拥堵吓怕了。在去津巴布韦的旅途中，他看到了当地的微型公交车，人们在路边招手就可以打到这种车。这便是他创办公司的灵感来源。他回到位于圣芭拉的加州大学，创办一家公司为需要回家的学生提供拼车服务，他给公司起了一个奇怪的名字"Zimride"，以纪念他的津巴布韦之旅。在纽约，格林在脸书上发布的一篇文章非常奇怪地凑巧吸引了华尔街一位年轻分析师的注意。这位分析师便是约翰·齐默尔，他忍不住注意到了这家新公司的名字，尽管他明显与格林不存在着任何关系。或许这就是命运的安排。他上过酒店管理学校，明白酒店入住率与交通的关系。酒店寻求 80% 或 90% 的入住率，私人汽车的使用率仅有 5% 或 10%。一个更为有效的交通体系的存在将能使汽车的使用率提高很多。

格林和齐默尔联系上了，2012 年他们开始在旧金山提供短程出租服务。他们将新公司命名为来福车。任何人都可以成为一个司机。优步早期提供的是"私家司机"式的黑色汽车，而来福车则为司机在他们的汽车车头粘上粉红色的"八字须"。友好和碰拳是来福车的运营文化，这有意与优步形成鲜明对比。优步没有浪费任何时间对来福车的竞争进行了反击，也启动了普通司机驾驶的出租车服务。在一篇博客中，卡兰尼克这样写道："我们选择竞争。"

优步的确与来福车展开了竞争，而且竞争还是那么激烈。优步建立了优步 X 新商业模式，接受了来福车的商业模式，接受了非专业司机的登记注册，这种司机可以根据自己所想提供不定量的工作。这些司机将与优步签订合同，而非优步的雇员。换句话说，优步开启了"带着你自己的汽车来工作"的运营模式。优步的司机 60% 都还拥有其他工作，这种模式成为"零工经济"的一个黄金案例。优步和来福车都推出了现代版的拼车服务，这样距离相近的一个打车人和另一个打车人就能一块奔向距离同样相近的目的地。

优步和来福车都没有停下来，一个城市接一个城市地开启服务。他们很快就赢得了顾客的信赖，而最初的很多顾客则都是千禧一代。在扩张的探索中，优步与地方出租车司机和出租车所有者以及交通监管者展开了交锋，这些人都认为优步是一家不受监管的出租车公司而表示反对。优步认为自己开展的是"有原则的竞争"，而其他方则认为是"直接的进攻"。优步没有等待许可就进入一个城市，它要做的就是出现在某个地方而后展现其提供的服务的价值。面对不可避免的反击，优步将动员司机和乘客用电话和邮件对监管者和政客进行"轰炸打击"。

在伦敦，数千伦敦黑色出租车司机通过堵路的方式对优步展开了抗议，伦敦中心的某些地方交通因此陷入瘫痪。这些抗议者曾花费多年的时间才掌握了伦敦复杂的迷宫式街道分布。在法国，数千愤怒的出租车司机（这些人在出租车牌照获取上的花费高达27万美元）也做出了同样的举动，他们封堵了通往火车站和机场的道路，在一些地方还出现了燃烧轮胎的事情。2017年，伦敦监管者禁止了优步的地面服务行为，表示优步的运营是"不恰当"的，不仅因为未能满足公共安全要求，还因为利用了特殊的软件以规避监管。2018年6月，优步胜诉，在伦敦获取了2019年到期的试运营许可执照。

在基于APP的网络打车服务开启后，纽约提供这种网络打车服务的交通工具数量增长到7万辆，大大超出了这个城市黄色出租车的2万辆数量。面对交通拥堵和司机工资下降的现状，"太多汽车，太多司机"问题让纽约城对可租用交通工具的数量上限做出了规定。出租车司机持续处于一个防守的态势。不同于优步的司机，纽约城的出租车司机必须要参加驾驶课程学习，去"出租车学校"学习，还有进行体检。如果他们想要拥有出租车，他们还不得不负债支付出租车牌照费用。

寻求"更好出租车"服务的国家并非仅限于美国。程维曾经是中国科技巨头阿里巴巴的一位工程师，曾经没有及时叫到出租车而错过了几个航班。受够了这种情况，他于2012年创建了滴滴。经历了一场并购后，滴滴已经成为世界上最大的网络打车公司。

同样非常需要更好打车服务的还有一位投行人士，她便是柳青，曾经带着三个不高兴的孩子站在暴雨中的北京街头，却不能叫停一辆出租车。柳青在一个科技家庭长大，父亲是联想集团的创始人，集团收购了 IBM 的个人电脑业务，现在则是世界上最大的个人电脑制造商，柳青则在哈佛大学拿到了自己的计算机科学硕士学位。在高盛工作 12 年后，她已经成为高盛亚洲区董事、总经理。他在北京打车的受挫燃起了她作为高盛员工投资滴滴的兴趣。然而在投资滴滴上，高盛却输给了行动更快的中国风险投资人。郁闷的柳青约程维吃了一顿午餐。然而她却有了另一个想法。

柳青说："如果你不愿意接受我们的钱，那么我为什么不能加入你们呢？"程维被这个吓住了。后来，柳青心想："我做了什么？那可不是我的职业化风格。"

为了解决这个问题和测试他们之间的感觉，她和程维决定开启一场他们所谓的"社交安全之旅"，从北京驾车到拉萨。1600 英里的旅程、4 个人，柳青和 3 个男人窝在一辆车里，开始了比预期还要艰苦的行程。

在某个暴雨遮住前路的时刻，司机发起烧来，这成为他们西藏之旅的重大挑战，原因就是柳青和程维实际上都没有驾照，甚至都还不懂如何开车。然而他们却努力前行。最艰难的时刻发生在他们穿越辽阔、人烟稀少的青藏高原时。在海拔 1500 英尺的高原，车里的 3 个男人都病了，呼吸困难，急需送到当地医院进行输氧。与几个男人不同，柳青却没有什么问题。也就是在这时，她对自己说："我可以做这件事。"

2014 年，柳青加入了程维的团队。两年后，优步来到中国，试图将滴滴挤出业已确立的位置。在花费了 20 亿美元后，优步向滴滴投降。然而在退出中国时，优步却接受了滴滴的股票作为安慰自己的奖赏。在中国，滴滴每天运送的人数达到了 2700 万人，其在巴西的附属公司每天则还要运送 300 万人。它的服务涉及网络约车、出租车服务优化、共享单车、豪华车服务以及食物配送。

中国市场非常有利于网络约车服务的开展。中国每 1000 人当中汽车保有量仅为160辆，远低于美国的867辆。而且，中国人购车还面临着很多障碍。人们已经注意到，为应对城市拥堵，上海的购车权价格常常高于汽车本身。即使你拥有一辆汽车，城市停车也是一个挑战：城市不是为汽车而修建的。所有这些都在额外助推中国网络约车产业的发展。

随着业务在中国400多个城市展开，滴滴产生了巨量的交通数据，依靠算法，滴滴可以与政府开展合作，利用这些数据优化交通流程从而降低城市拥堵。大规模的运营也意味着它还要面临着乘客安全问题。滴滴现在要求司机参加课程学习，还要通过考察范围更广的考试。现在滴滴已经加强了对行程的监管。滴滴正在利用人工智能和机器学习技术塑造自己未来的商业模式。柳青说："交通产业将会转型。"或者说已经发生转型。对于滴滴来说，在柳青和高盛失去投资它的机会时的2014年，其市场价值为70亿美元，而到了2019年，滴滴的市场价值已经飙升至620亿美元。

在仅仅5年的时间里，卡兰尼克就在全球重新定义了交通。他奉行自己的行事风格，采取积极进攻的阵势。就像《纽约时报》所写的那样，卡兰尼克"根据自己的想象构筑着优步的未来"。然而随着公司的成长和更加引人注意，卡兰尼克自己的形象却正在出现越来越多的问题。在别人眼中，优步不仅具有进攻性，而且还具有煽动性和破坏性。到2017年，优步已累积了很多的挑战。公司被指控存在性别歧视和性骚扰。公司与司机也存在着摩擦。谷歌指控优步偷窃其自动驾驶相关的知识产权。另外，优步还被指控利用软件秘密非法欺骗监管者和破坏来福车公司的运营。2017年6月，优步雇佣了美国前最高检察官埃里克·霍尔德，他最终提出了47项旨在提高优步"工作场所"文化的行动建议。一周之后，优步最大的5个投资人向卡兰尼克寄出了一封信，当时卡兰尼克正在去往芝加哥的路上。信的内容很简单：他被解雇了。它的位置由在线旅行公司艾派迪公司首席执行官达拉·科斯罗萨西接替。

至此，网络打车产业格局已经相当成型。优步自身在全世界拥有200万司机，而"优步"也变成了一个动词。网络约车行业出现了指数级增长。仅在旧金山一地，优步的收入就达到了数十亿美元，和传统出租车行业的不到2亿美元形成鲜明对比。截至 2017 年，优步在全球的运营城市数量达到了 540 个，来福车在美国的运营城市为 290 个。在美国，优步占有网络约车行业 70% 的市场份额，而来福车则为 30%。从全球来说，除了滴滴还有其他大的玩家也进入了该行业，其中就包括欧洲的盖特和印度的欧拉。总的来看，网络约车可以发展为一个非常大的产业。

然而这个行业仍旧面临着一个重大挑战：如何盈利。2019 年 5 月，优步以 820 亿美元的估值实现了 IPO。然而其运营成本却要高出其营业收入。在 IPO 过程中，亏损成为一个明显的事实，而且是数十亿美元的亏损。在 IPO 半年后，优步的市场价值跌到了 470 亿美元，然而对于一个存在时间还没有达到 10 年的公司来说这个数字仍然很大，但是对于那些在 IPO 过程中投资该公司的人来说，这个数字却并不理想。来福车的市场价值也出现了类似的下滑，从 IPO 时的 240 亿美元跌到后来的 140 亿美元左右。

网络约车的大规模发展可以打乱存在一个世纪之久的燃油私家车的销售和维护模式。传统模式将会让位于一个全新的商业模式和一种生活方式，这便是"出行即服务"。不用买车，不用将车放在车库中，不用自己驾车去工作，也不用为车寻找停车场……总的来说，传统模式利用汽车的时间仅占全天的 5% 或 10%。人们将根本不需拥有汽车，人们只需要在需要汽车的时候购买移动服务。

然而新冠肺炎疫情和社交距离的保持却对于共享出行造成了始料未及的打击。人们愿意共享交通工具吗？还是更愿意独享交通服务？但有一个事实已经很清晰，那就是截至 2020 年 6 月，也就是中国重新开放后的不到 3 个月时间里，滴滴重新回到了新冠肺炎疫情危机前 70% 的利用水平。然而其他国家的情况只有等到危机过后才能看得清晰。

第37章

汽车技术

如果未来不再关乎拥有一辆汽车（出行需要一种产品），而是关乎租赁一辆汽车（出行需要一种服务），那么汽车工业和石油工业领域就将会发生很多变化。

首先，网络约车行业的快速增长会对汽车购买产生什么影响？这是汽车工业需要考虑的一个关键问题，对于在汽车工业工作的美国 750 万从业者以及全球数千万从业者来说这个问题意义重大。已经出现了这样一种倾向：在美国，16～44 岁拥有驾照的比例自 20 世纪 80 年代早期开始持续出现下降，特别是那些较为年轻的人中间更是如此。1983 年，20～24 岁的人群当中的 92% 都拥有驾照，而到了 2018 年，这个比例则降到了 80%。

出现这种下降的一个原因是拥有一辆汽车不再像以前那么紧迫，以前拥有汽车是标识身份、地位以及成年的标志。而现在拥有汽车不再是自由和独立的精神符号。数字世界和社交媒体现在为人们提供了一个精神平台，现在汽车的功能属性变得更为突出，而不再像以前那样代表更多的精神、成就和自我表达，它也不再像以前可以作为一个个人可以脱离家庭和父母的成年符号。曾经一度，汽车在人们的浪漫生活中发挥着核心的作用。曾经有过估算，美国近乎 40% 的求婚都发生在汽车中。今天，1/3 的婚姻都是通过线上见面和约会 APP 完成的。

第二个原因来自支出。拥有一辆汽车首先需要一笔购车的资本支出，还需要每年在燃油、停车、保险和维修方面付出不少的额外支出。这对于背负着大学贷款或只有零工工作的年轻人来说，拥有一辆汽车可能是在增加他们的负担。

从经济性上考虑，我们假定美国每年的人均驾驶里程为12000英里，拥有一辆汽车为此消耗的支出在7000美元左右，其中包括了汽车的折旧成本、燃油成本和其他运营花销。按照网络约车的平均支出计算，7000美元将能换来每年600趟左右的独立行程，或者说每周12趟，几乎相当于每天两趟。当然，从另一个角度来看，利用优步或来福车打车不会产生任何残值，而拥有汽车的人在出售二手车时会获得一个残余价值。利用网络打车也没有拥有汽车的那种自豪感。

当然，年轻人也可能不是不愿获取司机驾照和购买汽车，而只是延迟行动。随着今天30岁以下人的年龄增长和收入的提升，他们将会进入汽车市场。人们结婚和生育时间都在延后，然而最终他们还会结婚和生育，他们也会向郊区移动，接着他们就将会购买运动型轿车、接送孩子，其驾驶里程也将会增加。而且，很多人可能更喜欢拥有他们自己的移动工具。值得注意的另一个因素是，网络约车未必就意味着人们总的移动里程的下降。相反，它还很可能意味着人们移动里程的增加，因为汽车的可获得性和便利性会刺激交通工具的更多使用，届时乘坐公共汽车或地铁的人数可能会更少，选择私人出行的人数可能会更多，尽管私人出行的司机并非自己。

与石油一样，汽车是一个全球产业，因此，影响该行业的因素并非只是来自美国、欧洲或日本。尽管中国在治理拥堵上采取了各种各样的努力，拥有一辆汽车仍将继续是一些人强烈的渴望。而且另外一个巨人印度也是面临同样的情况。尽管人口规模差不多，和中国2.4亿辆的汽车保有量相比，印度的汽车保有量仅为4800万辆。然而，印度也是一个非常大的新兴市场，印度人口中年轻人的比例要比中国高出很多，而印度的公路系统较中国则要落后很多，然而其经济增长将会带来人们收入的提高，也会为新的基础设施建设提供资金。而印度大量的年轻人口最终将会给全球汽车和石油工业产生巨大的影响。

电动汽车、网络约车和自动驾驶三种事物如何融合发展还远没有定论。电动汽车要赶上燃油车在交通工具中的比例，还要经历一个较长的时间。人们可能仍会继续想要拥有自己的汽车并且自行驾驶。自动驾驶交通工具还远没有达到规模化发展的程度。

然而，在上述领域的合作、并购和投资等让人眩晕的行为中，仍然出现了新的入局者。其中包括苹果和谷歌这样的科技巨头、新的网络约车公司、地位已经确立的科技公司、风投支持的创业公司、大学，当然也包括力图确保在未来占据核心位置的汽车公司。

在拉里·伯恩斯看来，传统汽车公司晚了5年才被出行革命叫醒。他说："汽车公司制造硬件。他们设计方向盘、前灯、门把手，他们可以同时将所有零部件集中在同一个建筑物中，然后装配一辆不怕冷热、不分昼夜行驶里程可达数十万英里的汽车，传统汽车公司在这方面确实擅长。"自动驾驶技术本质上却是一个软件和地图定位问题。它需要很多计算机代码的编写，而这却不是传统汽车公司的强项。汽车工业发展慢下来的原因是因为汽车公司对于数字技术没有深入到骨子里的理解，对于计算机和大数据技术也缺乏充分的掌握。

汽车公司还面临着另一个重要问题。汽车制造商高度依赖制度管理，其运转依靠巨额的惩罚性措施和一套完整的行动流程。由于汽车的特点，他们小心谨慎，努力规避风险。

比尔·福特说："几年前就有很多文章表示故事的结局就是科技公司将赢得未来，传统汽车公司将会败下阵来。"然而事情并没有那么简单。一辆自动驾驶汽车必须要搭配运算大脑和能让它工作的自动驾驶系统。如果你没有处理好这一方面的任务，那么你也不能处理好另一方面的工作，就会出现不匹配问题。你需要双方协同工作。"

快速联动表明了汽车工业需要准备迎接新世界的急迫性，同时也表明了一种复杂性。丰田首席执行官丰田章男解释说："这是关乎存亡的问题。"丰田向麻省理工学院和斯坦福大学资助了10亿美元，以支持两所大学在自动驾驶领域的研究，后来丰田又投资了优步。谷歌将自己的自动驾驶汽车研究团队拆分给维摩公司，后者是谷歌母公司的一家独立子公司。维摩公司与来福车公司建立了合作关系，并在凤凰城地区启动了无人驾驶出租车服务。福特则耗资10亿美元收购了阿尔狗人工智能公司。苹果则投资10亿美元入股中国的滴滴。奥迪、戴姆勒和宝马花费31亿美元收购了诺基亚的地图业务。通用汽车则耗资5亿美元入股来福车。另外，通用汽车还收购了成立不到3年之久的的一家名为自动化巡航的创业公司，报道的交易额达到了10亿美元。

驱动这种合作关系达成的不仅有技术因素，还有投资规模因素。福特与大众建立了合作关系，合作内容包括自动驾驶汽车和电动汽车研发。比尔·福特说："我们两家公司都意识到同样的一点，即我们正在进入的市场是巨大的。虽然市场潜力巨大，但是资本潜在需求也同样巨大。没有公司能够独资承受这种投资规模。"

经济性是自动驾驶汽车和网络约车融合发展的一个重要原因。网络约车公司的最大成本是司机工资。取消司机后，网络约车公司的成本就会降下来。当然，司机人工成本的降低某种程度上将会被购车花费所抵消，原来网络约车公司是司机自带车辆，现在则需要购车。尽管如此，网络约车公司仍然会从自动驾驶汽车中获得较大的好处，因为这些汽车几乎可以日日夜夜不停地在路上奔跑。它们不需要咖啡小憩，更不用说需要睡觉了。

电动汽车也存在着吸引力。虽然电动汽车的成本可能较高，但是其运行成本则较低，原因就是每英里耗电支出将小于耗油支出（除非内燃机的效率有很大程度的提升）。因此，如果你运营着一个多数时间都在工作的大型车队，那么电动车将变得更富竞争力。而且，你可以通过建立一个中心充电站的方式解决充电难题。

通用汽车的玛丽·巴里说："人们仍旧存在着从A点移动到B点的实际需求，然而他们将会有可以实现这一点的多种方式。"他表示，交通发展的目标是建立一个零碰撞事故、零排放和零拥堵的世界。在她看来，这样的世界基本上就是一个自动驾驶电动汽车的世界。然而，到达这样的世界对于通用汽车和其他公司来说都是一个巨大的挑战，虽然通用汽车每年在全世界销售的交通工具数量达到了成千上百万辆，然而实际上这些所有的售出车辆都是燃油车，而且也不是自动驾驶。

世界主要汽车制造商将会逐步进入这个移动出行的新世界，他们会保护自己在这个新世界中的位置，并确保自己能够存活下来。对于类似中印这样国家的汽车制造商来说，这是它们超越国界成为全球竞争者的一个途径。

然而对于正在寻求下一个万亿美元的科技巨头来说，它们可以利用自身在软件、平台和资本方面的优势成为新交通世界的主导者，未必在生产领域，而是在整个产业。毕竟，苹果也不生产它自己的手机。

而且，这里我们可以看到新型公司的出现：汽车技术公司。这些公司可能经历垂直化整合，也可能是战略联盟公司，从汽车制造商到汽车管理再到网络约车平台公司，都可能出现联合。这种公司将能熟练协调融合多种功能：制造、数据和供应链管理、机器学习、软件和系统整合、高质量移动服务提供。

此时，新技术和商业模式仍未强大到可以颠覆私人燃油汽车模式的临界点。人们仍然会购买大量的个人私家车。传统公司仍然有业务可做。而且传统汽车产业帝国还可以展开反击：大幅度提高内燃机燃烧效率。

总的来说，汽车世界以及它们的燃料供应商已经展开了一种新的竞争。竞争不再只是关乎向顾客销售汽车以供个人使用，不再只是汽车制造商与汽车制造商的竞争，不再只是加油站与加油站的竞争。现在的竞争已经变得多维化：它不仅是汽油车与电动汽车的竞争、私家车出行与服务出行模式之间的竞争，还是人工驾驶汽车与机器人驾驶汽车两种驾车模式间的竞争。竞争将围绕技术、商业模式和市场份额展开。变化的确已经发生，只是不是在一夜之间发生的。前面已经说了，电动汽车正在取得进步。石油不再是交通领域不可挑战的王者。然而在未来一段时间内，石油的王者霸气仍会在交通领域得到相当广泛的延伸。

新的出行方式将会给社会带来重大的变化。从"依靠汽车（产品）出行"到"依靠服务出行"的变化将会导致私人新车购买量的大幅下降，而车的批量购买则将会增加。依靠服务出行，车的使用时间将会达到每天的70%或80%，而不再是以前的5%，这样批量购车的数量增加也不能补偿个人购车的数量减少。传统汽车产业链上涉及全球数千公司，而打乱这种产业链的可能不是贸易战，而是科技创新，其中就包括机器人和3D制造技术。

虽然依靠服务出行的方式给用户带来了价值，但是如果服务涉及自动驾驶汽车，那么它就将会给一些劳动人口带来痛苦的影响。传统出租车、优步、来福车和滴滴的司机，加油站和汽车经销商的工作人员，汽车工厂的工人，公交系统的工作人员，这些人的就业都会受到严重的影响。这些失业人员能找到什么新的工作，或者说他们有能力找到吗？谁该为他们的失业负责？他们的养老怎么办？通常来说，传统出租车司机在停止开车时，会将他们的出租车牌照以一个较高的价格出售出去，用这笔钱支撑他们的退休养老。然而现在传统出租车牌照的价格已经远低于他们曾经购买时的价格，因此他们就不能从出租车牌照再售中获得什么养老钱了。

对于全球汽车工业本身来说，未来也是复杂的。汽车工业是建立在新兴市场的购车增加和成熟市场的老车置换基础上的。典型的一款新车型的规划周期在5～7年。然而未来的发展变化周期却要短于这个时间。

对于汽车工业当前商业模式的塑造上，亨利·福特要比其他任何人做得都要多。就像他曾经说的那样，如果要问顾客他们需要什么，他们就会说他们需要一匹快马。

这种商业模式已经持续了一个多世纪。亨利·福特的重孙子比尔·福特对这个商业模式反思："这个时间太长了，难道不是吗？"然而现在关于这个商业模式的"一切"都正在发生改变。个人购车的私家车出行模式正在发生改变，交通工具的动力推进系统正在发生改变。传统商业模式的点点滴滴都正在被打乱。

比尔·福特补充说："汽车工业的一些事情却非常清晰。第一，汽车工业真实存在着电动化倾向。第二，自动驾驶将会发生，尽管人们现在对自动驾驶的发展时机还存在着争论。然而也存在不清晰的事情，这便是围绕新的商业模式所发展出来的辅助性产业。这些产业仍旧处在"假设"和"实验"阶段。

比尔·福特说:"我期望福特能够再存续上百年。然而我们并非将所有都押注在一个东西上。我们拥有的确定性越多,我们的未来就会越好。然而不幸的是,我们似乎正生活在一个没有很多确定性的世界中。"

汽车制造商都会挣扎于生产什么、以什么样的步伐生产以及在什么上面投资。他们不得不应对限制内燃机发展和提高内燃机成本的政策,同时又不得不对电动车发展提供补助或为电动汽车设定生产配额。然而,当电动汽车的销售达到一个较高的水平时,政府将会削减针对电动汽车的大规模补助吗,特别是在由于新冠肺炎疫情政府面临巨额债务负担时?汽车公司必须要考虑补助的削减对于消费者购买电动汽车欲望的影响。然而至少在现在,电动汽车的主要需求来源不是消费者,而是政策不断演进的政府,而演进的原因则来自城市污染、城市拥堵和气候变化。

批量购车、网络约车和平台经济的存在还将会给汽车制造带来某种陷阱。这种陷阱可以呈现很多不同的兴衰。然而结果很可能造成一类新公司的崛起,这种公司便是"大移动出行"公司,而它将能体现汽车技术新世界将要发生的变化。

第6部分

气候路线图

第38章　能源转型

第39章　绿色新政

第40章　可再生能源

第41章　技术突破

第42章　能源转型对发展中国家的影响

第43章　变化中的能源结构

第38章

能源转型

找到通往低碳世界的路径将是未来几十年人类面临的一个决定性挑战。40年来，人类活动造成的气候变化问题一直是一个严肃的研究课题。然而公众对气候变化意识的大规模上升却是在较近期的时间发生的，它背后的驱动力不仅来自于理论研究，还来自于人们对世界发生的各种大事越来越强烈的关注，这些事情包括森林火灾、干旱、暴雨、沿海洪灾、热浪、冰川融化、飓风。

人类对于气候变化的警醒是能源转型的巨大驱动力。能源转型这个说法已经得到了广泛的接纳，或许它已经成为谈论能源未来的最常用的词语。能源转型旨在将相对工业革命前水平的地球上升温度限制在2摄氏度以内或者1.5摄氏度，然而在实现路径上人类却没有达成任何清晰的共识。是转向"低碳能源体系"（随着时间的进展人类活动造成的碳排放将会下降），还是转向"深度去碳化"（碳排放的下降相比前者则要快出很多）？是转向"零碳能源体系"（不存在任何人类相关的碳排放），还是转向"净零碳"排放体系（碳排放通过碳汇机制抵消）？对能源转型速度、几十年后转型的能源格局、转型的成本以及转型的实现路径，都没有明确的共识。

能源转型不是一个新话题。这个话题已经存在了很长时间，而且随着时间的进展还在不断展开。之前能源转型的驱动力主要来自于技术、经济、环境、便利和舒适度。现在，其背后的驱动力又融合了政治、政策和社会活动这些内容。

第一次能源转型发生在 13 世纪的英国，当时的转型是从木材到煤炭。增长的人口和森林的毁灭让木材变得稀缺和昂贵，于是煤炭开始被用于伦敦的供暖，尽管煤炭会产生烟雾和难闻的味道。在欧洲处于小冰期时期的几个世纪里，欧洲对于取暖用煤的需求一直比较急迫，也是从这个时期开始地球开始出现变暖现象。这个时期，欧洲的天气非常冷，以致于泰晤士河全被冰封。据说，伊丽莎白女王一世还曾在河上溜冰。煤炭的优势体现在价格和可获得性上，其效用并不优秀和突出。

在第一次能源转型的某一具体时间里，煤炭成为一种独特的、优于木材的工业燃料。1709 年 1 月，一个名为亚伯拉罕·达比的英国铁匠同时也是一个贵格会（一种教派，Quaker）的企业家在一个村庄使用炼铁高炉时，找到了一种去除煤炭杂质的方法，这样煤炭就可以被转化为焦煤：一种碳含量比例较高的煤。焦煤替代了木炭，后者来自于木材的部分燃烧，此前一直是炼炉的标准燃料。达比相信，焦煤的使用可以提高炼铁效率。他也因为该想法受到很多嘲笑。他说："很多人都怀疑我的这种想法很愚蠢。"然而他的方法被证明有效。

虽然这种炼铁方法经历了几十年才传播开来，但是达比的发明却降低了炼铁成本，让铁在工业使用中的易得性比之前有了很大提高，从而促进了工业革命的发生。煤炭是托马斯·纽科门发明的蒸汽机的燃料来源，在这种蒸汽机被发明的时间前后，达比找到了将水从煤井中抽取出来的办法。这种蒸汽机经过瓦特很多的改进，在 1776 年投入了商业化应用，同样在这一年，美国独立战争爆发，亚当·斯密《国富论》出版问世，而 1776 年则成为工业革命进程的一个关键时点。然而就像能源学者瓦科拉夫·斯米尔评论的那样："即使有了工业机器的崛起，19 世纪的能源基础也并非煤炭，而是木材、木炭和庄稼秸秆废料。"直到 1900 年，煤炭才达到了满足世界一半能源需求的时间节点。石油于 1859 年在宾夕法尼亚州的西北部被发现。然而之后又经历了一个多世纪，直到 20 世纪 60 年代，石油才替代煤炭成为世界头号能源。即使这样，这也并没有意味着煤炭使用的彻底结束，煤炭消费实际上一直在持续增长。而全球天然气消费则自 2000 年以来增长了 60%。

引领全球气候变化讨论风向的是联合国政府间气候变化专门委员会定期发布的气候变化报告。该委员会是一个由科学家、研究人员组成的自治组织，定期发布气候变化报告，在气候变化问题上每期报告对于人类的警告都在加重。该委员会第一期报告的发布时间为 1990 年，当时报告说，地球正在变暖，而且这种变暖很大程度上与气候模型预测保持一致，并且这种变暖主要是因为人类活动造成的温室气体排放造成的。然而报告也补充说，这种气候变暖很大程度上也与气候的自然变化保持一致。2007 年，国际政府间气候变化专门委员会发布的第四篇报告认为，气候变化"非常可能"是人类造成的，对气候变化原因有了比以前明确得多的定性。在各个方面，实际的报告都没有像政策制定者那样给出较为明确的定论。报告称："有关云层与全球气候变化的关系，很多方面仍旧是不确定的。"

2007 年的诺贝尔和平奖授予美国前副总统戈尔，他已经成为气候变化领域的一个主要活动家，曾经表示世界面临着"不确定的紧急情况"。与戈尔一同分享该奖项的还有联合国政府间气候变化专门委员会，代表该组织领奖的是担任该组织主席 13 年的拉金德拉·帕乔里。不久之后，帕乔里在休斯敦举办的剑桥能源周会议上表示，联合国政府间气候变化专门委员会的警告不是建立在理论和假设基础之上，而是建立在对实际数据的分析基础之上，现在这些数据来源非常广泛且非常有说服力，根本不存在任何值得怀疑的空间。后来他将"保护地球"描述为"自己宗教信仰般的情节"。

联合国政府间气候变化专门委员会的第五份报告发布于 2014 年，其内容也最为现实和残酷。报告称："人类活动对于气候变化的影响是明显的，温室气体正处于历史最高水平。最近的气候变化对于人类和自然系统产生了广泛的影响。气候的变化是不平衡的，自 20 世纪 50 年代至千禧年这段时间，人类观察到的很多气候变化在之前都是不存在的。"对于联合国政府间气候变化专门委员会报告中的一些内容，一些人也提出了质疑，这些质疑关乎报告中几十个不同的气候预测模型，关乎报告对飓风发生频次和海平面上升速度的观察，关乎报告对于反馈信息的理解，关乎报告对于气候自然变化的低估。但是提出质疑的人明显是少数。

2014年的报告为一年后的巴黎气候大会的会议主题设定了背景，巴黎大会接受了一个全新的"能源转型"概念，并将能源转型设定为全球的中心议题。

巴黎气候大会于2015年11月在巴黎北部郊区布尔歇召开。就在会议召开前的仅仅两周，伊斯兰国极端组织袭击了这个城市，造成130人死亡和数百人受伤。因此，安全措施执行得极端严格，因为要有5万人来到法国首都讨论气候政策问题。

会议组织方认为，这次会议应该是6年前哥本哈根那场乱糟糟的会议之后一场具有决定性意义的气候会议，当时的美国国务卿希拉里·克林顿将哥本哈根会议描述为她自参加八年级学生会会议以来所参与过的"最差的一场会议"。

避免另一场"哥本哈根会议"重演的基本路径其实已经在2014年北京天安门广场人民大会堂设定好了。中美两国合起来造成了全球1/3的温室气体排放，在2014年前两国在气候问题上一直存在争论。中国和其他发展中国家对于为发达国家一个世纪造成的温室气体排放"买单"存在疑问，因为这会限制他们的能源使用从而阻碍他们的发展。然而到了2014年11月，中美在人民大会堂却共同对外承诺，两国将采取重要的新措施以减少温室气体排放。然而两国各自承诺的实现时间节点却是不同的。奥巴马承诺，2025年美国的二氧化碳排放相对2005年的减少比例将会超过25%，这个承诺很大程度上要通过增加天然气发电来完成。而中国的碳排放则仍将会继续上涨，直到2030年达到排放峰值。

总的来说，195个国家和欧盟的代表参加了巴黎气候大会，150个国家的领导人在会议期间的不同时间也加入到会议中来。会议于2015年11月30日开幕，各国代表围绕气候问题争论了近两周。

12月12日晚上会议出现了没有解释原因的延期，这让参会人员感到紧张。就在当晚刚刚过了7点，法国外交部长洛朗·法比尤斯走了出来宣布了最终协议。之后，会场爆发出欢呼声、雷鸣般的掌声、热烈欢迎的声音、兴奋的口哨声、激动的拥抱甚至哭泣。联合国秘书长称之为一个"真正具有历史意义的时刻"。他说:"在气候问题上没有 B 计划。"

世界接受的不是一个协议,而是一个行动计划,它的目标是在 21 世纪内将相对于工业革命前水平的全球温度上升幅度控制在 2 摄氏度以内,最好是在 1.5 摄氏度以内。这个目标的实现有赖于各个国家根据其自身具体条件、法律、条例、意愿和心情所设定的减排贡献目标大小。这些目标将不具有约束性,而是自愿性质。"非约束性"对于奥巴马来说非常关键,因为这样的协议还要提交美国参议院,而奥巴马永远也不会在参议院得到协议得以批准通过的足够投票。虽然不具有强制性,但是这些国家减排目标却能发出有力的政策信号,也能向外界表明全球在气候问题上所达成的共识。发达国家承诺每年向发展中国家援助 1000 亿美元,以帮助后者达成气候减排目标。奥巴马说:"达成协议是正确的决定,这给了我们最好的拯救我们唯一地球家园的机会。"

巴黎气候大会一年后协议开始"生效",具体时间是 2016 年 11 月 4 日。然而,就在协议生效后仅仅 4 天,唐纳德·特朗普就当选为美国下一届总统。对于巴黎气候协议,特朗普表示,它给予了外国控制我们使用多少我们国家土地上的资源的机会。他认为气候变化是中国对世界的一个"哄骗"。2017 年春季,特朗普在推特上宣称,他准备开始启动美国退出巴黎气候协议的进程。

虽然特朗普宣布要推出巴黎气候协议(根据协议无论如何美国都要历经三年才能实施该决定),但是巴黎气候大会却改变了全球在气候问题上的争论。首先,对于气候变化的相关问题(海平面上升、飓风强度或气候模型)全球不再存在质疑。现在的问题是地球正在变暖,涉及气候政治时,出现了两端鲜明的政治时期:"巴黎前"和"巴黎后"。

虽然联合国政府间气候变化专门委员会发布的气候报告的可信度在不断上升,但是报告内容的基本逻辑却是一致的。利用 2009—2018 年的年平均数据分析如下:这期间的自然年均碳排放大约为 2100 吨,这种自然过程包括植物腐烂和人、动物的呼吸。然而,还有 95 亿吨的碳排放来自化石燃料燃烧,15 亿吨的碳排放来自土地使用。所有加起来每年会造成 2210 亿吨碳排放。其中仅有2157亿吨碳排放被锁定在自然年度碳循环中，也就是说这些碳排放会被植物和海洋吸收，这样就剩下49亿吨碳被留在大气中。这些未被捕捉的碳仅为自然捕获的碳的数量的2.2%。在某个给定的年份中这个比例看起来可能非常小。但是随着时间的进展，这些碳的累积就会越来越多。水蒸气是最普遍的温室气体。其他温室气体还包括氮氧化物和甲烷。其中一些气体将会在1年或10年后才能消散干净，还有一些气体留在大气的时间则会更长。一些气体的温室效应比二氧化碳还要强烈。这些气体构成了环绕地球的全球"温室"，它们将更多的太阳热量锁定在地球周围，使得这些热量不能辐射回宇宙空间。这造成的结果就是地球不断的变暖，这也就是人们熟知的"温室效应"。

随着全球气候共识变得清晰明朗，人们对气候的关注热度也出现了上升，其背后原因还有我们对接近"临界点"的恐惧，因为一旦达到临界点气候变化趋势将不可逆转。全球这种恐惧的增加也反映在一些词汇上："全球变暖"和"气候变化"的说法已经让位于"气候危机"和现在的"气候紧急状态"以及"气候大灾难"。

瑞典社会活动家格蕾塔·桑伯格为这种紧急情况发出了声音：2018年8月，他罢课在瑞典议会门外为气候问题发出了呐喊。她的要求是零碳社会。2019年春她在英国议会演讲表示："扩建机场是愚蠢至极的决定。"在接下来9月举办的联合国气候峰会上，她说："你们用空洞的话语拿走了我们的梦想和我的童年。"并补充道："你们怎么敢这样做？"她警告称，除非气候问题能够得到快速解决，否则一种新的"大规模灭绝"就将会不远了。不久之后，她又与其他人联合发表了一篇文章，详细阐述了她对于全球变暖原因的想法："殖民主义、种族主义、父权社会的压迫体系"造成并助长了气候危机。"她补充说："我们需要将这些东西全部打破。"

金融和能源投资成为应对气候问题的一个新竞技场。2015年，在巴黎气候会议前的几周，当时的英格兰银行行长马克·卡尼在一次面向伦敦劳合社这家声誉卓著的保险组织演讲中发出了响亮的警告。他表示，气候问题已经成为"影响金融稳定的一个关键问题"，给世界金融体系造成了"系统性风险"。在中央银行看来，这有可能会导致全球出现2008年那样的全球金融危机。他还警告说，投资人和保险公司面临的风险正在增加，油气公司在地下的资源将可能会被永远埋在地下而不能走向市场，而原因就是油气需求慢慢减少，或者就像卡尼所写的那样，由于要实现温度控制在2度以内的目标，政府政策将迫使这些资源在未来30年将不能被当作燃料利用。这就意味着这些油气公司的价值将会出现垂直下降，甚至还可能变得毫无价值，而投资者在这些公司的权益也会变得毫无价值。他号召投资人要将投资从传统能源公司全面重新配置到低碳产业经济领域。

对此，一些人指出，油气资源不再为投资者青睐所经历的时间不是30年，而仅仅需要大约10年。在任何情况下，世界的多数油气资源都是为国家政府所有，而非英国或美国的股票投资人。

因此，金融稳定委员会（会员都是中央银行）将关注焦点放在了气候相关的金融风险敞口上，他们要求公司公布他们的投资和策略多大程度上与气候变化温度控制目标相符。

养老基金和其他投资者现在正在向能源公司施加压力，让这些公司对于其战略和盈利能力如何应对2015年巴黎气候协议做出解释。2020年，全球最大投资公司贝莱德投资主席拉里·芬克在年度"给首席执行官的一封信"中宣称："气候问题已经成为影响公司长远发展前景的一个决定性因素，近期公司将以超出多数人预期的速度对资本投资进行一个大规模的重新配置。"他同时表示，贝莱德公司将把可持续发展能力置于公司投资路径的中心位置，并会要求公司公布气候相关的投资风险。贝莱德公司管理着7.5万亿美元的投资，该公司说了什么，其他公司都会认真聆听。贝莱德公司"资本重新配置"的一个例子就是"绿色债券"的增长。这种债券为可再生能源和基础设施相关的投资项目提供融资。从2015年发行500亿美元这种债券开始，2019年该公司发行的绿色债券总规模已突破2570亿美元。

同时，劝说投资者抛售能源公司股票和阻止银行向能源公司提供贷款的行动正在增多。对此也有人表示反对。微软创始人比尔·盖茨就是其中一个，他正投入数十亿美元寻求低碳能源技术的突破。他表示:"目前,从传统能源公司撤资对于降低碳排放很可能不会起到任何作用。"消费者能源需求仍然要被满足。目前来看,还不存在明显的方式能够让全世界的人们在很短时间内处置掉14亿辆燃油车,而且人们在家里仍将需要供暖和使用空调。除此之外,还有需要用到常规能源的其他方面。来自BP和壳牌的利润分红占英国养老金总支出的20%。

在很多大学校园,从传统能源公司撤资已经成为一个具有争议性的话题。美式足球最重要的传统之一就是开始于1875年的"耶鲁哈佛对抗赛"。2019年11月的比赛中场休息时间,数百学生将应对气候变化的斗争带到了足球场上。他们突然涌入了足球场,造成下半场比赛不得不因此拖延。这些学生的行动目标是耶鲁大学和哈佛大学投资办公室,他们想要两所大学撤出他们在传统能源公司的股份。一个学生还警告说:"直到耶鲁大学撤资,耶鲁大学的生活才能像往常那样继续。"

除了大学,能源公司和银行还面临其他形式的压力。银行和能源公司的年度股东大会受到了社会活动人士的干扰,这些人从会议室天花板沿绳索而下。化石能源的反对者还加快了行动步伐,以阻止油气管道等工程项目的推进。他们不仅用身体在阻挠,还将这些事告上了法庭。2012年,加州拉荷亚市的一个会议还拟定了一个"烟草"战略计划:准备将油气公司定性为销售危险、上瘾产品的毒贩,与烟草公司同类。当然,二者的不同在于,吸烟是一种习惯,而油气是现代生活的推动者。

该战略在接下来的几年中得到了实施。与拉荷亚市的想法一致,英国报纸《卫报》则宣布,作为一个自称对抗气候变化的行动主义者,它将不再接收来自油气公司的广告刊登申请。然而,该报也补充称,它将按照绿色和平组织和其他"读者"的要求,还会拒绝来自汽车和交通公司的广告刊登申请。该报对此解释称,这样做对报纸的收入会是一个严重打击,报社的很多记者会因此而遭到解雇。然而该报也承诺说,从此以后报纸的新闻专栏将不再使用"气候危机"这样的词语,而全部改为"气候紧急状态"。

"对抗气候变化"已经成为一个内涵宽泛的社会运动，它不再只是表现在政府政策和商业决策中，还越来越多地表现在人们的个人生活和个人责任意识中。在英国，皇家莎士比亚公司中止了一家石油公司长达8年的捐助，对此公司解释称是因为考虑到了年轻人的感受。为了减少牛的甲烷排放，一些人放弃了肉食和奶制品，从而成为一个素食主义者。斯堪的纳维亚半岛还出现了"耻于飞行"活动。《纽约时报》一则标题这样问道：对于飞行你应该有负罪感吗？"当每年的飞行次数超过6次时，答案似乎是肯定的。个人对于阻止气候变化的意识已经变得非常高，以致于美国一家大型电视网络公司邀请了那些"深度关注地球未来"的人登录公司网站的"忏悔"页面，去分享他们个人在阻止气候变化问题上的行动不足。

第❸❾章

绿色新政

气候问题已经成为很多国家出台政策首要考虑的问题。在 G20 国家中，14 个国家已经实施或宣布要实施碳定价机制或某种类型的碳税。英国宣布将通过立法使自己在 2050 年实现零碳排放。其他 24 个国家也做出了相同的承诺，尽管多数国家的实施路径还远未清晰。

比地球上任何其他地方都要积极，欧洲正在寻求构建一个"巴黎后"世界。而且，欧洲还正在寻求利用政府政策推动能源转型。宣布气候问题是欧洲面临的非常紧迫的挑战后，欧盟委员会主席乌尔苏拉·冯德莱恩承诺表示，将推动欧洲成为世界第一个实现碳中和的大洲。欧洲投资银行主席宣布 2022 年将中止为天然气项目提供融资后，进一步补充表示称："气候问题是这个时代政界需要考虑的最优先问题。"

欧盟的"绿色新政"旨在通过立法性的强制措施使欧洲到 2050 年实现净零碳排放。对净零碳排放需要进一步做出说明，原因就是这个概念是未来减排相关论述的一个基础性词汇。世界资源研究所解释称："净零碳不同于零碳。""净"意味着将"人类活动造成的碳排放"降到最小，尽可能接近零的水平。虽然还存着某些碳排放，但它们可以通过其他方式来进行中和。例如，可以通过森林恢复或碳补集方式。换句话说，这种情况下仍然可以有碳排放，但是通过某种方式等量的碳必须被捕集。今天，全球因为燃烧造成的大约 12% 的碳排放都来自欧洲。

欧洲实现净零碳排放可以利用的一个基本工具是"分类学",在一份长达66页、技术性分析为593页的报告中,数十位"领先的思考者"将67项人类经济活动评估为"环境友好"和"具有可持续性"。这份报告意在指导投资流向。欧盟将要求投资经理对其基金投资流向与该报告评估的环境友好活动的契合度做出标识。分类报告还将被用于指导新的监管措施和政府绿色投资计划的出台。虽然"非常清洁"的天然气可能会被欧洲接受,但是多数天然气和所有的核能都是达不到分类报告中的环境友好要求的。按照要求,煤炭将被驱除出能源市场,因此所有的煤矿都要被关闭。另外,雇员数量超过500名的欧洲6000家公司将被要求确认哪些活动具有环境可持续性。欧盟还在考虑实施"边境税",这是对欧盟从没有实施碳定价计划的其他国家进口商品征收的一种关税,而这必然会造成欧洲与其贸易伙伴的贸易争端。

总的来看,欧盟在"绿色制高点"上表明了立场。由于欧洲的2050目标是激动人心的:这是对未来30年欧洲经济活动的重塑、投资流向的重新引导以及欧洲经济的重建。从调控商业和分配资本的角度看,欧盟的"绿色新政"将会使权力向欧盟委员会汇集。对于气候问题为什么应该成为欧盟首要考虑解决的问题(就如冯德莱恩所讲的那样)的原因,一位接近欧盟委员会的欧洲商人表示,考虑到欧洲还有其他包括其自身未来在内的很多需要解决的问题,他认为欧盟委员会也正在为欧盟的雄心寻找一种新的叙述方式。

冯德莱恩表示:"能源转型的成本将是巨大的,但是不行动的成本将会比行动的成本大得更多。欧盟已经建立了一个1000亿欧元的"转型"机制基金,以帮助那些仍旧依赖煤炭的国家减缓转型对其造成的冲击。然而,这个时候,实现"净零碳排放"要付出的成本却是模糊不清的。就像彼得森国际经济研究所的一份论文解释的那样,向碳中和转型将促进还是阻碍经济成长是一个定量问题,然而不幸的是,我们对此知之甚少。虽然长期经济繁荣依赖于经济去碳化,然而在未来5～10年的时间内,去碳化将不可避免地会减少经济增长潜力。

欧盟"绿色新政"的实施有了一个跳跃式的发展开局。2020年5月,冯德·莱恩推出了总额达 8250 亿美元的应对危机一揽子计划，其中将欧盟"绿色新政"的实施描述为欧盟实现经济恢复的应对之举和欧洲实现经济增长的战略安排，8250 亿美元中的相当一部分资金将会投入到风能、太阳能、清洁氢能、建筑改造、城市清洁交通领域，还会为电动汽车安装 100 万个充电点。

欧盟到 2050 年实现净零碳排放的总体目标是令人生畏的。原因就在于，欧盟若要实现该目标，其人均碳排放就将不得不降低到印度的人均碳排放水平。印度每年的人均收入大约为 2000 美元，而欧洲则高达 38000 美元。

对于一些人来说，2050 年太过遥远，用 30 多年进行能源转型显得时间过长。而这就是美国国会启动的《绿色新政》的精神实质，该协议由民主党左派在 2019 年发起，领导人是民主党众议员亚历山大·奥卡西欧·科特兹，她在加入反对建设达科他州输油管道的抗议活动之后，便决定竞选国会议员。美国的这份《绿色新政》与参加 2016 年美国总统大选的绿党候选人基尔·斯蒂恩的《绿色新政》高度相似。

美国这份《绿色新政》呼吁美国到 2030 年实现 100% 的清洁可再生能源使用。就在正式发布前，《绿色新政》中的几个要点被公开：私人部门在美国《绿色新政》的实施中将居于次要地位，由政府作为计划实施的引领人，政府要动员巨额联邦政府投资。该计划一旦实施，现有的美国飞机似乎都要停飞，原因就是不存在能够大规模替代航空燃料的可再生能源。在计划提出的很多建议中，农牧场主将被迫要实现"温室气体零排放"，而这就意味着他们要处理掉喂养的所有的牛，原因就是牛会产生甲烷气体排放。计划中的非能源提议包括政府保证提供工作岗位。奥卡西欧·科特兹说："如果我们不解决气候变化问题，12 年后世界末日就将会来临。"

这几个要点反映了一些拥护《绿色新政》的人的观点，但并非所有人都这么认为。就在《绿色新政》正式启动前，这几个要点被收回。在启动该《绿色新政》时，奥卡西欧·科特兹的合作伙伴、有着几十年立法斗争经验的参议员爱德华·马基解释称，100% 实现能源清洁可再生化不是一个预测，而是一个"激励性"目标。国会实际通过的决议比较通泛，号召美国要在 10 年内进行第二次世界大战以来最大规模的国家、社会、工业和经济动员，以出台一个新的可以实现很多目标的协议，这些目标包括对抗"系统性不公"，但主要是实现"温室气体净排放归零"以及美国能源供应100%的清洁、可再生和零排放。

在2012年度的美国总统大选辩论中，涉及气候的问题不只是一个。2016年的总统大选辩论中，谈论气候问题的总时长达到了5分钟。2020年，美国有线电视新闻网主持了一个长达7小时的气候专题节目。气候问题成为民主党总统初选人谈论的一个重大问题。一些总统候选人呼吁禁止压裂技术用于采集油气。民意测验显示，气候问题成为选民关注的一个重要问题，对于千禧年以后出生的选民来说更是如此。

在初选阶段，候选人围绕应对气候问题的行动计划展开了交锋。乔·拜登计划推出1.7万亿美元的行动计划，伊丽莎白·沃伦的行动计划涉及的金额达到了4万亿美元，而伯尼·桑德斯给出的数额则更大，达到了16.3万亿美元。桑德斯将要实施的行动包括投入350亿美元帮助人们在房子前面的草坪上重新植树或帮助他们将草坪改造为"粮食生产场所"，另外行动还要确保化石燃料被封存在地下，并且禁止石油进出口。然而，对于如何做到一边禁止石油进出口同时禁止石油的国内生产，一边仍然还要保证经济和社会的运转，计划并没有给出解释。同样没有解释的是，《绿色新政》对于美国油气行业相关的1230万个工作岗位会造成什么影响。

然而，对于很多人来说，加速能源转型的决心和承诺已经在那里了，而且这种决心和承诺也会被人深刻地感受到。然而，在新冠肺炎疫情来临，政府背负数万亿美元、英镑和欧元负债应对危机过后，政府还有钱应对能源转型吗？

第 40 章

可再生能源

从现在起 20 年或 30 年后的能源图景将是什么样子？是，将是低碳能源的天下。然而低碳能源系统由什么组成？现在看来，未来 10 年它仍然会与过去一样，是一个不同低碳能源的组合，而且是一个能源结构不断变换的组合，在不同的国家这种组合还会存在相当大的不同，而且这种组合的含碳量肯定还会比今天的能源系统低。

未来的能源图景，将离不开太阳能和风能的利用，与传统水能、木柴和生物质能这样的可再生能源相比，这些都是"现代的可再生能源"。在电力生产实现零碳排放目标的过程中，风能和太阳能将会成为主力能源。今天，核能仍然是电力生产零碳排放的最大能源来源，然而同样作为零碳排放的发电能源，风能、太阳能与核能之间的发电量差距正在缩小。虽然风能和太阳能被称为"现代"可再生能源，但是确切地说两种能源都不新，都已经存在了大约半个世纪之久。

今天光伏发电的理论基础是 1905 年爱因斯坦一篇关于光电转化的论文。论文写道，阳光由光子组成，这些包含能量的光子可以让原子核周围的电子脱离原子核发生流动，从而形成电流。爱因斯坦因为这篇论文获得了 1922 年的诺贝尔物理学奖，原因就是他发现了光电效应的存在。然而直到 1953 年，光电效应才在位于新泽西州的贝尔实验室得以展现。

现代太阳能工业实际开始于 1973 年，源于两场冒险行动。一场行动由埃克森公司发起。另一场由两个科学家发起，他们曾参与过美国空间项目计划的实施，两人的名字分别为约瑟夫·林德迈尔和皮特·瓦拉迪，都是从欧洲逃到美国的难民。在接下来的30年里，其他一些太阳能冒险行动也纷纷开始启动，背后的支持者主要是石油公司和日本技术公司，前者是为了对抗不确定的能源未来，后者则是源于日本缺乏自然资源的警告。从此，太阳能便展现了巨大的吸引力。就像在太阳能领域研究数十年的领军者马丁·格林教授所讲的那样："整个光伏技术本身就有点神奇。阳光仅仅是落在惰性物质上，然后你就能直接从上面获得电流。"然而很多年来，光伏市场却很小，只是用于没有电网接入的场合，为那些偏远的地方或位置孤立的家庭提供电能，当然受益的还有那些大麻种植者，他们不想接入电网让自己的电费账单数字看着过大，从而吸引执法部门来取消他们的非法生意。对于很多人来说，第一利用太阳能的场合就是发生在他们使用太阳能袖珍计算器时。

太阳能快速进入主流能源行列的原因来自德国环境政治与中国制造能力的联姻。开始于20世纪90年代，德国法律要求电力公司需要高价购买可再生能源电力，然后将较高的可再生能源发电成本分摊到各种能源的发电成本中。该法律为德国从常规能源向风能和太阳能的大跨度转型奠定了基础。可再生能源得到了慷慨的补助，这加速了可再生能源的使用，也让德国成为欧盟居民能源价格最高的国家。

为满足不断增加的太阳能和风能大规模需求，相关公司纷纷冲进了这一领域。然而，虽然太阳能市场的形成来自德国的能源转型，然而太阳能电板的制造却可能来自任何地方。很快，多数太阳能电板的制造都来自将要在中国崛起的新的太阳能巨头，最终德国的相关制造商被挤出市场。

直到2006年，中国在光伏电板生产领域几乎还没有自己的位置，然后该领域的发展得到了中国企业家的强力推动，背后还有中国中央政府的支持以及地方政府在土地使用、低息贷款和其他补助方面的支持。巧合的是，源于慷慨的补助，不仅德国在推动太阳能的更大规模使用，西班牙和意大利也在这样做。截至2010年，中国境内已经出现了123家太阳能电板制造商。

2010年至2018年间，中国的太阳能电池产能增加了5倍，相当大程度超出了全球的需求水平。中国出口到国外的太阳能电板数量超出了市场能够消化的数量。价格出现了下降。在获得市场份额的同时，中国公司在巨大的财务压力下也开始挣扎。一些公司走向了破产。两年内，国家开发银行对470亿美元贷款进行了展期，以帮助那些亏损的中国公司度过难关。

为了减轻产能过剩带来的痛苦和保证就业的稳定，中国政府决定为困顿不堪的太阳能制造商在中国内部打造一个新市场。这样做的目的也是为了满足关键的国家需要：既减少燃煤电厂带来的污染，同时又要满足中国持续激增的电力需求。截至2013年，中国已经超过德国成为可安装太阳能电板的最大市场，2017年中国自身就占据了全球太阳能电板市场总规模的一半。

现在，全球太阳能电板近70%的生产都来自中国。考虑到中国公司在其他国家设厂生产的情况，这个比例则会进一步增加，达到近80%。太阳能电板核心部件光伏电池70%的制造都来自中国。涉及太阳能电池的构成材料晶片的制造，中国的市场份额则会更大，达到了近95%。这就意味着，在绿色能源领域，中国已经实现了在21世纪新产业中占据一个主导地位的目标。

中国压倒性的生产竞争优势来自于很多因素，其中包括政府的支持和低廉的融资成本、生产的规模化、多晶硅价格的下降、对成本控制的专注、与供应链较近的位置距离、产品生产的标准化、持续的技术进步。马丁·格林还指出了另一因素。他认为还有事件和人物的偶然的结合。其中就包括中国不同公司一些数量的领导人物在不同的时间与他在澳大利亚的太阳能研究团队一起工作过。2010年至2019年间，太阳能电板的成本下降比例达到了超出寻常的85%，其中背后的主要驱动力来自于中国制造规模化的产能以及技术进步。就像页岩油那样，光伏电板成本这种大幅度的下降正在给能源领域带来革命性的变化。光伏电板的安装总成本也出现了相当大程度的下降，但下降幅度没有制造成本下降的幅度大。

另外，在进一步向太阳能供应链上游延伸方面，中国也已经确立了一个关键性位置。现在中国生产了全球近60%的太阳能生产关键原材料多晶硅。而且，中国还做出了巨大的努力，旨在建设国内光伏生产设备工业，以减少对西方供应商的依赖。

太阳能使用的上升是超乎寻常的。2019年全球太阳能装机已经达到了6420亿瓦，是10年前的14倍。虽然屋顶光伏电板可能更容易被发现，但是2010年至2019年间所安装的超过一半的太阳能电板都是规模化安装，也就是说这些太阳能发电将接入电网。

总的来说，全球太阳能发电增长的背后有两个助推因素，一是发电成本的巨幅下降：中国光伏制造商的产能过剩造成了制造商的"出血"销售，就像21世纪可再生能源政策网络平台所称的那样。另一个因素是不断丰富的光伏相关的政策体系，其中包括政策激励、资金补助、国家、州和地方层面的强制要求（要求增加电力系统中的可再生能源发电）。2019年全球光伏发电装机容量的增长超出了化石燃料和核能装机容量增长的总和。然而需要值得注意的是，光伏发电的"运行时间"与其"装机容量"还远不成比例。很多化石燃料和核能发电都是建立在基荷基础之上，或者说可以通过管理使其任何时间的发电与当时的电力需求相一致。太阳能是间歇性能源，其发电能力主要依赖于阳光的获取多少，其实际发电能力可能仅为其装机容量的大约20%。

与太阳能产业类似，现代风能产业也可以追溯到20世纪70年代，然而其真正的增长却仅仅是在21世纪完成的。2000年，全球范围内仅有170亿瓦的风电装机。截至2019年，这个数字已经增长到6180亿瓦。超过40%的全球风电总装机都发生在亚洲，其中75%又都发生在中国。

推动风电增长的因素类似于驱动太阳能利用增长的因素，首先是技术创新。较高的风塔、较长的叶片、新材料的使用、更复杂的控制软件系统、较好的风电模型和天气预测，所有这些都能将更多的风能转化为电能。虽然95%的风力发电装机都是安装在陆上，但是风电行业却正在冒险进军海洋：与陆地相比，海洋上的风可能比较稳定，也更为强劲，风塔可能更高，风资源开发潜力也要大很多，但是海上风电开发却面临着较大的技术挑战。截至目前，海上风电开发的中心在欧洲，主要是在欧洲北海周围。海上风电开发出现增长的还有中国。美国的风电开发项目目前分布在东海岸。

推动风电开发的第二个因素是激励措施、政府补贴以及政府对于更多可再生能源发电的强制要求。第三个因素则是正在下降的风电成本，这也是行业激烈竞争的结果。竞争给公司造成了很大的压力，进而导致公司破产、重组和兼并的发生。

与太阳能发电一样，常常提到的风电装机也会产生误导，原因就是风资源与太阳能一样同样具有间歇性。它的大小依赖于风速。然而风电装机因子却正在随着技术的进步而提高。今天，全球的这个加权平均数字大约为25%，而新风机的这个数字则会更高。

风电在电力生产中所占比例最高的地方为欧洲，这个比例几乎接近12%。中国的这个比例约为5%，美国约为7%。在美国，风电占比最高的不是加利福尼亚州，而是得克萨斯州，占美国风电的15%。如果得克萨斯州是一个国家的话，那么它的风电装机在全世界国家中的排名就会达到第六位。该州很大比例的风电装机发生在得克萨斯州西部。这就说明位于得克萨斯州西部的二叠盆地不仅拥有丰富的油气资源，地上还拥有丰富的风力资源。

风能和太阳能利用的增加颠覆了电力生产运行一个多世纪的生产方式，改变了其战略和结构。欧洲一家公用事业公司首席执行官说："我们需要更多的风电、太阳能发电和水力发电，人们对此是理解的。这正在从根本上挑战所有能源公司的模式。"能源公司正在从建立在煤炭、天然气和核能发电的传统集中式发电模式向分布间歇式发电模式转变，而后者则是建立在分散式的风电和光伏发电的基础之上。然而分散式的电力体系也会产生新的挑战，尤其是在电网稳定性和可靠性方面，而稳定可靠则是电力公司的一个基本任务。"随着分布式发电的发展、电流双向流动监控体系的应用以及电流超荷能力的管理，更多的技术将会被用于电力存储和电力控制。"这是美国埃克斯龙公用事业公司首席执行官同时也是爱迪生电力研究所主席的克里斯托弗·科瑞恩的原话。

能源转型的速度有多快，转型的另一面将会是什么样子？在这个问题的回答上，人们的预测分歧很大。在埃信华迈看来，2040 年全球电力消费相对今天的增长比例将会高达 40%，而风电和太阳能发电届时将会占到总发电量的 24%～36%。相对于今天的 7%，无论是对于风电还是太阳能发电来说，上述数字都是一个巨大的增长。人们预测分歧大的原因来自于对未来某些指标预期以及所持假设的不同，这源于未来技术、创新、政策和经济的不确定性。

总的来看，风力发电和太阳能发电已经出现显著的增长，2010—2019 年间两种能源的发电比例从 2% 增长到 9%，而且这种增长还将会持续下去。尽管如此，到 2040 年美国的电力生产却不可能实现 100% 的可再生能源发电。相关技术和投资做不到这一点，为可再生能源发电提供支持的电网也做不到这一点，也没有什么神奇"魔棒"能够消除美国当前的能源基础设施并改变美国的能源监管和能源政治，同时 100% 的可再生能源发电也不能确保那些对电力可靠性具有依赖的电力用户的需求得到满足。经济的进一步电气化将会增加电力需求，而这使得 100% 的可再生能源发电变得更加不可能。

不只是美国，全球也是相同的情况。甚至在风力发电大于其可消纳数量的丹麦，那里的人们还要依赖从瑞典进口核电、从挪威进口水电、从德国进口煤电，以维持其电力供应的稳定性。

这里需要考虑的一个因素是今天已经落地的巨额资本投资，全世界电力工业长寿命周期的投资以及当前正在进行的新投资。2011 年日本福岛核事故发生后，德国决定在 2022 年关闭其境内的 17 座核反应堆。然而在 2011—2019 年间，中国却新增了 34 座核反应堆，是德国已经关停的核反应堆数量的两倍。虽然美国关闭了几座相较天然气发电不具成本竞争优势的核反应堆，但是美国正在运营的核反应堆数量仍旧接近 100 个，占据了 20% 的发电比例。2018 年，从世界能源总体角度看，天然气的增长是可再生能源增长的两倍还多。总的来看，能源转型是一个复杂的过程，需要某些洞察力才能看透。

虽然这个世界正在日益电气化，但是这也增加了人们对电力供应可靠性和可预测性的需求。风电和太阳能发电的优势明显。一旦装机到位，这两种能源的发电就不存在燃料成本。然而其他成本仍旧是存在的，一种是设备维护成本，还有总体电力系统在可再生能源发电管理上面所付出的成本。风力和阳光资源的变化也就是间歇性给电力系统带来了重大挑战。首要挑战便是如何将大量具有波动性的风电和太阳能发电接入电网，而电网通常是建立在规律送电的基础之上，根据每天任何具体时点的电力需求，电网在将电能从传统电厂输送到用户那里时要确保电力的稳定性。随着风电和太阳能发电的增加，稳定性会成为一个较大的问题。在关于太阳能发电的一本书中，瓦伦·西瓦拉姆警告称："电网中不断增加的太阳能发电可以使电网的可靠性降低，更多的太阳能发电还在路上，随之而来的是电力输出的剧烈波动，而这又会增加停电风险。"西瓦拉姆还引用了太阳能工业的经济风险，他称之为"价值通缩"。当太阳能发电（风电）大量涌入电网，膨胀的电力潮流将驱动电力走向零成本，而这则会降低投资者的回报，潜在破坏太阳能发电基础设施投资（在政府没有救助的情况下）。

换句话说，这个时候风电和太阳能发电在电力体系中至少不能独立存在。它们需要其他发电能源的配合。对于太阳能和风力发电来说，天然气发电是一个灵活的"合作伙伴"。天然气具有含碳低、排放低（在甲烷排放得到控制的情况下）的特点，天然气发电可以实现快速上升和下降以平衡太阳能和风力发电的波动性。

可再生能源接入电网将需要日益复杂的电网管理系统的配合。另外，它还要解决另一个挑战即电能存储的问题。石油可以被存储在油罐中，天然气可以被存储在地下洞穴中。然而，就像美国前能源部长欧内斯特·莫尼兹所讲的那样，还没有可以将电能大规模存储几天的"容器"。今天唯一可见的电能存储方式为"抽水蓄能"，这其实是一种形式的水电。然而其存储规模却非常小，且存储增长受限。

世界正在投入很多努力，旨在研发一种电厂规模级的存储"电池"，这种电池要从经济性上能够存储大量电能，并能保证这些电能的有序送出。

就在不久之前，风能和太阳能还被称为"替代能源"。今天已经不是这种情况。现在它们成为主流能源，而且还会成为未来电力生产的主要能源。超过一半的可再生能源总投资都集中在亚洲，而其中的大部分又都发生在中国。恰好中国自身也消耗了全世界总发电量的 1/4。中国正在增长的经济还将需要更多的发电装机。即使中国继续以一个较快的速度进行太阳能和风能开发，中国每月仍会增加 3 座新建的高效燃煤电厂。

第 ㊶ 章

技术突破

欧内斯特·莫尼兹说："我们没有推进能源系统向净零碳迈进的技术。"那些能够加速能源系统重塑的技术将会是什么？由盖茨基金会、突破能源联盟组织、莫尼兹和我牵头开展的一项名为《推进清洁能源技术应用》的新研究确认了23项拥有"最高技术突破潜力"的技术。这些技术被分为几个领域：电能存储的电池技术（针对风能和太阳能的间歇性造成的大规模利用受阻问题）、先进反应堆技术（新的小反应堆技术可以重新恢复零排放核电的荣光）。今天，美国私人部门就有60多项先进核研究技术项目。

20多年前，氢能在加州的利用是一个错误的开局，当时加州启动了氢能"自由汽车"和"氢能高速公路"项目。然而，当前，人们重新将焦点集中在氢能利用上，意在用氢能替代天然气进行取暖，并用来制作燃料电池作为电动汽车的替代能源。氢能技术没有什么大的神秘性可言。氢已经被广泛应用在石油炼化和肥料生产中。虽然它是最为常见的一种元素，但是氢单质在自然界中却并不存在（除了在极其罕见的情况下）。氢单质是通过分解分子得到的。今天，多数氢气都来自对天然气和煤炭的加工。氢气的获取还可以通过电解方式实现，就是让电流经过水的方式。这种电流的来源可以是可再生能源，它可以是某个时刻过量的风能和太阳能发电。氢能的使用将需要技术的进步和成本的下降，以及相关基础设施的投资。

最终，氢能将可以在未来的能源组成中占据10%甚至更高的比例。的确，一些人认为今天的氢能发展情况就像 20 年或 30 年前可再生能源的利用情况那样。还有一个值得注意的是，氢能似乎不会牵涉地缘政治问题。它可以作为国家实现宏伟的经济去碳化目标的一个工具，也还可以作为一个增加出口的机会，因为氢气可以成为一个全球性贸易商品。

包括 3D 打印在内的先进制造技术可以通过减少交通成本进而对能源使用产生重大影响。新的建筑技术可以大幅提高能源的使用效率。现代化电网和智能城市的建设可以利用数字技术，增加电网弹性，使电流在能源供应方和消费者之间实现双向流动。

在这些技术中，具有关键重要作用的将是碳自身的大规模管理技术。一些人不喜欢碳捕集技术，原因就是他们想要让这个世界没有任何人类活动造成的碳排放。然而考虑到实现"净零碳"世界所必需的东西，这种想法似乎相当不现实。联合国政府间气候变化专门委员会给碳捕集技术赋予了一个重要的角色，国际能源署也是这样。

碳捕集技术对于自然系统（世界的肺）运行是必不可少的。植物从大气中吸收二氧化碳，将碳存储在树干或植物的根部，然后再将氧气释放到空气中，供人类和动物呼吸。农民种植庄稼时，也是在进行一项碳捕集工作，这项工作最早可追溯到 12000 年前。

大约 10 年前，世界对于二氧化碳（尤其是对于燃煤电厂排放的二氧化碳）捕集技术出现了兴趣激增，该技术将二氧化碳首先压缩为液态，然后通过管道运输的方式将其存储在地下。世界已启动了几个相关项目，但是成本高昂，牵涉到庞杂的工程设计，进展缓慢。

2015 年巴黎气候协定为碳捕集存储技术的研发提供了新的动力。大约也是在这个时候，该技术的名称又添加一个词"使用"，即碳捕集使用存储技术。这就意味着该技术要找到实现更多商业化应用的办法，而不仅仅是被用于碳酸饮料的制造中。巴黎气候大会后，石油和天然气气候行动计划（一个由 13 个油气公司发起的行动）设立了 13 亿美元的研究基金，用于支持能源转型技术的研发，而研发焦点则集中在碳捕集使用存储技术上。推动碳捕集使用存储技术进步的另一个动力则来自实施"45Q"法案的美国政府。该法案为碳捕集使用存储技术提供了税收激励，类似于美国为推动风能和太阳能商业化使用所采取的税收优惠关键性措施。

今天的碳捕集使用存储技术的应用有多种形式。例如，被捕集的碳正被用于制造诸如水泥和钢铁这样的工业品。"直接从空气中捕获二氧化碳"曾经看起来是天方夜谭，然而该技术正在取得进步，应用规模正在扩大。

碳的捕获方式还有一个基于自然的方式，即通过森林、庄稼和其他植物吸碳储碳。我们低估了自然母亲的能力，这是相当有可能的。植树造林和改进耕作方式只是发挥自然能力的一部分。还有研究将目标放在了研发具有更强吸碳能力的超级植物上。

索尔克生物研究所驾驭植物计划的目标是通过"改良植物"的方式增加其储碳潜力。换句话说，在缩小碳减排鸿沟上面，植物可以扮演的角色比现在预期的要更大，植物储碳也成为碳捕集使用存储方法体系的一部分。"回归自然"呈现一种新的意义。

推进上述不同技术的进步将需要消耗金钱和时间。如果不能在更早时间实现，那么到2030年我们也能看到这些前沿技术的进步速度，另外还包括那些今天发展前景还看得不很清楚的其他技术。

第**42**章

能源转型对发展中国家的影响

对不同的国家来说，能源转型有着不同的意义，特别是对于发展中国家来说更是如此。全球无电人口仍有10亿人之多，另外还有30亿人不能获得清洁的炊事燃料，他们在室内烧的是木材、木炭、庄稼秸秆或牛粪，这损害了他们的健康。这导致一个不同视角的出现。尼日利亚石油部长蒂米普里·西尔瓦说："我们被告知，能源转型必须要继续推进，要超越天然气进入到下一种能源。然而现实是非洲还没有达到依靠可再生能源的阶段。我们必须得克服非洲的能源贫穷问题。在谈论可再生能源和电动交通工具的时候，很多很多事情没有被纳入考虑范围。"

西尔瓦等人认为没有被纳入考虑范围的是占世界人口近40%的30亿人，他们也是世界卫生组织所称的"被遗忘的30亿人"，他们承受着因燃烧劣质燃料而引起的室内空气污染，而这也是世卫组织所称的"今天世界面临的最大环境健康风险"。每年近400万人死于这种室内污染，还有更多的人则意味着因此患上了种类广泛的疾病。对于孩子来说，室内污染意味着发育的迟缓。

印度是研究发展中国家面临挑战的一个案例，它拥有世界人口的近20%，且不久还会成为世界第一人口大国。相较发达国家，印度向外界展示了能源转型对于一个发展中国家的不同意义。对于一个每天人均生活成本为1.25美元的国家而言，贫穷和经济增长不能与能源脱离。印度面临的能源问题以一种巨大的规模反映了很多发展中国家面临的问题。

对于印度来说，能源转型这个概念有着多维含义。它是从燃料木材和废料转向利用商业性能源获得更好健康并降低污染的脱离贫穷的转型，这种转型既发生在城市（全世界污染最严重的10个城市有7个都在印度），也发生在乡村家庭。在印度乡村，传统的"chulha"炉子会让房间内充满有毒的烟气。能源转型意味着要确保这个国家实现一定的经济增速，这样才能使其数亿人口从贫困中解放出来。就像印度政府《经济调查》所讲的那样，能源是任何经济体发展过程中的的一个主要支柱。

印度如何发展对全球都会产生影响。随着其经济的增长以及融入全球经济程度的加深，它在世界上的经济和政治权重也将会持续增加。

长时间以来，印度都挣扎于现代能源的不足。非商业性能源产品，也就是生物质能（木材以及动植物废物）为印度一半以上人口使用的能源形式。商业性能源方面，煤炭占据了印度一半以上的能源总消费，印度近75%的电力都来自煤炭。石油在该国商业性能源构成中占据大概30%的比例，然而，这其中85%的石油都是来自进口，这增加了印度人对于能源安全的焦虑和其进口支付能力的脆弱性。油价上涨时印度的国际收支平衡就会陷入危机。天然气在印度商业性能源构成中占据了6%的比例，而全球的这个数字比例则在25%左右。印度现代可再生能源所占的比例更低，仅为3%；核能垫底，为1%。

当莫迪在2014年成为印度总理时，他的政府面临着一系列阻碍印度发展的能源问题。印度聚焦能源，将其作为促进经济增长的一个核心能源发动机。2015年，为了快速启动能源改革，莫迪在新德里召集了一个国家能源峰会，在会上他列出了指导能源发展（涉及能源获取、能源使用效率、能源可持续性、能源安全、能源公平）的一系列原则，而能源公平则是最新加上的。莫迪提到要调整"能源运行机制"，旨在让能源体系反应更快、更灵活和更市场化。

然而，上述原则实施起来却并不容易。这意味着要改革一个复杂的、负担沉重的、职能重叠和监管体系动员能力常常不足的能源体系，政府控制的能源准入制在印度仍然普遍存在。政府一直在努力管理供需不相关联的能源价格问题。所有这些都导致印度能源供应的的短缺不足。

接下来，莫迪将来自政府和私人部门的人们聚集在一起，讨论如何打破印度能源发展的僵局。一些人认为，能源市场太不稳定，很容易被操纵，因此不可信任，政府必须要保持对市场的控制和管理。还有人认为时代已经发生改变，离开重大改革以及面向市场、世界的开放，印度不可能实现其经济增长和减贫目标。最终，莫迪从他的记录中抬起头来，简单的说了一句："我们需要新思维。"

这个新思维为印度整个能源谱系的转型提供了支撑。印度石油、天然气和钢铁部部长达曼德拉·普拉丹说："我们的能源需求巨大且强劲。印度将以自己的方式推进能源转型。考虑印度的现实背景，混合使用各种可开发能源将是印度走向能源转型的唯一可行方式。"

在全国各地的房屋和村庄，室内烹饪产生的烟雾含有一氧化碳、黑碳和其他污染物，正在印度造成了普遍性的严重健康问题。为此，政府发起了一场"蓝色火焰革命"，向8000万农村家庭发放了丙烷气瓶（从石油或天然气中制取）。政府改革了财税、监管和价格体系，以鼓励印度国内和国际公司在油气上游领域的生产投资。而且印度还开放了新的油气勘探区域。用普拉丹的话来说，印度正在推动以天然气为基础的能源变革。印度正在建设一个由主干输气管道和城市配网组成的天然气管网体系，该项目耗资在600亿美元左右。该项目的焦点是用压缩天然气替代柴油作为汽车和轻型卡车的燃料，助力印度减少城市污染。

印度正在成为全球液化天然气市场的一个重要参与者。它正在致力于资源来源的多元化，已经成为美国液化天然气和石油的一个重要买家。这也给美印关系注入了新的重要内涵，建立在能源贸易上的关系内涵是切实可见的，而在10年前无论是新德里还是华盛顿都未曾想到会出现今天这个情况。印度实施的另一个计划是将地方农业废物转化为生物燃料和生物气，然后再将它们注入大燃气配网体系中。

由于气候变化，莫迪政府设定了发展可再生能源的宏伟目标。另外，印度针对太阳能板还增加了关税，以确保印度公司的太阳能板能够与进口自中国的便宜产品展开竞争。就像普拉丹总结的那样："印度将按照自己的方式追求能源转型。"

另外，普拉丹还指出的一个事实是，发展中国家在讨论能源转型时，往往低估了发展中国家面临的挑战和人类面临的困难，很多发展中国家认为的清洁能源往往被发达国家认为是不干净的能源，然而这些能源又是发展中国家人民寻求更健康和更好生活所需要的。

第 43 章

变化中的能源结构

　　新冠肺炎疫情发生之前的能源走向要更为直接。一个人能够确定这个方向和趋势,尽管在改变速度和影响范围方面常常会遇到强烈的反对意见。然而,由于疫情的原因,一条从未有过的裂缝突然出现在世界版图上,现在全世界都正在努力绕开这条裂缝。人们也可以看到新版图呈现的一些特征。一些趋势仍将会持续,一些趋势将会加速,一些事情将会转向,也有一些趋势只会随着时间的推移而逐步呈现在世人面前。

　　假定这场疫情是可以看到尽头的危机,不论是否还有多少轮病毒传播(这有待于科学和医药提供适时的答案),如果试图超越全球经济复苏周期,我们现在能够看到什么样的能源未来?

　　未来,二氧化碳等温室气体政策将会给能源的生产、运输、消费、能源战略与投资、能源技术和基础设施、国家间关系带来持续性的改变。成熟公司在适应未来做出改变上将面临考验。新的进入者将必须证明他们商业模式的正确性。合作和竞争并存将成为不同种类公司间关系的特征。人们对能源安全的关注范围将扩大到支撑低碳工业发展的供应链以及可再生能源技术应用所依赖的矿产材料生产。虽然气候变化是全球性问题,但是不同国家有着不同的具体情况,每个国家对于该问题的反应方式也并不相同。发达国家将具有较高的反应灵活性,而发展中国家将会努力在推进低碳和促进低成本经济增长之间艰难平衡,尤其是在新冠肺炎疫情之后更是如此。

雄心壮志终将面对不可避免的现实，今天的能源系统超过80%都是基于石油、天然气和煤炭，这些能源基础设施和供应链涉及巨额的投资，经济重回增长轨道将需要这种能源投资的支撑。这种能源体系的规模是巨大的，不可能一夜之间发生改变。用能源战略专家阿图尔·阿里亚的话来说就是，目前的能源转型实际上是处于"能源的增加"阶段。风能和太阳能的使用一直在增加，然而常规能源的使用也在增长，只不过是增速远小于前两者的增速而已。

在美国，当前不再新建燃煤电厂，正在运营的燃煤电厂数量也正在下降。从全球来看，情况却是另一种样子。亚洲正走在煤炭消费大幅增加的轨道上，更高效燃煤电厂的建设方兴未艾。煤炭在能源组合中的份额可能在下降，但是它仍旧是中国和印度两个世界大国的主要能源，煤炭对于两国的重要性不只是表现在能源使用上，还表现在就业和能源安全上。

就像之前讲的那样，煤炭在中国总的能源供应中仍旧占据了50%以上的份额。一位高级官员说："中国将不会抛弃煤炭，中国不同于欧洲，中国是一个发展中国家。我们需要维持我们的能源消费，但是这也意味着我们将采取更好的煤炭利用方式，即煤炭的更清洁利用。中国新的五年计划（2021—2025）重新强调了煤炭对于能源安全的意义，号召安全绿色采煤和燃煤电厂的清洁高效化。

十多年前，一些人曾预测"石油峰值"（石油的枯竭）距离人类不远了，世界就要"用光"石油了。现在这种想法彻底来了个一百八十度的大反转，人类对石油供应峰值的担忧变成了对石油需求峰值的担忧：石油消费将在何时见顶并开始下降？

自从第一桶石油在1859年从德雷克上校的油井中流出，世界石油需求一直保持稳定增长态势。除了经济衰退、经济萧条和油价暴涨等造成的石油需求的偶尔下降。当然，最大的例外是2020年世界经济很大一部分被强制关闭，石油需求以一种之前从未出现过的方式出现了下滑。不过，我们可以利用2019年的情况研究石油需求趋势，与2000年相比，2019年全球石油消费增长比例超过了30%。

然而，虽然石油消费还在持续增长，但是石油消费版图却已经发生了改变。数十年来，石油需求一直集中在北美、西欧的工业大国以及日本、澳大利亚。发展中国家的石油需求份额相对较小。

现在情况发生了改变。自 2013 年以来，新兴市场国家和其他发展中国家的石油消费一直高于传统工业国家的消费。2000 年至 2019 年间，美国的石油消费仅增长了一点点，欧洲的石油消费则是下降了一点点，老龄化日本的情况则是下降了很多。还是这段时间，石油需求的几乎所有增长都出现在发展中国家。中国现在是世界上仅次于美国的第二大石油消费国，印度排在第三。未来石油需求的增长仍将继续出现在新兴市场国家。

当然，经常有一种看法，即到了某个时点全球石油需求将会停止增长。然而"需求峰值"却被认为是离我们尚远的未来之事。这样说的原因很简单，增长的人口和增加的收入将会持续推高石油需求，全世界的汽车数量仍将会增加，在汽车保有量上发展中国家仍会追赶发达国家。

现在，发展中世界与发达世界的汽车数量差距仍然很大。2018 年，美国每一千人口拥有的汽车数量为 867 辆，欧盟为 520 辆，俄罗斯、巴西、中国则分别为 339 辆、208 辆、160 辆，而印度仅为 37 辆。人们的收入还会增加，世界人口也会增加（从今天的 78 亿人口增长到 95 亿人口或 100 亿人口），而伴随这些增加，世界汽车数量也将会出现增加。

在埃信华迈设定的"竞争"的展望情景下，世界汽车数量将会从当前仅仅超过 14 亿辆的水平增加到 2050 年超过 20 亿辆的水平。在这 20 亿辆汽车中，大约 6.1 亿辆为电动汽车，几乎占到了总数的 1/3。只是汽车的翻新不会快速发生。每年的新车销售数量仅仅占到汽车总量的 6%～7%。多数汽车都是之前十几年就已购买的。在美国，路上行驶的汽车的平均已使用年限为 11.8 年。然而电动汽车的销售将会改变这种情况。到 2050 年美国新车销售总量的大约 51% 都将是电动汽车。

虽然这是不小的改变，但是改变速度却不会如一些人预期的那么快。考虑到 2020 年很多国家因关闭经济而遇到的经济就业困难，政府管理者可能会放松对碳排放的严格要求，这种要求也让世界转向电动汽车的生产购买。的确，到2050年全球道路上的燃油汽车的实际数量几乎仍然会和今天一样多。然而，到那个时候燃油汽车的能效却要比今天高。人们在购买燃油汽车时可能会选择行驶更多里程、而单位英里的耗油量却会下降的燃油汽车。反过来，这又会降低人们远离燃油交通工具的动力。在比较激进的情况下，围绕自动驾驶技术，汽车的数量和种类将会出现比较迅速的改变。随着严格的气候监管政策和较大激励措施的出台，也将会出现这种快速的改变。

国际能源署署长法提赫·比罗尔表示，电动汽车不代表石油时代的终结。即使从现在开始全世界每售出的两辆车中就有一辆是电动汽车，石油需求仍然将会增长。就像前面指出的那样，小汽车和轻型卡车的石油需求占据了世界石油总需求的35%，单是小汽车自身这个比例就在20%左右。消耗石油的其他交通工具为重卡、轮船、火车和飞机。虽然燃油效率较高，然而全球民用客机的数量预计到2040年将实现翻番。现在出行旅客的低速增长可能会让这个翻番的时间晚上几年，但是需求将会回归，超过80%的世界人口还从来没有坐过飞机。"飞行可耻"在1000万人口的瑞典可能会成为一个社会共识，然而在14亿人口的中国，每年新建的机场就达到了8座。民航发展面临的最大难题之一是找到生物燃料之外的可替代航空燃油的能源，因为生物燃料的使用规模尚小。即使存在明显或大有前景的飞机燃油解决方案，等到这种方案产生影响也会经历一个较长的时间，原因就是现有的飞机存在使用寿命问题以及新飞机的设计、认证以及进入服役序列也需要时间。由于重量问题，重卡需要使用高密度的石油作为动力燃料，才能在公路上拉动重物前行。

石油和天然气还是石化产品的原料，化学品和塑料的制造都离不开油气。限制塑料吸管和一次性塑料袋使用的行动正在增加，尤其是在海洋受到污染和塑料垃圾被冲到岸上的背景下更是如此。在华盛顿特区，"吸管警察"会向那些秘密使用塑料吸管（现在已禁用）的饭店进行罚款。使用可循环产品以替代一次性塑料已经成为当务之急。这项任务也被视为发展循环经济的一部分，在循环经济状态下，产品会在它们使用寿命的最后被重新使用、循环回收或重新制造，而不是被扔进垃圾场。

塑料无处不在，用途广泛，使其成为构筑现代世界的"砖瓦"。它们被用于各种产品的制造中：它们可以让飞机变得更轻（这样飞机的燃油效率就会更高），它们被用于电动汽车的制造中，它们被用于制造汽车显示板和挡风安全玻璃中，它们被用于制造透镜中，它们被用于制造防弹背心中，它们被用于制造地毯、家庭工具、连脚裤、衣服和鞋子当中，它们被用于制造包装材料（酸奶容器），被用于制造食品保鲜膜（这样就能防止细菌侵入）。它们被用于制造水管（以减少管道金属材料生锈），被用于制造太阳能电板，被用于制造风塔和风机叶片，被用于制造手机外壳。

塑料还被嵌入到健康系统中。石油产品内嵌于现代健康护理体系中，就像《美国公共健康期刊》一篇文章写的那样："塑料对于现代健康护理体系的无菌化处理发挥着核心作用。"看看医院手术室就知道，手套、插管、盛放液体的袋子、手术工具都离不开塑料。而且，99%的医药耗材也都来自于石化产品。说到抗击新冠肺炎病毒用到的N95口罩，它们的制作材料也是石化产品。

石化产品的需求增速要高于GDP增速，有时前者还会达到后者的两倍，而这意味着石化部门的石油需求强劲将会抵消其他方面的需求疲软。

因此，石油需求何时见顶？在埃信华迈的"竞争"展望情景下，这个时间指向了21世纪30年代中期。在可替代的"自动化"情景下，这个需求峰值来临时间则会早很多，背后原因在于强有力的政府政策、向电动汽车较快的转向以及2020年新冠肺炎疫情对经济造成的伤害。这个问题的真实答案将决定于很多因素的综合作用，这些因素包括国家和地方出台什么样的监管和激励措施、经济增速、矿产材料的可获得性、围绕自动驾驶汽车的法律义务问题以及控制它们的网路系统安全问题、新千禧一代的价值观和生活方式、社交媒体、航空旅行和石化产品的增长、地缘政治冲突和社会不稳定性、还未成立的创业公司以及新的科学和工程技术突破，等等。其中至关重要的是人们通勤方式的长期变化和新冠肺炎疫情影响下的出行减少。简而言之，这些影响因素会构成一个长长的清单。需求峰值以后会是需求的垂直下降吗？更有可能出现的情况是峰值过后需求逐渐下降到一个向下倾斜的平稳状态上。从数量来看，竞争情境下，即使在气候政策要激进很多，石油消费在2050年将降至每天6000万～8000万桶，新冠肺炎疫情之前的1亿桶的石油消费将会在2050年变为1.13亿桶左右。这肯定不是石油的终结。

然而，承担近60%的世界能源供应的规模达5万亿美元的全球油气工业的未来将走向何方？油气工业每年需要持续发现和开发30亿～50亿桶石油出来，以弥补油田生产一段时间后就会出现的自然减产。在油田生产一段时间后就会出现这种情况。国际能源署估计，未来20年油气勘探仍将需要超过20万亿美元的投资。

油气公司正在调整以适应这个"后巴黎峰会"的世界。大型跨国公司通常来说已经接受了某种形式的碳价格。一些公司现在正将它们描述为气油公司，原因就是它们对天然气越来越重视，将之视为一种丰富的低碳燃料。有了天然气，油气工业在为电力系统提供发电燃料方面的竞争力将会增加。这也意味着天然气发电的竞争对手将是燃煤发电和可再生能源发电。世界天然气消费的增速预计可以达到石油消费增速的2倍。液化天然气领域正在形成一个全球单一的天然气市场，液化天然气领域将会增长更快。到2050年，天然气需求估计会超出当前水平的60%。

一些公司正在制定宏伟的能源公司规划，将业务拓宽到电力领域、能源服务领域以及新技术领域。不管是哪家公司，较大的公司都正在增加在新技术领域、创业公司、低碳能源领域的投资，并且都在支持内部研发的开展。他们的目标是多元的，有的为了提高能效，有的为了减轻环境压力以及满足投资者和监管者要求，有的是为了解决碳的问题，有的是为了发展经济性碳捕集技术，有的是为了能在未来交通领域有一席之地，有的是为了成为数字经济的一部分，有的是为了确保可选择性，有的是为了保持他们的"运营执照"。他们心中想着能源转型，正投资于电池领域、电动汽车快速充电领域、氢能领域、风力和太阳能开发，甚至核聚变领域。碳捕集技术重新得到了重视。一些公司已经接受了 2050 年实现净零碳排放的目标，而这需要更高的能源使用效率、生物燃料和植树造林。

在接下来的几年中，世界将朝 90 万亿美元的 GDP 目标努力，最终将会回到 100 万亿美元的经济总量轨道上，这仍将需要很多能源的支撑，而在这个过程中世界还要努力将地球表面上升温度控制在 2 摄氏度或 1.5 摄氏度以下。实现经济发展和能源转向目标将需要新的重大系统的发展。这些系统中的很多将需要规模、工程、技术和项目管理技巧做支撑，所有这些东西都是油气工业可以带来的。

一个绝佳的例子便是氢能。就像前面说的那样，氢能具有满足全球能源总需求 10% 或者更多的潜力，正在成为油气工业的关注焦点。一些公司已经成为风能开发的参与者，一些公司长期习惯于建设和管理大型复杂海上油气平台，现在正在进入海上风电开发生意。

如果未来电气化程度还会加深，那么油气公司会在多大程度上参与到电力生产中来？电力和新能源项目（低碳发电和配电）通常来说处于一个高度监管的市场中，相对常规油气项目投资回报率较低。他们将怎么满足投资者对回报收益的要求。这些项目需要满足投资基金持有者的退休和养老需求，还要满足社会活动和对于气候变化影响较为关注的千禧年投资者的日益严格的绿色投资要求。同时，电力业务将能使得能源公司更广泛地参与不断变化的能源价值链行动中来，从而提供更多的收入可预测性，对冲油气市场的波动。在 2020 年新冠肺炎疫情发生的情况下这点表现更为明显。

带着气候相关的压力，油气公司将不得不聚焦技术和创新，同时密切关注其竞争能力，而这意味着公司将会持续聚焦公司产品成本和运营效率。油气公司面临的更大竞争将体现在很多方面，其中包括吸引人才、降低油气生产成本、项目开发、找到低碳生产方案、创新。最终，这种宽领域的竞争将决定今天的大型能源提供商未来是否能够持续扮演与今天相同的角色，而不管未来它们提供的能源形式是什么。

随着前十年的增长，页岩开发已经成为美国经济中一个重要的部门以及制造业的一个重要市场。低成本天然气已经让消费者和商家受益，进而刺激了美国几千亿美元的新投资。它已经成为影响全球天然气竞争性市场发展的一个重大因素。当然，页岩油近年来也已被证明是世界石油市场最活跃的元素。

虽然美国将会持续拥有丰富的天然气，但是页岩油疯狂增长的日子似乎要结束了。美国将会保持主要产油国地位，而且还将有可能重新恢复新冠肺炎疫情导致失去的一些石油产量水平。然而，除非周围环境发生巨大的改变，美国再也回不到2020年2月每天1300万桶的产量水平。页岩开发在新冠肺炎疫情之前就已经成熟，能源公司正在重塑其商业模式以满足投资者的投资收益要求。虽然转型将需要消耗时间，但是新冠肺炎疫情却扰乱了这个过程，能源融资和重塑与投资者关系将会成为能源公司面临的一个关键挑战。

消费者的情况会是什么样。毕竟，他们才是使用产品的人。就像一位能源高管所写的那样，如果他的公司明天停止生产石油，那么这也不会改变全球消费模式。人们仍还会驾车出行，另一家公司就会填补他的公司留下的市场空白。在缺乏碳税、明显的激励措施和更高的汽油税情况下，会有多少消费者情愿为较绿色能源花费更多金钱，比如购买电动汽车或燃料电池汽车，抑或选择更绿色但价格更高的能源使用计划？一些人将会这样做，但一些人不会这样做。从全球来看，经济优势较小的国家可能面临较高的能源价格，从而使得使用绿色能源与实现能源公平发生了矛盾。

正在变化的世界能源市场对于石油出口国意味着什么？市场存在循环周期。这些国家还将会面对市场波动，尽管2020年石油市场发生的情况是从未预料到的。他们可能不得不适应这个时期的较低收入，而这意味着较低的经济增长和严格的预算管控，以及较高的社会暴乱和政治不稳定风险。这凸显了石油出口国解决过分依赖石油问题的重要性。

在很多石油出口国，国内石油产业的超大规模对于企业家精神和其他行业的发展形成了挤出效应。石油一家独大的态势助长了寻租和腐败行为的发生。另外，这种情况还高估了这些国家的货币价值，从而对非油产业造成伤害。未来，即使石油价格出现反弹，这些国家在石油收入管理上也需要用更长远眼光和比较审慎的态度来对待。这意味着这些国家对于支出预算将施加更多的约束，还会更加注重主权财富基金的积累，这些基金可以进行海外投资，从而帮助这些国家增加非石油收入流、增强经济多元化程度和对冲油气低价格风险。

未来，石油出口国之间在吸引新的投资方面还将面临竞争，这将推动他们制定更加具有竞争力、吸引力、稳定性、可预期性和透明度的财税监管政策，以吸引那些看重投资成本且具有挑剔型的投资。

经验表明，石油出口国的经济从过分依赖石油到转向多元化将是一个非常困难的过程。这个过程需要很多领域的大范围变化，适用中小企业的法律法规需要变化，教育体系需要变化，投资资本的获取途径需要变化，劳动力市场需要变化，社会价值文化理念需要变化。而且这些变化都不是在短时间内可以完成的。同时，石油收入的流出会创造一股维持现状的强大逆流。

随着风能、太阳能以及电动汽车市场规模的扩大，它们都将需要更多的矿产材料以及土地，以支撑这种增长。有估算称，一个陆上风机会需要 1500 吨铁、2500 吨混凝土、45 吨塑料。电动汽车电池的制造加工大约需要 50 万磅原材料。

可再生能源的发展为矿产出口国创造了巨大的经济发展良机，这些国家很多都位于南半球。这些国家将会面临类似于石油出口国遇到的问题。他们将需要确保其国内法规框架、运营条件和商业行为的正确性。对于矿物需求的增长还让矿物开采加工的环境和劳动条件成为较为集中关注的焦点。而随着需求的增长，人们对于矿产供应安全性的关注也在增加，意在确保从矿山到消费者整个矿产供应链的可靠性。

在一个大国竞争、全球化出现裂痕、供应链需要再思考的世界里，地缘政治将成为新的能源结构中的一部分，就像地缘政治继续影响着当前能源结构那样。

结　论

曲折的未来

能源和地缘政治新版图将走向何方？苏联的解体、中国的转型以及印度的经济开放把近30亿人带入世界经济体系，创造了之前没有想象过的经济联系和机会。因此，世界出现了寻求合作的更多动力，而这种合作则是基于联系日益紧密的全球经济，而互联网的发展，全球通信成本的下降，交通技术的进步以及资本、技能、知识和人口的流动则进一步加强了这种联系。所有这些都可以囊括在"全球化"一词中。而所有这一切的动力则是能源。

但是，这种全球合作的动能却在反其道而行之。这个世界愈加撕裂，背后因素既有国家主义、民粹主义和不信任思潮的上升，也有大国竞争的影子以及怀疑和怨恨情绪的加重。全球化没有离开，然而却变得更加碎片化和更具争议性，让本已困难重重的经济增长之路变得更加曲折。

新冠肺炎疫情之前，全球经济原本会在五年之内从90万亿美元稳步走向100万亿美元规模。然而世界经济现在却遭受了巨大折磨：生命在失去、失业在增加、小企业为生存挣扎、公司面临巨大压力、很多人希望幻灭、政府债务到达极限、经济遭受巨大损失。全球经济可能将需要两年或三年的时间才能重返之前90万亿美元的规模，而达到100万亿美元规模则可能需要长达十年的时间，而且这一切发生的前提还是新冠肺炎病毒的治疗方法和疫苗能够在一个合理长的时间后来到。

人们的行为将因为疫情而改变。至少在一段时间内，人们将会远离大规模的人群聚集，而这又会影响到出行、活动以及教育和商业运营的方式。交通方面，人们可能会转向更喜欢"拥有"自己的交通工具，而非在需要的时候购买出行服务，至少几年内会是这种情况。当有选择时，人们可能更喜欢自驾而非乘机出行。在选择公共交通工具时，人们也会变得更加谨慎。现在，数字化趋势的涵盖范围更宽，数字化技术驱动的新的工作方式让更多的实体办公空间换成了虚拟空间，这种趋势突然加快。工作不需要人员集中在办公室，员工可以在家里办公，在新闻室几乎没有任何人的情况下报纸可以被印刷出来。通勤时间可以被降低，原来的那种商业会议可以用数字化来实现。即使在经济解除封锁后，这种影响也会持续很长时间。"9·11"事件发生后，美国的航空出行历经3年时间才恢复到之前的水平，而2008年金融危机发生后这个时间则长达7年多。技术创新的加速尤其是在人工智能、机器学习和自动化领域的技术创新将会给各种各样的工作带来改变。

人们行为、工作和日常生活的改变将给未来石油的角色带来挑战。然而，这种改变对于商务休闲出行、教育、通勤以及在家办公的持续影响却需要后疫情时代几年后才能为人理解。

新冠肺炎疫情还会影响到地缘政治，进一步强化当前的趋势。面对民族主义和保护主义的抬头，国家间的冲突将变得更为尖锐，国际合作将变得更为困难，国家间的围墙将被筑得更高。国际机构将会在一个分裂的全球共同体中寻找他们的立足点。集装箱船仍会起航，然而全球供应链网络却将会面临压力。这种供应链要比很多人认识到的更为复杂。政府和公司会重新评估他们对于全球供应链的依赖程度，会将更多的重点放在提升供应链安全和应对能力以及供应本地化上，从而为当地创造工作岗位。"及时生产和低库存管理"生产制造管理模式将让位于"供应链的绝对安全"。自动化和3D制造将有利于世界经济的再平衡。

现在最明显的分歧是世界上彼此更相互依赖的中美两国间的分歧。中美没有脱钩。尽管分歧在增加，但是两国间广泛的联系却持续将两者绑定在一起。

两国关系具有共同的利益基础，具有互惠互利的性质。然而两国关系出现了更多的紧张情况，充满了不确定性。

能源尤其是油气将持续成为后疫情时代新地缘政治中一个必不可少的部分。页岩革命不仅改变了美国经济，还改变了美国在世界上的位置。新的世界石油秩序是由产出规模最大的三个国家美国、俄罗斯和沙特阿拉伯主导的。2020年春，一场史无前例的市场暴跌让三个国家走在了一起。然而随着市场和他们各自位置的改变以及气候问题回归中心舞台，三国在石油利益上将可能会再次发生分歧。

对于俄罗斯来说，在其谋求大国地位、处理对欧关系、发展对华关系以及与乌克兰的冲突中，油气仍将会发挥基础性作用。中国经济增速将不会再如以前那么快，但是其增长却是建立在一个很大的经济基数之上，确保这种增长将需要数量更多的能源。

石油，最新则是天然气，对于中东未来仍将发挥明显的中心作用，中东经济前景、地区主导地位的竞争、社会治理、人口、稳定程度以及该地区与世界其他国家地区的关系都将受到油气的影响。然而，具有讽刺意味的是，油气的这种中心地位和中东对油气的依赖却让中东意识到了未来减少这种依赖性的必要。

虽然影响石油的长期和偶尔不可预期的政治风险仍将会存在，然而在几个因素的作用下这种风险将会减小。即使目前电动汽车的数量仍然很小，但是作为交通领域的一个竞争者，电动汽车的出现以及自动驾驶的可能性为基于石油的交通出行提供了一个可替代选择，并对石油在交通领域不可挑战的主导地位形成了威胁。随着汽车制造商成功实现新产汽车电动化的承诺，再加上政府对恢复绿色经济的支持，电动汽车的影响还将会增加。北美页岩革命释放出来的丰富油气以及加拿大油砂和其他地方的新油气供应为世界防范石油断供提供了重要安全支撑。对于多数地方而言，风能和太阳能与煤炭和天然气在发电领域展开了竞争，而不是在交通领域与石油展开竞争。然而，伴随着风能和太阳能规模的快速增长，两种能源的成本出现了显著下降，在世界电气化程度加深的同时也改变了世界能源结构的总体平衡。在应对新冠肺炎疫情的过程中，数字化已经成为交通领域的一个竞争者，数字交通已经渗透到人们的生活中。

实际上，所有上述变化都是下一次能源转型的内容，转型努力目标就是减少对煤炭、石油和天然气这些能源的依赖。今天，能源转型的主要推动者不像过去几十年那样是能源安全，而是气候和与之相关的呼吁动员，尤其是年轻人对于气候问题更为关注。对于中国和印度来说，能源转型的背后驱动力还包括污染和对油气进口的依赖。然而，对于当今世界第二和第三大能源消费国来说，获得包括油气在内的能源供应却是发展其经济的基础，唯有经济发展才能实现其国民收入提升和污染降低。

新冠肺炎疫情的出现将会使能源转型加速还是减缓？一些人赞成"经济绿色恢复"，希望政府支出向气候友好型基础设施倾向，为可再生能源和电动汽车发展提供更大的资金支持，同时增加对内燃机使用的限制性措施，并增加资本重新配置的强制性要求。对于地方政府来说，"经济绿色恢复"和更清洁空气成为限制内燃机车和各种汽车使用、设置禁止汽车通行道路、拓展自行车和人行道的理由。

然而，走上整体性的能源转型快车道却有诸多重大障碍，这些障碍包括支持世界经济发展的能源体系规模、对能源可依赖性的需要、对于可再生能源发展所需矿产资源的需求、转型速度导致的混乱和冲突。在所有障碍中，最重要的一个是快速转型的高成本以及谁来为之买单的问题，特别是考虑到各国政府在2020年为抗击新冠肺炎疫情及面对由疫情产生的经济后果而承担巨额债务时，成本问题显得更为重要。2020年春，一份基于经济合作与发展组织的分析估计，其成员国为抗击新冠肺炎疫情已经累积了17万亿美元的债务。环境部长可能会寻求积极推进能源转型，但是他们的想法却会受到财政部长的牵制。财政部长正在忧愁预算和赤字问题，另外如何修复新冠肺炎疫情给经济造成的伤害、如何推进经济复苏、如何让人们回归工作都是财政部长要考虑的问题。简而言之，未来几十年，世界能源供应将会是一个混合而成的多能源体，其中多种能源存在相互竞争。

在新的能源体系中，石油作为一种全球性商品仍将保持突出优势地位，仍将是维持世界运转的主要能源。一些人只是不想听到这种说法罢了。然而这样说却是建立在现实基础之上：已经完成的投资存在较长时期的折旧期，新投资和创新进入现实需要时间，在交通领域石油一直扮演中心角色，现代世界从建筑到医院手术室都离不开由石油加工而成的塑料，实体世界的组织方式也离不开石油。因此，石油与现在也成为一种全球性商品的天然气，不仅只是将继续在世界经济中扮演重要的角色，还将成为环境气候相关讨论中的中心话题，也肯定会是影响国家战略和国家间竞争的中心要素。

当然，能源结构的变化速度不仅仅是由政治和政策决定的，它还决定于技术和创新情况，而技术和创新则一直是影响能源转型的重要因素。这就是理念和发明到技术和创新再到最终转化为产品进入市场的能力。这个转化的速度未必很快，因为能源不是软件。毕竟，锂电池虽在20世纪70年代就被发明出来，但是却历经30多年才开始被用作汽车动力。现代光伏和风电产业虽然开始于20世纪70年代早期，但是直到2010年后才开始达到一定规模。能源创新的步伐正在加速，部分原因来自气候变化和政府支持，部分原因来自投资者的决策，部分原因来自不同类别公司和创新者的合作，部分原因来自技术和能力的融合（从数字技术到新材料，从人工智能、机器学习到商业模式，融合趋势日益明显）。

然而能源转型之路呈现给我们的却不是一条直线，原因就是在这条路上行进的过程中时不时地会受到一些事情的干扰，从而不可避免地偏离了原来的道路走向。人类没有料到页岩革命的发生，没有料到始于2008年的全球金融危机，没有料到"阿拉伯之春"和2011年福岛核事故的发生，没有料到电动汽车的再生，没有料到光伏发电成本的直线下降，没有料到导致全球疫情和经济黑暗的新冠肺炎病毒的出现，也没有料到2020年美国会出现动摇其政治根基的大规模抗议。

然而，即使我们不能勾勒出能源转型的确切路径，能源转型遇到的一些干扰也可以被我们预料到甚至可以被实实在在地清楚看到。围绕气候问题上的争斗便是其中之一。此外,在这个国际关系愈加紧张、全球秩序愈发撕裂,逆全球化思潮上升,单边主义、保护主义威胁增加,世界进入动荡变革的时代,大国冲突及其影响也是我们可能预料发生的。

后　记

净零碳排放

乔·拜登可是没有浪费任何时间，2020年1月20日总统宣誓就职的仪式仅仅持续了几个小时，首次坐在白宫椭圆形办公室的椅子上，拜登便签署了上任以来的首个行政命令，以兑现他曾做出的让美国重新加入巴黎气候协议的承诺。毋庸置疑，气候问题将是拜登政府优先解决的问题之一。美国前国务卿约翰·克里被任命为拜登总统气候问题特别大使，负责美国全球气候协定的下一阶段谈判；美国环保署前署长吉娜·麦卡锡则被拜登任命为白宫国内气候政策主管。不仅如此，拜登政府所有内阁成员都被安排了气候相关的职责任务。

拜登政府明确了其气候政策目标：2035年前美国电力生产实现去碳化，2050年全美实现"净零碳排放"（有时也被称为"碳中和"）。除美国外，其他国家也在向上述目标迈进。英国、法国和欧洲委员会于2019年就已全部接纳了实现碳中和的目标；英国首相鲍里斯·约翰逊后来还做出承诺，要让英国成为"风能开发领域的沙特阿拉伯"。在亚洲，韩国和日本也都接受了2050年实现碳中和的目标。然而，因为巨大的碳排放量，实现碳中和的最重要决定却是中国做出的：2020年9月，中国国家主席在联合国宣告，中国正在采取"具有决定性意义的行动"以实现碳中和目标。中国的碳中和目标实现时间是2060年前。

全球做出碳中和承诺的国家数量在不断增加。截至2021年春，有更多的国家都提出了碳中和的目标（这些国家的GDP占世界GDP总量的80%，而碳排放总量则超过了全球总排放的 70%）。

为了加速去碳化进程和展现美国重新回归巴黎气候协定的决心，2021 年 4 月，拜登在线主持了一场全球领导人气候峰会。会上，拜登做出承诺称，2030 年美国的碳排放要在 2005 年的基础上至少降低 50%。2019 年美国碳排放相对 2005 年的数字仅下降了 13%，相对这个数字，拜登的新承诺是一个非常巨大的进步。之前美国碳排放下降的主要原因在于电力生产中的天然气代煤。就如《纽约时报》所写的那样："实现碳排放 50% 的下降将需要整个美国社会付出巨大的努力，单纯仅靠"市场力量"是不能实现的。这需要美国政府对整个经济实施广泛的干预，这些措施包括出台新规、给予奖惩补贴、引导私人投资流向，这需要政府大量的开支。一个例子便是：拜登政府推出了一个高达 2.3 万亿美元的基建计划包，其中用于推动电动交通工具利用的开支超出了用于修缮公路、桥梁、港口和水道开支的 50%。

"净零碳排放"已经成为一个全球性目标，以实现巴黎气候大会上提出的控温目标：即相对工业革命前的气温，全球气温升幅要控制在 2 摄氏度以内，更好的情形是控制在 1.5 度以内。自 2015 年巴黎气候大会以来，"向《巴黎气候协定》看齐"也不再单纯只是政府的行为，掌控数百万亿资产的金融公司也将"气候风险"添加到借款和投资决策中。全球已有 30 多家中央银行将气候相关的影响写入金融决策管制中。"气候风险敞口"披露已经成为公司报告撰写的一个必然要求，旨在表明公司战略与巴黎气候协定的一致性程度。全球正在将焦点更多放在格拉斯哥气候峰会上，这是继 2015 年巴黎气候大会后又一个联合国气候会议。格拉斯哥气候峰会的宗旨是将气候目标转化为实际行动，即通过立法规制和气候投资来加速全球减排，以实现碳中和以及将温度升幅控制在 1.5 摄氏度而非 2 摄氏度以内的目标。

为加速实现碳中和以及保护自身工业，欧盟出台了"碳边境调整机制"。从本质上说，这意味着碳减排目标与欧洲不同的国家生产的商品进入欧盟要缴纳碳关税，然而其他国家却没有像欧盟那样针对公司施行相同严苛的碳排放标准。欧盟的决定预计会引起其贸易伙伴的不满，这种做法也会遭遇来自世贸组织的挑战。

欧美之间在控温上存在显著的分歧。在欧洲多数国家，强有力的气候相关政策正在受到整个政界的普遍欢迎。相对而言，美国在气候政策、气候科学和政府气候投资问题上却仍然是意见不一。

从能源转型角度看，"实现什么样的目标"已经变得清晰：净零碳排放。然而在"如何实现这个目标"上世界仍然没有达成一致意见。如何在一个当前80%的能源供应都要依赖化石燃料的全球经济体系中达成碳中和目标，这将是未来摆在全球议事日程上的一个重大问题。

随着能源转型的不同定义出现，这个问题也变得更加复杂。对于一些国家来说，能源转型意味着完全摆脱碳基能源。对于另一些国家来说，能源转型则意味着实施碳捕集、减少碳排放强度以及实施碳对冲计划。相对发展中国家，北欧富国实施能源转型的灵活性要高很多，而且这些国家也拥有较多的财富去追求它们的目标。拥有较大国土面积和众多年轻人口的印度正在日益成为全球经济的主要发动机，然而其仍有数亿人口生活在贫穷中，因此，印度在能源转型道路上必须追求方式的多样化。该国不仅制定了雄心勃勃的风光发展计划，还准备为农村人口发展商业性厨房燃料以替代柴薪燃料。另外该国为减少污染还在扩大天然气利用规模。就如印度总理莫迪说的那样，印度能源转型需要同时考虑"现实情况和生态气候"两个因素。

实现"碳中和"是一个具有非常强的基础性和挑战性的目标，很多国家主动拥抱这个目标是引人注目的。更让人吃惊的是，这种事很多还是发生在经济活动受到抑制的新冠肺炎病毒流行时期。此外，这个时期还发生了另一件令人吃惊的事情：疫苗研发所需时间从传统的 5～10 年被压缩到 1 年以内。莫德纳公司以创纪录的速度出品了一种主流新冠肺炎疫苗，该公司联合创始人诺巴·阿夫安表示："如果病毒威胁足够大，那么疫苗研发速度就是最重要的事情。"他补充表示，新冠肺炎病毒肆虐的速度给予了疫苗研发在标准传统路径上实施"技术跃迁"的必要性。尽管病毒仍在变异，但随着疫苗的注射，世界经济也出现了强劲复苏，全球 GDP 将重新回到正常轨道，之后也会超过 2019

年病毒流行前的水平。

2020年春石油需求出现了前所未有的下跌，油价也因此被推入到负数区间，全球石油工业也随之被推向崩溃的境地。随着经济的重新开放，这种情况走到了尾声。欧佩克等重要产油国达成了重要协议，石油供应大幅减少，油价从深渊中走了出来。随着疫苗接种成为现实和经济活动的反弹，石油需求出现上涨，油价随之出现了拉升，新的油气项目投资也重新变得具有可行性。

美国页岩油气开发受到了2020年油价暴跌的严重打击。而后随着油价的恢复，页岩油气开发也趋于稳定。为降低生产成本确保其竞争力，相关公司开始转向并购和规模扩张。这些公司努力维持健康的现金流，并做出向投资者分红的承诺，就这样美国第二次页岩革命仍然得以延续。2020年2月，美国石油产量达到了日产1300万桶的峰值，达到了2008年数字的2.5倍，然而到了2020年年末，这个数字便降到了每天1100万桶。尽管如此，美国仍旧维持着世界第一大石油生产国的地位。

另外，2020年年末还发生了一件虽未被注意但意义却非常深远的事情。这便是美国自1948年开始进口中东石油以来，在72年后实现了净进口意义上的能源独立。2008年，美国的石油进口支出将近4000亿美元，2020年，这个数字降至零。这意味着以后每年美国将会有数千亿美元的资金留在美国内部。

然而，随着拜登政府将更多注意力放在气候问题上，页岩在美国不再被视作一种国家资产。的确，拜登是民主党阵营内少有的不愿禁止页岩压裂技术应用的总统候选人之一。在2020年秋的总统竞选中，拜登还特别表示："我再次重申，我不会禁止页岩压裂。"当时他做出这番表示的地点是宾夕法尼亚州，该州当时正从页岩革命中获益。尽管联邦政府拥有禁止页岩开发的权利，然而拜登却有一个现实没有道出，这便是实施页岩压裂禁令无异于美国实施石油进口。原因就是不管石油来自哪里，美国2.8亿辆汽车想要上路都会需要。而且，在之前先后担任参议院外交关系委员会成员和主席的时候，拜登就曾对"美国外交政策"的代价发出过警告，这种代价便是美国对石油进口的依赖，而页岩革命恰好为拜登的担忧提供了一个解决办法。

然而，在考虑到气候变化的影响后，拜登入主白宫便发布命令，禁止租赁联邦土地进行油气开发。联邦政府拥有美国很多土地，西部 11 州 46% 的土地和阿拉斯加州 61% 的土地都为联邦政府所有，然而这些土地多数都不具备油气开发前景。拜登油气禁令主要影响新墨西哥州（该州 1/3 的政府收入来自油气）、阿拉斯加州以及离岸海域的二叠盆地的部分油气开发，其中离岸海域每天的石油产量达到了近 200 万桶，这相当于整个尼日利亚每天的石油产出。

新冠肺炎疫情引发的 2020 年油价暴跌所造成的影响持续蔓延到了全球工业领域。油价暴跌迫使石油公司削减项目投资预算。与此同时，全球油气工业不得不做出调整，以适应一个旨在实现净零碳排放的世界。多数大型油气公司正在采取相同的应对措施：它们关注生产过程中的二氧化碳和甲烷排放，正在将关注点越来越多地放到技术创新、数字化应用、新技术以及风险资本投资上。这些公司普遍致力于扩大液化天然气业务规模：作为一种碳排放较低的燃料，液化天然气可以在电力生产中替代煤炭。这种替代趋势主要发生在亚洲，很多大型国有石油公司都正在朝相同的方向迈进。

然而，这些公司总体战略的关键内容却也存在差别。一些公司在加倍提升运营效率、发展低碳和碳管理产业；一些公司为应对政府管制、投资压力和社会需求，正在做出更大的改变，寻求在公司内部经营实体中开展能源转型，这种转型是从"国际石油公司"到"综合能源公司"的转变。从本质上说，这意味着电力生产来源的多样化，电力生产商、电力交易商甚至电力零售商、风光开发商、太阳能设备和电池公司、电动汽车充电站都参与到电力生产中。一些油气公司利用其海上油气作业的能力优势，正在进入海上风电开发领域。一些公司则意在承担更大的"责任"，他们不仅要减少其自身碳排放，还要为其顾客减少碳排放，例如减少汽车和发电厂的排放。虽然这些公司的未来油气生产投资规模不尽相同，然而向"综合能源公司"的转型却需要这些公司油气收益的支持，以便为这些公司的电力生产和新技术的大规模应用提供资金。

对于石油公司向电力的转型，艾格纳西奥·格兰有着自己的具体见解。2001 年成为阿贝多拉公司首席执行官时，这家公司还是一家基于煤炭、核能和水能开发的西班牙公用电力企业。他推动这家公司向可再生能源（具体是风能）转型，而当时风电成本仍然相对较高，风能普遍被认为是一种边缘能源。由于他在风电开发上的执着，格兰自己在一些能源圈还被视为和风车搏斗的现代版堂吉诃德。对此他回忆道："当时没有太多人相信我们做的事情会有什么价值，反对我们的人有很多。"然而今天，格兰却可以用另一种眼光看待石油公司进入电力领域的举动。阿贝多拉公司的主业为可再生能源开发，其业务横跨四大洲。从装机容量看，它是中国之外世界上最大的风电生产商，其美国分公司则是全美第三大风力发电商。格兰说："曾经我们将石油公司视为自己的敌人，而现在我们正在成为竞争对手，有时还是合作伙伴。"

风光发电成本的下降是确保实现净零碳排放的前提条件之一。在过去的10年中，这种下降是明显的，太阳能开发成本降幅高达80%，而风电成本自2010年以来的降幅也超过了50%。在规模经济、效率提升和技术演化的推动下，未来风光成本还将可能继续下降。对于很多公用公司来说，风光发电已经成为非常有竞争力的业务选项，在一些电力市场甚至还是最具竞争力的。然而它们仍旧面临着资源间歇性的挑战：有无太阳和风会造成电力生产的巨大波动，在用电高峰（对家庭来说通常是晚饭前后）实现功率输出是风电要解决的问题。新的风电开发前沿阵地位于海上，因为那里的风更为强劲和稳定，这可以让风电更能发挥电力"基荷"那样的作用：基荷意味着风力做功输出具有非常好的持续性。然而，海上风电开发仍旧需要成本出现实质性的大幅下降，它才能得以实现全球性的规模化利用。

确定净零碳排放的目标给多种前沿技术开发带来了新动能，并给这些技术提出了急迫性要求。现在，至少有三类技术在世界走向净零碳排放的道路上表现突出。

第一种技术是碳捕集技术。就像前面提到的那样，这项技术有助于实现碳中和，并得到了广泛的认可。就如联合国政府间气候变化专门委员会指出的那样，减少排放意味着二氧化碳移除技术的应用。离开该技术，未来几十年的石油利用将无法获得支撑。从现在开始的未来30年，无论怎样，油气仍会是全球能源组合中一种重要的构成存在。2050年，路上行驶的内燃机车辆可能仍旧会有10亿辆，即使达不到10亿辆，可能也会有7.5亿辆。世界仍将会继续需要钢铁、水泥和肥料，而所有这些物资的生产都将会产生碳排放。

实现碳移除的一种方式是提高全球"自然之肺"的能力，自然之肺是地球实现自然碳平衡体系的一部分，这种方法通过自然的方法实现碳捕集。实现自然碳捕集的方法，排在首位的便是植树造林。另一种则是通过碳捕集存储工程技术，该技术先将工业设施排放的二氧化碳收集起来，然后通过管道将之运输到可以存储的地下。得克萨斯州正在建设一个空气直接捕集设施，它的作用就是直接收集空气中的二氧化碳，这些二氧化碳会被继续用于诸如水泥生产这样的工业活动中。

实现碳中和的第二种技术是氢能利用技术，当前该技术处于前沿位置和核心地位。不仅是质量最轻，氢还可能是宇宙中储量最为丰富的元素。然而当氢成为能源时，氢能却一直处于边缘地位。现在这种情况已经发生了改变，氢能已成为能源转型的一个新星，至少是潜在的新星。

在工业应用领域，氢一直拥有一个重要但规模有限的市场。氢在普通燃料中的能量密度最高，这也是为什么氢会作为一种主要燃料用于航天火箭发射的原因：在零下423华氏度的条件下，氢可以从气态被压缩为液态。现在氢正被很多人视为一种有助于实现净零排放目标的关键燃料。氢以及氢衍生而来的燃料可以为重卡或轮船提供能源。氢替代天然气作为工业燃料和取暖燃料却能发挥大得多的作用。另外，氢还可以为电能存储提供解决方案：可再生能源的发电可以被用来制氢，而在风光发电出力减少时这种氢又可被用作燃料。欧盟的一些研究预计，到2050年欧盟1/4的能源需求将会由氢能来提供。从纯使用规模看，实现任何一个接近于此的目标都将是一个巨大的挑战。

氢能利用面临着两大重要障碍：成本问题和路径问题。在此必须要回到"颜色"的问题上：利用传统方式制取、当前被用作工业燃料的"灰氢"通常从天然气中而来（在中国如果从煤炭中来则被称为"褐氢"）。然而传统氢气生产却会产生二氧化碳排放。如果想要处理这些排放，那么就需要碳捕集技术。

随着碳捕集技术的应用，这种"灰氢"则会转化为"蓝氢"。人类最感兴趣的还是"绿氢"，这种氢是通过电解水产生的，在这种情况下水分子被分解为氢气和氧气。之所以被称为绿氢，原因就是电解水所用的电来自风能和太阳能。然而，当前绿氢的成本仍然高于蓝氢，相对灰氢则高得更多。氢的颜色还有更多，例如"黄氢"或"粉氢"（电解水的电来自核电）以及其他颜色的氢（电解水的电来自其他发电形式）。

氢作为一种替代燃料，欧盟正在引领全球潮流。氢能战略和氢利用规划正在欧洲大陆涌现。全球很多已经拥有或潜在拥有丰富低成本电力生产能力的国家和公司正在竞相成为氢出口商，一些国家和公司看到了氢作为一种全球贸易商品的潜力。

此时，对氢需求的期待要比其规模化生产的期待高很多。由于制氢牵涉到规模化的工程技术能力以及能源工业与氢的伴生相近性，氢已成为全球能源公司的关注焦点。另外，它还引起了政府的极大兴趣，原因就是氢可以作为一种无间歇性的能源规模化利用。因此，人类投入到氢上面的努力正越来越多，希望到2050年，作为世界上最轻的元素氢能够在世界能源供应中扮演一个真正有分量的角色。

实现碳中和目标表现突出的第三项技术是电池和电存储技术。电动交通工具的发展和间歇性可再生能源发电设施的快速增加正在使得电池技术改进和电池制造供应链的规模化增长成为战略优先发展选项。

随着汽车制造商技术战略的转向，电池需求最大的增长来自汽车。在政府的推动下，中国成为了世界上最大的电动汽车市场。美国加利福尼亚州已经决定2035年以后禁止燃油车销售，英国则计划将这个时间提前到2030年。美国总统拜登在签署气候行政命令1周后，通用公司首席执行官玛丽·巴里就宣布公司2035年以后将停止生产燃油车，改为仅生产电动汽车。通用公司已经拥有了博尔特（BOLT）电动车型，新的凯迪拉克电动车型也要问世。福特公司则推出了自己的F-150版电动汽车，这是近半个世纪福特最畅销的卡车车型。其他汽车公司也在制定和宣布各自的电动交通工具发展目标。沃尔沃公司承诺在2030年前实现产品全电动化。该公司首席执行官汉卡·萨缪尔森表示："沃尔公司沃战略的转变建立在这样一个预期基础上，即相关立法和高质量充电基础设施的快速发展将加速消费者对全电动汽车的接受认可。"他的一位高层同事对此则补充道："汽车电动化的可行性需要人类对它的信任出现某些跃迁，这需要汽车公司做出某些冒险。"

随着生产规模的扩大，锂离子电池的成本近几年出现了明显下降。然而电动汽车的发展却需要电池成本持续的下降和电池技术持续的提升，这是极其重要的，原因就是电动汽车要在失去政府补贴的情况下与燃油车在成本和便利性方面展开竞争。可再生能源发电和长时间续航电池存储技术的"结合"与传统发电技术也存在竞争，这种竞争不仅与电池技术的进步有关，还关乎新的不同电池技术的发展。

电池应用另一个重要的问题正在显现，这便是电池处理问题。如何处理数量正在增加的电池以及这些电池含有的有毒物质？为此，人类将需要一种可快速建成的电池回收利用设施，以增加电池回收速度和降低回收成本。另外政府也应该出台相关的政策规定，以助推电池供应链闭环的形成。

电池生产规模的增加正在引起人们对于电池供应链越来越多的关注和警觉，以及对更宽泛意义上的关键矿产和围绕这项矿产引发的地缘政治的关心。世界对铜和锂离子电池所需关键金属（锂、镍、锰、钴）的需求将会出现急剧上升。随着输电规模的扩大和技术的现代化，铜需求也将会出现急剧上涨。这些金属储备和精炼能力能够跟得上需求增加的步伐吗？除了担忧电池生产相对其他工业的竞争力，一些国家还存在对矿产开采和工作条件的担忧。而且，在看到这些矿产的重要性增加后，国家间的竞争是否因此变得更加激烈？

在电池生产方面，一个国家已经走在了前面。中国的早早行动让他在电池技术领域占据了领先位置。它拥有全球80%以上的电池产能。一方面是电池需求的高增长，一方面是世界对中国进口电池的依赖，两种因素叠加让高容量电池（包括电动交通工具电池）供应链风险成为拜登政府的关注焦点，推进美国电池产能增长已成为美国的一个战略优先选项。美国对"能源安全"的呼吁已经被"电池安全"所替代。随着欧洲电池联盟的成立，欧盟也正走在与美国相同的道路上。2011年，欧盟就确定了14种"关键原材料"。2020年，欧盟将原材料数量提高到30种，并发出警告称，关键资源获取是关乎欧洲推动实施绿色协议的一个战略安全问题。欧盟特别指出，欧洲用于制造电动汽车和风力涡轮机所需的95%的稀土资源都来自中国。虽然欧洲所需60%的钴资源初级原料来自刚果民主共和国，但实际上欧洲进口的钴资源超过80%都是在中国完成的精炼加工。欧洲工业主管谢里·布瑞顿表示："一个把自身利益建立在别人基础上的妥协软弱的欧洲时代需要结束。"

中国也正在重组其供应链，这是实施"双循环"经济战略的一部分。为此，中国还发起了一场行动，旨在减少对美国高科技产品和其他关键进口品的依赖，进而提高自身的自给自足能力。

回到能源转型所需的矿产上，国际能源署已经明确了以下这个巨大挑战，即2050年净零碳排放目标的实现会产生对关键矿产的超级需求，世界能源系统要经历从燃料密集到矿物密集的转型。而这可能会引发的结果是矿产供应出现瓶颈，进而引起短缺和价格飞涨。一辆电动交通工具所需的矿产是传统汽车的6倍多，而一台风力涡轮机所需的矿产是一个燃气电厂的9倍多。未来，矿产需求将会出现井喷式增长：锂需求将会增长43倍，钴和镍将会增长25倍。国际能源署表示，这种增长意味着上述资源将存在巨大的潜在短缺，因为一种矿藏从最初发现到实现首期生产所需的时间至少会经历16年之久。而且相对石油，上述矿物资源的储藏集中度要高很多。世界前三大石油生产商承担了全球大约30%的石油生产，而对于锂资源来说，世界前三大生产商则控制了超过80%的全球锂供应，中国控制了风电生产所需60%的稀土，刚果民主共和国则控制了电动汽车电池所需70%的钴资源。

对上述资源需求的巨大增长也需要矿产开采有一个很大的增长，而国际能源署则认为，这种增长不仅会给环境和社会带来挑战，还会大大增加碳排放。这种挑战包括对稀缺的水资源的需求激增、对生物多样性的威胁、对土地使用和地方社区的影响以及伴随矿物加工的废料产品的增加。不仅如此，参与矿物开采的还有100多万童工，且很多矿藏都是依靠人工开采。

总的来说，实现2050年净零碳排放目标需要面临某些严峻的挑战。2020年年末，国际能源署警告称，包括新项目投资开发在内的油气投资下降过多，需要加大投资以避免油气供应出现"大的混乱"。然而不到6个月后的2021年5月，国际能源署就推翻了先前的看法，呼吁停止所有新的油气投资，以实现2050碳中和目标。

相对于国际能源署在油气投资上的一贯立场，该机构的态度改变是惊人的。在同样的一份报告中，国际能源署还呼吁2040年全球停止燃煤发电，而这则将会给中国、印度以及其他亚洲国家带来重要的影响。然而，相对国际能源署在油气投资上180度的转弯，其关于停止燃煤发电的呼吁却没有引起较多的注意。对于国际能源署的立场，向来坚定支持该机构的日本表示了反对，澳大利亚和挪威也很快都表示了异议。一位日本高级官员对此曾这样委婉地表示："国际能源署的政策未必要与日本政府的政策一致。"

拜登政府对国际能源署的转变则表示欢迎。拜登立即签署了一项新的行政命令，旨在赋予联邦机构更多的权力，指导美国多数能源投资的资金流向。这份行政命令明确表示："气候相关的金融风险"将会成为一个重要的政府管制指标，以判断银行、养老基金以及其他金融机构的借款和投资动向是否合适。政府机构将会被要求深入查找隐形的能源投资风险。这样做的总体目标是确保美国所有的借款和投资流向与"实现温室气体净零碳排放"的目标一致。美国政府一位高级官员解释称："这样做表明了气候风险就是金融风险。"

毋庸多言，几十年来全球石油供应链已经与地缘政治牢牢绑在了一起，有时全球天然气供应链也是如此。但这只是特殊的个案，对于全球贸易体系中大量的密集型供应链而言，情况并非如此。此时的全球供应链主要建立在效率、成本、经济、物流、贸易壁垒、知识产权、技术和协同的基础之上。然而，随着"WTO共识"在被植入全球以及大国竞争和战略角逐新时代的到来，上述情况又发生了改变。当前，地缘政治冲突已经与更宽领域的全球供应链交织在了一起，而且在更广范围内与全球贸易联系在了一起，从计算机芯片和通信设备到粮食和药品概莫能外。不仅如此，在实现净零碳排放的路上，人类所需的新的重要商品的供应链也与地缘政治密不可分。

地缘政治版图和能源版图出现了重叠。大国竞争会给世界经济带来挑战，其中就包括对资源的集中争夺。在走向净零碳排放的道路上，这种竞争也会给日益紧绷的资源供应链增加额外的压力。

随着2020年中东夏季的到来，一架波音787梦想客机也降落在了以色列本古里安机场，机上载有为巴勒斯坦民众准备的治疗新冠肺炎病毒的医疗物资。另外，这架客机还传达了一个神秘的信息，那就是机身外面的标志是以前在以色列从来没有见过的，飞机为阿拉伯联合酋长国最大的酋长国阿布扎比国家航空公司所有。来自海湾地区一个阿拉伯大国的飞机降落在以色列，这在以前几乎是不可想象的，而这现在已经发生。

几周后，随着一份令人震惊的声明公布，上述神秘也被迅速揭开：以色列和阿拉伯联合酋长国将要签署和平协议，两国要建立外交关系。该和平协议便是为人熟知的亚伯拉罕协议。这样，阿拉伯联合酋长国就成为继埃及和约旦之后第三个与以色列实现关系正常化的中东国家。这打破了人们长达10年之久的预期：即以色列和多数阿拉伯国家想要建立外交关系，都必须要等到巴以问题解决之后。某种程度上，亚伯拉罕协议也的确提到了巴以问题，给出了约旦河西岸部分土地正式归属以色列的可能。

这份和平协议标志着中东政治版图发生了显著变化。自埃及总统萨达特1977年去耶路撒冷并在两年后与以色列达成和解后，中东政治版图几乎没有变化。继阿拉伯联合酋长国之后，巴林、摩洛哥和苏丹也在快速跟进。虽然阿拉伯联合酋长国—以色列和平协议的签署得益于特朗普政府的推动，但是协议的酝酿却经历了不短时间。协议得以签署，一部分原因在于埃及和以色列关系的回暖（背后原因是海上天然气的发现和东地中海天然气论坛的组建），一部分原因则是以色列向约旦出口价格不高的天然气从而减轻了后者的财政压力。

两国建立外交关系，背后的经济因素也扮演着重要的角色。关系回暖有助于以色列的创新、高科技和创业经济与阿布扎比和迪拜的连接，阿布扎比也正在科技创新的方向上努力，而迪拜则已经成为一个全球金融中心。双方的合作几乎能在一夜之间实现商业起飞，阿拉伯联合酋长国经济部长将这种合作称为"两个经济强国"的合作。在不到一年的时间内，两国便开通了每天 15 架次的直飞航班：享受便利的不仅有从以色列到迪拜的游客，还加快了商业的流动，阿布扎比财富基金已经宣布将要投资以色列海上天然气工业项目。

两国建立外交关系的背后还有一个更深的问题则与美国有关，即美国页岩油的崛起。当美国实现能源独立、不再是石油进口国后，其对中东及该地区安全的兴趣就会随着时间的推移变得越来越小。对于经济、军事皆为地区最强的两个中东国家来说，构建他们自身的安全框架是较好的选择，以防止美国有朝一日退出对中东事务的管理，或者就像一个著名的美国民主党参议员所称的那样，"美国对中东事务的管理应该保持在一个合适的限度范围内。"

在拜登入主白宫的前几天，中东还迈出了关键的一步。沙特阿拉伯结束了对卡塔尔的封锁，而卡塔尔则承诺与海湾合作理事会其他成员国保持更加紧密的关系。沙特阿拉伯对卡塔尔航空公司开放了领空，这就意味着卡塔尔的飞机不再需要在伊朗起飞停靠。另外，沙特阿拉伯还允许以色列客机穿过其领空飞往迪拜，而这可能预示着中东更多变化的到来。

然而中东仍有一些事情依然难以改变。就在上一次巴以冲突发生 7 年后的 2021 年春，哈马斯和以色列又爆发了 11 天的激烈空战。在伊朗的支持下，哈马斯向以色列发射了 4000 枚火箭弹，尽管不是全部，但多数都被以色列铁穹防空系统拦截下来。面对哈马斯的进攻，以色列做出了回应，对哈马斯采取了空中打击，旨在除掉哈马斯的火箭弹发射点和其大型的地下通道网络，这也是哈马斯的军事据点。这场冲突虽然最终停火，但也再次凸显了中东持续的不稳定性。

世界物理空间版图变化非常缓慢，然而政治、科技和经济版图却可以发生快速变化。世界正面临多样化挑战，需要引起人类的关注和思考。我们今天正处于这种变化的版图中。实现净零碳排放，而且还是在仅仅几十年的时间内完成，这意味着全球经济的重塑。这需要巨额的投资，原来的世界秩序将会改变，政府财政负担将会增加，某些地方将会付出更加沉重的经济成本。同时，这也会创造重要的新的经济机会，新的技术创新前沿将会被开启，企业家精神和创新活动将会被激发。虽然这预示着国家合作的新路径将会出现，但是这也会制造新的冲突风险。这将会制造发达国家和发展中国家之间新的紧张关系。这会改变国家间已有的关系平衡，公司竞争领域将会发生改变，还会出现一些现在还没有的新公司。未来发展肯定会出现一些令人惊奇和不可预知的东西。新版图如何展开、未来人们如何生活、未来国际秩序会是怎样、在大国竞争日益激烈背景下国家关系如何处理，这些问题都会成为未来经济发展中的核心话题。但不管如何，有一件事是我们可以确定的，这便是气候变化肯定会是定义未来能源新版图的变量之一，而且它正在打开一个能源和国家的新关系时代。

致　　谢

首先我要感谢企鹅出版社的出版人，也是这本书的编辑安·格多芙女士，她对故事有很好的感觉，从开始就积极推进本书的出版，在这本书的构思和成型上给我提供了很多帮助，她的指导建议让我受益良多。企鹅出版社的威尔·赫华德深度参与到该书的编辑和写作思路中，提供了受人欢迎的思考视角。另外，我还要感谢企鹅出版社的伊丽莎白·卡拉玛瑞给我提供了一个与她再次一起工作的机会。最后，还要感谢企鹅出版社的其他所有人在充满重大挑战的时候所付出的努力。

我要深深感谢企鹅出版社伦敦公司的斯图尔特·普罗菲特，他充满智慧且具有洞察力，能够精准切中事情的关键点。此外，还要感谢伦敦的佩妮洛·沃格勒以及她的同事。

苏珊娜·格鲁克是我在奋进娱乐公司的经纪人，在写本书之前我们拥有长期的友谊。她是一个传奇的咨询师。感谢她以及她的同事安德瑞·布莱特。

在本书整个出版过程中，艾莉娜·普拉威特妮付出了很多。作为拥有相当天分和敏锐性的研究员和分析师，她带来的判断和知识在故事的每个环节都有体现。

与罗斯·曼德尔再次合作是我的幸运，他是一位具有创造力的超级图片编辑。维珍娜·马森是一位专业的绘图师。马修·卢克维茨为本书的图表做了相同的工作，迈克尔·布利将他具有创造力的设计应用到照片展示中。另外，我非常感激弗里达·阿玛尔和克瑞斯塔·泰普，在书出版的整个过程中都有他们付出的影子，他们帮我解释了有时我不能解释的事情。

斯蒂芬·威兹曼是我一生的朋友，作为一个作家和编辑，他拥有常人难以解释的工作技巧，就像他之前拥有我的其他很多手稿那样，他也精心阅读了这本书的手稿，给我提供了精准的良好建议。詹米·罗斯菲尔德是我合作多年的伙伴，和往常一样，在谈论本书时他的严谨、他的思考视角、他的疑问以及他对写作结构的感觉都对我帮助很大。

我还要深深地感谢那些认真阅读本书思考后给出批评和持续提供建议和洞见的人，他们付出了时间，这些人包括阿图尔·阿里亚、布山·巴里、杰森·波多夫、吉姆·布克哈德、卡洛斯·帕斯卡尔、杰夫·马恩、苏伊·丽娜·汤普森。

同样，我要非常感谢那些花费时间阅读并对部分章节做出评论的人。他们的专业性意见和评论给我带来了帮助。在中东和市场问题上，弗兰斯·库克、克里斯汀·史密斯·迪万、罗格尔·迪万、马丁·印迪克、米格汉·苏利文给我提供了很多洞见。在亚洲问题上，詹姆斯·克莱德、蔡金勇、伯尼·格拉瑟、高瑞·杰哈、周希舟给我提供了观察视角。在俄罗斯、中亚和欧洲天然气问题上，西蒙·布莱克、塞恩·古斯塔夫森、劳伦特·罗斯卡斯、马特·塞格斯、迈克尔·斯托帕德提供了很多知识。在北美能源、技术和可再生能源问题上，凯文·伯恩、劳尔·里布兰科、查尔斯·里克姆、杰夫·梅耶尔、安娜·莫斯比、斯蒂芬·库宁、艾度尼·泽科给我提供了很多写作视角。

成为埃信华迈的一员，我感到非常幸运，我的同事在整个能源和经济领域拥有非常渊博的知识，他们中的很多人给我提供了帮助，其中包括阿伦·布拉迪、维拉·拉德克特、安德鲁·伊利斯、马克·阿莫、卡瑞姆·法瓦兹、扎德森·雅各布、杜伊·乔森、艾米·基普、斯蒂芬·奈勒、阿勒安卓·里昂、迪兰·马尔、内马尔·莎妮、琳达·托爱斯、约翰·韦伯、斯塔尼斯拉夫·雅日宁、艾瑞娜·扎马里娜。另外，我还要非常感谢在具体问题上给我提供非常及时帮助的其他同事。

埃信华迈作为一家在全球都有雇员的公司，能够以全球视野观察世界经济问题。在此，我要感谢埃信华迈董事会主席和首席执行官兰斯·乌格拉以及公司高管团队对我的支持和领导力，这些人包括塞恩·阿克罗伊德、布里安·柯罗迪、乔纳森·戈厄、希瑞·格兰特、亚当·堪斯勒、威尔·麦德姆、萨莉·摩尔、雅科夫·穆特尼卡斯、埃多德·塔沃尼尔、罗尼·韦斯特、托德·赫雅特、布朗·马丁利。

多年来能够与麻省理工学院教授和美国前能源部长欧尼斯特·莫尼兹对话，并与他的未来能源计划开展合作，对此我非常感激。约翰·哈珀作为雪弗龙石油公司的历史学家，在公司档案和"石油发现"生动资料的获取上亲切地给我提供了建议及指导。玛莎·萨里斯布瑞给我挖掘了商业期刊的丰富档案资料，这份期刊是关于全球经济发展的极不寻常的资料记载。我要感谢玛莎和彼特·特斯克瓦尔，后者领导着商业期刊的运营，当然商业期刊现在也成为埃信华迈的一部分。我还要感谢约翰·赫莫里茨在航空公司相关话题上给我提供的帮助。特别感谢美国疾病控制中心病毒部门前主任和加尔维斯顿国家实验室主任詹姆斯·里杜克博士提供的深刻洞见。对于布鲁金斯学会能源安全圆桌论坛的成员，我定要表达感谢，我有幸担任该论坛主席，他们这几年来关于能源的讨论让人兴奋。

最后也是非常重要的，我要深深感谢我的家人，感谢他们的耐心、鼓励和建议，他们是瑞贝卡、阿里克斯和杰西卡。我的妻子安吉拉·斯登特是我最严厉也是我最爱的批评者，我在写这本书的时候，她正在忙于一部关于"旧冷战结束、新冷战开启"的著作，尽管如此她还是对我这本书给予很大的支持，投入了不少时间。这些年来对于妻子的合作我要表示深深的感谢。谢谢你！

当然最后一句话是少不了的。对于书中所有内容和写作视角，我个人负全部责任。

英文原版注解及索引请扫描上方二维码查看